符号与传媒
Semiotics & Media

温州大学哲学社会科学出版基金
四川大学哲学社会科学出版基金

符号学译丛 ◎ 丛书主编 彭 佳 方小莉

教育符号学，作为交叉领域，
它探究教育世界的符号现象与规律；
作为符号学一个新型分支，
它认为生活就是参与、回应和解释符号，
从而为生活体验创造意义。

教育符号学指南

Edusemiotics—A Handbook

[澳]茵娜·赛默斯基（Inna Semetsky）编
崔岐恩　李仲辉　邓美娴　张茜曼　译

四川大学出版社

项目策划：徐　燕
责任编辑：吴近宇
责任校对：宋　颖
封面设计：墨创文化
责任印制：王　炜

图书在版编目（CIP）数据

教育符号学指南 / （澳）茵娜·赛默斯基（Inna Semetsky）编 ; 崔岐恩等译. — 成都 : 四川大学出版社, 2021.4
（符号学译丛）
ISBN 978-7-5690-3821-7

Ⅰ. ①教… Ⅱ. ①茵… ②崔… Ⅲ. ①教育学一符号学一研究 Ⅳ. ①G40-059.9 ②H0-05

中国版本图书馆 CIP 数据核字（2020）第 145763 号

四川省版权局著作权合同登记图进字 21-2021-109

书名　教育符号学指南
Jiaoyufuhaoxue zhinan

编　　者　［澳］茵娜·赛默斯基（Inna Semetsky）
译　　者　崔岐恩　李仲辉　邓美娴　张茜曼
出　　版　四川大学出版社
地　　址　成都市一环路南一段 24 号（610065）
发　　行　四川大学出版社
书　　号　ISBN 978-7-5690-3821-7
印前制作　四川胜翔数码印务设计有限公司
印　　刷　郫县犀浦印刷厂
成品尺寸　170mm×240mm
插　　页　1
印　　张　20.25
字　　数　352 千字
版　　次　2021 年 4 月第 1 版
印　　次　2021 年 4 月第 1 次印刷
定　　价　78.00 元

◆ 读者邮购本书，请与本社发行科联系。
电话：(028)85408408/(028)85401670/
(028)86408023　邮政编码：610065
◆ 本社图书如有印装质量问题，请寄回出版社调换。
◆ 网址：http://press.scu.edu.cn

四川大学出版社
微信公众号

前　言

考虑到“教育符号学”这个术语直到2010年才被广泛使用，现在我很荣幸受邀为这部《教育符号学指南》撰写前言。教育符号学是符号学与教育学中的一个新兴研究领域。一方面，人们对这一研究领域兴趣的增长有着相当明显的务实原因。大多数符号学家也是教育家，他们欢迎一个新的学科分支来探索他们所做的研究。另一方面，许多教育工作者和教育研究人员都渴望找到一种方法来解决“理论”和“实践”之间的多种紧张关系，这些紧张关系常常导致他们所在领域出现分歧，并且限制了他们的研究工作在公众想象中的影响。

在哲学意义上，教育符号学为人们提供了理解教育的一种方式，在最广泛的意义上，这种方式突破了笛卡尔强大的身心二元论遗产。二元论在很多辩论中表现明显，如学习理论中的认知主义与行为主义、教育中的纯理论与实践、静坐读写活动与体力职业活动，就好像精神健康与身体健康是两类完全独立的活动。符号学作为一门独特的哲学，消解了这些幼稚的二元论，它提供了一种彻底的关系型观点，这种观点承认特定语境中的二元论，但在总体上强烈拒绝非此即彼的思维方式，并将所有的教育参与者（教师、学生，甚至是一切相关主体）视为通过不断变化的关系而进化的开放系统。在教育符号学看来，知识不能简单地传递，教师不能简单地从最原始的意义上“传递”或“指导”；学生也不会学到老师教的东西。教与学是关于对话、发现和解释的：简而言之，是符号化的。

教师、学生和学科都不是一个固定实体。教师的方法和理解是在与学生和相关主体的互动中发展起来的。学生把反应和理解的习惯带到课堂上，而课堂上的反应和理解被构成课程的互动所修正（学习是发现和幻灭的一种形式，因为过去被认可的，现在可能不被认可）。在师生相遇过程中，主题本身通过其迭代进行修正，这样那些被引入学科的人就会逐渐把他们的解释放到进一步的应用中，并（至少在最顶端）发展所讨论的实践。总之，教与学的相遇是一种转化，而非一种传递。

虽然教育符号学的崛起是迅速而引人注目的，但我们应该记住，它也是一个开放的系统，并非所有对符号学和教育论题感兴趣的评论者都愿意将其作为一个技术描述符号：毕竟，它是一个大箩筐。然而，将纯粹应用经验主义教育研究（这些工作使用符号学思想进行分析，其中不乏影响力和重要性）与特定研究区分开来是很有用的。后者试图更广泛地利用符号学中的哲学和理论资源来重新思考和重新配置教育——这种进路可被称为教育符号学。而且，教育符号学不是一条单行道：人们从符号学角度提出教育问题，教育符号学家同时也利用哲学和教育理论的资源对符号学提出质疑。因此，教育符号学实际上是符号学和教育理论的一个公共分支的简称，其目的是发展符号学哲学作为教育的基础。2014 年在索非亚举行的国际符号学研究协会第 12 届国际会议上，它被正式确认为符号学的一个理论分支。

教育符号学研究，很大程度上应归功于赛默斯基的开创性贡献，还应归功于那些加入或没有加入以下学术组织的成员：大不列颠和大洋洲教育哲学学会、符号学和教育国际网络学会，以及一个新的研究机构——教育符号学研究所。教育符号学作为一门学科，其发展是这些个人和集体努力的结果，其中许多努力在下面的章节中将会具体呈现。

安德鲁·斯塔布尔斯（Andrew Stables）
英国 罗汉普顿大学

目 录

第 1 章　教育符号学导论……………………………………………………（ 1 ）
第 2 章　学术文化与符号学…………………………………………………（ 16 ）
第 3 章　图解教学:像似符号在意义教学中的作用 ………………………（ 30 ）
第 4 章　数学教育中的符号学:拓扑基础与图解方法 ……………………（ 48 ）
第 5 章　教育理论与实践中的隐喻、模型与图解 …………………………（ 63 ）
第 6 章　教育与推理:推进皮尔斯式教育符号学 …………………………（ 80 ）
第 7 章　价值教育学的"惊喜效应"并不令人惊讶:教育符号学分析 ……（ 94 ）
第 8 章　希腊教育目标中的符号学及其意义………………………………（112）
第 9 章　教育符号学、存在主义符号学以及存在主义教育学 ……………（127）
第 10 章　具身思想:教育就是转变习惯……………………………………（143）
第 11 章　学术病理学和认知焦虑 …………………………………………（159）
第 12 章　诠释自我 …………………………………………………………（175）
第 13 章　《读者的角色》:纪念艾柯设想的可能世界………………………（189）
第 14 章　解读历史:教育学,符号学及教育符号学 ………………………（203）
第 15 章　复调理论作为教育隐喻的对话途径 ……………………………（217）
第 16 章　知识是符号:学习传统语言的教育符号学理论…………………（233）
第 17 章　朱莉亚·克里斯蒂娃的符号分析学和埃米尔·本维尼斯特的传承 ……………………………………………………………………（249）
第 18 章　黑洞:通过符号母性空间进行的否定……………………………（264）
第 19 章　情色与符号学:爱与教育符号学有什么关系?…………………（278）
第 20 章　向潜意识学习 ……………………………………………………（294）
附:各章作者简介 ……………………………………………………………（311）

第1章　教育符号学导论

茵娜·赛默斯基

摘要　本章概述教育符号学的定义和特点。作者追溯了教育符号学史上的一些标志，教育符号学作为教育哲学一个新的分支，虽然诞生的时间很短，但已产生了跨学科影响，并开启了本书强调的研究方向。作为一种新的基础理论，教育符号学代表了一种观念转变，从以心理学研究在教育中的应用为主转向以符号学在教育中的应用为主。教育符号学是一个综合的概念框架，旨在克服笛卡尔二元论在理论和实践中的持久影响。教育符号学以学习经验为中心，包括成长过程和符号演变过程，师生都可发现其重要性和意义。在关注经验符号的同时，教育符号学又具有强烈的本体论预设，这些预设影响着我们对经验、主观性和理性的观念。因此教育符号学对人们研究教育学原理和政策具有重要意义。

教育符号学简介

本书主题是教育符号学——教育领域的符号学。符号学一词衍生于希腊语动词“sēmeiō”，意思是“做标记”。人类的经验，包括教育经验，皆以符号为标识；重要的是，它既关涉语言学，又关涉非语言学。符号是符号学中描述和分析的一个单元。在古代，符号学是医学的一个特定分支，人们用符号描述症状。后来，符号学成为哲学的一个分支，用符号描述事物本质。约翰·洛克在其《人类理解论》中阐述了最初的符号学说，当代伟大的符号学家约翰·迪利则说，几个世纪以来，符号学已发展成为一场新的知识运动（Deely 1990，2001；Semetsky 2007）。

在学术界，符号学迄今一直作为方法论工具研究各种基于符号的活动（如媒体、视觉传播或广告），很少作为一种特定的基础哲学而存在。教育符号学是一个独特的研究领域，它融合了符号学与教育理论及教育哲学的交叉研究。教育符号学与生物符号学同样都是理论符号学领域最新的分支。

本书介绍了全球范围内教育学者和符号学者共同的前沿研究，从而将两门学科结合在一起进行对话，以期最大限度地向读者展示这一跨学科领域的最新水平。在教育领域，符号学如果被认为是一门学科，那么传统意义上它就在社会科学方法论指引下的大量实证研究中扮演着应用角色；因此，符号的作用通常被简化为“工具”或教辅功能。例如，在教室中播放视频。教育中的符号学一直倾向于保持在行为科学和社会科学范畴内，而基本上忽视了符号学的哲学基础。至于教育符号学，它建立在一个独特的哲学基础上，它在多个方面指引本书所提到的研究。本书特色之一便是强调教育理论和教育哲学是特殊的符号哲学，这也是本书的新意所在。尽管如此，实证研究和理论研究在本书中相互补充。

符号不仅直接以特定词语表征世界上的特定对象，作为单一指涉方式，而且会引发人们想起其他符号、作为自身衍义的结果。符号又可以是多义的，也就是说它们可能意味着不止一种意义。因此，意义可能以其无限性为特征。象征性的内涵可能表现出更深层次的意义，有时具有复杂的情感联系或具有神秘性质，它预示并指向超越自身的东西。人类也是符号——人们是生活在其他符号之中的符号，人们阅读、解释和使用这些符号，从而获得学习、发展和成长的能力。教育符号学认为生活就是参与、回应和解释符号，从而为生活体验创造意义的活动。从教育学的角度来看，生活本身就是一所学校，尽管它是一所非正式的学校，而且就其本身而言，生活跨越了正规教育环境的藩篱。

简要背景

马塞尔·达内西（Marcel Danesi）是期刊 *Semiotica* 的主编，他在为《符号学教育经验》（Semetsky 2010b）一书所写的前言中，把那本书里汇集的研究描述为“精彩的篇章，是为未来建构真正的教育符号学的基础性文本”（p. vii）。本书则包含多项当前研究成果，这些成果从 2010 年起就被认为是这一新兴理论发展的未来方向。达内西评论说：“直到最近，将学习理论、教育和符号合并建立一个新的分支，可名曰‘教育符号学’，但尚未定型。即使伟大的俄罗斯心理学家维果茨基（Lev Vygotsky）曾评论道：‘人类记忆的本质是在符号的帮助下积极记住’……从这些话中可以发现其存在的理由，即在作为符号科学、学习理论和如何学习符号的科学——符号学和教育之间建立联系，即教个体如何解释和理解符号的实践艺术/科学”（Danesi 2010，p. vii）。

20世纪的哲学以所谓的语言转向为标志，而21世纪的哲学展示出一种创新的符号学，进而引出教育符号学，这种转向突出了认识论、本体论、伦理学和深层存在主义问题中经常缺失的方面，这些内容对教育极具价值，且迫切需要人们探索。教育符号学转向拒绝专注于分析哲学中普遍存在的日常语言和逻辑分析，这曾对索绪尔符号学产生了决定性影响。索绪尔的结构主义观点将符号的概念局限于语言表现和言语表达，而皮尔斯符号哲学认为，符号以各种形式散布于人类和非人类世界。皮尔斯的观点属于泛符号论和自然主义，并强调符号生长的过程和变化，即符号化（semiosis），代表了自然、文化和人类思维中符号的行为、转换和演变。符号化过程是一种交流、互动、关联和解释的过程。交流是符号学中的一个重要概念，即信息的流动，是正在翻译成其他符号的符号的相互转换。在符号学中，以信息共享为目的的交流被认为是一种自然组织原理。然而，就像符号学中的核心概念“符号”，不只是因为交流才出现；符号功能，如意义或意义表达的符号学是极其重要的，符号的作用也表现在精神分析的无意识中，以及症状、梦境中。

在教育符号学诞生之前，一群主要来自欧洲的教育研究人员于2008年在芬兰奥卢大学组成了一个非正式的在线社群，名为“符号学与教育学网络”（Network for Semiotics and Education）。英国教育哲学协会资助了该团体举办的两次国际研讨会：2011年在巴黎塞尔吉大学和2012年在英国巴思大学。这些研讨会论文刊发于《教育哲学杂志》的两期专辑中。实际上，教育符号学的种子早在2004年便显见于《教育哲学》《哲学和教育理论与研究》等期刊的论文专辑中。“符号学与教育学网络”的一些成员也受邀在赫尔辛基举行的芬兰教育研究学会会议上举办研讨活动，随后2013年6月，在芬兰伊马特拉举行的国际符号学协会会议上又举行了一次研讨活动。而后，2013年，在俄亥俄州代顿举行的美国符号学会（SSA）年会上，举行了题为“教育符号学：教育变革研究”的讨论活动。教育符号学作为一门独特学科和理论符号学中一个新的分支，于2014年9月在索非亚新保加利亚大学举行的第12届国际符号学协会（IASS）世界大会上正式亮相。2014年11月，在新西兰汉密尔顿举行的澳大利亚教育哲学学会（PESA）年会上举办了一次关于教育符号学的研讨活动。2015 年在澳大利亚墨尔本成立的教育符号学研究院（IES）致力于研究、开发和传播这一新领域的研究成果。最近，“教育符号学”一词被彼得斯（M. Peters）编辑的《教育哲学和理论百科全书》（*Encyclopedia of Educational Philosophy and Theory*）收录。对于教育、哲学和社会科学领域的师生、研究者和专业人士而言，教育符号学这个正在如火如荼进行的项目是个充满活力的学习之所，相关研究不断推陈出新。该百科全书中关于教育符号学（由我编辑）的部分目前含有十个条目，包括我对该主题的简介。

作为一个综合概念框架的教育符号学

与孤立的实体观比如笛卡尔哲学中的身心二元论不同，皮尔斯将一个真正的符号设定为三个相对的统一实体，符号并不直接指向对象或指示物，而是通过第三类范畴（解释项）间接地指涉某物。割裂精神实体（非物质、非延展性的）与物质实体（物质的、延展性的）的笛卡尔静态实体观让位于作为过程和事件的符号关系哲学。符号作为一种关系，可以被用作描述世界的最小单元，因而以超主体的方式克服主客二分法。关于主体性的问题（Semetsky 2003）在后现代时期引发了多次争论。主体性中的主体并非笛卡尔主义中被孤立的主体，主体性是跨越自身与周遭世界边界的一种关系，它既是社会的也是自然的。正如约翰·迪利（John Deely 2015）评论的那样，它“超越了理性与现实的边界”（John Deely 2015，p. 75），或者用笛卡尔的术语来说，它介于精神实体与物质实体之间。这种超越是由符号学动态过程即“符号化”实现的，符号化包含符号的演化（超越以自然选择为基础的达尔文的生物进化），它伴随意义和目的而发展。过程可以被描述为“现实的有机组合中协调的集体变化，即一系列有组织的事件，这些事件之间有系统地联系在一起，或因果联系在一起，或功能联系在一起”（Rescher 1996，p. 38）。教育符号学采用过程本体论，其哲学先驱除了皮尔斯，还有柏拉图、莱布尼兹、詹姆斯、杜威、怀特海等思想家，以及赫尔墨斯派、新柏拉图派的许多学者和东方哲学家。因此，教育符号学不仅继续推进了而且在新的语境下重新诠释了主要哲学家和批评理论家的知识遗产，从美国实用主义到欧陆传统，重新审视了诸如赫尔墨斯主义或道教等古代哲学。皮尔斯等实用主义哲学家与分析哲学家相比，一贯拒绝主体与客体、身体与心灵的尖锐对立，并拒绝将认识论归结为一种客观中立的知识理论。让捍卫这种拒绝的态度不再仅是一个口号，而确实是教育符号学追求的一个目标。这个目标艰巨，需要融汇认知与情感、逻辑与伦理、形而上学与实践。

教育符号学是一个综合性概念框架。在西方教育系统中，综合方法要么完全缺失，要么转而采用东方哲学和实践，而不将现代或后现代符号学作为教育的特定哲学。人们习惯上认为，西方思想在现代性时期秉持二元论，“可能没有第三者”（Merrell 2002，p. 204）——在两者之间有一个难以捉摸的中间物，就像在二之间包含第三，这显然与常识相反。这种第三者被定义为具有不确定或不可分类的性质，它与我们倾向于认为是逻辑二进制的其他两个术语有关，但又不同。现代哲学在很大程度上是二元的，并且体现了身体与心灵之间的“巨大分歧”（Merrell 2002，p. 54），故而教育仍然继续以笛卡尔二元论哲学为模型，即便这种哲学思想是隐性的。但东方思想倡导“对立统一性”（Fritjof Capra 1975，p. 112）。例如，对于道家庄子来说，此即彼，彼亦此。表面上的对立统一起来，因此不再是二元对立，而是在阴阳、身心、物质与精神、直觉智慧与理性认知等方面互相补充。行动与沉思是相辅相成的关系，中国哲学中的圣人与君王形象就是这种相辅相成的例证。正如物理学家和哲学家卡普拉（Fritjof Capra）在其影响巨大的著作《物理学之“道”：近代物理学与东方神秘主义》中所指出的那样，“完全自我实现的高人，正如庄子所言，‘静而圣，动而王’”（Fritjof Capra 1975，p. 99）。这种说法当然听起来很矛盾，但这种悖论（与包含中间项的符号逻辑相容）正是教育符号学中一个不可消除的独特性。由于这种定义的特征，教育符号学也可以被描述为中国人称之为“道”（the WAY）的教育之道（Semetsky 2015a）。这种隐喻的方式不断演化，是一个永无止境的过程。其由跨越文化与自然之间的鸿沟而推动，并反过来促成其和谐关系。随着符号的演化，它们确实勾连了人类思想和非人类的、自然的世界（De Tienne 2003）。在符号学世界，人类思想并不与环境物理世界分离，而是持续参与其中，从而形成一个整体性的结构，一个包含社会文化和自然方面的网络。真正的符号指代的不是自身，它通过一系列的关系和转译，最终将这个“他者”融入自己当中，从而引发一系列的转变。

当代教育理论常常被过去的陈旧思想困扰，如笛卡尔的实体二元论；基于逻辑分析和无中介表征的语言哲学；以及充满现代性且无比正确的科学方法，教育研究正日益受其规制。教育符号学代表了一种可供选择的新的教育哲学方向，它具有多种鲜明特征。克服传统二元论是教育符号学的另一个显著特征，其中包括：过程本体论、包含中项的逻辑、关系伦理、存在维度与死后维度、从实践经验中学习、解释的必要性而不仅仅依赖作为证据的经验事实、符号学结构中的大语言观（超越分析哲学强调真理和直接表征）、具身认知、自我形塑的问题。作为一种教育哲学，教育符号学旨在形成一种关系自我的感觉，在这种感觉中，一个普通的他者将被整合，从而使相互理解以创造最终共享的价值和意义为导向。教育符号学需要替代的研究方法，包括但不限于现象学和解释学，以期从其基本原则中提出多种建议。教育符号学对探索教育政策和实践问题具有特别重要的意义。

从符号学角度来看，人类既是符号中的符号，又是符号用户。符号通过多种解释、化身和翻译成其他符号的动力而发展和成长。因此，嵌入在符号化过程中的人类可以生长和进化，他们的生活也会获得意义。教育，从符号学角度来看，在人类经验中既是一种关系型成长过程，又是一种与生活和人类经验中的符号进行接触和学习的功能，从而打破了正规学校培育和文化教育之间的严格界限。体验式学习打破了传统教室的围墙，并将教育拓展到更大的社会和自然世界。学习超越了狭隘的理性：即使我们“认为……学习是一种有意识的心理过程（教育符号学的作用建基于）身体与心理的学习”（Merrell 2002，p. 15）。作为一种以具身经验为基础的学习过程，教育从符号哲学中汲取思想，引发习惯的转变——思维习惯和在世界行动的习惯。注重伦理和实践行为是教育符号学的重要特征，同样重要的特征还有一种独特的逻辑方法，就像符号科学一样。

符号逻辑

皮尔斯明确指出，特定的符号哲学有不同的逻辑：逻辑是“一门关于思维必然规律的科学，或者更确切地说，是一门关于思维总是通过符号发生的科学，它是一门通识的符号学，它不仅研究真理，而且要研究符号作为符号的一般条件”（Peirce，CP 1. 444）。符号作为描述单位，不是单个事物或个人，而是一个关系与实体的存在，它不断地参与变化和转换过程，从而挑战笛卡尔之心物范畴的二元对立，也反击其他各种形式的二元对立观。基于这一前提，教育符号学不会将真实与虚假或正确与错误当作二元对立的答案，但实际上教师通常会用这种非此即彼的观念来评估学生。重要的是参与式学习过程，学生在其中发现重要性和意义，教师有责任创造这样一个参与式学习环境，而非仅仅将教育限制于结果，而结果通常会归结为标准化测试成绩。

作为思维必然规律的科学，符号学逻辑违反了古典不矛盾原则，这一原则可以追溯到亚里士多德，它与排中律有关，排中律与口头语言和命题思维的分析逻辑一脉相承：命题要么为真，要么其否定式为真——也即不存在其他可能。非矛盾律体现了经典的排中律原则，这是亚里士多德三段论推理建立的非此即彼逻辑的基础。但从符号学角度来看，所有二元对立（无论这个或那个）都会受到调和，这由一般符号矛盾结构所支配，其中内含中介（以这样或那样的形式），从而确保符号在意义上动态增长而不是获得静态真理。与之形成鲜明对比的是，不矛盾法则仍然困扰着教育，即使是隐含的（当教师继续要求学生给出明确和单一的“正确”答案时）。有教育学家断言，这是有逻辑矛盾的——或充满道德困境，这在生活经验中随处可见——可以作为重要内容并成为学习材料。符号解释项作为一个间接中介，它建立了三元关系而非二元关系。作为关系实体，符号摒弃了非此即彼的逻辑，符号解释项是符号特有的中介，也是符号的独特性所在，相当于包含着第三条逻辑，即两者兼而有之。并且，这条逻辑标志着教育符号学转向——旨在教育变革和教育创新。

由于这种逻辑，新符号的创生得以发生：符号生长，也就是说，它们在符号解释中变成别的符号——间接的、中介的、递归的——符号化过程。这样的过程是习惯在实践中转变的基础。习惯的转变无论是在思想上还是在行动上，都嵌入到新创造的符号所渗透的符号化关系动力学中了。因此，作为理论框架的教育符号学导致重塑所接受的进步理念，这种理念在传统上等同于物质成功和量化手段。教育符号学改变了标准观念——对测试、评估和评价学业成败的既定政策的看法。根据符号转化为其他符号的过程可知，失败可能会转变为自己的对立面，即我们可以通过学习经验获得正面价值。重申一下，教育符号学视角导向新的伦理观，旨在创造我们自己和他人之间的和谐关系，这种关系可以促进相互理解和分享彼此价值观。符号在生活中起着非正统文化文本的作用，其中包括可以阅读和理解的人类经验。通过对这些文本的回应和解释，我们往往只能在无意识层面上接触到这些“间接且往往微妙的信息”，而不是先验的“清晰而独特”的笛卡尔思想，我们可以教育自我，因此根据符号化的动力机制，我们可以成为更加发达的符号。

作为一种教育哲学，教育符号学提倡的是关系的价值，而非个人能动性或先天自主性。发展关系网络对于我们在人际关系和社会政治背景下的现实生活实践尤为重要。一切都是符号—— 除非得到解释，否则就没有任何符号。这句话听起来自相矛盾，但我们重申这一悖论的存在是符号学和教育符号学的特征之一。推理模式除了演绎法和归纳法，还包括溯因法——为探索发现提供逻辑基础，而不仅仅是澄清辩护（Semetsky 2005，2009）。通过多种解释和翻译成其他符号，符号在这种动态环境下不断进化和成长。学习不是通过分析性的、笛卡尔式的思维来实现的（这种思维通过观察与之分离的周围世界来进行），而是通过综合或整体意识来构建，这种意识通过生活经验构建了一个存在意义的扩展领域。教育符号学质疑和重新定义了人类中心主义，将人类思想置于更大的后人类环境中。教学和学习都嵌入到了符号化之中，对学习和教学过程的研究是对符号个体发生学及其交流和意义问题研究的一部分，也对其大有裨益（参见 Nöth 2010）。

伦理、价值、理性

以符号学方法研究知识过程结构，会导致伦理与理性，知识与行为，意识与无意识，意志与欲望之间的相互作用。这些都是互补对（Complementary Pairs），而非二元对立。它们的动态过程可以用波形标记“~”表示，作为调和关系的记号，或者是真正符号所特有的自相矛盾的自我指涉特征标记。因此，严格来说，符号是“过程~结构”。它是自我指涉，从经典逻辑角度来看，确实是有问题的，但却是真正的、三元的、符号的结构所固有的，它能够实现自我认知。教师自我认知是必需的：若无，则教师就无法与对方、“他人”建立真正的关系。自我认知作为人与自我的关系是教育符号学的特性，也是了解他人的先决条件。没有自我反思的过程，自我认识就是不可能的。反思自己、理解和重新评估一个人经历的能力使人们能够在这个过程中学习、进化、变成另一个人。建立自我与他人的关系是伦理道德教育的基础。多年前，教育哲学家诺丁斯（Nel Noddings 1984，2003）已经将关怀伦理学假定为基于关系。她将关怀描述为个性品格教育中的一种女性化选择。教育符号学将这一点提升了一个等级，并形成了一种新的道德教育方法和整合性伦理（Semetsky 2010a，2012a/b）——一个重要的理论前提，使实践致力于创造出一般自我与他者间的协调关系，进而相互理解和分享彼此的价值观：这种方式就像母亲通过自然纽带来理解其婴儿（尚未言语阶段）。当然，我们是符号中的符号，因此我们必然“在关系中定义”（Noddings 2010，p. 113）。

教育符号学提出了一种有意义的价值教育法，价值本身不断得到重估，并作为情境、事件和不同经验及实验环境的功能，以符号的方式重新创造。经验、实践、存在论问题以及价值相关问题都是本书中非常突出的议题。就道德教育而言，在促进价值观教育的同时，教育符号学确实挑战了直接灌输的做法，这种做法有时会被当作教导之法。虽然道德维度是教育符号学的重要组成部分，但是教育从教育符号学视角出发将会质疑一成不变的价值观，并根据时间、地点和情境而呼唤新的价值。价值观是时代的符号，因此它们也像其他符号一样在发展演化。1996年，21世纪国际教育委员会给联合国教科文组织提交了报告《学习：蕴藏宝藏》（*Cearning* : *The treasure cvithin*），15年后的2011年，若追问学习的“宝藏”发生了什么变化，德洛尔（Jacques Delors 2013）认为终身学习对于自尊、掌控生活都是极其重要的，从而隐晦地支持了教育符号学关于终身教育的假设。成人教育的通常观念也是有问题的：不应只是专注持续的专业培训和强调获得新技能的必要性，还应该延伸到教育符号学的教学法中，它包含着体制化正规教育校园之外的个人发展和自我形塑。事实上，这种教学法涉及一种非正统的技巧：古代斯多葛学派发展了这样一种观念，即认为美德是一种生活技术或工艺，当美德与世界的理论知识混合在一起时，便形成了生活的艺术和科学。在符号学中，艺术是对科学的补充：符号科学在本质上是创造性的，三者可被表达为“艺术～科学”。

关于伦理学方法的持续争论似乎无穷无尽：“自苏格拉底（哲学家）已来，人们便在寻求区分对与错、善与恶之间的标准”（Baron et al. 1997，p. 1）。然而，所有方法的共同之处在于：它们都是由一个独立的道德主体推理而成，这个主体以二元对立的形式呈现伦理范畴。然而，即使经典伦理理论包含于教师备课中（通常它们根本不包括在内），这些理论的适切性在当代全球文化差异和价值冲突背景下变得令人怀疑。我们理解，人类经验中嵌入的符号在现实互动中消除了不同类别间的边界，使得严格的理论规则难以作为不容置疑的道德标准。教育符号学的伦理观克服了简单化的道德代数中固有的二元分裂，其传统的二元分为善与恶或对与错。教育符号学的伦理观使我们能够超越这种分裂，并融汇整合那些仍然根深蒂固于个人和文化意识中的二元对立面。当僵化的逻辑范畴之墙崩塌，包含中项的模糊逻辑破门而入时，这就在无意中消除了以自我为中心的道德判断。传统伦理的目标是虚幻的完美、坚持绝对善，但这必然导致二元对立的出现——绝对邪恶成为永恒的另一面。新的教育符号学伦理观以整体性为目标，而不是以某种理想的改进和完美为目标。从教育符号学的角度来看，教育的逻辑是整体的、综合的。

把教育符号学作为一个新创建的项目持续研究，应该不仅能够消除旧的思维与行为习惯，而且还能调查教育符号学观点对多元化社会文化关系的预期影响：本书代表着相关问题在世界范围内的最前沿研究成果。对于当代学者、研究者和教师来说，符号学和教育符号学对现代学术提出了挑战（参见 Deely 2015）。尽管如此，正是教育符号学可以引导我们摆脱陈规旧习、克服狭隘的专业化思维以及基础教育和高等教育中普遍存在的知识碎片化现象。事实上，拉丁语的“教育”（educare）字面意思是引导、带出内在的东西，当然并不限于狭隘的工具理性。习惯变化是一个漫长的过程，常常会在我们意识不到的情况下进行。但是，教育符号学表现出一种与创造性解释、想象和批判性自我反思不可分割的根本的科学理性，这些都是由符号行为决定的。这种扩张的理性应该开始影响当前的教育政策并引发教育改革。

对专业的启示

本书各章节由符号学家、教育研究人员和教育哲学家撰写，他们构成了一个全球性的探究社群。皮尔斯对社群在知识获取中的作用具有特殊意义：

那么，真理，迟早会由信息和推理最终导出，并且独立于我和你的奇思遐想。因此，真相概念的起源表明，这一概念本质上涉及社群，社群没有明确限制，而确实能够增加知识（Peirce，CP 5.311）。

这样一个实践探究的社群在理论上不受时空限制，是面向未来的；作为离散的个体，我们当然还只是带有有限性的人类。

最后，正如任何真相那样，最终可能会知道处于完整信息的理想状态，因此真相取决于社群的最终决策。所以思想就是这样，只有通过它才能指向未来。现在的思想虽没有未来的思想那么成熟，但在价值上等效。通过这种方式，思想现在的存在取决于未来的内容，所以它现在只有潜在的存在，这取决于社群未来的思想（Peirce，CP 5.316）。

关于符号演化和变革的教育符号学过程，内在地决定了人类发展和变革教育的新机遇，必然包含面向未来的维度——形成性、新颖性、创造性。这些元素是阿尔弗雷德·怀特海（Alfred North Whitehead）的过程哲学的特征，需要在教育中加以考虑。教育符号学是一门创造性的学科，它质疑把预先给定内容从普通教师单向传递给学生的教学模式。相反，教师和学生都是同一符号化过程的一部分：它们形成一个单一的关系单元。换句话说，教师和学生不能作为个体和独立实体发挥作用。当教师的工作局限于教学，且学生的任务就是从一个假定的权威人物那里接受这样一种不容置疑的指导时，他们两人即使互不相识，也都在践行着笛卡尔二元论的惯常性哲学观。然而，教育符号学认为教师和学生是一个统一体，尽管是双面的，但整体上就是一个符号、一种关系。教师和学生一起形成互补对。互补性的特征是容纳中项的逻辑范畴的一部分。符号逻辑是使教师与学生通过嵌入符号领域，并最终创造出相互共享的意义，以一种相互关联、相互依存的方式发挥作用的机理。

教育符号学参与一种开放式的实践探究，其目的并非旨在获得有限和不容置疑的知识。它还使正式教学的普遍作用成为问题，并引出可替代的教学法。教育符号学精神下的教学不能被简化为教授"真实"事实，而是旨在用意义和价值来丰富经验，同时让课堂充满超越严格认知的另类话语（Semetsky 2014），但融入了艺术创作实践、诗歌、想象力、图表推理，并作为非语言的有价值信息来源，以激发我们的认知能力。对于皮尔斯来说，图表推理是谴责笛卡尔准则的手段之一（Semetsky 2015b）。教育符号学包括自然的符号和创造的符号两类，后者如特定的文化器物。除了言语符号，教育符号学还将图像、图表作为一种交流和教学的视觉模式，并肯定了隐喻的、叙事的、语境诠释的以及情感的，甚至有点色情的经验。符号化性质的三元关系性预设生活、爱、学习之间的三重互动互惠（Semetsky 2012a）。

符号学修辞，如解释、发展、进化，关系性和对话性结构与过程，叙事性知识，隐喻和转喻等，都在教育话语中凸显出来，标志着其从单一的社会科学模式向教育研究应用的转变。通过使用符号的方式学习可以成为正式和后正式教学的一种形式，这种形式的教学可以加强关系和联结，并以创造意义的实践为导向。由此可见教育符号学的价值维度。教育符号学视角反对单纯以证据为基础的还原论范式和教研模型。教育符号学提出的经验证据总是对解释持开放态度。它创造了一种新颖的开放式认知基础，这种基础始终具有过程性的本质。在生活经验难以预测的情境中，我们旧的思想和行为习惯可能不适合或会适得其反，因此，需要重新解释符号的演变、发展和介入。符号化过程包括人类作为符号的功能，它引发了习惯的转变，这在教育背景下尤其重要，并代表了教育符号学的核心。教育符号学不仅质疑传统的教师培训方法，而且有可能影响整个教育决策领域。从这个意义上说，教育符号学的目的属于 21 世纪教育综合政策议程的范畴（Simons et al. 2009）。教育符号学的总体目标是创建一个开放社会（参见 Peters 2009），这体现了知识经济的整体性转型，包括持续存在的学校改革问题。

本书内容以斯塔布尔斯（Andrew Stables）所撰写的前言为开篇，他的学识是当前促使教育符号学作为一门学科的背后驱动力之一（Stables 2005，2010，2012），并且他是这一主题最新巨著，也即本书的合著者之一（Stables and Semetsky 2015），本书在 2015 年获得大洋洲教育哲学学会首届图书奖。各位研究者，包括当前教育符号学家团队成员在当代语境中汲取并重新阅读其丰富遗产的许多前辈，如皮尔斯、杜威、克里斯蒂娃、利科、巴赫金、德勒兹、瓜塔里（Guattari）、海德格尔、哈贝马斯、格雷马斯（Greimas）、巴尔特（Barthes）、西比奥克（Sebeok）等哲学家和文化理论家。本书在此谨向翁贝托·艾柯（Umberto Eco）致敬，艾柯在本书编写期间遗憾地去世了。本书作者们所提的主题丰富多彩，这里介绍的研究成果涵盖了以教育符号学为概念框架而整合的许多经验性和理论性研究。这些研究还挑战了我们传统意义上认为不太直接关注教育哲学的领域，如物理学和生物学，即使这些内容捎带而过；如此还是在人文与科学、艺术与数学、形而上学与教育史之间建立了一座符号桥梁。

这本论文集的直接影响是它提供了用教育符号学提供的多元化机遇来教化其读者的可能性（和必要性）——这种教化作用不仅发生在学校或大学层面，而且发生在日常实践中，在教育符号学为读者提供的多元化机遇中。该书创造了一个全新的知识体系，为有意义的教育和有意义的生活提供信息。该书论证了在实践层面上实施这些任务的理论基础确实存在，并将其命名为教育符号学(edusemiotics)。

参考文献

Baron, M. W., Pettit, P., & Slote, M. (1997). Three methods of ethics: A debate. Oxford: Wiley-Blackwell.

Capra, F. (1975). The Tao of physics: An exploration of the parallels between modern physics and eastern mysticism. Boulder, CO: Shambhala Publications.

Danesi, M. (2010). Foreword: Edusemiotics. In I. Semetsky (Ed.), Semiotics education experience (pp. vii-xi). Rotterdam: Sense Publishers.

De Tienne, A. (2003). Learning qua semiosis. SEED Journal—Semiotics, Evolution, Energy, and Development, 3, 37—53.

Deely, J. (1990). Basics of semiotics. Bloomington & Indianapolis: Indiana University Press.

Deely, J. (2001). Four ages of understanding: The first postmodern survey of philosophy from ancient times to the turn of the twenty-first century. Toronto: University of Toronto Press.

Deely, J. (2015). What semiotics is. Language and Semiotic Studies, 1 (1), 63—94.

Delors, J. (2013). The treasurewithin: Learning to know, learning to do, learning to live together and learning to be. What is the value of that treasure 15 years after its publication? International Review of Education, 59 (3), 319—330.

Merrell, F. (2002). Learning living, living learning: Signs, between east and west. New York, Toronto: Legas.

Noddings, N. (1984/2003). Caring: A feminine approach to ethics and moral education. Berkeley, CA: University of California Press.

Noddings, N. (2010). The maternal factor: Two paths to morality.

Berkeley: The University of California Press.

Nöth, W. (2010). The semiotics of teaching and the teaching of semiotics. In I. Semetsky (Ed.), Semiotics education experience (pp. 1 – 20). Rotterdam: Sense Publishers.

Peirce, C. S. (1931—1935; 1958). Collected papers of Charles Sanders Peirce (Vols. 1—6, C. Hartshorne & p. Weiss, Eds.; Vols. 7 and 8, A. Burks, Ed.). Cambridge, MA: Harvard University Press. [cited as CP].

Peters, M. A. (2009). Knowledge economy and scientific communication. In M. Simons, M. Olssen, & M. A. Peters (Eds.), Re-reading education policies: A handbook studying the policy agenda of the 21st century. Rotterdam: Sense Publishers.

Rescher, N. (1996). Process metaphysics: An introduction to process philosophy. Albany, NY: SUNY Press.

Semetsky, I. (2003). The problematics of human subjectivity: Gilles Deleuze and the Deweyan legacy. Studies in Philosophy and Education, 22 (3—4), 211—225.

Semetsky, I. (2005). Learning by abduction: A geometrical interpretation. Semiotica, 157 (1/4), 199—212.

Semetsky, I. (2007). Take Five: Visions of Deely. The Semiotic Review of Books, 17 (2), 8—11.

Semetsky, I. (2009). Meaning and abduction as process-structure: A diagram of reasoning. Cosmos and History: The Journal of Natural and Social Philosophy, 5 (2), 191—209.

Semetsky, I. (2010a). Moral stumbling: When ethics recapitulates ontology. In I. Semetsky (Ed.), Semiotics education experience (pp. 53—70). Rotterdam: Sense Publishers.

Semetsky, I. (Ed.). (2010b). Semiotics education experience. Rotterdam: Sense Publishers.

Semetsky, I. (2012a). Living, learning, loving: Constructing a new ethics of integration in education. Discourse: Studies in the Cultural Politics of Education, 33 (1), 47—59.

Semetsky, I. (2012b). Toward shared values: Self-other dialogue and the cultural pedagogy of concepts. In T. Besley & M. A. Peters (Eds.), Interculturalism, education & dialogue (pp. 122—133). New York: Peter Lang.

Semetsky, I. (2014). Learning existential lessons: The edusemiotics of images. In I. Semetsky & A. Stables (Eds.), Pedagogy and edusemiotics: Theoretical challenges/practical opportunities (pp. 121—136). Rotterdam: Sense Publishers.

Semetsky, I. (2015a). Edusemiotics: The Tao of education. Language and Semiotic Studies, 1 (1), 130—143.

Semetsky, I. (2015b). Interpreting Peirce's abduction through the lens of mathematics. In M. Bockarova, M. Danesi, D. Martinovic, & R. Núñez (Eds.), Mind in mathematics: Essays on mathematical cognition and mathematical method (pp. 154—166). Munich: Lincom.

Simons, M., Olssen, M., & Peters, M. A. (Eds.). (2009). Re-Reading education policies: A handbook studying the policy agenda of the 21st century. Rotterdam: Sense Publishers.

Stables, A. (2005). Living and learning as semiotic engagement: A new theory of education. Lewiston, NY/Lampeter: Edwin Mellen Press.

Stables, A. (2010). Semiosis and the collapse of mind-body dualism: Implications for education. In I. Semetsky (Ed.), Semiotics education experience (pp. 21—36). Rotterdam: Sense Publishers.

Stables, A. (2012). Be (com) ing human: Semiosis and the myth of reason. Rotterdam: Sense Publishers.

Stables, A., & Semetsky, I. (2015). Edusemiotics: Semiotic philosophy as educational foundation. London: Routledge.

第2章　学术文化与符号学

约翰·迪利

摘要　现如今大学里的学术研究十分繁荣，大学可谓是满足人类知识文化需求的核心教育机构。在历史语境中，哲学（用工具对客观现实进行批判控制的“共识性”意义上的科学）与文学一起，先于大学生活出现，但后来它们成了大学课程中不可或缺的部分。但是现代科学（从“实验性”的意义上说，没有工具是无法获得知识的）在17世纪初就开始了其独特的发展历程，并且顺利地在大学广泛传播。智力的进步取决于逻辑，但又必须克服陈旧的概念，而这种文化新旧交替并不简单。经过了两个多世纪，现代科学才在社会上有了地位——而且十分牢固，以至于现在学生首先考虑要报考的大学的理工学科，这能从21世纪初核心课程的尝试上STEM（科学、技术、工程、数学）这个缩写词看出来。符号学在这方案中如何体现？本章将符号过程作为符号学探究的主题，详细阐述了符号为何是所有科学的基体——不管是社会科学还是自然学科；并进一步详述了符号学意识的特征，最后肯定了符号学和教育符号学的除学科性外的跨学科性和预学科性。

导言

现在的符号学源于同时期的两位先驱者，一位在语言学领域，另一位在哲学领域。一位是索绪尔（Ferdinand de Saussure），他设想了“记号学”（semiology）名义下的潜在发展，这一词由希腊语“记号”（semeion）演变而成。另一位是查尔斯·皮尔斯（Charles Peirce），他选择了命名“符号学”，这个词也是由希腊语演变而成，并不是他自己创作的。皮尔斯根据约翰·洛克（John Locke）《1690年人类理解论》文本中最后的部分衍生出他的观点。对索绪尔而言，符号学应该是社会心理学和语言学的一个分支，是该分支中的一个亚种。对于这种“可能科学”，索绪尔本人并没有说得太多；然而，他影响了一大批未来的语言学家和批评理论家，他们只专注文学文本和其他文化产物，而这些往往是需要经过语言模式处理的。在这样的传统下，理解符号学的可能性在很大程度上局限于语言中心论或逻各斯中心论。从哲学的角度来看这一观点，它是受到康德（Kant）批判的，它指的是在自己认知结构所建构的现象之外，世界是不可已知的或不可知的。在这一传统下，特伦斯·霍克斯（Terence Hawkes 1977）提醒我们，“因此，结构主义思维的最终目标将是永恒的结构，个人的行为、观念和姿态都适应于其中，并由此从中理解其最终本质。这最终将像弗雷德里克·詹姆逊（Fredric Jameson）所描述的那样……‘明确寻找内心本身的永恒性结构，寻找能让内心体验世界的，或者把本身没有意义的东西组成有意义的东西的那种组织类别和形式。’”

“事实上，符号学的核心是让人意识到，人类经验的整体毫无例外地是一种由符号介导和维持的解释结构”（Deely 1990）。因此，在我们这个时代，许多最早的符号学发展都是沿着现代意义上的古典理想主义轨迹和路线进行的，这也许就不足为奇了。这个时代有一种对文本和叙述进行结构主义分析的舒适环境和思想氛围。然而，记号学的传统已经被庞索－洛克－皮尔斯的其他符号学传统取代。与索绪尔的“符号学”发展不同的是，前者的发展并没有从人类语言和言语中获得主要和几乎唯一的灵感，而是在符号过程中看到了一个更广泛、更基本的过程，它涉及人类符号产生过程中的物理宇宙本身，并使我们人类物种的符号过程成为自然界符号过程的一部分。试推法首先是一种自然现象，一个抓住新思想的过程——进一步推论发展和归纳测试，最后重新开始循环。或许更确切地说，试推法是符号过程的螺旋进化。正如皮尔斯指出的那样，“发展是什么？不仅仅是增加”（Peirce，CP 1.174），符号学的发展以新颖和创造力为前提。试推法与构造符号共同起作用，但不只是与构造符号一起，而且首先不是与构造符号一起。因此，这一传统的基石，最早由约翰·波因索特（John Poinsot）于1632年在他的《逻辑哲学论丛》中清楚地阐明了，并得到了皮尔斯、马里顿（Maritain）、莫里斯（Morris）和西比奥克（Sebeok）的发展，这是“真实存在”（意识独立）和“理性存在”（意识依赖）的结合体，以此反抗那些反对者。这里有两种范例，它们存在于反对的社会学条件下，在一定程度上阻碍了当代的发展，这不仅仅是逻辑上不必要的反对，而且它们依赖于一个错误的举隅法，就是部分误代整体。事实上，符号学形成了一个统一的整体，记号学只是其中的一部分。西比奥克认为，符号过程作为符号进化的过程，应必须得到认证为自然和文化的普遍事实。这是教育符号学所采用的反二元论的观点，对教育理论（Stables and Semetsky 2015）和教学实践（Stables and Semetsky 2014）产生了深远的影响。

符号过程：符号学研究的主题

符号学研究调查符号行为，现已将教育符号学研究作为其主要理论分支之一。皮尔斯将符号学的全面发展过程看作一个独特的知识体，在此过程中需要动态的意义观。符号过程作为一种活动类型，其独特之处在于它总是涉及三个要素，但更有特色的是，这三个要素中的一个不一定需要是一个实际存在的事物。在所有其他类型的行为中，行为者是相关的；因此，无论有多少他们之间的行为，本质上都是并矢的。皮尔斯把这种存在的事物之间的行为称为“强力”或“动态相互作用”，这可能是生理或心理上的。无论是以上哪种情况，行为总是发生在物质存在的两个主体之间，用术语来说就是不可或缺的主观互动，对此我们有义务去澄清与坚持。无论是心理上的还是生理上的主观互动，总会涉及符号行为，但它们将符号过程作为语境和条件，这时总是会缺乏正确的符号行为。换言之，当符号行为总是涉及动态的相互作用时，动态的相互作用却并不总是涉及符号行为。皮尔斯给出了温度计中水银上升的例子，温度计是因周遭环境温度的增加，继而“以一种强力和并矢的方式”使水银上升的。然而，对于那些碰巧略懂温度计的人来说，这个“天然事实”也会让人产生这样一种让环境不断升温的想法。然而，作为一种思维事件，这一概念属于物理存在的秩序范畴，与环境中不断上升的水银和环境温度有关这件事不相上下。正如皮尔斯所说，温度计的“直接对象”是一个指示环境状况的符号。温度计对象的符号是周围环境的相对温暖。作为符号，温度计的概念对象也是没有差别的。温度计产生了确定效应、本身作为解释义的意义和一个独特而重要的概念；它作为一个过程、形成形式或者一种存在，也产生了理解符号行为的答案；它超越了本质结构，尽管如此，从一开始它就使这种意义成为可能。

符号学介质

动态过程的特点是运动根据经典的强力定义，学者称之为“传递行为”，即通过变化的产生从一件事物传递到另一件事物的行动。在亚里士多德的物理存在类别中，行动和激情（比如打和被打）是二元的和相关的，一个是起始的，另一个是终止的。由此产生的变化是发生于受动者的施动行为，和作为物理秩序本身的一部分留存的痕迹（对受动者而言主要作为结果；但对施动者而言，是作为残留的线索）。然而，符号的行为完全不同，它不直接发生变化，它始终是有介质的。它缺乏“打和被打”的直接性，因为它总是在区分程度，即使当符号学涉及二元动态性，也恰恰是其间接性导致符号的行为具有奇怪的超然和虚幻的性质，皮尔斯正确地将其描述为其不可简化的三元性。符号不仅代表了自身以外的东西，而且代表了第三种标志。虽然这两个关系（符号与所指，符号与解释义）可以单独采用，但当如此采用时，不再存在作为三元实体的符号问题，而是一方面直接产生影响的问题，另一方面产生主体了解客体的问题。第三个要素（即解释者）对未来（或过去）的提及至关重要。这两点都在教育符号学中得到了认可，它们质疑知识主体的概念，并肯定了未来导向的方向对教育至关重要。

符号总是代表某物，但不是每个代表物都是符号。事物可以在经验中表现自己。在某种程度只要它们这样做，它们就是物体，仅此而已，即使在它们变成物体时，符号和符号学已经在无形地起作用了。要成为一个符号，就有必要代表自己以外的东西。符号是对另一个符号和物体不可撤销的束缚形式，符号不是物体，但是符号代表物体，因此符号表示物体。这是关于符合最重要的事实，因为它是最具决定性的因素：相对论的质量。符号本身也是物体，正如物体也是事物一样。但是没有任何符号与自身以外的某些物体无关，而物体或者与符号相关的物体，只要它是一个符号，我们就可以称其为有所指或有意义，是物体的基本内容。因为符号的基本内容或符号的存在是相对的，所以理解“什么对符号是恰当的”的关键是相对论和关系的概念。符号必然是一个相对的超主体、另一种表示法，而不是自我呈现。

为我们提供了符号学一般主题内容的符号作用，远远超出我们所谓的语言（即仅限于言语符号），尽管只有通过语言交流，这个领域才能被揭示出来。语言符号只是已被适当理解的诸种符号中的一支。口头语言在东欧符号学界被称为“主要建模系统”，而人类文化和文明的其余部分因此是一系列“二次建模系统”。然而，西比奥克表明，主要建模系统更像是人类精神世界，因为它在生物学上是不确定的（参见 Deely and Danesi 2012“后记”）。有许多种符号—例如，符号体现的联系是物理的，后来也是客观的和社会的（例如云与雨、烟与火之间的联系）；或符号由不是物理客观的而是综合客观的联系构成（例如烛光与爱人、餐巾和料理之间的联系）；或联系的符号是灵活变动的而不是规定的（例如按下杠杆和吸收食物颗粒之间的联系）；或者在语言之后的社会符号，体现了客观和文化的联系（例如国旗与国家之间的联系）。

与基于其可感知方面关联不同，掌握语言符号实际规定的能力正是物种特定语言能力意义上的“智能”所指的，它只是完全成熟的符号学能力的亚种，教育符号学旨在教育哲学和实践领域中将其阐明。这种观点对于教育符号学很重要，它也注重这样的“语言”，如图像、图表、图形符号、象形文字，以及世界上作为各种预兆的符号。对符号系统的这种广泛理解清楚地表明“文本”的概念不仅限于文学。它们可以是任何物理结构，且将思想体现为符号。在这种激进意义上，整体文化是一种文本；“自然之书”也是如此。简而言之，作为提供符号学探究主题的符号化，将为整个人类知识建立一个新的框架和基础。这个新的框架和基础不仅包括所谓的人类和社会科学（主要来自索绪尔），还包括所谓的“硬”科学或自然科学，因为它们也是从内部产生的，并依赖于它们在经验方面的发展和皮尔斯之后的符号学整体传统中的人类符号学发展过程。人类符号学与人类对符号的使用有关，并代表（参见 Deeley 1994）一种新的人类学范式。

作为所有科学矩阵的符号学

符号学在近代被迫转入地下，西比奥克（1976/1985，1979 / 1989）称之为“隐藏身份的符号学插曲”，其用于非常“认识论”。现代主流哲学家都认为这是人类知识的起点，这种看法就已经预设符号之路本身并不存在。符号之路是一种断然拒绝这种观点的道路，即只有任何类型的心理表征才是知识的直接终点。这条道路“在自然界中无处不在，包括那些人类从未踏足的领域”（Emmeche 1994，P. 126）。这种观点并不适合现代知识理论，这种理论结合在一个普遍的假设中，即主观表征在某种程度上是人类认识的核心和本质。认识论的问题不在于事物本身的存在，而恰恰是使事情“不可知”的理论。与哲学家不同的是，现代性科学从未完全接受这一论点。研究癌症的医生想要确切知道癌细胞发生怎样的病变，无论我们是否理解，确切地说，还是因为只有当医生明确知悉这种病变，才能对症下药，治愈癌症。

符号学涉及我们对知识和经验理解基础的更新，进而转变学科上层建筑，从文化上传播这种理解（目前建立的传统学科）。在这方面，作为一种新的教育理论基础的教育符号学目前出现在符号学领域是及时的。符号学通过对学科依赖的符号过程产生正确理解来更新任何单一的现有学科。这并不意味着符号学正在霸占所有的科学或哲学的领域。其更多是一个从自然科学特别是物理学的帝国主义中恢复过来的问题，它是实证主义的独特遗产，也是看到人类符号活动中符号学子集中“他们与整体有什么关系”的问题的体现。此外，对现实符号学的理解（符号的现实）使人认识到依赖于和独立于人类解释活动之间的界限永远不能从经验中最终固定，因为边界本身波动即带有理解发展和知识演变的功能，无论其中是推测的还是实践的、是科学的还是文学的。符号学探究的对象不仅仅是符号，而且是符号的行为或符号过程的行为。因此，符号学与符号过程形成了对比，因为知识本身与已知的知识形成了对比。符号学是关于符号过程的知识；它是对符号及其作用的理论解释。

“常识”的消亡是一个未解决的问题

在知识文化的背景下，没有其他革命比17世纪早期发生的那次以1633年的审判和谴责伽利略为标志的革命影响更大。当时人们认为伽利略倡导异端邪说，说地球不是宇宙中心，并且太阳也不围绕地球旋转。这是糟糕的一天——但不仅对于宗教权力，研习圣经的学生和神学家而言，在这场惨败中遭受重创的还有“常识”，它至今仍未能在学术界重新获得严肃的可信度。18世纪托马斯·里德（Thomas Reid）试图将常识视为对知识真理和堕落的行为道德考验，而启蒙运动认为基于系统观察、实验和数学化的科学知识最终可以取代全部有先见之明的观点，并成为公认的观点。

然而，人类知识的核心还有一个尚未解决的问题，即现代科学的兴起有助于强化问题而不是解决问题：这个不可避免的难题是除非人类在所有科学训练中获得的和被完善之前的意识本身就有一定的正确性，否则，即使是科学也不可能是真正的知识。因为开始科学研究的先决条件是对人类和动物的共同认识，正是基于这种共同认识，现代科学的发展，甚至作为特定物种的人类，才首先成为可能。斯特伦费尔特（Stjernfelt）用符号学术语来表达这个问题：为了使符号的方式在自然界中无处不在，事实科学与日常知识是连续的，而日常知识又与动物的认识是连续的，以此类推，沿着进化的尺度无限延伸。（Stjernfelt 2007，p. 8）。

在早期的现代哲学家中，这个问题从未被人们如此认识到。相反，他们假设心理表征是所有意识的开始，这种假设导致了著名的“外部世界问题”；因为即使经验主义者偏爱洛克而不是笛卡尔，他们也没有观察或评论洛克与笛卡尔所共有的致命假设：我们理解的直接对象是由我们自己的思想形成的心理表征。现代性中的“外部世界问题”仅仅来自这样的假设：思想本身使任何事物都成了直接和立即的意识对象。洛克和笛卡尔用想法确定了这个立即的对象。康德认为这太主观了，太“主观主义”了；在提出他的感官替代解决方案，即在产生与激发感觉的事物截然不同的现象时，他认为要保持科学知识的普遍性，通过理性的先验形式为此现象提供客观必要的结构。

然而，康德的“客观主义”并不亚于笛卡尔和洛克的批评主观主义的理想化，因为康德自己的观点同样与意识“科学”脱节，意思是让我们真实地了解他们的主观构成中的“事物的方式”和主体间的关系，这取决于我们是否意识到它们（Deely 2001）。通过对“前方路障”的认识论警告，它遵循现代用语中的本体论和认识论，实际上是不可知的，因为无法实现（在拉丁文时代所说的实际存在）对可知的（在拉丁文时代所称的理智存在）的对抗。在这一点上，笛卡尔和康德之间只存在这种差异：对于笛卡尔来说，理智存在是主观上的，而对于康德来说，它是明确客观的，但完全由人类主体的可知性决定。

虽然现代哲学始于普遍怀疑，这已经成为笛卡尔思想的一个功能了，但皮尔斯的哲学起源于在超越思想的现实中的信念。然后，它继续发展，通过不断地测试思想与超越思想之间的对比，在单纯的客观存在与同时揭示了物质世界的某些东西的客观存在之间的对比。符号学探究始于物理宇宙不再仅仅是物理的交叉点，因为正是在这一点上，人们在符号学网络中发现了强力和物理相互作用的领域，而宇宙，正如皮尔斯注意到的那样，充满了符号。

符号意识

符号意识是对符号作用的明确认识。符号学研究的实际领域存在于未来对现有思想的要求——即对探究者社群的符号意识发展。然而，由于整个经验都是由符号构成的，因此符号学的历史首先是对那些线索的追踪，这些线索一直通向符号在经验构成中的作用被认识的那一刻。在那之后，符号学的历史将会共时和历时地实现这种认识的含义。在这种情况下，历时性不仅是回顾的问题，也不是一系列按前后顺序排列的离散同步部分的问题。符号意识的历时性及其历史维度是未来思想形成的要点，也是对过去思想的传承与比较的体现。它涉及了解未来对我们当前思想的要求。符号意识中的历时性和共时性轴标志着通过人的主体性来实现客观性批判的不稳定交集。思想的未来以及它的过去将因为实现了符号学意识而变得不同，由于符号学中的偶然性因素，以上不同之处体现在不可预知的方面，这与古典机械科学的决定论及其直接因果关系的概念形成了鲜明的对比。

基于亚里士多德的四因说，其后的拉丁人提炼了因果关系的概念，以解释物理现象的客观秩序，从而在某种意义上废除了原因和理性之间的二元论。外部理想的因果关系（一种蓝图、计划或设计）是从外部引入的，与原初亚里士多德四因说的形式因相反，它从内部组织它的材料。然而，另一个因果类型与观察者的角色有关，其行使一种客观的因果关系。在主观方面，思想者可能会试图将注意力转向或远离对象；但成功的标准不在于主观努力，而在于努力中存在的客观内容。由于呈现物体正是符号的功能，因此符号的行为是一种外在的正式因果关系，被称为“特定的”，对于理想或内在的形式原因是不可减少的，但是正如嵌在整个符号体系中，保留了对人类主体的客观意义。

符号学始于圣奥古斯丁（St. Augustine）的一般提议，即自然与文化之间的差异与符号的行为无关，因为只要有一件事情在我们的意识中出现一些不同于其自身的东西时，符号就已经在起作用了。无论是一件事还是另一件事源于我们的思想和身体的内部或外部，来自自然或文化，都与符号的行为无关。物质对象本身也是存在于我们之外的符号，它预设了我们内在的认知品质，而这些符号已经表现出了自己以外的东西，即不是他们自己的东西。妻子不是妻子的概念；然而，当妻子的概念不再可行时，人们认知中的女人就不能被认为是妻子。因此，我们身体之外的一些物体，只有在与我们内在的概念相结合的情况下，才能成为符号，并将我们与那些被认为是这样或非常重要的物质对象联系起来——妻子、母亲、情人，或者别的什么。但是，我们仍然不是问题的核心，因为感官是概念形成之前的符号学的载体。因为人类是符号学的动物，所有的动物意识始于感官——不是始于洛克对感官的概念，而是就像一些明智的事物对动物的感官器官的行为所带来的客观性的初期体验。光以不同的方式反射到不同的物体，当这种不同的反射光照射到一些动物的视觉器官时，动物“看到”的东西不仅取决于表面反射光线，而且取决于动物眼睛的构成。结果就是看到一些颜色。这种颜色是如何存在的？既不像中世纪的人所想的那样“在刺激的事物中”，也不是像早期现代人所假设的那样“在旁观者的眼中”。它恰好存在于两者之间，是一种连接彼此的关系，由此时此地的刺激行为而产生。

还有另一种角度，特别是从符号学观点来看具有决定性意义。动物感应颜色的同时也在感知形状、位置或运动：形状不是颜色，而是依赖颜色而显露；因此，颜色与形状、位置或运动等方面的关系已经是符号关系——颜色是基于形状和位置在感官中显露的载体。人们任何时刻都会觉得这种符号行为在起作用，因为所有对象都是有意义的，并且所有概念都是支持解释性符号关系的载体：从感官产生的一开始，从表面上（分析地而非实验地）区别于感知和智慧，我们的意识还取决于概念形成之前的符号。比如这种感官内的符号行为不同于女性作为妻子的观念。尽管物质对象的观念需要并预设在感知者中形成的概念，但基本品质的感官在逻辑上先于概念形成，并提供概念形成解释的材料。

所有动物都会根据某种状态来解释自己所感知的东西：需要寻找的东西、需要避开的东西或者可以安全忽视的东西。人类这种动物进一步创造概念，使得有可能发现这些感知对象是什么（动物正确或错误地解释，视情况而定），是否依赖意识或与意识无关，其中无关他们与动物有关的特殊地位。因此，智力概念可以根据它们本身的内容使对象可知。但是感官的符号被认为是在被感知的物体和/或被理解的物体之前，完全地并且仅仅基于动物的身体与周围物理环境、周围物体之间的相互作用而使动物的周围环境客观化的。因此，即使我们没有经历完全与我们的感知分离的感觉，分析上思考的感官体验也不会同于感觉和理解，因为后两者需要并预设了我们称之为概念或想法的那些心理素质或状态。虽然感官先于概念形成，但仅限于预设物理环境对动物体外部感觉器官的行为。

正如波因索特（Poinst）指出的那样，我们没有任何理由认为外在意义在感知和理解中会被预先区分，并直接作为其正确的对象，只能获得由思想本身产生的图像。感官的符号学产生了一种意识（作为一种新生的客观性），在任何现代意义上都不能将其归类为认识论或本体论，因为在这个层面上客体化依赖的关系先于任何这类型的分化。因此，符号学把我们带到了知识问题的核心，即符号如何能够在自然界的各个方面来引导我们。

关于大学文化的现代碎片化面对专业化问题

17 世纪时在大学内部，当现代意义上的科学开始占据主导地位时，专业化本身作为一个必要条件，在现代或专视性意义上（与中世纪通视性相反）专业化是科学进步的必要条件。皮尔斯把哲学称为 cenoscopy（通视性科学），把特殊科学称为 idioscopy（专视性科学），（EP2：144），这有赖于将环境意识作为人类这种特有物种的工具性扩展。随着知识科学进步所需内容的专业化，先前哲学的一般观点支离破碎。到了 19 世纪后期，专业化的多样性威胁到所有知识统一的概念，大学里的教师和管理者开始采用某种方式获得概述，某些方法可以恢复或至少最低限度保障人类的智力发展，这是我们所有人共享的东西和有利益关系的人的共同遗产。两个尝试的主要途径是引入所谓的交叉学科或“团队教学”课程，以及基于阅读“名著”的学习计划。这两种方法都有其优点并取得了有限的成果，但都没有切入问题的核心。

交叉学科课程旨在将两个或两个以上的专家放在同一间教室，为学生提供相互理解的教授辩证法，然后希望向学生提供专业观点，同时让专家自己也接受其他同事在课堂上提出的专业观点。因此，事实证明，20 世纪的交叉学科课程总是以个性为基础的，是在不公平条件下被条件操纵的事务，或多或少地取决于所涉教授的才能，但是交叉学科只不过是一种事实上的时兴方式，而不是本质上的跨学科。

作为经院主义方式的回归，阅读“名著”并没有取得更好的成绩，因为学习被确定为基于“权威”的观点，回到了拉丁学术大学的传统，即使多个来源取代了亚里士多德的中心地位。“名著”塑造了当今大学所处的现代世界，它来自多位专家，从人文主义者中的乔叟、莎士比亚到科学家中的牛顿和爱因斯坦，一种以书为本的伟大教育实际上扩展了学生的思想，并使学生有了明显超越专业的理解。然而，这种方法最终倾向于陷入史诺所描述的“两种文化”之间的分歧：一方面科学根植于旨在解释自然书籍的专业化，另一方面人文学科植根于广泛阅读解读人类所写的书。还有，较于法律更加现实地实现了“交叉学科性”。无论是交叉学科还是“伟大的书籍”，原则上都没有实现两种文化的统一。

陷入僵局的这一点是符号学说的切入点，即“一种不可分割的科学”，正如皮尔斯所指出的那样（CP 8.342；CP 2.227），不依赖于新的特别观察；然而，它直接涉及所有特殊观察和共同观察一样依赖的东西，即符号的行为、符号过程。STEM 教育（科学，技术，工程和数学教育）与文科教育形成鲜明对比，这是史诺所说两种文化的进一步延伸。但是，一个人，比如一名学生或教师，谁能够理解符号学所产生的立场和观点，他就能够而且应该超越这种分裂。

20 世纪 70 年代初，西比奥克在印第安纳大学担任语言研究中心主任时，他的第一项官方活动是将机构名称改为语言与符号学研究中心，每个人都希望他能启动符号学的硕士和博士课程。他没有。相反，他引入了他所说的符号学证书，学生只有在进行某一既定学科的研究生阶段学习之后或结合研究生学习才能获得该证书，可以是语言学、人类学、生物学、英语、物理学、社会学等。他的论点是：与其说符号学本身是一门学科，不如说它是一个包含所有学科的领域，因为“所有的思想都在符号中”。因此，西比奥克认为，符号学作为学院内的一个研究领域，不应该再被看作是一个更加专门化的学科，而应该被看作一开始使专业化成为可能的东西，因为它建立了体验地，首先在感觉上，然后也从概念上是整个人类知识的源泉！因此，在掌握某一特定学科（物理学、化学、文学或社会学）的过程中，人们如果转学符号学就会发现，他们所选择的专业已经依赖于（尽管不能简化）符号的行为揭示和区分主题，这是专门研究的对象。

因此，学习符号学的学生意识到，其实在一个特定的学科内看到工作中的符号，这从所有专业学科来看都是正常的事情，因为对整个人类知识来说都是如此，即构成所有其他意识和背景的基础始终是符号的行为，由此首先有可能了解对象；更不用说定义不同学科的对象之间的差异，但其仍然是支离破碎的专业领域。

结语

一旦理解了古典科学中普遍存在的主客二分法在符号学说的视角下变得无用，就会开辟出新的理解可能性，其中需要一个全面的理论基础。只有通过对存在的理解及其随之产生的因果关系和在符号的普遍作用下适当的符号行为，才能提供这个基础。因此，符号学的历史和符号学的理论几乎是截然不同的，将人类理解的实际整体形成过程和社区中的一种成就和良知。如果作为符号学动物的人类是自然界和文化中符号学的解释——那么这只能是因为这个主体本身作为一个符号的想法，将宇宙作为一个符号探究的对象。

因此，符号学在双重意义上是最大的后现代流派。它展示了超越现代哲学认识论的方式，同时使我们能够看到人类理解在建立现代科学所必需的专业发展之下和之内的统一。符号学“调查所有其他学科似乎认为理所当然的地方”(Taylor 2008，p. 6)。它作为对符号行为的主题研究产生的知识，不仅是交叉学科的，而且是跨学科的（参见 Nicolescu 2002；Semetsky 2009)，同时也是提供动物意识的共同基础的预学科，其中人类是符号学动物，在生物圈内认识到一种独特的道德责任，包括符号学教育。根据20世纪符号学的成就，西比奥克曾经说过，在进化论的生物学和人类学框架中对符号学思想定义的运动代表了该领域发展中唯一真正新颖且显著、全面整体的趋势。我希望，21世纪能证明这一点，我们将看到西比奥克提到的一个可惜的和悲伤的事实的结束：即当代符号学教学已彻底被令人可怕的无知严重摧毁，至少可以说，大部分深陷自然秩序之中的符号学家如此。教育符号学的目的就是让全球研究者们关注自然秩序。

参考文献

Deely, J. (1990). Basics of semiotics. Bloomington, Indianapolis: Indiana University Press.

Deely, J. (1994). The human use of signs, or elements of anthroposemiosis.

Lanham: Rowman & Littlefield.

Deely, J. (2001). Four ages of understanding: The first postmodern survey of philosophy from ancient times to the end of the twenty-first century. Toronto: University of Toronto Press.

Deely, J. N., & Danesi, M. (2012). Semiotic prologues. Ottawa: Legas.

Emmeche, C. (1994). The garden in the machine. Princeton: Princeton University Press.

Hawkes, T. (1977). Structuralism and semiotics. Berkeley: University of California Press.

Nicolescu, B. (2002). Manifesto of transdisciplinarity (K. -C. Voss, Trans.). Albany: SUNY Press.

Peirce, C. S. (1931—1935; 1958). Collected papers of Charles Sanders Peirce (Vols. 1—6, Hartshorne C. &Weiss, P. Eds.; Vols. 7 and 8, A. Burks, Ed.). Cambridge, MA: Harvard University Press. [cited as CP].

Poinsot, J. (1985). Tractatus de signis: The semiotic of John Poinsot. Berkeley: University of California Press [Corrected 2nd ed., 2013. South Bend: St. Augustine's Press].

Sebeok, T. A. (1976/1985). Contributions to the doctrine of signs. Lanham, MD: University Press of America.

Sebeok, T. A. (1979/1989). Semiosis in nature and culture. In The sign and its masters (pp. 3—26). Lanham, MD: University Press of America.

Semetsky, I. (2009). Virtual ontology/real experiences. Transdisciplinarity in Science and Religion, 6 (2009), 169—200.

Semetsky, I., & Stables, A. (Eds.). (2014). Pedagogy and edusemiotics: Theoretical challenges/practical opportunities. Rotterdam: Sense Publishers.

Stables, A., & Semetsky, I. (2015). Edusemiotics: Semiotic philosophy as educational foundation. London: Routledge.

Stjernfelt, F. (2007). Diagrammatology. An investigation on the borderlines of phenomenology, ontology, and semiotics. Dordrecht: Springer.

Taylor, D. (2008). Semiotics and other assorted stories. Unpublished term paper for Spring 'Philosophy of Knowledge' class at University of St. Thomas, Houston.

第3章 图解教学：像似符号在意义教学中的作用

凯瑟琳·莱格

摘要 皮尔斯的符号学将符号划分为：规约符号，通过任意约定或习惯选择对象；指示符号，通过无中介“指向”选择对象；像似符号，通过像似的方式选择它们的对象（正如皮尔斯所说的，图像的部分就像这些部分与所代表的对象本身相关的方式）。因此，再现结构是像似符号的最大优势之一。有人认为，框架式教育的影响具有深远意义：为学习者提供一个可导航的主题路线图，使他们能够在教师所教授的内容中看到他们与自己的进一步联系，并支持有意义的主动学习。潜在的反对意见是：像似性教学过度娱乐化，太容易受到误导性修辞手法的影响。

导言

教学是什么？教学是一种独特的人类活动，它向学生传达的不仅是数据、信息，而且有知识的过程。这些术语之间很难有明显区分，但弗雷德·德雷特斯克（Fred Dretske 1981）提出了两个有用的观察结果。首先，知识只有在处于更广泛的认知框架中时才存在，这导致它具有重要性。因此，例如一串打印出的数字能构成信息，但只有当天文学家将这些数字解释为“新类星体”时才能成为知识。其次，虽然信息通常被认为是仅仅包含某种有意义的表征，但人们通常认为知识是真的。因此，虽然“巴黎是法国的首都”“柏林是法国的首都”这两句话仅前一句正确，但它们都是有意义的句子，可以存储为信息，且只有前者才构成知识（Dretske 1981）。

什么样的教学才是好的？教学可以说教得好的是因为它使一些知识对学生有意义。这种意义往往出现在这种现象中：如学生被他们在课堂上的时间所吸引，想要学习更多，以及在停止教学（和考试！）之后继续使用知识。如果我们希望严肃地研究教育的意义，那么我们应该求助于符号学：符号理论。这比仅仅研究语言中的意义更广泛，因为意义通过许多其他类型的符号而不只是文字来表达：例如，面部表情、数学图表或街道符号。在这里，我遵循皮尔斯在20世纪初开发的符号学的大致提纲，我认为这是非常丰富和富有成效的。

文森特·科拉彼得罗（Vincent Colapietro）提供了可以说是对上述教育的另一种高层次理解，他将其描述为“自我审问的实践”（self-interrogating practices）系统（Colapietro 2013，p. 712）。对于这种有趣的替代强调，符号学显然也是与之相关的，因为审问构成了某种提出问题和接受答案的过程，这些过程必须（似乎）通过符号进行。我们再一次强调：这些符号不一定是语言的，因为画家（如印象派）和音乐家（回想披头士和海滩男孩之间的竞争）可通过图画和歌曲互相“质问”和激励而被观察。

皮尔斯对符号学做出了深远贡献，他完全独立于索绪尔创立了该学科，具有不同的（显著的、三元性）基本概念。他深入研究的一部分内容为符号的结构、目的和功能，很自然的，他开始思考（哲学上的）教与学。包括李斯卡（Lizska），科拉彼得罗和斯特兰德（Strand）在内的许多学者在2013年的《教育哲学和理论》专刊中都强调了这一点，这直接源于皮尔斯对思辨技巧的兴趣，这种技巧可以理解为对符号传播和发展的研究。因此，尽管斯特兰德的说法很有道理，就是“皮尔斯从未明确地将教育视为独立的理论或实践领域”（Strand 2005，p. 309），但他的符号学仍包含了许多对教育思考具有极大价值的概念。

在本篇文章中，我将关注一个在这方面还没有明确主题的主题，尽管一个值得注意的例外可能是赛默斯基（Semetsky 2013）关于于图像教育符号学的研究——像似符（icon），皮尔斯定义其与指示符（index）和规约符（symbol）形成对比。像似符是一种其自身就具有所代表品质的符号。一个常见的例子是地图，它代表着一些地理特征本身具有与微型画类似的形状。这种同构功能使像似符成为唯一能够向人们传达结构的符号。我将探讨多种方式，其中结构是有效教学法的重要组成部分。值得注意的是，有趣的结构本身有很多变体。山水画中的那种结构（我们可称之为“画报”）与数学图表中的结构不同（相比之下，它是抽象的、概念的）。下面我将研究三种我认为与教学相关的结构，并且他们可以相互区分：逻辑结构（logical structure）、叙事结构（narrative structure）、对话者之间的对话结构（structure of conversation between interlocutors）。

皮尔斯因其实用主义格言而闻名，他敦促我们如果想要明确一个概念，就必须想象它在使用中的具体例子以及它的“实际意义”——警告我们如果不这样做，就不能真正明白这个概念。根据这种精神，我将在本文中列举一些我自己作为教育者亲身经历的具体例子。这些例子将具体涉及哲学教学，主要因为这是我自己的领域，但我认为我的学科足够有普遍性，其范例适用范围广泛。

作为老师的皮尔斯

不过，首先，我想用几句话谈谈我们所谓的“皮尔斯与教学：现实”。皮尔斯的学术生涯充满了传奇色彩（Houser 1986，1987），并且在一些记述中（Brent 1998）他被描绘成一个精神失常的狂人，在19世纪的高等学府里踱步。但是，如果我们研究一下更多当时的说法，会发现皮尔斯似乎已经在课堂上展示了一些令人敬佩的天赋。

皮尔斯去世后不久，著名的实验心理学家约瑟夫·杰斯特罗（Joseph Jastrow）写了一篇题为《作为老师的查尔斯·S. 皮尔斯》的纪念文章，皮尔斯于19世纪80年代中期在约翰·霍普金斯大学任教。尽管过去了30年，杰斯特罗还是生动而热情地描述了其师皮尔斯的教学方法及对他的影响。[①] 他说：“皮尔斯先生的逻辑学课程让我第一次真正体验到智识的力量。”“他有一种不同寻常的教学天赋，就如有些人拿着铅笔，另一些人则握着小提琴的弓。”为了实现我们的目的，我们将对皮尔斯的教学再谈两点特别值得注意的评价。首先，杰斯特罗写道：“不相关的东西被丢弃了，重要的组成被揭示出来。木片掉了，街区里的雕像出现了。”（Jastrow 1916，p. 723）在这里，杰斯特罗似乎在暗示，皮尔斯教给他的知识具有某种整体性架构，而皮尔斯作为老师，在揭示这些知识方面非常娴熟。同时，杰斯特罗赞扬皮尔斯，不仅对他进行说

① 在同一卷中，皮尔斯以前的学生克里斯汀·拉德－富兰克林（Christine Ladd-Franklin）也写了一份更为关键的赞颂信，特别提到了“表面冷漠和不负责任的气氛”，但他补充说，在课堂上“（他）得到了他的效果……给人的印象是：我们面前有一位深刻的、独到的、冷静而热烈的真理探索者”。（Ladd-Franklin 1916，pp. 716－717）。

教，而且信任他，与他一起进行研究。他说，皮尔斯是通过分配任务来做到这一点的，这些任务要求学生擅长“在不断增长的能力中增加适度的洞察力”(Jastrow 1916，p. 724)。我认为这将皮尔斯置于了主动学习教学法（active learning pedagogues）的阵营——更多关于这一点的内容以及它与像似符号的关系，请看下文。

像似符、指示符、规约符

在本节中，我将区别性定义皮尔斯的像似符概念，并更深入地解释它的功能（参见 Legg 2008)。皮尔斯对像似符、指示符和规约符的区分具有广泛影响。它定义了符号与对象之间的三种关系（Lizska 1996；Short 1997；Jappy 2013)。规约符指通过某些习得的习俗惯例（或者在某些情况下来自生物学的自然习惯）来表示它们的对象，这种关系是任意武断的。因此，例如我们必然知道在英语中，字母“t”“r”“e”“e”组合成一个单词，用于指示某种植物。抛开词源学上的派生，我们没有什么特别的理由要用这些字母来指出那个东西。大多数人类的语言都是规约符号；我们可以说这是最现代的标志形式。

同时，指示符通过某种方式直接与对象连接来表示后者。如果我指着一棵树然后说“看这个！(Look at this!)”，那么我是用“这个”(this）这个词来表示那个特定植物，我的对话者必须感知到我的指向动作，以便使符号与这个对象的联系有意义。在这个例子中，创建指示符号的连接，是我的指向与树之间的一种共现(copresence)（尽管如果我站的位置与树有些距离，但是这种共现的确定可能需要考虑我指向的方向)。另一种可以用来创造指示符号的直接联系形式是因果关系。因此，例如由于火灾相应地会引发烟雾，于是我们将烟雾作为火灾的符号，即使烟雾已经远离（并且不再与之共现）那造成火灾的火。这些符号与规约意义的区别在于，它们依赖的直接联系并非由惯例或习惯调节，不可能任意重新定义共现或因果关系——或者如果是这样的话，任何基于这些关系的符号都不再是纯粹的指示。

最后，像似符号通过类似对象来表示它们。我们注意到的一个简单例子是地图。如果我们看一下新西兰地图，可以知道它由两个主要岛屿组成的，不用通过命题形式知道这件事，而是通过直接查看有关地块再现的形状和大小来知道。事实上，如果我们仔细检查新西兰地图，无论多大，我们可能会发现其不同部分之间的更多特征和空间关系，而不是地图制作者有意识地想到的或者通过任何一组命题注意到（所以说，一张图胜过千言万语）。我将这个像似符号的特征称为关系过剩（relational excess），这个概念在后面会很重要。

“关系过剩”有时会反对像似表意的整体观念，“什么类似什么”是一件完全主观的事情，因为在某些方面，对于一个具有足够想象力的人而言，一切东西都和其他东西有相似之处，因此像似性太不牢靠了，无法定义严谨的符号学概念。虽然皮尔斯很可能不会否认：在某些方面一切东西都和其他东西有相似之处，但他并不容易受到这种批评。首先，他小心翼翼地避免用符号使用者的想法来定义他的符号学基本概念，而是支持他们应该或将要思考的内容。这是他的反心理主义的体现，他与19世纪最进步的逻辑学家和哲学家如弗雷格等有诸多共识（Stjernfelt 2007，p. 50）：关于想象力在像似表意中的作用，对此他们进行过非常有益的讨论。

皮尔斯提出的像似符概念有着具体而客观的基础，他指出，像似符最具特色的地方在于：它各个部分之间的联系，就像这些部分所代表的对象之间的联系一样（CP 3. 363）。所以，回到我们前文所说的新西兰地图，如果亨特利位于北岛的奥克兰和汉密尔顿之间，那么在新西兰法线地图上，亨特利的再现符号将介于奥克兰和汉密尔顿的再现符号之间。皮尔斯感兴趣的是用他的像似符概念来捕捉相似的形式，可以称之为结构相似（structural resemblance）。因此，尽管流行的“像似符”一般是某种图片，但皮尔斯的像似符定义更为宽泛。

虽然每张图片都是结构映射，但并不是每一张结构映射图片都是一张好图片（例如著名的“像似符”伦敦地铁图）。皮尔斯很好地表达了这一点：“许多图表与它们的对象在外观上完全不相似，只有在它们各部分的关系方面，才有相似之处。”（CP 2. 281）

皮尔斯以喜欢数字3而闻名，这是对一系列现象进行三元分析的基础。我们的三种符号类型可以在此标题下进行分析：

• 规约符表意本质上是三元的，因为它涉及再现符本身、符号对象以及将两者结合在一起的任意性约定俗成。

• 指示符表意本质上是二元的，因为它涉及指示者与它指示对象之间的直接联系。

• 像似符表意本质上是一元的，因为像似符号与其对象相似的性质是无论对象是否存在，图标都会拥有的东西（形状像埃菲尔铁塔的云——对某些人而言象征着埃菲尔铁塔——如果埃菲尔铁塔从未存在过，那么也不影响云也具有相同的形状）。

值得注意的是，这三个类别并不相互排斥。因此，例如在许多城市中出现的小型飞机形状的道路符号是规约符，因为我们必须知道这个惯例表示的是机场而不是飞机工厂；它是指示性的，因为它指向实际的机场；它是像似的，因为它看起来足够像飞机，能让一个为飞机疯狂的孩子兴奋起来。同时，这三种符号类型在交流和思想中有截然不同的作用，而皮尔斯符号学的部分力量在于他阐明这些作用的方式，并将它们彼此区分开来。对这些不同作用的一个非常粗略的概述是：由于其定义惯例的可重复性，规约符号给出了一般概念。由于其指向功能的赤裸裸现实（直接性），指示符号将我们与我们希望谈论的世界中的特定对象联系起来。如果规约符给我们一般性，指示符号给我们特殊性，那还剩下什么用于像似符？像似符正是由于其对象可能存在或可能不存在，它才使我们能够发挥想象力，思考什么是可能的：

> 像似符的价值在于它展示了一种被认为是纯粹想象出来的事物状态的特质。指示符的价值在于它向我们保证了肯定的事实。规约符的价值在于它使思想和行为理性化，并使我们能够预测未来（Peirce，CP 4.448）。

为什么在教室里使用像似符？

我们刚刚看到，皮尔斯声称，像似符的价值在于它表现出一种状态的特征，这种状态被认为是纯粹想象出来的。人们可能会想知道，这样一种符号有什么用呢——使人们幻想并把自己包裹在一个梦幻的世界里？相比之下，我现在认为，明智地调用像似符对现实的有效教学绝对至关重要，其原因是多方面的。

路线图

首先（也许具有讽刺意味的是，鉴于这是代表纯粹可能性的符号形式）像似符号可以，也只有像似符号可以提供框架、结构，我们之前提到过，它将知识与纯粹的信息区分开来。回想一下杰斯特罗对皮尔斯教育学的两项重要观察。他谈到皮尔斯向他透露的知识，就如具有清晰整体形状的雕像。例如，一个人可以识别雕像的原因是雕像具有清晰可辨的部分，这些部分与实际人的部位（手臂部位，腿部等）具有相同的特征。但是虽然像似符号无法证明（像指示符号那样）它们的对象存在，但是通过它们结构的完整性，它们可以证明它们的对象（至少在像似符号表示的范围内）是一致的，因此可能：

对于这个或那个现有的东西，像似符号并没有像指示符号那样清楚明白。就其存在而言，它的对象可能是纯粹的虚构。更不用说它的对象必然是习以为常遇到的东西。但有一点是可以肯定的，那就是这个像似符确实能提供最高程度的支持。也就是说，在思想凝视下所表现出来的东西——像似符号的形式，也是它的对象——必须在逻辑上是可能的（Peirce，CP 4.531）。

事实上，皮尔斯敏锐地指出，严格来说像似符号是可以“表现”任何东西的唯一类型的符号，因为向某人显示某些东西必须涉及呈现某种可理解的结构（不是在指示符号仅仅指向某种东西的情况下，也不是在规约符号对已经建立和定义习惯延续的情况下）。他指出，在每个命题中，这种表现形式都像谓项的功能：

直接交流想法的唯一方法是通过像似符号，而交流想法的每一种间接方法都必须依赖于对像似符号的使用…… 断言中包含的一组像似符表示的概念可以称为断言的谓词（Peirce，CP 2.278）。

关系过剩

早些时候我曾指出，有意义教育的一个主要标准是：它使学生在老师传授知识过程中看到更多。像似符号的概念为这种观点提供了符号学基础。这是因为如前所述，只有像似符号本身具有可理解的结构。因此，只有他们才能提供机会检查结构并发现其各部分之间的新关系。皮尔斯解释了为什么其他两个符号类型无法执行此功能——规约符号已经完全被定义，而作为纯指向针的指示符号对于他们所指向的对象特征是“盲目的”：

因为规约符号完全依赖于已经明确形成的习惯，而不是提供任何观察，甚至自己……同时，指示符号提供了现实和接近其对象的积极保证；但有了这种保证，就无法洞察这些物体的本质（Peirce，CP 4.531）。

皮尔斯指出，关系过剩是像似表意的特征，其可能在数学中表现最为明显。

他认为这种关系被严重误解为一种受机械规则支配的活动，而实际上，它本质上是一个创造性地观察图表的过程（这个术语是非常广泛地被理解为包括如代数方程式），并创造性地观察它们各个部分之间新的和隐藏的连接（Peirce，CP 3.641）。

主动学习

除了以上所说路线图，关系过剩像似符在课堂上有用的第三个原因是它们在主动学习中的作用。让我们再来谈谈杰斯特罗在皮尔斯教学中他所重视的第二个观察结果：皮尔斯设定的任务为“日益增长的能力提升适度洞察力”。在现有概述的术语中，我们可以看到主动学习具有指示性，因为它将学习者直接与现实世界情境联系起来，在情境中他们以非中介方式互动。这种指示的或现实的维度是主动学习最著名的所在。例如，李斯卡（Liszka 2013）深入解释，主动学习不仅将学生与学科的主题联系起来，而且将学生与学科的传统和历史以及当前探究社区的生活实践联系起来。在引述了杰斯特罗更多文献后，李斯卡说皮尔斯的教育学“通过在不断增长的能力中加入适度的洞察力，使学生感受到讨论的真实性”（1916，p. 725）。

然而，成功的主动学习也具有像似性维度，因为学习者选择的一系列任务相互关联，又与学习者当前的知识状态相关，以此创建一个不断建构的可理解结构。之前我们已经注意到，这种结构为主题领域提供了有用的路线图。但又远不止于此，因为学习者通过自己的中介在地图中占有一席之地。重要的是，与规约表意相反，这个地图的结构不是任意的，而是由主题本身决定的。在这里，我们回到我们最初的洞察力上，即知识必须不仅是可理解的，而且必须是真实的；一个皮尔斯实用主义者通过寻找与真理相关的方法，并利用真理来确定信仰，从而将真理概念付诸实践（而不像许多“形而上学的现实主义者”那样，仅仅假设真理的存在）。

在 20 世纪的哲学中，所有表意都是规约的，这种假设深入人心。它存在于分析传统中，逻辑实证主义者和奎因（Quine）急于消除形而上学，认为所有先验知识都是分析性的（试图把康德所研究的综合先验知识一扫而光），并且认为，所有分析性知识都是关于词的定义问题，而词的定义是从语言学的惯例中衍生出来的。随后，语言哲学和相关认识论领域展开了宏大而雄心勃勃的项目（Carnap 2002；Quine 1976；Lewis 1969）。但是所有表意都是规约性的这个假设同样存在于欧陆符号学中，其中索绪尔（1916）将“符号的任意性”视为公理，且有大量理论家毫无疑问地追随他（Stjernfelt 2007，p. 51）。从皮尔斯的符号观来看，这种以牺牲指示符和像似符为代价，而奉规约符为圭臬的行为似乎是荒谬无益的。

这种片面的表意哲学不可避免地渗透到了教育哲学中，在教育哲学中，可以说它是有害的。我们已经看到，规约符号的目的和功能是为导向一般概念提供端口。相应的，我们应该想到，过分强调这种表意形式将产生一种过度抽象的教育学。这种教育实践将提供易于推广的思想，但忽略指示符将意味着这些思想经常缺乏应用于具体的现实世界语境。忽略像似符（我们这里所关注的）将意味着在传播中向学习者进行规约符式表意矩阵的“约定俗成”中，难以识别整体形式。

在某种程度上，本章所传达的信息，即标志性符号在教学中具有重要的信号意义，似乎并不是什么新鲜事——这是一种教育哲学上的陈词滥调，因为近来许多教育理论都在热烈拥抱图表和“多媒体”的使用（如 Mayer 2014）。但由于皮尔斯思想作为综合系统的价值被认识较晚，直到 2005 年人们才在教育理论领域得到系统的论述（Semetsky 2005），除了最近在皮尔斯和杜威的教育符号学方面有一些研究之外，皮尔斯的符号学中丰富的概念资源尚未形成系统理论（如 Semetsky 和 Stables 2014；Stables 和 Semetsky 2015）。

要更深入地理解像似性符号的功能，首先可以先看看皮尔斯是如何发展他的符号学的，以巩固其理论大厦，如语言、思想、知觉、逻辑以及密切相关的哲学“建筑”中的许多其他领域。其次，人们可以看到皮尔斯的像似符—指示符—规约符之间的区别与进一步构建符号学概念的关系，如对两种符号—对象（即时和动态）之间的区分、三种符号—解释项（情绪、能量、逻辑）的区分。在这里，我们可以说西方哲学“失职”了，因为它在很大程度上没有意识到过去 100 年来皮尔斯符号学的哲学意义。在这段时间里，那么多重要的教育创新日新月异，这可以说是错失良机。考虑到大量教育创新是由古典实用主义者推动的——尤其是杜威，愈知可悲的是，杜威本人从未认真研究过皮尔斯的符号学（Hoopes 1998）。

教育结构多样性

实用主义再一次表明，人们可能会认为，自己可以理解一般性术语表达的概念，但在具体的例子中，学习的大部分内容都是谎言。因此，我现在将举出一些例子，它们摘自我在新西兰怀卡托大学（University of Waikato）所教授的第二年的形而上学课程的教学内容。与我们当前主题相对应，该课程名为“可能世界”（Possible Worlds）。我将讨论四种不同的方式，以便在这门课上以像似符表征方式呈现哲学内容（前三种方式之后将有一个具体的例子和附注）。

讲座材料：文档与幻灯片

首先，也是最明显的一点，我已经逐渐用幻灯片取代了我过去在课堂上分发的大量散乱讲义（尽管是以“原型—像似”的形式）。每年我都会丰富这些幻灯片的内容，其中有越来越多的图片，有时我还会添加一些 YouTube 上的视频。我曾听到一些学者对这种做法表示哀叹，他们认为把课堂体验变成 Facebook 那样是一件坏事。我们或许可以“扭转”我们和学生之间在课程内容呈现上的预期不匹配的现象，然而，这都是为了探究学生和他们的热情是否教会了我们如何呈现材料，使其最能吸引人们的注意力（但这种批评将在下文进一步讨论）？

我的第一个例子（如表 3.1 和图 3.1 所示）来自一个讲座，它介绍了德里克帕菲特（Derek Parfit）关于人格同一性的观点，具体来说，他声称某人是否是同一个人实际上不是一个“实质性问题”（即通过发现事实来回答）。

表 3.1　**讲座讲义**，2006

帕菲特：“个人同一性虚无主义”
阅读材料： 帕菲特：“个人身份”
今天，我们继续上周一开始的主题： 一个人身份问题是一个实质性的问题吗？换句话说，是问：“X 在时间 t_1（如 3 岁）和在时间 t_2（如 30 岁）是同一个人吗？”任何问题都比下面这个问题更有趣或更重要：“X 国在时间 t_1（如 1830 年，新西兰）和时间 t_2（1990 年，新西兰）是同一个国家吗？”

续表

帕菲特：“个人同一性虚无主义”
有关“国家认同”的问题可以说没有实质意义。新西兰 1990 年和 1830 年是同一个国家吗？是也不是—这取决于你所说的“国家”是什么意思。这是同样的土地，但它有着非常不同的政治制度……。但是，关于这个问题的争论肯定只针对语义，而不是事实。 一个人身份的问题和国家身份的问题有什么不同吗？ 有什么事实可以解决这个问题吗？

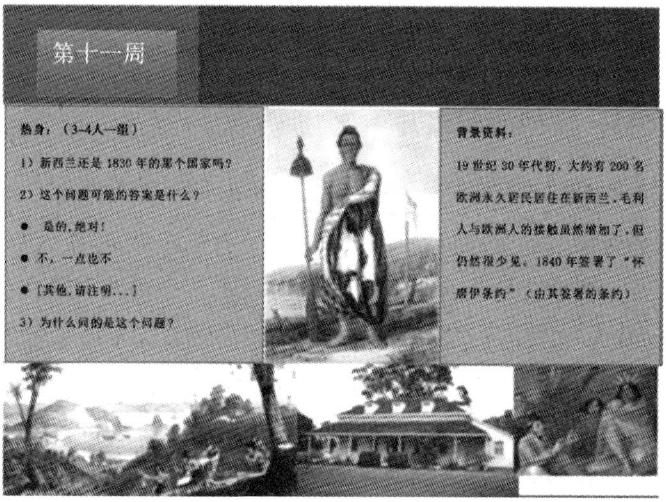

图 3.1　同一主题讲座，2015

注释

(i) 在 2015 年的材料中，19 世纪 30 年代新西兰绘画的表现形式旨在激发学生对祖国的想象和直觉，同时提供了一些关于那个时代的背景信息，以补充“图片”。

(ii) 对于学生来说，2015 年的练习更清楚地区分了两项任务：一项是辨别自己对“现在的新西兰是否与 1830 年的新西兰是同一个国家”的直觉；另一项是学习帕菲特对此的主张。将这些因素结合在一起，2006 年的讲座可以说不那么清晰了。

(iii) 2015 年的讲座不仅要请学生回答关于“国家认同”的问题，而且要求学生明确为什么要问这个问题。这是为了让他们在决定演讲的论证结构时发挥更积极的作用（事实证明，2015 届的学生完全有能力回答这个问题）。

小组讨论与辅导

除了尽可能清晰地并图解式地呈现讲课内容外，我还利用辅导时间问了学生一些具体问题——通常是关于想象的场景——旨在要求他们对特定的哲学问题表明立场。我发现在这里选择正确的例子和问题是一种艺术。理想情况下，我需要了解学生目前理解的内容，并在此基础上，如果真诚地追问哪些问题，可以让他们达到新的理解水平或增强洞察力——当然，这就是哲学了，最大的“进步”可能在于进一步的难题。我们可以再一次引用杰斯特罗的关键短语：给不断增长的能力添加适度洞察力。

下一个例子展示了一个教程中的三个问题，该教程也涉及帕菲特的个人身份理论（表3.2）：

表3.2　小组讨论与辅导

(i) 帕菲特的 q-memory 概念有意义吗？记忆可以复制吗？记忆只是“信息”吗？在思考这个问题时，不妨读一读威廉·吉布森（William Gibson）的小说《冬天的市场》，并思考这样一个问题：当莉斯早上打电话来的时候，电话那头的那个人会是她吗？
(ii) 裂脑实验对人格同一性究竟有什么影响？我们的大脑更像珊瑚礁而不是一个单一的“思考的东西”吗？帕菲特怎么说？你觉得怎么样？
(iii) 帕菲特说，个人身份问题不是一个实质性问题。他的意思是什么？如果我们真的放弃了这个问题是实质性问题的想法，那么接下来会发生什么呢？

注释

(i) 我觉得吉布森的短篇小说《冬天的市场》内容十分凄凉，令人感动。其强大的叙事结构旨在唤起阅读它的学生明显的情感反应。但是，鼓励学生从哲学的角度整合这种情感反应也是很重要的（下面将更多地介绍这个问题）。

(ii) 上一节课的一位学生主动地将人类思想比作珊瑚礁。我把它捡起来，用它作为一个强大的形象来思考一种特殊的心理哲学。（在我们考虑这些问题的辅导课上，这位学生说，我在课堂上注意到并使用了她随意的评论，这对她来说很有意义）

(iii) 我再次邀请学生们明确区分帕菲特的想法和他们的想法，从而寻求建立某种对话者的结构。

(iv) 在第三个问题中，我请学生们尝试从帕菲特的观点中构建出进一步的逻辑结构。（比如，“从那之后会发生什么？”）

叙述部分

我们注意到构成一个像似符的结构可能是人物叙事。例如，“佛罗多（Frodo）将魔戒投进末日山（Mt. Doom）之旅”在《指环王》丰富的符号学结构中充当了一大重要符号，这个符号对许多人来说意义深远。对于本科生来说，叙事既可以是一种特别生动和引人入胜的结构形式，同时也可以用来产生和激发哲学问题。出于这个原因，我在整个学期的课堂上展示了一系列电影(表 3.3)，也使用了科幻故事帮助对一些主题开展进一步阅读。

表 3.3 “可能世界”课程中的电影及相关哲学问题

影片	哲学问题
《终结者 I》	时间旅行可能吗（我们所说的可能是什么意思）?
《双面情人》	“反事实”（可能发生了什么，但没有发生）在人类生活中发挥了什么作用？宿命论是什么意思，它有什么道理吗?
《致命魔术》	如果我把我的身体原子复制成，最终的结果是“我”吗?
《记忆碎片》	记忆的连续性在创造个人身份方面扮演了什么角色（如果有的话)?

当然，在课堂上使用替代媒体可以看作是一种逃避教学的行为。但是，我们也应该再次反思一下：传统的，基于文本的（因此，不可避免的，强烈的基于符号的）哲学教学，是否可以通过将更多的人纳入讨论中而受益，从而获得一个更“完整的图景”？让我们用皮尔斯的术语来考虑这个问题，早些时候有人指出，皮尔斯区分了对符号的情感、力量和逻辑解释（如 Peirce，CP 5.475)。事实上，他认为这些阶段在任何解释中都是有序的。

举个例子，假设我在我伴侣的手机上看到了一条通奸信息（一个可理解的符号，就像其他任何符号一样)。可以这样进行解释：情感的——震惊和悲伤的感觉；力量的——把自己的东西扔出窗外；逻辑的——结束关系的合理决定。[①] 现在叙述经常引发情感上的解释。

这本身既不是一件好事，也不是一件坏事——我们将在下面进一步讨论。

课堂对话

另一种有意义的结构是学生对课程中所讨论话题的不同观点。学生对课程

① 当然这是一个充满感情的例子，一个人可能想知道这个模型解释的局限性是什么，它能应用于数学吗？是的，即使在这一点上，皮尔斯也声称所有三阶段的解释都是有效的和至关重要的。因此，在数学的最高水平上，被广泛承认的审美（情感的解释）的作用，被一种欲望（力量的解释）驱动，不是演绎有效的论点（这在该领域很常见），而是所谓的“巧妙的解决方案”。

内容的看法既有相似之处，也有不同之处，这为课程内容提供了一种清晰的表达方式，在语境中可能具有很高的意义。这种表达方式与逻辑结构不同，因为不同的观点往往来自个人偏好，而且并不总是有理由支撑。然而，这与叙事结构也不相同，因为学生在任何特定的时间占据不同的位置，而且他们的观点中不一定有任何显著的历时性展开，当然，也可能会有。然而，这就提出了一个非常有趣的问题：一种像似性结构能在多大程度上支撑或形成另一种教育？例如，将对话者的结构转换成引人注目的叙事结构，可以说是柏拉图对话录中最显著的成就之一（想想《高尔吉斯篇》和《申辩篇》）。柏拉图最终致力于将这两者转换成他所理解的逻辑结构，这也不应该被排除。

对于教师来说，会话结构可以说是三种教学结构中最难处理的一种，因为任何时候都有很多事情要做，如果一个人的课堂时间是合理互动的，那么它是短暂的，很容易被遗忘。将课堂讨论的展开映射到黑板上确实对人很有帮助（当然，这可以将一些会话结构转换为逻辑结构）。尽可能放慢这个过程是很重要的。我注意到，当讨论进行时，学生们有时会放大或捍卫其他学生在我没有注意到或驳回的评论中的观点。作为一名教师，这让我感到羞愧，因为它提醒我，在我的教室里发生的事情总是比我意识到的多得多。

在这篇文章的最后一部分，我将考虑和回应一些可能的反对意见。

反对和答复

娱乐式教学

有人可能会说，试图让自己的教育学“更具像似性”，有可能把它变成某种“昙花一现”的东西。最近经常听到有人抱怨说，有一种学生上课时像看电视一样被动地盯着老师看，很快就把听到的东西忘得一干二净［换句话说，教育家变成了“可怜的傻瓜……他在（讲堂）上昂首阔步、焦头烂额、然后就离开了……”］。为了使我们的教学更生动、更引人注目，难道我们不只是在强化这一趋势吗？我们不会在学习上减少学生的工作量，从而使我们的教学更少、更有意义吗？正如我们所看到的，用皮尔斯的术语来说——这将允许情感上的解释挤掉其他两个解释。

首先，我认为，必须承认“像似性”教学有枯燥乏味的风险。这三种符号类型都有各自的优缺点，皮尔斯的实用主义教导我们，获取或传授知识没有绝对正确的途径。但是皮尔斯的符号学本身也暗示了一些潜在的缓解技巧。

其次，一个重要的技巧就是：利用更多更好的像似符。某种程度上，娱乐“像似性教学”过多，确实会引起认知被动的问题，我会强烈声明这是由于像似符号彼此过于离散而不是在较大的可理解结构中被像似化。有人可能会说，重要的是把今天课堂上像似符的“腿”放到过去和未来的课堂上，也放到学生的生活经历和他们真正要解决的问题上。

“说谎的像似符”

再回顾一下，纯粹的信息，包括经常脱离语境的，以及适当解释的情况下甚至可能是错误的数据点，和包括由上下文中的陈述组成且这些陈述将被证明为真的知识的之间的区别（根据皮尔斯对真理的理解，这句话可能听起来很奇怪，但它只是为了捕捉那些证明为不真实的陈述，它们将被证明为不是知识；参见莱格 2014）。另一个进一步反对教育使用像似符的理由是：它们是将信息转化为知识的强大工具，很容易被用来欺骗或误导人们。正如每个小报杂志都知道的那样，相较于对同一件事的随意描述，一张有两位名人显然在秘密约会的照片更容易欺骗公众然后“走红”，这正是因为早先有人认为像似符号的巨大优势在于其拥有敏锐的洞察力。当柏拉图把“诗人”任务分配在他的伟大作品《理想国》中时，这种“生动的欺骗”当然是他担心的地方（与近来经常出现的误解形成鲜明对比的是：柏拉图认为社会结构可能会被写韵诗的人破坏，我们难道不幸运吗？现在，自由主义允许每个公民追求特殊利益，而不受不可容忍的国家干预）。皮尔斯承认像似符的这个缺点：“每个像似符号都或多或少地带有其对象的一些明显特征。在所有的谎言和欺骗中，他们都有一个最明显的特征——他们的显性”（Peirce，CP 4.531）。但他立即接着说，“然而，它们（像似符）与真相的鲜活品性关系更大，而不是规约符号或指示符号”。他为什么这么说？回想一下前面引用的那句话，它实际上延续了这句话：“有一点可以肯定的是，像似符号在最大程度上提供了保障。也就是说，在思想凝视之前显示的那个（像似符号的形式，也是它的对象）必须在逻辑上是可能的”（Peirce，CP 4.531）。

我们已经了解到像似符号的作用是通过展示整体结构中的一致性向我们展示什么是可能的。一旦一个人对某一主题有了相当丰富的像似性理解，任何关于该主题的错误陈述迟早会与该理解冲突。特别是考虑到：如前所述，像似符总是包含比以前理解或想象的更多的潜在关系。众所周知，像似符之间的过度关联是说谎者的祸根，因为无论他们怎样努力“管理”自己之前所说的话的后果，这种关联都能在事后揭露他们的谎言。出于这个原因，那些倾向欺骗的人往往会在所有的交流中表现出一种远离洞察力（强大的总体像似符）的冲动。这样的话，像似符就会显现出来，起到保护真理的作用，而不是背叛真理①。

换句话说：像似符与鲜明的真理特征有关，因为紧密交织在我们所有知识周围的是逻辑形式，而逻辑形式只能由像似符恰当地表示出来（有关进一步的技术阐述参见 Legg 2008）。我们在本章开始时注意到，在教育语境中，正如在其他环境中一样，知识可能首先因其周围的概念结构而与单纯的信息区别开来，其次因其真实性而与信息区别。这个像似符如果使用得当，无疑将满足这两种迫切需求。

参考文献

Brent，J.（1998）. Charles Sanders Peirce：A life. Bloomington：Indiana University Press.

Carnap，R.（2002）. The logical syntax of language（A. Smeaton，Trans.）. Chicago：Open Court Press.

Colapietro，V.（2013）. Neglected facets of Peirce's 'Speculative' rhetoric'. Educational Philosophy and Theory，45（7），712—736.

Dretske，F.（1981）. Knowledge and the flow of information. Cambridge，MA：MIT Press.

Hoopes，J.（1998）. Community denied：The wrong turn of pragmatic liberalism. Ithaca：Cornell University Press.

Houser，N.（1986）. Introduction. In The writings of Charles S. Peirce

① 再一次，我们对柏拉图哲学的引用在这一点上是不可抗拒的——也就是说，在《美诺篇》结尾，将知识与单纯的信仰区分开来的是，知识是“拴着的”，因此它不会“跑掉”。事实上，也许柏拉图的理念论或形式，以其强大的视觉内涵（但如今奇怪地没有被人们注意到），可能恰恰是一个皮尔斯像似符意义上的符号学概念，而不是一个无用的实体坐在“天堂”邀请奥克哈米斯（Ockhamist）消除。

(Vol. 4: 1879—1884, pp. xix-lxx). Bloomington: Indiana University Press.

Houser, N. (1987). Toward a Peircean semiotic theory of learning. The American Journal of Semiotics, 5 (2), 251—274.

Jappy, T. (2013). Introduction to Peircean visual semiotics. London: Bloomsbury.

Jastrow, J. (1916). Charles S. Peirce as a teacher. The Journal of Philosophy, Psychology and Scientific Methods, 13 (26), 723—726.

Ladd-Franklin, C. (1916). Charles S. Peirce at the Johns Hopkins. The Journal of Philosophy, Psychology and Scientific Methods, 13 (26), 715—722.

Legg, C. (2008). The problem of the essential icon. American Philosophical Quarterly, 45 (3), 207—232.

Legg, C. (2014). Charles Peirce's limit concept of truth. Philosophy Compass, 9 (3), 204—213.

Lewis, D. (1969). Convention. Cambridge, MA: Harvard University Press.

Lizska, J. J. (1996). A general introduction to the semeiotic of Charles S. Peirce. Bloomington: Indiana University Press.

Lizska, J. J. (2013). Charles Peirce's rhetoric and the pedagogy of active learning. Educational Philosophy and Theory, 45 (7), 781—788.

Mayer, R. E. (Ed.) . (2014). The Cambridge handbook of multimedia learning (2nd ed.). Cambridge: Cambridge University Press.

Peirce, C. S. (1931—1935; 1958). Collected papers of Charles Sanders Peirce (Vols. 1—6, C. Hartshorne & p. Weiss, Eds.; Vols. 7 and 8, A. Burks, Ed.). Cambridge, MA: Harvard University Press. [cited as CP].

Quine, W. V. O. (1976). Truth by convention, reprinted in The ways of paradox (2nd ed.). Cambridge, MA: Harvard University Press.

Saussure, F. de (1916). Nature of the linguistic sign. In C. Bally & A. Sechehaye (Eds.), Cours de Linguistique Générale [Course in general linguistics]. New York: McGraw Hill Education.

Semetsky, I. (Ed.) . (2005). Peirce and education. Special issue of Educational Philosophy and Theory, 37 (2).

Semetsky, I. (2013). The edusemiotics of images: Essays on the art * science of Tarot. Rotterdam: Sense Publishers.

Semetsky, I., & Stables, A. (Eds.) . (2014). Pedagogy and edusemiotics: Theoretical challenges/practical opportunities. Rotterdam: Sense Publishers.

Short, T. L. (1997). Peirce's theory of signs. Cambridge: Cambridge University Press.

Stables, A., & Semetsky, I. (2015). Edusemiotics: Semiotic philosophy as educational foundation. London: Routledge.

Stjernfelt, F. (2007). Diagrammatology: An investigation on the borderlines of phenomenology, ontology, and semiotics. Dordrecht: Springer.

Strand, T. (2005). Peirce on education: Nurturing the first rule of reason. Studies in Philosophy and Education, 24 (3), 309—316.

第4章 数学教育中的符号学：拓扑基础与图解方法

罗科·甘格尔

摘要 数学教育问题一方面取决于师生的感性能力和智力，另一方面又依赖抽象理解和严格形式证明的内在要求。本章概述了从形而上学到范畴论、拓扑学再到应用拓扑学的符号学序列，重新审视了柏拉图、德勒兹等人的哲学思想，并阐明了相关数学问题。当数学本质上陷入意识与理念的辩证法时，教育符号学会考虑到概念知识和学习的这种特征。图表作为一种符号工具，其使用被证明是任何数学教和学的一个基本组成部分。数学教与学过程的一种渐进方法表明：连续性和自由变化的拓扑概念为实验和应用数学知识提供了一个图解框架。这个框架与范畴理论的直观方法和形式表示法相一致，有助于在抽象和具体领域之间培养“向上”和“向下”的转换。

导言

在《数学符号》(*Mathematics as Sign*) 一书中，哲学家布赖恩·罗特曼 (Brian Rotman) 将物质性铭文（书写）、创造性小说（想象力）和迭代记忆（计数）的符号学联系起来，以发展一种数学实践的方法。数学实践对具体的人类主体所采用的数学推理模式和数学研究对象的独特抽象状态都很敏感。罗特曼展示了形式和物质技术如何决定“数学－世界界面”(mathematics-world interface) 的历史模式，以及符号学理论如何提供统一和综合的方法来公正对待数学活动的这两个必要方面。像罗特曼那样从符号学的角度来看待数学，是对主流数学哲学持一种相对非传统的观点的体现，这是皮尔斯 (Charles S. Peirce，2010) 在20世纪初率先提出的观点。皮尔斯和罗特曼的研究表明，从符号学角度来理解数学哲学中的基本问题，在一个相当普遍的人类符号－普通用法空间中，在多学科和实践类型定位数学真理和认知方面有着明显的优势，从而打开了数学与人类努力的其他领域之间的自然联系：从科学与工程到艺术与宗教。特别是符号学的数学方法提供了一种思路，一方面思考数学真理的实质问题的连续性，另一方面探究其传播和使用的社会背景。

本章将在符号教育学大背景下探讨数学教学中出现的问题（Semetsky and Stables 2014）。它首先区分逻辑形式基础的严格数学问题和认知基础的教育学问题。图表的使用既是一种教育工具，又是一种正式的符号。这表明，对于如何将这些不同的问题联系起来，需要一定的研究。特别是从教育学观点来看，图表中表现丰富的拓扑特征对于鼓励学习和应用数学的探索性和创造性环境是最有用的。然而，这种对拓扑现象学的强调提出了数学认知中抽象和非现象学特征的问题。一个可能的教育序列（从哲学形而上学到范畴理论的抽象基础领域，再到拓扑学和应用拓扑学），展示了图表的使用如何以统一的方式对这一问题做出反应，这既包括现象学上的考虑，又包括数学教育符号学中形式上的考虑。

数学的教学基础

我们关心数学学习的基础。通过强调“基础”一词，可看出我们面对的是数学基础哲学问题（Marquis 2009）中使用的同名术语。在这种更为普遍的用法中，数学的“基础”（如果存在的话），是将数学真理建立在证明的形式结构中，并获得可在其中对各种不同的数学领域建模的一般结构的最终依据。基础地位的两个最重要的竞争者，是基于离散结构的集合论和基于整体关系系统的范畴论。本章使用“教育符号学”一词作为一个概念框架，但如下文所述，对纯粹数学基础看似仅有遥远的关注，其实与数学有效学习、教学和应用的方式并非无关。

教育符号学的核心思想之一是：背景隐喻（什么是教学及其工作原理）以微妙的方式进入实际教学实施和学习的具体实践中，对这些隐喻进行修改，使其更有利于更好的隐喻，这可能会提高理解（Pesce 2014）。一个常见的教育隐喻是直接传播。传统上，教学被认为是传递信息。但是，当然，只有在发送方和接收方共享一个公共代码时，才会成功传输消息。如果某一种教学的核心所灌输的不只是一种代码，而且是一种独特类型的代码，这种代码可能与学生以前理解的其他符号学代码不匹配，那该怎么办？在这种情况下，一个更好的隐喻是把学习比作一种类似磁力的学徒：

当外部磁场作用于磁铁时，该物体“吸收”了部分外部磁场：当外部磁场被移除时，磁铁将保持通过磁场作用于其上的某些结构——它被磁化了。这种物质改变了磁相。磁铁的这种相变有时被称为记忆，因为它类似于我们每个人都熟悉的学习过程。磁铁就像学习的实体，通过“教学”片段在它们身上产生的变化比训练过程持续的时间更长（Thalos 2013，p. 98）。

从这个有点不标准的观点学习数学，最好的理解是抽象关系的学徒。在给定的教学背景下，数学基础的相应问题与其说是用一种数学语言为表达定理和证明建立正式的基础，不如说是建立一个所有学生都能接受的经验和认知基线。随着课堂环境的变化，教学支持的相关“基线基础”也会发生变化。在教育符号学中，语境被认为是一个“情境变量”。这一点在不同教学水平的情况下是明显的，因为要假定学生在不同主题上的技能和能力是不同的。然而，这种差异对于参与同一数学主题的不同学生群体也很重要。市中心的高中、精英文理学院和成人教育社区大学的夜校，其微积分入门课程可能需要不同的教学方法，这些方法基于假定的常识，即使是在授课材料和评估工具完全相同的假设下也是如此。

在核心课程学科中，数学之所以与众不同（如果不是独一无二的话），原因之一在于：原则上，掌握数学概念和技术所必需的背景知识，只延伸到最基本的经验结构。这种对历史、语言和文化的漠视是数学普遍性的部分来源。这就是为什么数学在人类符号学代码中处于独特的地位，因为它易于在不同文化中进行交流。然而，在实际的课堂实践中，各个层次的学习和对新概念的掌握出现了巨大差异。数学真理并不意味着依赖于任何东西，除了它的形式，但在数学教学中，必须向学生灌输的正是从经验丰富的内容到纯粹形式。

这种内容与形式的分离不仅是一个数学问题，而且至少自柏拉图以来一直是西方形而上学传统的核心特征之一。重要的是，正是数学的这一特性，最初促使柏拉图把数学与哲学真理普遍性统一起来。从柏拉图主义者的角度看，数学真理不仅是永恒的，而且重要的是，它们是所有可理解结构的终极模型，这些结构可以在感觉世界中找到。因此，数学不仅是一切真理的范式，而且是一切真理的先验条件。它的地位不仅是一般的（适用于每个人），而且是普遍的

（适用于每个地方）。那么，在一个决然的（在很大程度上）后柏拉图时代，数学真理的基础将成为纯粹的历史好奇心。然而，如果说数学在其纯粹形式力量中的重要性有什么不同的话，那就是它的重要性只增加了，抽象形式的柏拉图式基本问题在其当代的技术应用中显得更加突出。例如，罗特曼（Rotman 2008）强调了新的计算机技术在数学研究中的重要性，以及计算模型、仿真和数字数学的兴起。

从我们目前的角度来看，这个丰富而多维问题的相关截面是它如何影响数学教育符号学。一方面，数学老师面临着丰富而多维问题的尴尬。至少在入门阶段，他们可以很容易地从各种不同领域获得直观的例子，并且可以使用任何可以计算的材料来教授算术。欧几里得几何很自然地起源于儿童早期教育中对基本形状的考虑：圆形、正方形、三角形。微积分适用于各种各样的学科，如物理学和经济学，从这些学科中抽取的基本例子往往是介绍新概念和新技术的有用方法。

另一方面，数学教学很快就超出了直觉的范畴，这里可能会出现例子不足的情况。也许正是这个原因，很多学生在数学发展上似乎“碰壁”了，再繁重的学习也无法使他们进步。数学教育符号学的正确目标是对抽象有一定的熟悉程度和处理能力。在基础数学和应用数学中，它主要是一个在抽象结构和具体模型之间来回移动的技能开发问题。在“纯粹”和通常更高级的数学主题中，数学抽象空间是被独立研究的。但是抽象的认知行为渗透到数学研究中，并将其与其他学习领域区分开来。因此，尽管在数学课堂上找到共享知识的共同基线问题不会像历史或文学教学那样带来同样的挑战，它仍在另一个领域重新出现，成为寻找一种共同能力的问题，是一种执行某种认知行为的技能。数学教育符号学面临的最大挑战之一，就是把学生的注意力吸引到这种抽象的行为上，而这种抽象的行为在定义上是非具象的。通过例子来教学和学习是一回事，而教授和学习这些例子是如何体现的则是另一回事。这种理解包括从具体到概念的过渡，这是数学和哲学共有的。

图解法与现象学

从教育符号学的角度来看，抽象对象的教与学的具体困难，可以用符号的像似程度来表达，符号在与抽象对象的交流中所呈现的像似程度是可变的。在皮尔斯熟练的符号三分法中，像似符是“一个符号代替另一个东西，因为与之相似”（Peirce 1998，p. 306）。像似符号是一种符号类型，它通过它是什么和它所具有的特殊性质来表示，这与指示符不同。指示符通过因果关系与对象相联系，“指示符，由于与对象有真实的反应，所以适合作为这样的符号”。而规约符是通过传统规则或习惯性规则表示的：规约符“作为这样的符号，因为它将被这样解释”（Peirce 1998，p. 306－307）。像似符号表达了它在对象中所表示的特性，典型的例子是任何具象的图像。不同于“nuage”（法语）和“cloud”（英语）这两个看起来一点也不像云的单词，一个孩子恰当的圆形涂鸦至少与实际的云有一些相关的感知特征。因此，这样的涂鸦就是一种像似符号，而文化上特定的语言符号——文字，是规约符号则不是像似符号。

像似符号是掌握抽象形式的基本工具，这些抽象形式在经验数据中不乏实例。在这方面的核心是图表在整个数学教学中的突出应用。在皮尔斯符号学中，图表是关系的一种像似再现，通过操作和实验，可以生成与其表征对象相关的新知识（Stjernfelt 2007；Gangle 2016）。因此，图表是一种面向知识的符号，它将语义的相关关系方面构建为自己的语法形式。皮尔斯（2010）坚持认为图表思维是数学方法的核心，数学推理本质上是通过图表实验来发现任意假设所带来的必要结果。皮尔斯观点的可解性取决于他对图表概念的理解程度。图表不仅是在纸上或其他二维平面上绘制的草图，而且是关系的实例化系统，这些关系具有与预期对象域在认识论上相关的结构或定性特征。皮尔斯指出，即使是最明显的非像似符号形式的数学表示法，如表示代数方程的句法字符串，在某种程度上仍然依赖于它们所表示的（符号）和所表示的（有争议的数学结构）之间的关系同源性。

像似图表的优势之一体现在其教学用途上。由于它们依赖符号与其对象之间的像似关系，图表的符号结构本身，就包括如何与抽象对象进行沟通的问题和部分解决方案。构成图表的对象的抽象且通常未确定的关系系统，通过图表本身的实例化关系以明显且立即生效的方式给出。然而，图表的正确理解和使用并不关注实例化关系的特殊性质，而只关注它们与给定解释相关的一般性质。例如，板上抛物线的草图当然有特定的大小和形状，但正确理解它并不是代表这些特征，而是任何和所有抛物线所共有的不变的对称性和可微曲率。正如斯特瑞夫尔特（Stjernfelt 2007）所证明的那样，皮尔斯关于图解实验的概念与胡塞尔（Husserl）通过控制想象变化的本质直观现象学方法具有明显的相似性，从而在符号学和现象学的认知和学习方法之间建立了一条可能的联系。

图表的教学效用并不局限于通过具体、直观的方式去获得抽象、一般的东西。正如数学对象的抽象性质允许它们普遍地跨越不同的具体领域一样，图表符号的相对具体特性也允许它在多个抽象解释空间中具有不同意义。重要的是，同一个图表在独立的上下文中，可以以不同的方式作为一个像似符号，而不仅仅是其抽象特性的结果。它是一种解释性选择的功能，选择哪些特性是相关的，以及在任何有争议的上下文中选择它们来表示什么。这种选择既依赖图表的具体特性，同样也依赖图表的共享空间及其解释者群体。因此，所起作用的基本关系类型不属于抽象的一般性与具体的特殊性（类型和象征）之间的关系，而是具体结构与这些结构的可能模型之间的映射关系。这些结构在不同的解释背景下，以一种从部分到整体的按组合顺序排列的方式变化（Caterina & Gangle，2015）。在特定的课堂环境下，这种选择通常是一个集体讨论和达成一致意见的问题。甚至教师的权威规定（例如，“所有这些点都与这一点等距”）也取决于协议的一般背景，在这种背景下，这些规定可以变得有意义。更有符号学意识的老师可能会问：“我们是否都同意，这里的这些点可能被理解为与这个点等距?”

数学作为一种具体的、富有感染力的活动，本质上是符号学和图解学，这一事实在学习和理解的最基本阶段尤其明显。作为数学思维基础的基本认知实践，通常是通过计算符号学（semiotics of counting）来进行的。这种方法将算术作为数学“天生的”基础，从而依次建立更高级的主题。从严格的符号学角度来看，值得注意的是，计数的实践主要是依靠视觉的。它既需要区分对象，又需要跟踪它们。与节奏密切相关的符号学，例如在音乐符号学和舞蹈符号学——通常对发展算术技能来说是不够的，因为这里重复的身体动力学比加法和减法所需的“堆栈记忆”更重要。好的鼓手不一定能成为好的算术家。他们只是一遍又一遍地数着同样的节拍。而当我们计数时，我们修正了世界上离散的对象。

将标准的教学模式与人们不那么熟悉、不那么习惯的教学模式进行比较对我们是很有帮助的，从而会使标准的教学模式置于一个更大、更可变的可能性空间。在这种情况下，与计算相反，将覆盖的符号学（semiotics of covering，译者注：覆盖问题是数学一个分支）看作是理解数学学习的可能基础模型是有用的。与主要以视觉为特征的计算相反，覆盖的感觉相关性主要是触觉的。沿着表面滑动一个人的手指是通过覆盖其上的单个路径来追踪连续的线。这并不是说没有用于覆盖的视觉隐喻。事实上，视野的一个非常重要的方面是：非透明的物体通常会“覆盖”它们背后的任何东西。我们需要考虑影子这种现象。

计算的抽象关系在结构上与算术和代数相对应。一方面，代数关系将数学领域的离散对象有效地联系起来，从而通过这些操作本身生成其他对象。另一方面，数学覆盖问题的抽象关系更接近于拓扑。拓扑空间可以自然地表示为开放集的数学“覆盖物”，由其他开放集的集合来表示（Hatcher 2001）。从这个角度看，数学对象的关键特征是它们的交叉点和重叠之处，即它们在受控变形下的连续性和不变性，而不是它们的固定恒等式。

覆盖和相应的拓扑数学之间的关系，由于它们与人类体现的所有方面（不仅是对象的视觉表示）的自然联系，似乎是数学教育学中一个特别合适和未得到充分重视的基础。在这方面，Sha Xinwei 的成果是一个重要的试金石。他的明确重点不在于教学，而是特别关注生活体验与数学模型之间的关系，教育符号学确实将生活体验作为其重要特征之一。对于 Sha Xinwei 来说，数学的组织不是从具体的细节和日常经验的多重性中抽象出来的形式归纳，而是作为在空间中具身的、活跃的人类主体的不断自我修正运动而展开的（Semetsky 2015）。沙的核心观点是，虽然在计算机和其他技术媒体中流行的数学和形式编码是离散结构的，但空间和时间的经验矩阵、感官品质和操纵对象本质上是连续的：

> 当我举起手去拿起一个杯子或跟人打招呼时，手不会断断续续地从一个点到另一个点，从一个时刻到另一个时刻，至少在普通的体验中不会。在其无限的密度中，这是一种普通的体验，我关心的是伦理美学上、技术上和概念上的普通体验。当然，出于效率和经济的原因，我们建立了世界上各种本体论层次（系统分类、周期表、语法）离散再现的逻辑和代数系统以及固定表征的学科实践过程和机构。但我提出的实际挑战是：明白如何在我们的艺术和技术中表达连续的过程，鉴于连续的、物质的过程在我们的生活体验中是普遍存在的（Sha 2013，p. 123）。

换句话说，沙的目标是寻找最自然的符合日常体验固有的空间、时间和质量连续性表现的模式。虽然他关注的主要是技术界面且倾向于创造性探索的审美环境，但正是这些关注点表明了他的工作与数学学习的相关性。同样，抽象的认知能力和抽象概念的发展，在从物质到形式、从感官到结构再循环回来的经验过程中，需要一个符号学上丰富的、习惯形成的训练。

学习数学，不仅需要一个现象学上合适的环境来获得数学概念的直观体现，还需要掌握超越最初直觉的概念飞跃以及对抽象结构的知识把握，这些抽象结构是在它们自己的自然环境中动态决定的。正是在这里，学习数学的学生对教育符号学的需求（我们所有人，即使是最有天赋的数学专家，仍然是一个抽象思想世界里的学生，而这个抽象思想世界只是被探索过的最微小的一部分），可以通过转向另一门部分满足抽象智力的学科：哲学。

德勒兹和瓜塔里（Guattari）（1987）在《千高原》（*A Thousand Plateaus*）中，抱怨典型形式主义语言学“不够抽象”。重点不是在他们看来语言理论的形式特征仍然过于依赖感官直觉或者不够技术性。而是说，语言学的哲学特性——它使区域语言科学成为一种获得普遍的本体论和概念创造问题方式的力量——不在于它的形式化，而在于它具体的情感和语用特性。只有把“抽象的机器”作为语言的一种特征来分析，才能抓住哲学中最令人感兴趣的东西。同样，德勒兹早期著作《差异和重复》中，其详细的概念研究和微分学的哲学概括表明，数学本身的方式不够抽象（Deleuze 1994）。从教育符号学的角度来看，这方面的范式是伽罗瓦（Galois）证明的扩域定理，德勒兹将其描述为问题-解决关系（problem-solution relation）的根本逆转：

问题理论已经完全转变，并最终建立在基础上，因为我们不再处于经典的导师-学生情境中，学生理解并遵循一个问题，只有在导师已经知道解决方案并提供了必要的附加条件的情况下。因为……在某一特定时刻，一组方程并不表示我们对根了解，而是表示一种我们对它们不了解的客观性。反之，这种非知识不再是一种消极的或不足的东西，而是一种规则或某种与对象的基本维度相对应的，需要学习的东西（Deleuze 1994，p. 180）。

德勒兹整个哲学计划的动机很大程度上源于对现象学的原则性排斥——至少是在其规范的胡塞尔式形式（Husserlian form）下以及对一种思维形式的要求，这种思维形式将超越其仅仅具有再现性的经验维度。以现在观点来看，德勒兹思想中再次出现的是哲学中的柏拉图式问题不可否认的力量，至少在数学方面是如此。数学真理和数学的哲学相关性超越了数学形式对经验内容的日常应用。长期的二分法——形式与内容、抽象与具体、内在与超越或思想和物质，至少从柏拉图以来，就支配着数学真理的哲学观念，更不用说其在形而上学、伦理学和其他哲学领域的辅助作用了。二分法在当代哲学背景下仍然继续有效，更重要的是继续以某种方式在二分法的某一极（形式－抽象－理念等）拥有特权，即使人们对这些二分法的理解已经发生了根本性转变。

数学教育符号学的结论是：它鼓励符号学训练从具体和感性过渡到抽象和形式，这是真正把握数学真理内在动力的必要条件，但又不是充分条件。同样重要的是从抽象到具体，从思想到物质的逻辑双重通道。矛盾的是，正是在这一运动中，由于符号学的“双面”关系建立起来了，可以克服范畴的二分法。如果遵循“向上”的箭头指向纯数学结构，毫无疑问将成为学生学习数学的一种习惯性认知行为，那么学生也必须学会在思想和实践中追寻与之相反的“向下”箭头：从结构到模型，从抽象形式到物质实现。

从形而上学到应用拓扑学：一个教育符号学的建议

如果起作用的基本问题是现象学意义与抽象数学真理的辩证法以及直观模型与公理结构的协调，那么似乎很明显，任何对数学教育符号学的关注，都必须处理这些问题——首先从侧面和偏见开始——相对于现象学意义与说明性直觉。教室是具体的地方，所有层次的数学专业学生，尤其是本科生，都需要与老师、图表和典型案例进行具体的互动，以获得抽象结构定义数学理解的认知能力。然而从较不确定的结构中产生更确定的结构，作为后者的专门化，例如建立各种公理系统的具体模型，在重要意义上代表了数学真理的最自然顺序，以及能够把握真理的正确认知理解形式。因此数学教育符号学似乎面临着一种死锁或者说双重束缚。理解数学的正确方向，原则上是从抽象的、一般的到具体的、特殊的，但通常数学学习的符号学道路，是从感性的具体到单纯的形式。相反，像似性必须从两个方向培养。以下是教学大纲：从抽象到具体（专门化或具体化），而不是从具体到抽象（抽象或一般化），教学可能意味着什么。

我们考虑一门拓扑学的本科入门课程，比如，拓扑学研究的是在连续变形下保持不变的空间结构，例如柔性材料的拉伸和弯曲（但不包括穿孔、粘接或撕裂）。正是出于这个原因，拓扑结构经常被通俗地描述为橡胶板几何形状。当然，拓扑学中的数学远远超出了橡胶板的直观程度。从历史上看，拓扑学是在研究函数域内选定点的局部邻域内连续函数的行为基础上发展起来的。这一历史轨迹的影响仍然活跃在其标准教育符号学中。教师通常作为空间局部连续函数行为的一种概括来教授拓扑学，就好像它是自然地（而不仅仅是历史地）从微分学中发展出来的。

然而，正如在许多（如果不是大多数的话）数学领域一样，拓扑学的现代形式主义和公理化处理是独立于其历史起源来构思它的主题的，而且在高级主题和前沿研究议程中，拓扑学的某些方面往往集中在那些超出点集定义的空间限制方面；在当代的语境中，它似乎是对拓扑数学真正范围的人为限制。这就是为什么数学基础问题很重要的部分原因。无论这些基础的实际状况如何，例如数学如何准确地建立在集合论或范畴论的基础上，数学的历史发展无论如何都是显而易见的。它的发展不是从较多抽象向下到较少基础学科，而是从更专业和更具体的领域“向上”到更抽象和更一般的领域。教育学在这方面通常遵循历史。人们有可能从教育符号学的角度追踪相反的运动吗？

考虑图 4.1 左上方所示的序列。从“上”到“下”，从形而上学到范畴论，从范畴论到拓扑学，再到应用拓扑学，以机器人学、实验艺术、环境、数据分析和经济学等多种应用为代表。这代表了一个建议性的学习顺序，鼓励学生从一开始就掌握从更多抽象领域到更少抽象领域的向下运动，从而与典型的一般化和抽象方向相反。这个顺序从形而上学的抽象领域开始。形而上学在数学课堂上有什么地位呢？试图从形而上学的全部范围来看待形而上学是不恰当的，而且会适得其反，因为这将无限期地推迟符号学支配学习过程的目的。相反，这里的问题是仅仅介绍一些基本概念，这些概念可能在课堂上使学生产生某些基本的共同理解。

图 4.1 右边的部分描述了三个层次的确定，分别表示为不同的“框架”或“平面”。底部的平面代表绝对确定或者说完全固定。例如，常识对现实的概念通常假设在任何特定的瞬间，事物都有一个终极的定义方式。又比如，牛顿力学给出的经典物理图像中，在给定时刻 T，系统中的每一个物体都有一个完全确定的位置和动量。这种观点实际上是否是正确的（这必然不是），有一个共

享的图表来清晰、简洁地表示和实验这个想法是非常有用的。在图 4.1 中，其仅仅描绘为一个单一的点，它像似地代表了确定统一体的不变结构，如一个确定性混沌系统。往上一层，中间的平面表示任何类型的系统，包括不同程度的确定，例如流动、原因、事件、符号等。根据教师和学生在课堂上介绍和商定的惯例，这种系统可以用点和箭头组成的图来表示，其中点表示所讨论的系统的状态或元素，箭头表示这种状态由另一种状态决定。最后，最上面的平面表示与下面平面相对的平面。下面的平面描绘的是绝对确定的，而上面的平面描绘的是绝对不确定的。在这里，“相同”的图表（但正如上面所讨论的，图表的真实成分包括其解释和使用的特定上下文）代表了纯粹的形而上学空间，一种完全缺乏内部分化或表达结构的绝对确定可能。例如，在皮尔斯的存在图系统（Peirce's System of Existential Graph）中，最上面的平面的作用是由断言空白页（sheet of assertion）产生的，一个给定的话语论域的绝对确定性先于其内部的任何实际陈述。

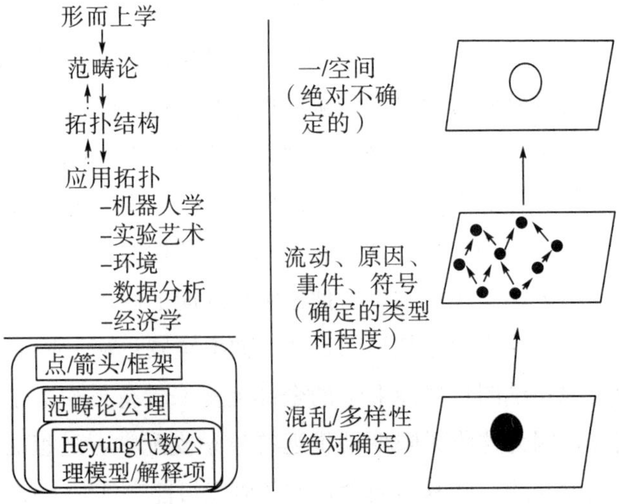

图 4.1　从形而上学到应用拓扑学的逐步确定

在哲学课程和哲学课堂的背景下，本章提出的形而上学的明确性和特殊性肯定是不够的。只有三个有序的层次：绝对确定性、绝对不确定性、居中的‘混合状态’。对大多数哲学家来说，这可能看起来像一幅拙劣的柏拉图式形而上学的漫画。然而，这里所讨论的正是这种图解漫画对数学目的的教学用途。我们建立了这个共享的“记录法”来勾画一些形而上决定论的直观概念——这个过程很可能会占用一两个课时，之后就有可能为了恰当的数学目的对这个符号进行细化和专门化。具体来说，直觉泵已经启动了。可以这样说，要以一种具体的图解方式，理解范畴论基础数学的高度抽象的公理基础。在从形而上学过渡到范畴论的过程中，人们通过引入正式的规则来定义“确定”，这些规则以非正式的方式，作为形而上学的符号来规范点和箭头的相互作用和同一性。事实上，范畴论的公理很容易用这种方式表述（Lawvere & Schanuel 2009）。只要稍加解释，几乎任何水平的学生，甚至是儿童，都可以轻松掌握。当然，这些公理的全部分支仍然只是隐含的。

然而，用这种方式介绍了范畴理论的公理之后（抛开范畴论的任何进一步发展不谈），然后，进一步细化这些规则和要求就变得相对简单了；从而它们成了拓扑的基本公理，这些基本公理被理解为具有完全海廷代数（Heyting algebras）特征的基本限制的开集格。当然，这一步需要更多的教学工作。格这种东西，必须首先把满足和连接，理解为分类定义，并且关于包含和蕴含的直观概念，必须相应地形式化。但请注意，这些数学概念已经由形而上确定的、更非正式的图表和更少、更直观的点和箭头的范畴公理“准备”好了。因此，范畴理论的极端概括性和抽象性，被顺利地转化为拓扑空间中更具体但仍然抽象的性质。从这里开始，形式公理方法及其伴随而来的定理和结构与后者在统计、机器人、通信系统设计等方面的各种区域应用之间的更传统地来回运动，且成为对已经建立的连续抽象和确定层次的模式的重复。因此，纯粹拓扑和应用拓扑之间的关系并不是形式结构和物质实例之间的绝对二元论，相反，作为相对“抽象-具体”双极结构（符号关系）迭代序列的一个例子，每一个符号关系都决定了一个更丰富、分化度更高的领域的不同层次或阶段，这个领域涵盖了普通的经验、数学结构和哲学概念。

这种方法的主要优点是：当学生们准备好研究拓扑学中更抽象和更具体的方面之间的关系时，他们已经完全熟悉了图解、认知和习惯的体现方式，从一个图解和概念确定的空间转移到另一个空间，从相对抽象到相对具体的可逆途径。从形而上学到应用拓扑的序列中出现的是数学学习中两个“路径”的相互性：抽象的向上运动和结构或实现的相关下行路径。因此，范畴理论的数学记录法在这个模式中起着双重作用，既是非正式的，又是正式的。点和箭是高度像似性的表现模式，非常直观和自然地描绘了对象系统和关系，相对地剥离了无关属性，并简化为它们选择的结构。但它们也是构成范畴理论的形式化图解符号的基本要素。

Sha Xinwei 认为范畴理论是一种环境数学环境，用来建模现象学经验的拓扑动力学，但他拒绝将其视为“一种描述，而不是物质的表达方式”，并表示“与物质或生活的情感物质的动力学无关”（Sha 2013，p. 112）。但是这个观点似乎没有考虑到，范畴理论的标准图解符号也可能作为一种非正式的现象学直观方法，在多个层次上跟踪确定的程度。在这里，形式与材料同时相交，并作为与教育符号学相关的一个真正的悖论，在概念上保持着不同之处。

结论

上述分析结果可归纳如下：

（1）在数学教育符号学的几乎所有方面，基本上，柏拉图式的哲学问题仍然存在。数学思想本质上是在感觉和理念的辩证中，而数学教育符号学确实将概念知识和学习的这一独特特征考虑在内。

（2）图表的使用是任何数学教学和学习的重要组成部分。

（3）由于符号学和现象学的原因，图表的拓扑特征作为经验连续性的相关性可能在培养数学理解方面特别有效。

（4）足够讽刺的是，正是教学的有效性使图表和拓扑—现象学接口部位的使用对数学教育学十分重要，这可能会模糊数学对象的特定抽象特征以及与之对应的认知模式。

（5）数学教育符号学的“两条道路”——从具体到抽象的“向上”道路和从抽象到具体的“向下”道路对于真正地理解数学都是必要的。

（6）范畴理论的数学似乎很好地以直观的图解，但仍然可能严格的正式方式解决了这两种方法在教学上的挑战。

综上所述，我们应该清楚，数学教育符号学并不完全是数学本身的主题和基本问题的外在表现。数学不仅仅是一种工具——无论其复杂程度如何——可以机械地应用于人类的兴趣和世俗目的。数学就像每一项严肃的智力活动，是一项同时具有个人、政治和宇宙普遍意义的工程。数学教育符号学的最终目的是或者应该是阐明这些数学经验的维度或层次如何从人类普通的原始数据中剥离出来，从而包含更广泛的社会和自然现实领域，最后是物理宇宙的最基本方面以及可能更广泛的纯粹可理解的领域（Semetsky 2013）。我们人类一直在做的一部分事情，我们必须做的事情以及我们仍然必须学会做的事情，就是在具体与抽象、感性与可理解之间，就其本质而言是在符号学意义上的交界处协商。从上面拓扑例子中，得出的结论似乎与直觉相悖：从严格的教育学角度来看，至少在某些情况下，从更抽象的结构开始，并主要从结构的连续专门化到日益分化的领域（即个性化领域）来构思数学，可能会更好。关于不可通约化的意义和形式的二元性，柏拉图也许终究是对的。然而，从数学教育符号学的角度来看，这方面的根本问题，与其说是寻求逃离洞穴的物质性，不如说是战略性地培养规划、物化和下降的形式方法。

参考文献

Caterina, G., & Gangle, R. (2015). The sheet of indication: A diagrammatic semantics for Peirce's EG-Alpha. Synthese, 192 (4), 923–940.

Deleuze, G. (1994). Difference and repetition (p. Patton, Trans.). New York: Columbia University Press.

Deleuze, G., & Guattari, F. (1987). A thousand plateaus: Capitalism and schizophrenia (B. Massumi, Trans.). Minneapolis: University of Minnesota Press.

Gangle, R. (2016). Diagrammatic immanence: Category theory and philosophy. Edinburgh: Edinburgh University Press.

Hatcher, A. (2001). Algebraic topology. Cambridge: Cambridge University Press.

Lawvere, W., & Schanuel, S. (2009). Conceptual mathematics: A first introduction to categories (2nd ed.). Cambridge: Cambridge University Press.

Marquis, J. -P. (2009). From a geometrical point of view: A study of the history and philosophy of category theory. Dordrecht: Springer.

Peirce, C. S. (1998). The essential Peirce, (vol. 2, 1893 – 1913) (Peirce Edition Project, Ed.) Bloomington: Indiana University Press.

Peirce, C. S. (2010). Philosophy of mathematics: Selected writings (M.

Moore, Ed.). Bloomington: Indiana University Press.

Pesce, S. (2014). Edusemiotics of educational gestures. In I. Semetsky & A. Stables (Eds.), Pedagogy and edusemiotics: Theoretical challenges/practical opportunities (pp. 153—171). Rotterdam: Sense Publishers.

Rotman, B. (2000). Mathematics as sign: Writing, imagining, counting. Stanford: Stanford University Press.

Rotman, B. (2008). Becoming beside ourselves: The alphabet, ghosts, and distributed human being. London: Duke University Press.

Semetsky, I. (2013). The edusemiotics of images: Essays on the art * science of Tarot. Rotterdam: Sense Publishers.

Semetsky, I., & Stables, A. (Eds.). (2014). Pedagogy and edusemiotics: Theoretical challenges/practical opportunities. Rotterdam: Sense Publishers.

Semetsky, I. (2015). Interpreting Peirce's abduction through the lens of mathematics. In M. Bocharova, M. Danesi, D. Martinovic, & R. Núñez (Eds.), Mind in mathematics: Essays on mathematical cognition and mathematical method (pp. 154—166). Munich: Lincom.

Sha, X. W. (2013). Poiesis and enchantment in topological matter. Cambridge, MA: MIT University Press.

Stjernfelt, F. (2007). Diagrammatology: An investigation on the borderlines of phenomenology, ontology, and semiotics. Dordrecht: Springer.

Thalos, M. (2013). Without hierarchy: The scale freedom of the universe. Oxford, UK: Oxford University Press.

第5章 教育理论与实践中的隐喻、模型与图解

马赛尔·达内西

摘要 马克斯·布莱克在其1962年的经典研究中，令人信服地展示了科学理论是如何通过无意识隐喻推理来构建的，从而将它们与科学家的经历、社会和历史背景以及在特定科学领域内建立的图像图式联系起来。教育中的这种代表性现象，虽已有研究，但只是零星的。本章的重点是隐喻论证以及它们如何指导教育理论的构建，从而形成模型和图解策略，进而指导派生的教育实践。然后，本章将探讨隐喻本身融入实际教学实践的可能性，说明如何在数学和第二语言的教学中做到这一点。本章通过记录隐喻、模型、图表和学习理论之间的联系，从理论和经验两方面论述教育符号学。

导言

教育理论及其产生的具体实践总是建立在特定前提之上。如果仔细研究，它们通常会揭示出一种隐喻推理模式，这种模式促进了它们的构思。一个经典例子是：一般来说，学习要么是类似身体训练的“心理训练”过程，要么是类似计算或算法系统的“心理组织”过程。前者是行为主义心理学理论的特征，后者是认知理论的特征。这两种理论的概念差异具体表现在以下几个方面：(1) 在两种理论固有的话语中，学习被描述为一个良好习惯在行为主义中被加强的过程，而在认知主义中被描述为包括分析、检索和存储；(2) 在实际的学习模型中，每个模型都隐含着不同的研究方法；(3) 具体教育教学实践的发展和阐述，如习惯形成（包括重复、模仿、模式实践等）或程序实践（批判性分析、分类等）。

作为专业教育文化的一部分，理论家们试图通过适当的实验和研究来验证

他们的模型，而这些实验和研究，本身就是在最初隐喻形象的基础上无意识地设计出来的。这可以称之为“隐喻即理论假说”（MTH：Metaphor-as-Theory Hypothesis）。这并不意味着教育理论不重要，也不意味着任何一种理论都和其他理论一样好；相反，这意味着理解理论建构中所涉及的无意识隐喻推理及其伴随而来的实践，可以让我们更好地了解教育本身作为一个符号学的文化过程，而不是一个纯粹基于学习先天规律的认知过程。由此可见，在教育理论化中，隐喻研究是至关重要的。

隐喻研究的另一含义可以被称为“隐喻即实践假说”（MPH：Metaphor-as-Practice Hypothesis）。这一术语表明，相关研究可以用来设计将其直接纳入教育实践的方法，即教授数学、语言等。如果人类学习的结构在很大程度上是隐喻性的，那么就会像一些人会说的那样，教学输入应该与这种结构同步。就目前的目的而言，隐喻具体可以表述为：隐喻在学习中起作用吗？如果起作用，如何将其纳入教育实践中？

本章实际上有两个目的：(1) 讨论“隐喻即理论假说”；(2) 考虑隐喻研究的发现如何适用于实际教学或“隐喻即实践假说”。今天，隐喻已经不再是语言学的专有话题，它已经扩散到各个相关领域，成为理解不同的心理文化现象的跨学科支点。它特别适用于教育，因此，它是教育符号学中一个完美的研究对象，它从符号学的基础地位来探讨教育理论和实践（Semetsky 2010b；2014）。本章的目的在于说明：长期以来教育中对隐喻的忽视，导致教育理论和实践变得不规则和变幻莫测。然而，自从莱考夫和努涅斯（Lakoff & Núñez 2000）的关键文本展示了数学教育如何像语言学习一样建立在隐喻的基础上以及教育符学作为一门学科和一种基础教育哲学出现和兴起以来，这种情况正在迅速改变。

隐喻、模型、图表、理论：隐喻即理论假说

模型（model）这个词是跨学科使用的，其含义似乎无穷无尽。经过更仔细的观察，我们可以明显看出，每个模型本质上都是伪装的隐喻。正如马克斯·布莱克（Max Black）1962年在其经典的科学与数学研究中所指出的，模型源自隐喻推理思维过程，而隐喻推理反过来又指导科学理论的形成。一个经典的例子是原子是一个微型太阳系的理论——这是一个隐喻性的结构，它产生

了不同的原子科学模型，每个模型随后都导致了不同的理论和实验（Sebeok & Danesi 2000）。在19世纪、20世纪之交，欧内斯特·卢瑟福（Ernest Rutherford）提出了一个原子模型，它由一个叫作原子核的球形核组成，原子核带着密集的正电荷，周围有电子在旋转。这是一个明显的隐喻性推论，即原子结构具有与太阳系相同的结构，即原子可以被概念化为一个微型太阳系。后来，物理学家尼尔斯·玻尔（Niels Bohr）扩展了卢瑟福的模型，声称电子沿原子核轨道运动。然后，埃尔温·施罗德（Erwin Schrodinger）在他的推导模型中将电子放置在特定的空间。1932年，詹姆斯·查德威克（James Chadwick）提出原子核由两种粒子组成：带正电的质子和中性中子，几年后的1935年，汤川秀树（Hideki Yukawa）提出其他粒子的概念，称之为介子，由此构成了原子核。之后，随着物理学家发现越来越多的亚原子粒子的存在，原子最初的“隐喻图片”变得越来越复杂。1955年，欧文·张伯伦（Owen Chamberlain）和埃米利奥·塞格雷（Emilio Segre）发现了反质子（一个带负电荷的质子），1964年，默里·盖尔曼（Murray Gell-Mann）和乔治·茨威格（George Zweig）提出了所谓夸克作为基本粒子的存在，声称质子和中子是由夸克的不同组合构成的。1979年，胶子（玻色子的一种）被发现具有强大的力量。这种力量，也称为强相互作用，它把原子核结合在了一起。1983年，卡洛·鲁比亚（Carlo Rubbia）又发现了两个亚原子粒子——W粒子和Z粒子，这表明它们是弱力的来源，也被称为弱相互作用。

现在，这里的重点是：如果没有卢瑟福最初的隐喻性洞见和随后产生的其他模型，这种理论连同相关的研究和发现，也许将永远不会发生。本质上，卢瑟福模型把原子空间想象成一个微小的太阳系；玻尔模型在卢瑟福模型的基础上增加了量化轨道；薛定谔模型假设了电子在原子空间的特定位置。布莱克认为，诸如此类的科学理论涉及修改基于隐喻的模型，这些模型通常是感知不到的：我们不能直接观察、听或触摸原子、引力、磁场等。所以科学家们用他们的“隐喻之眼”来观察。如今，上述模型正在被修改，甚至被抛弃，因为根据量子力学，我们不可能同时精确地描述粒子的位置和动量。如果我们非常精确地描述一个粒子的位置，它的动量就可以用复数系统来描述。实际上，我们必须“强迫”电子吸收并重新发射光子，这样光探测器才能“看到”电子。我们知道光子源和光探测器的精确位置。但即便如此，这种动量还是破坏了我们的尝试。电子对光子的吸收改变了动量。因此，当电子重新发射光子时，它位于一个新的方向。因此，探测重新发射的光子不能让我们确定电子在吸收初始光子时的位置。如果仔细研究这些理论中使用的语言，很容易就会发现隐喻的无意识存在。例如，当涉及原子结构时，没有人真正知道方向这个词的意思。我们能做的就是想象它好像适用于我们日常生活中在真实空间里的方向感。

正如前面的讨论表明的，科学并不是以客观方法的线性方式发展的；它通过隐喻建模引导理论转变和范式转移向前推进，这有助于科学家重新构建他们的理论和假设。它是“隐喻即理论假说”的一种表现形式，这也表明科学家不知道涉及哪些隐喻过程。当一个模型在新事实的重压下崩溃时，它就会被丢弃，取而代之的是一个新模型。这个过程被哲学家卡尔·波普尔（Karl Popper 1935，1963）称为证伪。正如他恰如其分地指出的那样：“对理论的每一次真正检验，都是试图对其进行证伪，或予以驳斥。可测试性是可证伪性；但也有一定程度的可测试性：有些理论比其他理论更具可测试性，更容易被驳倒；可以说，他们冒着更大的风险”（Popper 1963，p. 34）。换句话说，它可能需要一个反观察的办法来证伪现有理论模型。

鉴于隐喻推理在理论建构中的重要意义，我们有必要回顾一下现代隐喻研究中的一些基本概念。今天，隐喻不仅是一种修辞手段，而且是一种创造性的力量，以语言和非语言的形式表现出来。这种力量最初是由生活经验引导的。它以想象力使经验更丰富，而这反过来又暗示了将经验转化为模型的隐喻方式。教育符号学承认经验在非正式学习过程中起主导作用。前面讨论的原子理论是由科学家们提出的，他们生活的世界中，太阳中心宇宙学是微型太阳系隐喻背后的触发因素，这并非巧合。每一个隐喻都暗示着某种推理或预感的心理可视化。这在当前的隐喻理论中被称为意象图式（Lakoff & Johnson 1980，1999；Lakoff 1987；Lakoff and Núñez 2000）。它是一个想象的轮廓，给予隐喻性思维视觉形式。例如，在太阳系这个比喻中，意象图式由一个中心球体轮廓和围绕它的轨道球体轮廓组成。这就说明，各种图示表征，提供了一个物理（具体的、视觉的）形式。因此，图像图式是皮尔斯所称的存在图（existential graphs）的版本，即外化（表达）的模型，他认为这种模型比语言更强大，因为在其他领域中，一些不同实体的部分之间有着相似关系。因此，图表显示了隐喻思维在头脑中的“样子”，也就是说，它展示了现实中隐喻思维的过程

（Peirce，CP 4）。皮尔斯将他的图表描述为思想的活动图片，因为通过它们，人们可以看到一个给定的论点。它是“一种图形语言，（它）允许我们直观地体验一种意义，这是一种过渡状态，其中意义可以在这里的任何给定位置以及在它的转换过程中，从整体上获得意义”（Kiryuschenko 2012，p. 122）。

该过程总结如下。隐喻性预感与心理意象图式有关。模式一旦形成，就可以用图表以大纲的形式表示。然后，每个图表都提出一个模型，如卢瑟福模型、玻尔模型、薛定谔模型等。这些模型不是随机的，也不是完全新颖的；它们与以前的模型或其他类型的知识相联系，构成了阐述或修正。一旦建立了这些模型，就可以将模型表述为具体的理论。一旦理论建立起来，它就可以在数学上形式化，并在语言上表达出来。由此，实验、讨论、辩论等接踵而来。“隐喻即理论假说”理论制定过程如图 5.1 所示。

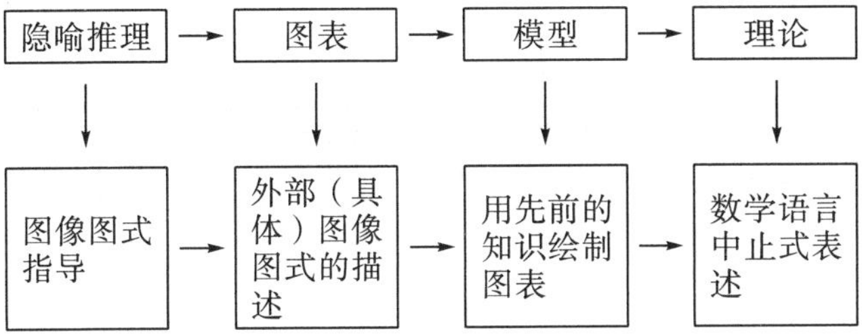

图 5.1　**理论形成过程**

考虑到它们与隐喻的关系，有点让人惊喜的是，近年来科学和数学中的图表研究已经成为一个富有成效的研究领域（Shin 1994；Chandrasekaran et al，1995；Hammer 1995；Hammer and Shin 1996，1998；Allwein & Barwise 1996；Barker-Plummer & Bailin 1997，2001；Kulpa 2004；Stjernfelt 2007；Roberts 2009）。累积起来，这些研究表明，意象-隐喻思维（imagistic-metaphorical thinking）是知识形成的核心——是一种洞察力，皮尔斯自创的概念“显现学”（phaneroscopy）就预示了这一点。皮尔斯将显现学描述为对现象的形式化分析，而不只是对现象在解释者眼中的样子及其实际物质内容的分析。

如果用语言来表达，我们将无法看到图表通过其视觉结构呈现给我们的可能性。鉴于苏珊·朗格（Susan Langer 1948）关于散漫与表象的表征概念，我们可以说图表是一种表象形式：它告诉我们的远不止一个陈述，因为它从字面意义上呈现了事物固有的结构，并将其充实为一种抽象的视觉形式。她强调说，我们读的不是图表、旋律或方程式，它由个别的碎片（音符，形状或符号）组成，但在表面上是一个整体。这是一个整体结构，其意义大于各部分之和。相反，用语言（句子）描述它是一个散漫的过程，迫使我们以不同的、语义约束的方式思考相关的洞察力或信息。换句话说，图表显示了语言中不透明的关系，如果不借助隐喻，后者不可能做到这一点（Barwise & Etchemendy 1989；Allwcin & Barwise 1996）。

图表是隐喻的视觉模式，反之亦然，隐喻首先暗示了该模式。图表是在视觉上翻译隐喻性预感（原始猜测）的推论（有根据的猜测）。这就导致了皮尔斯所说的试推法（洞察力）。当以这种方式产生的思想通过演绎逻辑地组织成一个理论之后，认知过程就完成了（图 5.2）

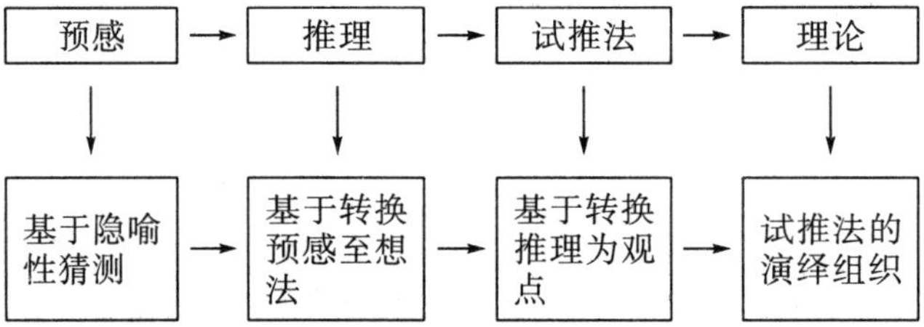

图 5.2　理论形成模型

请注意，人们必须使用图表模型来描述理论是如何产生的，这就很明显，如果不诉诸建模，就不可能讨论任何理论，包括讨论理论是什么。总之，比喻揭示了我们如何解释我们周围的“世界—环境”，还有将其反映到我们的世界模型中——精神世界（Uexkull 1909）。它将感觉和其他体验转换为内部的图像图式及其派生的概念化。今天的认知语言学家把隐喻和转喻区分开来。毫无疑问，转喻在理论形成中也起着一定的作用，但它是一种高级的、次级的、认知的层次。这并不意味着它不涉及理论的建构，但这是在隐喻之后发生的。隐喻是认知中的一种联结力量；转喻是一种选择性的转喻，它的作用不是通过连接推理来创造知识，而是让我们对特定的情况有特定的了解，从而能够对它们做出一些评价。它是一个允许显式关系的建模过程。正如马库斯（Marcus 2012）所指出的，它不能作为科学和数学领域的认知力量而被边缘化：

与隐喻思维互补的是转喻思维。前者与像似性思维有关，后者与指示性思维有关。转喻在数学中无处不在，无论是在以部分代整体思维过程中，还是在假定思维中。整个数学事业都是转喻的，因为数学是通过可数形式来寻找一种合适的无穷大表示，然后把无穷大化为有限的表示，再把大的有限化为小的有限。有人声称数学是近似的科学；但是近似是一个转喻的概念。大多数实数本质上都有无限的表示形式（小数或连续分数），我们试图尽可能大地捕捉它们的有限部分。这个过程从未停止。一个著名的例子是不断努力捕捉 π 的小数。这从阿基米德开始，并在今天的计算机程序和巧妙软件中继续，如在拉马努金（Ramanujan）的笔记本中发现的程序。基本转喻（假定 if-then）是演绎思维的基础，而演绎思维在数学证明的最终呈现中至关重要。它是验证数学定理的主要工具（Marcus 2012，p. 146）。

由于在某些理论中常常不清楚隐喻或转喻是否起作用，所以“隐喻即理论假说”可以重新命名为“隐喻或转喻即理论假说”（MMTH）。这里不直接讨论这个相关的假设，因为就目前的目的而言，“隐喻即理论假说”就足够了。

教育理论

教育理论是上述科学理论形成的同一认知过程的结果。实际上，它们是由“隐喻即理论假说”引导的。举一个例子，考虑一下第二语言学习理论，它在整个历史上都是由几个隐喻指导的。其中之一是基于日常观察的干涉隐喻，即说一门新语言通常意味着加入母语的机制。这一现象的证据是学习者语言中存在干扰。一个简单的例子就是我们口语中所说的口音，意思是干扰说目标语言的尝试。这种情况下的隐喻预感可以用一个简单的图来表示（L1 =母语，L2 =目标语）：L1→L2。该图表显示了从已知语言到要学习的语言的单向信息流。

然后，这个图表提出了一个语言学习的模型，在这个模型中，母语习惯被转移到目标语的学习中。这个模型引出了所谓的迁移理论和具体的教学实践。这一理论并非凭空而来；它与20世纪二三十年代的行为主义在心理学和教育中的传播相吻合，强调习惯的形成、模仿和迁移。到了20世纪50年代，这种方法成为主流，在北美各地课堂上催生了一种全新的语言教学方法，并影响了符合这种模式的教材创作。教育学的见解来自学习的归纳法原则，而这些原则又是基于前面介绍中讨论的训练隐喻（training metaphor）。所以新教学法：

- 强调模仿、重复、操练和其他形成习惯的技巧。（如身体训练）

• 强调顺序：听力—口语—阅读—写作中的四项技能的发展。（很像肌肉训练中的连续阶段）

• 从一开始就强调正确发音习惯的养成，甚至使用“无意义的单词”来确保实现这个目标。

• 强调除语法解释外，其他一切都要使用目标语言。

• 引入“语言实验室”，让学生听预先录制的磁带，并对提示做出反应，从而评估他们的发音，并将他们的努力成果与以英语为母语的人进行比较。

该理论的创造者拒绝了之前的理论，例如声称 L2 学习遵循与 L1 学习相同的发展路径理论。在这种情况下的比喻不是 L1→L2，而是 L1←→L2 或 L1 = L2。迁移理论认为 L1 是干扰源，其决定了学生对 L2 的感知和吸收方式。正如语言学家查尔斯·弗里斯（Charles Fries 1927，1945）观察到的那样，迁移理论的动机源于对学生通常犯错误的共同观察，以及他们经历的可预测的困难，特别是在早期学习阶段。迁移理论导致了一种称为对比分析的新分析技术的发展，语言教师将其作为设计教科书和组织教学大纲的基础。通过对目标语言和母语的“对比”，他们发现了哪些发音、语法和词汇需要被更多强调，哪些则不需要。那些与相应的 L1 特征相同或相似的 L2 特征，在教学上受到的重视程度会更低，因为在这种情况下，迁移过程（即正迁移）将允许学生自动获得这些特征。那些根本不同的学生反而会获得更多的教学重视，因为迁移过程（负迁移）会干扰学生养成新习惯和学习新类别的努力。通过教学手段，使正迁移达到最大，负迁移达到最小。那些包含正迁移的 L2 特征将在课程开始时教授，而那些被识别为不同的、可能包含负迁移的 L2 特征将在以后教授。

随着这一理论深入教学实践中，它开始像上面提到的早期原子理论一样，显示出与观察到的学习行为和收集到的数据不一致。罗伯特·拉多（Robert Lado 1957，1964）是第一批认为有必要将文化模式纳入一门课程的人之一，因为在教育心理学教科书的教学大纲中，文化模式在很大程度上被忽略了。如果我们教授西班牙语，却参照美国的文化意义、价值观和行为模式，那我们所教授的并不是西班牙语，而是披着西班牙语外衣的英语文化（Lado 1964）。因此，一场目的相反的谈话可能会无限期地继续下去，直到明显发现事情出了差错。意识到迁移理论的缺陷，由于它不能预测文化迁移，许多人放弃了它，尽管拉多提出了将文化纳入模型和理论的巧妙方法。但是迁移理论留下了各种各样的残余。其中之一是错误分析（EA）。由于其对干扰的关注，迁移理论明确了区分错误和错误的必要性。后者是学生犯的错误，但他们很容易纠正自己，因为他们能意识到错误；然而，前者是由语言能力差距引起的可预测和可解释的偏差，因此学生没有注意到。此后不久，EA引出了中介语理论，该理论认为学生话语的特征首先是可预测的、反复出现的错误（Selinker 1972）。这是迁移理论的一个分支。

中介语的错误分析表明学习者通常会犯两种类型的错误：（1）由负迁移引起的语言间迁移；（2）语言内习得时由于与母语习得具有相同的一般学习机制，即泛化、类比、简化等。以英语为母语的意大利语学生犯的一个典型的跨语言错误是：Io aspetto per Maria = I am waiting for Mary。意大利语正确的形式是“Io aspetto Maria”。这一错误的根源是英语中for的负迁移对意大利语句子结构的误导。在意大利语中，动词“aspettare”是及物动词，而在英语中，“to wait”是不及物动词（需要介词“for”放在宾语之前）。语言内错误是由语言习得的一般过程引起的。它与儿童在说母语时所表现出的发展错误非常相似。因此，如果当一个非英语母语的学生生成“goed”（对于“go”的过去式“went”）形式时，他或她是基于已知的动词过去时态构词法知识（play = played，try = tried，等等）来聪明地进行猜测的。同样，当一名非意大利语母语的学生将“problem”（问题）变成“probleme”（而不是“problemi”）时，他或她在猜测，以“-a”结尾的名词规则通过将“-a”变为“-e”来表示复数，这一规则也适用于“problema”（问题），但事实并非如此。

上面的故事可以在整个教育中重复，从数学教育到人文教育。迁移理论导致了中介语理论的产生，而中介语理论又衍生出许多当代的其他理论。所有这些最终都可以追溯到迁移理论。这并不意味着迁移理论在神经科学或心理学意义上是“真实的”。这意味着：它已经证明在符号学实用意义上，这理论是有用的，因此，最初的隐喻预感部分是有效的，因为它肯定是基于观察和经验的。当然，在第二语言学习中也存在着其他模式，这些模式源自不同的隐喻预感。关键是任何理论都有着隐喻起源。追溯隐喻之起源以及它所涉及的经验和教学实践，是教育符号学研究的一部分，其揭示了隐喻的符号化在理论建构领域中是如何运作的。

教学实践：隐喻即实践假说

如果隐喻是我们思考和学习方式的重要组成部分，那么它对教育的影响是巨大的——这就引出了隐喻即实践假说（MPH）。莱考夫和努涅斯（2000）的理论主张是：语言和数学都有着同样的身体体验转化为隐喻性知识系统的神经过程——这一事实得到了相关研究的证实（Danesi 2016a）。根据教育符号学的主要反二元论假设，身体会“转化”为思想。我们更喜欢基于10的数字系统，因为人有10个手指，我们本能地用它们来计数。莱考夫和努涅斯将这些表征倾向追溯到“连接隐喻”或将身体过程转化为抽象的精神状态。研究这些隐喻如何在语言中表达，用图表说明，并用于教授解决问题的方法属于隐喻即实践假说的范畴。

数学涉及日常隐喻机制的补充，这些机制赋予数学想象以特定的形式（Fauconnier & Turner，2002）。基本上这意味着我们的大脑倾向通过隐喻及其分支（图表、建模等）来理解事物。图表渗透到数学中，既作为启发式的工具，又作为说明定理、进行证明等的模型。这在几何学中是非常明显的，一个图形本身就是一个定理或证明的内在部分，它指导着逻辑论证，并导致进一步的思想和发现。图论布局例如二项式展开和康托尔（Georg Cantor）的对角线演示，都是图论模型或证明的例子，显示了无法用其他任何方式想象或发现的隐藏结构。没有图表就没有数学，正如我们所讨论的，图表是真正的视觉图像图式。

在以前的一些研究项目中（Danesi 2003，2007），曾有个项目旨在帮助教师向居住在大多伦多地区的小学生传授解决单词或故事问题的技能，这些小学生被认为在数学学习这个领域遇到了“严重困难”。在这些研究中，有人认为如果隐喻和意象图式的工作具有教育相关性，那么将隐喻理论融入数学教学应该会对儿童的学习能力产生显著影响（English 1997）。这个项目在多伦多大学（University of Toronto）研究助理帮助下进行了7年多时间，这些助理都接受过隐喻理论方面的培训，尤其是如何将图像图式转化为启发式图表。据称这些图表能够帮助学生更有效地解决问题。当地有三所学校的数学教师参与了该项目，帮助研究小组确定项目的主题。老师给被点名的学生进行2小时的测试，测试包含10个典型的初级故事问题。这使团队能够确定这些学生确实是该项目的候选人。那些得分低于20%的人被选中，也就是说，他们只能成功地解决10个问题中的2个。每年有7名年龄在12岁到14岁之间的学生以这种方式被选中。在整个项目期间，共有49名学生成为研究对象。

每名学生在开学第一个星期的某一天，放学后与研究小组的一名成员会面15分钟。同样的问题在课堂上被再次教授给每一个运用隐喻理论的学生，也就是说，学生通过将语言转换成图形模型，表现出如何用图像示意图来表征问题。每个学生的进步情况都定期记录下来。在学年结束时，收集并评估每门课在课堂上解决故事问题时的实际数学成绩。在结项时，49名学生的平均成绩从20%上升到82%（标准差为2.3%），增幅超过400%。虽然这些令人难以置信的积极结果可以简单地归因于学生获得了额外的单独关注，但他们为进一步研究隐喻理论在数学教育中的应用提供了一个明确的基础。毕竟，即使在研究小组的正式教师和学校里的特殊教育工作者介入之前，学生们也得到了特别的注意，但收效甚微。

这个项目确实间接地证实了隐喻即实践假说。给出了问题语言中固有图像图式（image schemata）的图解形式，并教学生如何充实这些图式，并对它们进行适当的图解。这样，学生就真正地看到了代数和图表之间的关系。例如，时间即数量的概念隐喻用盒子表示为时间单位的容器——因为这个隐喻在解决涉及时间的问题时会经常出现。在每个特定的案例中，适合的具体图表策略类型由研究助理决定。但是基本原理是一样的——图以可视化的方式转换了问题中使用的图像图式。符号跨文字、跨图像、跨数字、跨图表翻译的符号学原理在实践中得到了证明。在过去的七年里，几乎所有的研究参与者在学习了如何用隐喻来表达这些问题之后，都不需要后续的干预来表达这些问题。

在第二语言学习的案例中，一种类似的教学方法，基于隐喻即实践假说，在概念流畅性理论（conceptual fluency theory）的框架下更普遍地确立了自己的地位（Danesi 2016b）。在上面讨论的一般迁移理论中，基本模型表明：母语知识被转移到了第二语言的学习中。正如拉多所指出的，这一理论适用于严格的语言习惯迁移，但当涉及文化隐喻思维时就不适用了。这种迁移是概念迁移，即学习者将第二语言的词汇和语法范畴组合成反映第一语言概念意义的句子。简而言之，学生倾向用母语“思考”，而用第二语言“说话”。这就指导他们在句子和话语的形成过程中选择词汇和其他结构。如果学生的思维与语言相吻合，则会表现出概念的流畅性；如果没有，则表明缺乏这种能力（Danesi 1995）。如果这里讨论的研究是正确的，那么许多概念都有隐喻结构；因此，隐喻的主要含义是隐喻必须直接融入语言教学，才能使学生达到母语水平。在早期，概念流利性的可教性受到了批判审视。瓦列娃（Valeva 1996）和凯科斯（Kecskes 1999）质疑是否可以直接在课堂环境中教学。瓦列娃还认为，在教育学的早期阶段，文字概念是不可忽视的。虽然她的批评的确是有充分根据的，但研究表明，概念流利性训练与阶段性无关，而是基于情境的（Kecskes 2000 a，b）。因此，它可以被纳入学习的任何阶段，从而使它在概念上是现实的，而不是人为的，就像上述行为主义的"胡言乱语"阶段。

因此，问题归结为如何从其他类型的内容中识别隐喻性内容（区分概念系统）。例如，在意大利语中说"我很热（天气）"会引起容器的意象"io ho caldo"（字面意思是"我有热"）。这意味着思维模式包括使用名词而非形容词。如果容器是环境，那么与"它是热的"等价的是"Fa caldo"（字面意思是"它使热"）。通过用这种方法分析语法结构（形容词、动词等），我们可以因此识别语言中涉及的意象图式，而这在任何学习阶段都是很容易教授的（Hinkel 2006；Holme 2004，2009，2012）。研究语言隐喻的认知语言学，为设计合适的教学方法提供了相关见解：

> 认知语言学（CL）提出了形式受意义驱动的功能假设。认知语言学还将形式—意义配对分析为认知结构感知的产物。因此，认知语言学帮助教师将语言与学习认知的本质相适应，同时设计出更好地适应必须学习的语言本质的教学模式……新方法的各个方面开始出现，这些可以是根据四个原则广泛地隔开的，包含：体现学习、概念化、词汇—语法连续体和用法。这些原则相互作用，以巩固一些较旧的课堂方法，并指出分析和呈现英语词汇和语法的新方法。他们还制定了将研究引入课堂学习的关键原则（Holme 2012，p. 6）。

结束语

"隐喻即理论假说"和"隐喻即实践假说"从本质上来说是一些概念，旨在提醒我们隐喻在教育中扮演的角色，或者应该扮演的角色。目前，对隐喻如何支撑教育理论以及如何将隐喻融入教学实践的初步探索，实际上是一种教育符号学的探索。教育符号学者会（或应该）问：信息是如何变成知识的？正是在通过符号形式（隐喻、模型或图表）对信息进行建模的过程中，我们才能了解这是如何实现的。事实上，研究信息本身是无用的，除非我们也研究如何将其转化为对我们有意义的东西。正如它的词源暗示的那样——从拉丁语的信息来看，它的意思是“草图”或“大纲”——只不过是一种没有符号学形式的图式。给予它一个形式是很重要的（Semetsky 2010a）。相反，从这种形式派生内容需要了解它是如何概念化、建模和使用的。信息建模与信息本身的关系是内在的，人们往往无法区分两者。

教育符号学可以让我们通过假设经验和实验模型（Semetsky 2007），并强调符号转换的进化过程，更接近解决我们如何学习的谜题。本章通过记叙隐喻、模型、图表和学习理论之间的联系，不仅对教育如何运作的本质提供了一种洞见，而且对我们自己作为产生新理论的符号，也提供了一种洞察力，以便在实践中进一步解释。

参考文献

Allwein, G., & Barwise, J. (Eds.). (1996). Logical reasoning with diagrams. Oxford: Oxford University Press.

Barker-Plummer, D., & Bailin, S. C. (1997). The role of diagrams in mathematical proofs. Machine Graphics and Vision, 8, 25－58.

Barker-Plummer, D., & Bailin, S. C. (2001). On the practical semantics of mathematical diagrams. In M. Anderson (Ed.), Reasoning with diagrammatic representations (pp. 339－355). Dordrecht: Springer.

Barwise, J., & Etchemendy, J. (1989). The liar. Oxford: Oxford University Press.

Black, M. (1962). Models and metaphors. Ithaca: Cornell University Press.

Chandrasekaran, B., Glasgow, J., & Narayanan, N. H. (Eds.). (1995). Diagrammatic reasoning:

Cognitive and computational perspectives. Cambridge: MIT Press.

Danesi, M. (1995). Learning and teaching languages: The role of conceptual fluency. International Journal of Applied Linguistics, 5, 3—20.

Danesi, M. (2003). Conceptual metaphor theory and the teaching of mathematics: Findings of a pilot project. Semiotica, 145, 71—83.

Danesi, M. (2007). A conceptual metaphor framework for the teaching of mathematics. Studies in Philosophy and Education, 26 (3), 225—236.

Danesi, M. (2016a). Language and mathematics: An interdisciplinary guide. Berlin: Mouton de Gruyter.

Danesi, M. (2016b). Conceptual fluency in second language teaching: An overview of problems, issues, research findings, and pedagogy. International Journal of Applied Linguistics and English Literature, 5, 145—153.

English, L. D. (Ed.). (1997). Mathematical reasoning: Analogies, metaphors, and images. Mahwah, N. J.: Lawrence Erlbaum Associates.

Fauconnier, G., & Turner, M. (2002). The way we think. New York: Basic Books.

Fries, C. F. (1927). The teaching of the English language. New York: Appleton Century.

Fries, C. F. (1945). Teaching and learning English as a foreign language. Ann Arbor: University of Michigan Press.

Hammer, E. (1995). Reasoning with sentences and diagrams. Notre Dame Journal of Formal Logic, 35, 73—87.

Hammer, E., & Shin, S. (1996). Euler and the role of visualization in logic. In J. Seligman & D. Westersthl (Eds.), Logic, language and computation (Vol. 1, pp. 271—286). Stanford: CSLI Publications.

Hammer, E., & Shin, S. (1998). Euler's visual logic. History and Philosophy of Logic, 19, 1—29.

Hinkel, E. (2006). Culture in second language teaching and learning. Cambridge: Cambridge University Press.

Holme, R. (2004). Mind, metaphor and language teaching. Basingstoke: Palgrave Macmillan.

Holme, R. (2009). Cognitive linguistics and second language teaching.

Basingstoke: Palgrave Macmillan.

Holme, R. (2012). Cognitive linguistics and the second language classroom. TESOL Quarterly, 46, 6—29.

Kecskes, I. (1999). Conceptual fluency and the use of situation-bound utterances in L2. Links & Letters, 7, 145—161.

Kecskes, I. (2000a). A cognitive-pragmatic approach to situation-bound utterances. Journal of Pragmatics, 32, 605—625.

Kecskes, I. (2000b). Conceptual fluency and the use of situation-bound utterances in L2. Links & Letters, 7, 143—158.

Kiryuschenko, V. (2012). The visual and the virtual in theory, life and scientific practice: The case of Peirce's quincuncial map projection. In M. Bockarova, M. Danesi, & R. Núñez (Eds.), Semiotic and cognitive science essays on the nature of mathematics (pp. 61—70). Munich: Lincom Europa.

Kulpa, Z. (2004). On diagrammatic representation of mathematical knowledge. In A. Sperti, G. Bancerek, & A. Trybulec (Eds.), Mathematical knowledge management (pp. 23—34). Dordrecht: Springer.

Lado, R. (1957). Linguistics across cultures: Applied linguistics for language teachers. Ann Arbor: University of Michigan Press.

Lado, R. (1964). Language teaching: A scientific approach. New York: McGraw-Hill.

Lakoff, G. (1987). Women, fire and dangerous things: What categories reveal about the mind. Chicago: University of Chicago Press.

Lakoff, G., & Johnson, M. (1980). Metaphors we live by. Chicago: Chicago University Press.

Lakoff, G., & Johnson, M. (1999). Philosophy in the flesh: The embodied mind and its challenge to western thought. New York: Basic Books.

Lakoff, G., & Núñez, R. (2000). Where mathematics comes from: How the embodied mind brings mathematics into being. New York: Basic Books.

Langer, S. K. (1948). Philosophy in a new key. New York: Mentor

Books.

Marcus, S. (2012). Mathematics between semiosis and cognition. In M. Bockarova, M. Danesi, & R. Núñez (Eds.), Semiotic and cognitive science essays on the nature of mathematics. Lincom Europa: Munich.

Peirce, C. S. (1931—1935; 1958). Collected papers of Charles Sanders Peirce (Vols. 1-6, C. Hartshorne & P. Weiss, Eds.; Vols. 7 and 8, A. Burks, Ed.). Cambridge, MA: Harvard University Press [cited as CP].

Popper, K. (1935). The logic of scientific discovery. London: Routledge.

Popper, K. (1963). Conjectures and refutations. London: Routledge.

Roberts, D. D. (2009). The existential graphs of Charles S. Peirce. Berlin: Mouton de Gruyter.

Sebeok, T. A., & Danesi, M. (2000). The forms of meaning: Modeling systems theory and semiotics. Berlin: Mouton de Gruyter.

Selinker, L. (1972). Interlanguage. International Review of Applied Linguistics, 10, 209—231.

Semetsky, I. (2007). Towards a semiotic theory of learning: Deleuze's philosophy and educational experience. Semiotica, 164, 197—214.

Semetsky, I. (2010a). Information enough. The Semiotic Review of Books, 19 (3), 9—10.

Semetsky, I. (Ed.). (2010b). Semiotics education experience. Rotterdam: Sense Publishers.

Semetsky, I., & Stables, A. (Eds.). (2014). Pedagogy and edusemiotics: Theoretical challenges/practical opportunities. Rotterdam: Sense Publishers.

Shin, S. (1994). The logical status of diagrams. Cambridge: Cambridge University Press.

Stjernfelt, F. (2007). Diagrammatology: An investigation on the borderlines of phenomenology, ontology, and semiotics. Dordrecht: Springer.

Uexküll, J. von (1909). Umwelt und Innenwelt der Tiere. Dordrecht: Springer.

Valeva, G. (1996). On the notion of conceptual fluency in a second language. In A. Pavlenko & R. S. Salaberry (Eds.), Cornell working papers in linguistics: Papers in second language acquisition and bilingualism (pp. 22—38). Ithaca: Cornell University Press.

第 6 章 教育与推理：推进皮尔斯式教育符号学

约翰·夸伊

摘要 推理是教育和符号学的核心，然而符号学多年来让我们理解推理的努力，直到最近才随着教育符号学的诞生而受到关注。在这一章中，作者解决了符号化与教育的关系问题，并从教育的角度向读者介绍了皮尔斯符号学的基础知识。这种方法使推理成为焦点，解决了支持推理行为的符号学基本特征。这里的核心是符号、解释项和三种基本推理：溯因推理、演绎推理和归纳推理。这些推理方式共同形成了一种探究理论。最后，作者提出，教育与符号学在教与学的关系上还需要做更多的研究。所有这些工作都属于教育符号学的范畴，它承诺汇集迄今为达到类似目的而做出的很多不同努力。

导言：教育和符号学

为什么符号学对教育很重要？这是我必须首先处理的问题，以便满足教育工作者接受另一个旨在丰富我们的理解与实践的术语。这对于证明我的符号学理论基本特征框架也颇有必要。本章第二部分主要叙述皮尔斯符号学理论的发展。从词源上看，“符号学”一词源于古希腊语中的“符号”和“信号”（Danesi 2010，p. 7），但为什么符号和信号对教育如此重要？为什么它们如此重要以至于“教育符号学”这个术语可能被创造出来？

达内西（Danesi 2010，p. 7）指出，教育符号学源自“将符号与学习理论和教育结合起来的想法”。对这种融合的兴趣，特别是皮尔斯的工作，自 2005 年以来已取得很大进展，其标志是在教育哲学领域的两份主要期刊的专刊上发表研究报告，这两份专业刊物是《教育哲学与理论》（*Educational Philosophy and Theory*）和《哲学与教育研究》（*Studies in Philosophy and Educa-*

tion)。然而，对于被广泛理解的符号为何在教学中如此重要的问题，专家们仍感困惑。关键的联系是在推理中使用符号。事实上，皮尔斯认为所有的推理都离不开符号。因此，为理解推理是如何进行的，我们必须理解符号是如何运作的，因为我们用符号进行推理。赛默斯基（Semetsky 2015）在关于教育符号学的文章中提到了这一点以及在理解符号学与推理之间的联系方面，皮尔斯哲学研究的重要性。因此，她将教育符号学确定为一个专门关注教育问题的符号学分支，的确颇为适合。

皮尔斯理解了推理和教育之间的这种联系。安德森（Anderson 2005）雄辩地论证了皮尔斯在这方面工作的相关性。我循着安德森的思路继续前行，同时也提供了更多关于皮尔斯符号学的细节，从而有助于我们在教育符号学的背景下理解皮尔斯的作品。

皮尔斯的教学情景

为了举例说明皮尔斯的符号研究与教育的相关性，我引用了皮尔斯一段话：

> 很少老师懂得数学的逻辑啊！很少有人理解学生的困惑心理！学生在欧几里得几何课上遇到困难，有一半的原因是因为逻辑缺陷。然而，这个男孩只意识到了一个神秘障碍。他的困难在于无法告诉老师，到底困在何处，而老师必须教他。而老师可能从来没有真正理解过其中的逻辑。但他认为，他这样做是因为熟悉已久，故而失去了那个男孩所体验到无形障碍的感觉。如果老师自己真的克服了逻辑上的困难，他当然会认识到这是什么困难，因此他至少会满足帮助别人的第一个条件。但是他并没有克服困难，只是由于熟悉而使他的困难感逐渐消失，他简直不能理解，为什么这个男孩会感到困难；他所能做的就是大叫：“哦，这些愚蠢的孩子！”(Peirce，CP 1.657)

在这段话中，他叙述了可能的教育情景，每一种情景都旨在传达学校教学推理的重要性。皮尔斯并不迷恋这种教学现状，他指出，“由于一些特殊情况，良好的推理教学极其罕见”（Peirce，CP 1.657）。他的描述展示了其中四种特殊情况，第一个展示的教学情况下，老师对如何进行推理的理解不足，导致其无法帮助学生。这里，皮尔斯以数学的教与学为例，指出数学教育的主要价值在于演绎教学。然而，处于这种推理教学核心的逻辑和心理状态却没有被这位老师注意到。

皮尔斯承认，“在数学中，推理是极其复杂的”（Peirce，CP 3.560），因此，为了能够分享学生遇到的任何逻辑困难的相关经验，老师必须解决这种复杂的问题。这种共同的推理经验在教学中至关重要。能够理解他人的推理包含了教学的许多伦理方面。然而，皮尔斯鼓吹的并不是掌握任何特定逻辑困难的机制。

在第二种情况下，我们有一个非常不同的老师，他是一位推理专家。他运用这种专业知识来引导学生更好地推理，但在某种程度上，他对推理的关心超过了对学生成长的关心。从这个意义上讲，他们被教授推理，就好像这是一种机械的练习，完善与特定问题相关的技巧。在这些问题上，他们是专家，因此有一定程度的傲慢。但是对于他们尚未遇到过的逻辑问题，他们没有专家的能力做出自己的判断。

> 假设机缘巧合，刚好分配了一位真正优秀的推理老师，那么他首先关心的是什么呢？他很可能会保护他的学生远离那些通常的逻辑弊病。所以，除非这弊病像水过鸭背一样远离学者，否则这肯定会使他们成为最糟糕的推理者即不正当的推理者，而更糟糕的是，这种无意识的不正当推理，会弥散在他们生活的其他方面（Peirce，CP 1.657）。

皮尔斯在第二种情况下的描述有些隐晦。他所指的弊病很可能是第一种场景中所解释的弊病。在老师的教导下，学生们以一种类似脚本的方式经历着这种逻辑弊病。然而，当没有老师帮助时，他们可能面临的逻辑问题是：(1)容易——就像水滑过鸭背一样——因为它们都在机械性学习过程的范围内；(2)困难——使他们成为最糟糕推理者——因为这些学生实际上还没有学会独立推理，而只是运用逻辑规则。他们的傲慢让他们意识不到自己缺乏独立的推理能力。这在第三个场景中是不同的，然而，其中老师不仅教他们程序，以便提供逻辑问题的方法，还另外花时间引导学生学习独立推理，从而在先前可能没有遇到的新情况下，他们有能力做出自己的理性判断。

> 因此，好的老师会尽最大努力，防止学生对自己的逻辑知识感到骄傲。他会希望在他们意识到自己学到了任何东西之前，以正确方式看待推理；他不介意花相当多时间，因为这是很值得的（Peirce，CP 1.657）。

好的推理老师最关心的是学生成长，尤其要意识到，这种成长会在与老师相处的时间之外继续下去。要做到这一点，就需要一种更为普遍的逻辑方法，而不仅仅是教授规则，而是把做出判断的能力结合起来。在第四个场景中，皮尔斯强调，当学生、他们的父母和其他与教育有关的人，为了衡量教育的成功度而着眼于短期的评估结果时，这一目标经常受阻。有趣的是，教育中的这种状况至少经历了一个多世纪。

> 但是现在考官和学生本人来了。他们想要的是看得见摸得着的结果。老师会作为一个失败者而被开除，或者，如果再给他一次机会，他会很小心地改变他的教学方法并给他们结果——尤其是因为这是一种懒惰的方式（Peirce，CP 1.657）。

应试教育并不要求学生努力掌握良好的推理能力，也不需要老师付出太多。这些都是学校教育中存在的一些问题，因此不能培养好的推理者。为了改变这种情况，似乎有必要帮助教师对推理有更深刻理解。这是教育符号学的一个主要目标，它强调理解支持“理论-实践”的联系。

作为经验的符号化

皮尔斯在这些教育场景中没有提到他的符号学理论、符号理论、逻辑理论（所有这些都意味着基本相同的东西）的细节，这可能是一个好的推理老师必备的知识。对于皮尔斯来说，“逻辑，在一般意义上，只是符号学（séméiötiké）的另一个名称，”就是“符号学说”（Peirce，CP 2.227），或“符号化的本质和基本变种的学说”（Peirce，CP 5.488）。这种对符号化的强调突出了逻辑传统“业务”的扩展，包括“可靠推理的确定方法”（Peirce，CP 2.200）。因此，他建议，“在学习逻辑时，你希望纠正你目前关于‘什么推理是好的，什么是坏的’想法”（CP 2.191）。这似乎是给老师的好的建议。然而，还有进一步的理由。

皮尔斯将逻辑学定位于“五门理论科学”之一（Peirce，CP 2.120），其他四门分别是数学、现象学（哲学）、美学和伦理学。“除了那五门科学之外，其他所有的科学……都依赖于逻辑”，“这并不仅仅意味着它们实践了逻辑推理”；更重要的是，“他们从逻辑理论中提取原理”（Peirce，CP 2.121）。这表明，构成学校学术课程的学科都采用了逻辑理论，因为按照皮尔斯的分类，它们是“特殊科学”（Peirce，CP 1.184）；它们不是理论意义上的基础。逻辑与每一门特殊科学的联系都是通过推理，通过思考来的，其中需要符号的参与。皮尔斯认为逻辑是“自我控制的理论，或深思熟虑的思想”（Peirce，CP 1.191）。“一切思想都是通过符号来表现的，逻辑学可以被看作是符号一般规律的科学”（Peirce，CP 1.191）。因此，尽管逻辑往往被视为纯粹的分析推理，但是作为每一门学科共同基础的逻辑被置于学校课程的基础之下。这里缺少的是皮尔斯所感知到的广度，即逻辑被理解为符号学。

符号学并不像推理方面的专家教师那样注重逻辑规则的巧妙性；相反，就像符号学本身一样，逻辑是一门“真正的再现，只要不收集我们日常生活之外的任何特别事实，就能知道再现”的科学（Peirce，CP 1.539）。简而言之，这就是“再现哲学”（Peirce，CP 1.539）。这种对“我们日常生活”的引用对于理解皮尔斯符号学的经验性基础至关重要，因为它是从哲学上建构的。对于皮尔斯来说，哲学局限于“经验的普遍现象；一般来说，我甚至承认这些在日常生活的日常观察中都得到了充分揭示”。他继续说：“哲学，从最严格意义上说，把它自己限制在必须对每一个能从经验中学习的智力开放的观察范围之内”（Peirce，CP 3.428）。很明显，皮尔斯使用“‘经验’一词的意义要比它在特殊科学中所包含的意义广泛得多”（Peirce，CP 7.538）。与这些特殊的科学相反，“哲学是一门科学，它把每天每时每刻对每个人开放的观察，按一定顺序排列起来，因为经验只意味着生活的全部认知结果，它包含的解释就像它包含的意义一样真实”（Peirce，CP 7.538）。经验是符号学的哲学本源。关于我们对皮尔斯的教育符号学的探索，他很容易承认“经验是我们唯一的老师”（Peirce，CP 5.50）；因为符号学包含了“‘科学’智力所使用的所有符号特征，也就是由能够通过经验学习的智力所使用的特征。”（Peirce，CP 2.227）这种体验式学习是由经验现实性给我们留下深刻印象的，它可以被描述为：事物之间一种基本的双向互动。重要的是要认识到皮尔斯经验哲学，因此他的符号学是以他的普遍经验类别为基础的，他将其命名为“第一性、第二性和第三性”；第二性是与经验相关的类别，被理解为基本的互动。但是，对这些类别的详细说明超出了本章范围。我对这些类别的解释可参见我于2013年发表的文章。

皮尔斯承认，“所有的动力行为……无论是生理上还是心理上的，要么发生在两名受试者之间（无论他们对彼此反应是否相同，或者其中一名是施动者，另一名是接受者，完全或部分地），要么……是两对受试者之间这种行为的结果”（Peirce，CP 5.484）。然而，他也指出了符号学的核心警告：它涉及“三个主体的合作，如再现体、对象和解释项，这种三相对的影响在任何方面都不能分解为孤立的两两之间的行为”（Peirce，CP 5.484）。皮尔斯把这种三相对的影响称为符号学，因为这个词的意思传达了符号以这种三相对的方式起作用的意思。这样的行为是有意义的，最终也是明智的：它不仅仅是基本的机械互动。

皮尔斯的哲学（现象学）考察揭示了经验现象，它不仅涉及两个作为一对的相互作用的基本现实，而且还涉及对这种相互作用的解释，这样的相互作用产生了三个。他强调这样的三元关系属于真正的符号，意思是“它的三个成员以一种不包含任何二元关系的复杂方式被它捆绑在一起”（Peirce，CP 2.274）。意思是说，符号化将普通的生活经历视为一种现象；它不是一系列的步骤，而是一个包含认知成分的直接事件。这不是“意识到一个对象”然后“意识到对象是一个符号”然后“把那个符号解释成某种东西”从而赋予这个对象意义。符号化过程可以混淆地表现为过程中的一系列步骤，但这不是作为包含“再现体－对象－解释项”的三元组的单个单元的直接性。相反，步骤是符号学的延伸，其中一种思想（“再现体－对象－解释项”）可以导致其他思想（作为“再现体－对象－解释项”）。因此，符号化是一个动态过程，它涉及对符号的连续解释，确保将一串再现作为理性本身的增长——稍后将详细介绍。现在需要理解的重要一点是，在生活经验中，符号作为对象（我们说它代表对象），以一种特定的方式被理解，这种理解是解释项。这三个（再现体、对象、解释）都是同时发生的。因此，符号化是生活经验，因为生活经验是由符号活动构成的。

在接下来的章节中，我将介绍皮尔斯符号学的基本特征，包括：(1) 符号及其与对象相关的三种基本类型；(2) 解释项及其与对象相关的三种基本类型；(3) 推理及其与符号和解释项相关的三种基本形式。然而，在介绍皮尔斯符号学的这些基本特征时，我非常清楚，我仅仅触及了这些基本特征可能产生的互联复杂性的表面。第一性、第二性和第三性的范畴是“复杂性概念”（Peirce，CP 1.526）。皮尔斯的研究充满了这些附加的符号学复杂性叙述，但他甚至也承认自己是“清理和开放符号学工作的先驱”（CP 5.488）。符号学还有很长的路要走，目前教育符号学的研究将会延续皮尔斯思想。

作为符号化的符号—对象—解释项

我们大多数人对符号是什么都很熟悉。皮尔斯认为符号是“以任何方式表达对象的任何明确概念的东西”（Peirce，CP 1.540）。因此，在另一个方向上，“引起此种符号的事物被称为对象”（Peirce，CP 5.473）。在另一个似乎将这三者相互缠绕的定义中，皮尔斯声称一个符号是“决定其他东西（它的解释项）以同样的方式引用自身（符号）所指的对象（其对象）的任何东西”（Peirce，CP 2.303）。解开这个缠绕，需要符号、对象和解释项在生活经验中共同起作用。皮尔斯在介绍他的众多新词之一时，将符号（sign）本身定义为“再现体”（representamen），以明确这样一个事实：符号代表一个对象，但它是一种再现，这种再现发生在生活经验的直接性中。换句话说，“符号几乎是那个东西的再现”（Peirce，CP 5.309）。承认符号化的直接性是符号行为，可以说，符号并不再现一个对象，而只是简单地呈现它，已经用一种特定的方式解释了它。因此，在生活经验中，符号是对象的（再现），皮尔斯指出，对象可以有多种形式，确切地说有三种；其中每一种符号都是“决定与那个对象对应的某种类型”（Peirce，CP 5.473），因此他确定了“三种符号”（Peirce，CP 1.369），他认为这三种符号对所有推理都是不可或缺的。值得注意的是，皮尔斯是通过识别这三种符号（像似符号、指示符号和规约符号）强调并不是所有的符号都是口头的（象征的），符号学超越了语言学。

第一种符号是“图解符号或像似符号”（Peirce，CP 1.369）。像似符之所以与众不同，是因为它与它所代表的事物相似或类似。第二种符号是“指示符号”（Peirce，CP 1.369）。指示符号指向目标对象，但是它只做到这一点，例如，像代词一样，它指向对象但不描述对象。第三种符号是规约符号。这个符号通过“名称和所指特征之间的联想或习惯性联系”（Peirce，CP 1.369）来描述对象。

符号的这种划分“像似符号、指示符号、规约符号取决于符号与其动态对象之间可能存在的不同关系”（Peirce，CP 4.536）。类似的三种分类也适用于解释项，说明解释项可以以三种不同的方式解释符号。广义的解释项是理解“对象的明确概念”的方式。换句话说，解释是与生活经验中的符号化过程（符号—

表示-对象）的即时性密切相关的解释。皮尔斯将解释项描述为“符号的适当意指效果”，（Peirce，CP 5.475）复数表示可能存在不止一种解释项，其中有三种：情绪解释项（与感觉有关）、力量解释项（与行动有关）和逻辑解释项（与思考有关）。

符号的第一个适当意指效果是它产生的感觉。几乎总是有一种感觉，我们把它解释为我们理解了符号的正确作用的证据，尽管在这种感觉中，真理的基础往往是非常薄弱的。我称之为“情绪解释项”，它的意义可能远远不止于那种被认可的感觉；在某些情况下，这是符号产生的唯一适当意指效果（Peirce，CP 5.475）。

皮尔斯并不是说我们总是意识到了我们的感受。相反，他的观点是：生活总是充满了感觉和情绪的：符号化过程是充满情感的（由于始终存在的第一性）。作为情绪解释项的一个例子，皮尔斯在音乐会上通过音乐表演传达了一种感觉，这种感觉被解释为一个符号（这里是一个像似符号），“传达，并打算传达作曲家的音乐理念；但这些通常只是一系列的感觉”（Peirce，CP 5.475）。感觉作为一种特殊的情绪解释项，已经存在于真实符号之中，即使是微妙的、非认知的解释项。

现在，“如果一个符号在这种感觉之外产生了任何更深的适当意指效果”，“它将通过情绪解释项的中介来实现，而这种更深的效果总是需要努力”（CP 5.475）。关于“中介”的这一点很重要，因为它强调了情绪解释项，同时也是符号的像似特征，其总是以某种形式存在，即使没有被察觉。然而，如果这种中介是直接的，皮尔斯在这里使用中介一词可能会使人混淆；皮尔斯确实承认这种矛盾的、符号学的、逻辑的“中介的直接性”（Peirce，CP 5.181）作为真正符号的一种品质（参见 Semetsky 2005）。

任何伴随情绪解释项的努力或行动皮尔斯都称为“力量解释项”，承认这种行为可能只是肌肉或身体的行为；但更常见的是“精神努力”（Peirce，CP 5.475）。这种作为解释项的肌肉和/或精神行为，是一种对符号的习惯理解。力量解释项是一个“单一行为”（Peirce，CP 5.475），它与指示符号同步。“单一”指的是行为的特殊性、直观性和尚未智能化：它的意义、目的或任何其他方面都没有被考虑清楚。这是经验的现实性。

继续皮尔斯的例子，某段音乐的意义在某种程度上是充满情感的，比如欢乐，同时也可能伴随着某种形式的动作，比如舞蹈或回忆（仅是肌肉/精神动作）。舞蹈和回忆也许是力量解释项的两个例子，但也可能存在第三种解释项，皮尔斯称之为“逻辑解释项”（Peirce，CP 5.476）。情绪解释项是一种感觉，而力量解释项是一种行为（其因果或功能意义构成一个指示行为），而逻辑解释项是“一种思想”（Peirce，CP 5.476）。当我们刚刚谈到回忆时，这似乎令人困惑，因为大多数人认为回忆是思维的一种形式，但作为一个力量解释项，回忆只是一个行为，而不是思想本身。逻辑解释项是伴随符号而来的习惯性思维，它与符号、所指的事物和头脑中产生的认知之间存在着三种联系。

概括皮尔斯符号学的这些基本特征，我们有符号活动、符号化——通过符号-对象-解释项的三元关系发生的符号化过程。符号被称为再现体，因为它再现了一个对象。这种再现体可以有三种基本类型。符号可以是像似符号，它们通过相似或类比的方式传达一个对象；它们可以是指向一个对象的指示符号，也可以是思想中代表对象的规约符号。解释项是与符号相联系的解释，因此是理解对象的方式。解释项也可以有三种。解释项可能是情绪化的，通过感觉来解释符号；可能是充满力量的，通过行动来解释一个符号；或者合乎逻辑的，符号被解释为一种思想或想法。这些是皮尔斯符号学中的一些基本特征。在下一节中，我将探讨皮尔斯符号化概念是如何通过逻辑解释项自身作为符号的能力来进行推理的。

符号化与推理

与教育符号学发展有关的重要一点是，皮尔斯主张“所有的学习实际上都是推理；也就是说，如果不是推理，那么人们意识性太低而无法控制”（Peirce，CP 7.536）。推理采用符号化：符号-对象-解释项的主动三相对动力学。它通过逻辑解释项来实现这一点，而逻辑解释项作为思维的存在，本身就是一种符号，因此它的再现能力可以扩展到生活经验的直接性之外（生活经验控制着情绪和力量的解释项）。正是通过这种思维能力，才促成了符号化过程的复杂性，或者更好的错综性，可以特别作为推理来使用。

在解释逻辑解释项的性质时，皮尔斯明确指出，概念、命题和论证可能就是逻辑解释项。每一种逻辑解释项，相对于他们“指涉可能性”都是“一般的”（Peirce，CP 5.486）。这意味着逻辑解释项——一个概念、命题或论证——可以超越“现实”世界中所遇到的符号-对象-解释项三相对的直接经验，而其本身作为思维中的一个符号发挥作用，这个符号可以概括为它与对象和解释者之间的联系。符号-对象-解释项的三相对结构，仍然保持着思维的直接性，但它摆脱了对“现实”世界中任何特定对象的依赖，逻辑解释项现在是由一个新符号和一个新解释项所表示的对象。因此，符号化的可能性范围大大扩大了。这种增加的错综性在皮尔斯关于符号化的许多更详细研究中很常见。在这里，我分享皮尔斯一段具有代表性引文（包括分类新词），以展示支撑人类推理的逻辑复杂性领域开始出现了什么。值得注意的是，这在多大程度上超出了我们通常从笛卡尔那里继承来的理性概念。

> 术语是一种符号，它使它的对象，更不用说它的解释者，成为它可能成为的东西。命题是一种符号，它清楚地指出它所表示的对象，称为它的主词，但它的解释项可以是它自己。论证是一种符号，它清楚地代表了解释项，称为其结论，它的目的是确定结论。一个命题去掉它的主词之后，剩下的东西就是一个叫作谓词的术语（表位）。当一个论证的结论被移除时，剩下的是一个命题，叫作它的前提，或者（因为它通常是共有的）更通常是它的各种前提……（Peirce，CP 2.95）。

这种程度的复杂性超出了本章范围，所以我甚至不打算解释上面皮尔斯文章中所包含的丰富的符号学细节。皮尔斯认为每一个想法都是一个符号，这足以说明掌握符号的工作原理是多么重要，从而有助于教育符号学的研究。但重要的是，这种能力不适用于行为。行为不能成为逻辑解释项，“因为它缺乏普遍性”（Peirce，CP 5.491），这对情绪解释项和力量解释项有影响。

情绪解释项和力量解释项，感觉和行为，都是在生活体验的瞬间，在符号-对象-解释关系的“真实”世界中进行的——皮尔斯称之为外部世界而不是内心世界，而逻辑解释项是一种思想（很可能是一种关于感觉和/或行为的思想），本身可以作为一个符号，因此有其自己的逻辑解释项。每个思想都是一个“必须有逻辑解释项”的精神符号（Peirce，CP 5.476），或者至少有相同的可能性。因为“不能假定在每一次呈现符号能够产生逻辑解释项之后，就实际上产生了这样的解释项”（Peirce，CP 5.489）。逻辑解释项能表现为符号，创造了“一种思想引出另一种思想”的局面（Peirce，CP 2.229），充分揭示了符号化的动态性。思想（概念）作为符号，在与对象和解释者的联系中提供普遍性，从而引出进一步思想（概念），这些思想（概念）作为符号，在与对象和解释者的联系中提供普遍性，这样似乎无穷无尽。

符号（思想）转化为其他符号（思想）的过程表明，作为“三种基本推理”（Peirce，CP 8.209）之一，试推法、演绎法和归纳法并存。试推法对于推理来说是极其重要的，因为它是引入新思想的唯一逻辑操作。试推推理是“形成解释假设的过程”（Peirce，CP 5.171）。试推法与归纳法、演绎法是不同的，归纳法“除了确定价值之外就没有了”，演绎法“仅仅是发展一个纯粹假设的必要结果”（Peirce，CP 5.171）。演绎法是推理的一种形式，它“只适用于事物的理想状态，或在符合理想的范围内适用于事物的状态”（Peirce，CP 8.209）。演绎法从理论的角度推断（演绎）特定的实例，使用理论来观察特定的实例是否有效；相反，归纳法是利用特定的实例来推断（归纳）一个理论立场，利用细节来观察某一理论是否有效（如在实验中）。然而，无论是演绎法还是归纳法都不能使我们假定一个理论。归纳法“以理论出发，衡量理论与事实的一致性程度”（Peirce，CP 5.145）。但是归纳法从来没有产生过思想，演绎法也不能。这就是试推法的由来：它是“从事实出发试推，一开始没有任何特定的理论，尽管它的动机是感觉需要一个理论来解释令人惊讶的事实”（Peirce，CP 7.218）。从这个意义上说，“试推法……只是准备环节，这是科学推理的第一步，而归纳法是最后总结性的一步”（Peirce，CP 7.218）。

任何一种方法都与另一种方法正好相反。归纳法是从一个似乎自我推荐的假设出发的，虽然它觉得需要事实来支持理论，但它从一开始就没有考虑到任何具体的事实。试推法寻求理论。归纳法寻找事实。在试推法中，对事实的考虑提出了假设。在归纳法中，对假设的研究表明，实验揭示了假设所指向的事实（Peirce，CP 7.218）。

在这里，皮尔斯对探究理论的逻辑研究是他“如何进行研究的一般理论”（CP 2.106），当然，这对教育符号学非常重要。解决教育研究方法问题是当前教育符号学研究的课题之一。对于皮尔斯来说，探究需要推理，然而，推理往往是由惊奇激发的，因为“正是由于惊奇，经验才教会教师所计划教授的一切”（CP 5.51）。当我们可能期待一个不同结果时，惊奇会强行进入我们的认知。以这种方式，惊奇元素是“有效打破各种思想之间的联系”（CP 5.478），从而打破符号－对象－（逻辑）解释项三元组的存在结构，并使推理能够启动一个探究过程，包括解释和创建新的符号。

试推法提出了一种理论，我们用演绎的方法从这个理想理论中推导出了一系列混杂的后果，大意是说，如果我们做了某些行为，我们将会发现自己面临着某些经验。然后我们继续尝试这些实验，如果理论的预测得到验证，我们有一定的信心，即有待尝试的实验将证实理论（CP 8.209）。

因此，“所有的科学思想都是通过试推法而来的”（CP 5.145）。试推法涉及理论发展来解释事实时，归纳法则是通过实验来检验理论。皮尔斯的探究理论是在经验中意外得到的，它通过运用符号化过程的动力学原理，经过了三种推理：试推法推理、演绎法推理和归纳法推理。在推理过程中，思想固然建基于思想之上，然而皮尔斯也意识到我们有时会以这种方式迷失在思想中，迷失在过度概括中。在某种程度上，思维必须重新与思维之外的行动联系起来，与在“真实”世界中行为的习惯联系起来，而这种习惯可以通过归纳来检验。“因此，习惯的形成是一种归纳”（Peirce，CP 5.297）。

在追求思想与行为的重新连接中，皮尔斯承认“逻辑解释项概念是不完善的”，因为，“它在某种程度上具有口头定义的性质，与习惯一样，口头定义不如真正的定义”（Peirce，CP 5.491）。换句话说，概念可以采取口头定义或“真实”定义的形式，这是灵活的（制定的）定义。作为普通命名的单纯口头描述仍然与实际行动的元层次相分离；而现实生活中的定义是“对词语所能表达概念的最完美描述”，因为它包含了“对该概念所产生的习惯的描述”（Peirce，CP 5.491）。因此，当概念是一个真实的或多变的定义形式时，它就是“描述它（概念）所产生的那种行为”（Peirce，CP 5.491）。

在进一步描述逻辑解释项的特性时，皮尔斯声称“这逻辑解释项的形式概念，命题或观点）不会是最后的逻辑解释项，因为它本身就是有逻辑解释项的符号”（Peirce，CP 5.491）。皮尔斯在这里所寻求的最终逻辑解释项，将使思想对行为产生影响，而不仅仅是对未来的思想产生影响。为此，逻辑解释项必须超越概念、命题或论证；它必须被视为一种规律，因为规律是对行为的生动描述，是习惯的逻辑对应物。因此，“只有通过确定一种习惯，规律才能体现为规律”（Peirce，CP 1.536）。反之，“每一习惯都有或是一般规律”（Peirce，CP 2.148）。

在这里，皮尔斯正在努力克服认为“现实世界”（Peirce，CP 1.348）中的思想与行动脱节的普遍倾向，他通过强调思想对人类行为的重要性来做到这一点。这是他的实用主义（或实效主义）的核心，它与教育符号学有着密切的关系，有助于克服一直存在的“知识-行为”二分法。思想与行为之间的这种联系意味着：法律作为一种“真正的普遍”的东西是不可能存在的，除非它有可能在某一时刻“体现在一个事实中”（Peirce，CP 1.304），或者换句话说，有一种“真正的”世界存在。思想体现在行为中——这就是教育符号学的核心原则（Stables and Semetsky 2015）。推理是精神符号的产物，而精神符号的结果在任何一个系列中都有一个规律，一个新的规律，作为它的逻辑解释项。一个新的规律（在思想上，也即在理论上）意味着一个新习惯的形成（表现在我们的行动上、实践上）。

探究的结尾是一种习惯，以前的说法只是探究的真正开始。惊奇打开了符号化过程，它形成了一种习惯，使符号-对象-解释器的各种配置位于这个符号化过程的核心，我们可以通过试推法、演绎法和归纳法重新思考。通过思想改变习惯的能力是皮尔斯符号学的核心，其中一个关键贡献是他对符号行为的见解。这就是“从经验中学习”（Peirce，CP 2.227），这是一种探究活动，通过推理将思维与习惯和“习惯改变”（Peirce，CP 5.476）联系起来，并使用符号作为符号对象的解释项。

结论

在这一章中，关于皮尔斯在充实和阐明他的符号学方面所取得的成就，我只触及了皮毛，还有更多的工作需要完成，如把他的符号学中更精细的细节与教育联系起来，并确实像皮尔斯所希望的那样扩展它。因为就连他自己也承认：“对于初探者来说，这‘天地’‘宽大无比，劳动强度也太大了’”（Peirce，CP 5.488）。如果认识到这样的工作对教育的重要性，并恰当地贴上教育符号学的标签，那么推理教学也就成了一个中心问题。然而，如何最好地将这种教学纳入学校课程仍然对我们充满挑战，因为皮尔斯在一个多世纪以前就认识到了这一点。

参考文献

Anderson, D. (2005). Peirce and the art of reasoning. Studies in Philosophy and Education，24 (3)，277—289.

Danesi，M. (2010). Foreword. In I. Semetsky (Ed.)，Semiotics education experience (pp. vii-xi). Rotterdam：Sense Publishers.

Peirce，C. S. (1931—1935；1958). Collected papers of Charles Sanders Peirce (Vols. 1—6，C. Hartshorne & P. Weiss，Eds.；Vols. 7—8，A. Burks，Ed.). Cambridge，MA：Harvard University Press.

Quay，J. (2013). Education，experience and existence：Engaging Dewey，Peirce and Heidegger. London：Routledge.

Semetsky，I. (2005). Peirce's semiotics，subdoxastic aboutness，and the paradox of inquiry. Educational Philosophy and Theory，37 (2)，227—238.

Semetsky，I. (2015). Semiotic reasoning and the learning paradox. In A. Stables & I. Semetsky，Edusemiotics：Semiotic philosophy as educational foundation (pp. 16—30). London：Routledge.

Stables，A.，& Semetsky，I. (2015). Edusemiotics：Semiotic philosophy as educational foundation. London：Routledge.

第7章　价值教育学的“惊喜效应”并不令人惊讶：教育符号学分析

特伦斯·J. 洛瓦特

摘要　澳大利亚价值教育计划（Australian Values Education Program）是一个以学校为基础的实践研究项目，从2003年到2010年，在澳大利亚385所学校开展。这种经常被称为“惊喜效应”（surprise effect）的现象，对西方传统教育逻辑提出了挑战。传统教育逻辑认为，学习主要是由认知努力和专注造成的；情感上、社会上、道德上、精神上和审美上的关注就不那么重要了。本章追溯了不同的知识理论：从逻辑实证主义到奎因（Quine），到哈贝马斯（Habermas），再到达马西奥（Damasio）。经澳大利亚价值教育计划收集和分析的数据表明，关注所有的发展措施，同时关注学习环境和话语的价值，可以提高学习效果，包括学术勤奋度。本章的论点是：价值教育的研究数据表明，无用但仍占主导地位的西方教育逻辑正在被认识论、神经科学和复杂系统科学的新见解所取代，这些新见解将教育符号学作为新的教育理论基础。

澳大利亚价值教育计划简介

价值维度在教育符号学中表现得尤为突出，它是一种克服主体与客体、身与心、认知与情感的二元论概念框架。它也对西方教育长期以来的目标提出了质疑，西方教育将学术成功置于道德发展之上。在这方面，澳大利亚价值教育计划是联邦政府所资助的系列研究和实践项目中，颇为引人注目的一个。这个项目始于2003年的初步研究（DEST 2003），紧随其后，2005年发展了国家价值教育框架（National Framework for Values Education，缩写为NFVE）（DEST 2005），以及2005—2010年的一系列校本项目，其中最重要的是两级项目：价值教育好实践学校项目（Values Education Good Practice Schools

Project，缩写为 VEGPSP）（DEST 2006；DEEWR 2008）、价值教育对学生成效和学校氛围影响的测评项目（Project to Test and Measure the Impact of Values Education on Student Effects and School Ambience，缩写为 T&M）（Lovat et al. 2009）。最后一个项目是“学校价值行动项目”（Values in Action Schools Project，缩写为 VASP）（DEEWR 2010）。

共有 385 所学校参与了所有项目，涵盖了各个学习阶段；参与单位包括政府部门、私人部门和宗教部门。其中 316 所学校包含约 10 万名学生、5000 名教师和 50 名大学研究人员，参与了价值教育好实践学校项目的两个阶段。共有 51 个学校组别，每个组别均在研究小组的认可和监督下，自行选择、设计和管理推行价值教育。这种监管要求每个实施办法都能够证明它符合 NFVE 所倡导的核心价值观，包括以隐含方式（如师生关系、学校整体氛围）和明确方式引发的核心价值观（ 例如，在集会、课堂话语、课程解释中）。调查结果说明了价值教育与“良好实践教学法”之间的联系，其中包括一系列教育目标的积极影响：情感、社会、道德和学术。来自校本项目的许多报告都表明：学生之间以及师生之间平静感更强了，行为和沟通也大有改善。报告指出，学生的反思性增强，在地方、国家和国际问题上表现出了更大的责任感，增强了学生的适应力和社交技能，改善了学生之间以及师生之间的关爱和信任关系，学生声称拥有了更强的归属感、联系性和适应力。来自教师、校长和大学研究人员的报告提到，学习氛围的改善使学生在智力投入、更专注的工作习惯和更强的学术勤奋度方面表现出了进步。这类报告的典型特点如下：

教室里的每个人，包括老师和学生，都变得更加自觉地去尊重别人，尽自己最大的努力，给别人公平的机会（公平公正地对待别人）。我们还发现，通过创造一个环境，使这些价值观不断塑造课堂活动，教师和学生更快乐，学校更平静……学生的学习正在改善（DEST 2006，p. 120）。

T&M 评估研究（Lovat et al.，2009）对支持报告的数据样本进行了正式的检测，以确定价值教育干预的积极影响，如项目中所广泛宣称的 ，是否可以“凭经验测试并可靠地观察”。测试和测量侧重于与学生成绩相关的四个因素，如学校氛围、师生关系、学生福利、学业勤奋度。测试和测量对学术勤勉的特殊影响总结如下：

因此，有大量的定量和定性的证据表明：学生学习勤奋程度有明显和可测量的进步，包括：注意力提高；独立完成任务和合作精神都有所提高；学业上更投入；学生更乐意承担教室或课堂“杂务”（Lovat et al. 2009，p. 6）。

因此，我们似乎有充分理由认为，如果按照前述方式实施价值教育，就可以形成一种有效的全面教育方法，对与学生成绩和总体幸福有关的一系列重要指标产生积极影响。由于这些效应首先被注意到，然后从试点研究积累到最终项目，“惊喜效应”这一说法变得普遍起来。特别是在早期，它似乎必须有更多的东西，而不仅仅是把价值教育作为教育教学的驱动力，或我们最终将其简单地称为价值教育学（Lovat et al. 2011a）。让人惊讶的是，一个充满价值的氛围和一种以价值为导向的学习话语能够产生如此大的影响，是由一组关于学习的假设造成的，这些假设可能使学习变得复杂而不是便捷，从而构成了西方教育中的一种盲点。教育符号学的设计在一定程度上正是为了揭示、告知和启发这样的盲点。

关于价值教育学的影响所产生的令人惊讶的效果，我认为有两个盲点与以下假设有关：什么构成了认知的过程，以及在某种意义上人类大脑的运作方式。现在我将分别讨论认识论和神经科学研究领域，然后将它们结合起来；由于教育符号学是一种整体的教育哲学精神，它在评价任何现象时都倾向于整体主义。

关于认知的假设：经验科学与复杂性科学

19 世纪以来，甚至更早的时候，古典经验主义科学就已经对所有的知识主张显示出了垄断性。关于知识和真理的构成问题，它的主张十分偏狭。英国哲学家阿尔弗雷德·J·艾尔（Alfred J. Ayer）是将逻辑实证主义概念与经验科学的方法并行的比较清晰的建构者之一。他（1936）认为只有两种类型的有关知识的真正命题，即分析与合成：“当命题的有效性完全取决于它所包含的符号定义时，命题是分析的；当其有效性取决于经验事实时，命题是合成的”（P. 105）。总而言之，除了数学和逻辑的命题外，唯一应该被认为是有效的真理主张的其他命题是那些关于真实世界的命题，这些命题通过经验验证得到证实，其本质上的意义是通过观察和/或实验而得的。一般来说，科学的命题可以用这种方法来检验，而艺术、人文、宗教、道德、美学和情感的命题不能用观察或实验来检验，因此，由于无法证明，这些命题也不能算真正的知识。我可能信仰上帝或者认为杀戮是错误的，或者我恋爱了——但是因为我无法证明这一点，所以我无法明确地知道这一点。艾尔将这类知识描述为字面上毫无意义，充其量也就是“伪命题”（Ayer 1936，p. 48）。

这种逻辑对教育的影响是深远的。首先，它促成了一个想法，就是数学和科学是比其他任何课程都更为重要的部分，因为他们是高位知识（high status knowledge）（参见 Apple 2004），而历史和语言是中等重要的，艺术、宗教、道德教育和个人发展是不太重要的，因为它们缺少可核实的知识基础。艾尔的思想相当自然地融入了一个日益迷恋科学的教育体系，因为科学可以为就业、经济增长和社会繁荣做出贡献；但在教育思想和相关优先事项方面有什么真正改变的吗？如果我们的答案是否定的，那么我们是否已经模糊地看到了，为什么围绕着非经验可验证的数据（比如价值观）设计的教育学的整体效果，可能会让一个基于逻辑实证主义和知识经济的体系感到惊讶？我们下面将继续这一点；就目前来看，还有更多的原因。

路德维希·维特根斯坦（Ludwig Wittgenstein，1974）开始缓慢瓦解逻辑实证主义的霸权，他指出，好的科学应该按照康德（Immanuel Kant，1964）说的去做，即观察实际存在的东西，而非应该存在的东西。否则，科学可能会落入逻辑实证主义为艺术、宗教、道德和情感设置的陷阱，即相信自己希望相信的东西，而不是相信经得起证明的东西。维特根斯坦认为，这正是逻辑实证主义者所做的，当他们否认这些领域的知识主张的意义时，很明显，人们在其中找到了意义。他说，问题是逻辑实证主义者把服务于实证科学的语言，扩展到了对普通语言和所有知识的监护。讽刺的是，对他来说，这样做是极其不科学的。语言就像科学家遇到的所有其他事物一样，必须从表面价值、语境和目的来看待它。因此，用与客观科学方法论相适应的标准来评判信仰、道德、爱或任何情感的语言，是一种拙劣的科学，只能削弱认知的力量，并由此削弱任何教育体系可能为自己设定的优先次序。我们是否获得了更多的线索，来解释为什么价值教育学的惊人效果确实令人惊讶？但是别急，还有更多！

弗雷德里克·费雷（Frederick Ferre 1982）甚至更进一步地推翻了逻辑实证主义者对方法的主张，他认为科学的“事实”（作为经验上可证实的命题）实际上不过是理论，即思维概念组织的产物；因为这些“事实”与宗教、艺术、道德或情感所呈现的并无不同：“任何种类的事实……都与它们发挥关键作用的制度有关……事实……取决于它们所运作的制度是否充分”（1982，p. 161）。

奎因（Willard V. Quine1953）在他的《经验主义的两条定理》（*Two Dogmas of Empiricism*）中，从很多方面瓦解了艾尔的观点。奎因提出，逻辑实证主义将一个陈述与能够证实或否定它的经验之间的关系简化为了直接报告的关系，也就是说，针对每一个命题，都有一个直接的、外在的参照物，或者每一个话语都直接与“外在世界”的某物有关。因此，当科学家们说，“海王星和太阳之间存在引力”时，他们的意思是世界上存在某种东西（“引力”）：它是真实的、可以观察到的。重要的是，如果不是在实践中，至少在原则上是可以测试的。对于逻辑实证主义者来说，所谓的非科学语言的问题，在于缺乏直接的对应关系。当神学家说“上帝爱所有的人”，或者道德家说“谋杀是错误的”时，“外在世界”没有任何客观真实、可观察或可测试的东西，即使在原则上也是如此。

逻辑实证主义非常重视人的感官体验，认为它是语言和真理有效性的仲裁者。对于奎因来说，这是一种天真的过分简化，因为他认为感官数据在知识主张中只起着很小的作用。确认这种主张的真正强大的力量是长期构建的整个思想体系的原则、法律和信仰，并且由于各种原因，其中只有一些是纯粹的、无掺杂的，而许多保留既得利益：“我们所谓的知识的‘整体’是一种人造结构，它只沿着边缘冲击经验”（Quine 1953，p. 42）。这个充满理论的声明告诉我们，科学界有很多传统和信仰；然而，与逻辑实证主义相反，它并没有告诉我们任何有关人类经历的事情，更不用说这种说法与“事实”之间的“直接报告”了。因此，经验主义科学充满了信念，其中许多（如果不是大多数的话）没有经过观察和实验的检验。奎因的见解得到了更加戏剧性的证实，甚至比他在现代天体物理学和宇宙学领域所能想象的还要戏剧化，其中科学家们经常指出什么是什么，或者可能是什么。就我们目前的科学方法来说，“外在世界”既是一个猜测和“信念”的问题，又是一个可靠的经验验证问题。谈论一个无限的宇宙，可能是无限的“多元宇宙”，展示了科学从艾尔的假设和信念的简单性中发展的程度（N. de Grasse Tyson 2014）。然而在这方面，教育发展的程度如何仍然是一个令人困惑的问题。

正如一个狭隘的认识论可以限制一种关于教育应该是什么的理论，包括什么应该被优先考虑，包含或排除在课程之外；所以一个广泛的认识方法可以拓宽对这些事情的思考范围。这就是保罗·赫斯特（Paul Hirst）和理查德·S.彼得斯（Richard S. Peters）的教育理论，他们认为教育被设想为“过多地依赖于一组信息、简单的技能和静态符合代码”（Hirst & Peters 1970，p. 37）。他们坚持认为创造性、自主性和批判性思维应该是教育的重点。他们说，相关的七种明显的“知识形式”是任何学习经验的基础；而且对于所有学习者来说，在任何时候都要清楚地知道自己处理的哪种形式的信息是至关重要的。这些形式包括数学和逻辑、物理科学、人文科学、文学和美术、历史、哲学和宗教，每个都有一个适当的程序或方法，可以在其领域内了解。因此，经验观察是最适合处理物理科学知识的程序，而人文科学则要求学习者与人、其感情和梦想密切相关。对美术的了解需要有对美学的“感觉”；而掌握宗教知识要求人熟悉符号和神话的本质。

根据形式理论，学习者能做的最糟糕的事情就是混淆适当的方法。学习者认为艺术可以像数学一样被处理，或者认为宗教应该由适合于物理科学的方法来判断，这必然会导致错误的判断和知识主张。但这正是艾尔所做的事情！按照赫斯特和彼得斯的标准，艾尔未能理解知识类型的全面性，他宣称前两种类型只包含所有的知识；而所有其他的知识主张（关于宗教、艺术、伦理等）仍然毫无意义，因为它们不能符合他专用的两种形式所适用的方法论。赫斯特和彼得斯的哲学很重要，因为它扩大了知识的范围。这对于理解价值观在教育中的地位和作为教育学的价值教育是至关重要的。该课程只会构建去处理那些被认为是合法的知识。如果数学和科学被认为是仅有的两种真正的知识形式，那么课程将被那些不完全交给他们的知识所主导。从历史上看，赫斯特和彼得斯的观点在灌输一种“价值观”教学法的现代尝试中尤为重要。

然而，更重要的观点包括约翰·杜威（John Dewey）和尤尔根·哈贝马斯（Jurgen Habermas）的观点：如果教育以他们各自哲学的假设为指导，就不会存在关于价值教育学的惊喜效应的盲点。

杜威（1916，1929）的教育哲学对于发展和推进教育符号学这一新概念具有启发意义（Stables & Semetsky 2015），教育主要是产生道德判断的一种手段，从这个意义上说，所有的教育都是有效的道德教育。因此，道德教育被视为学生最有效地参与学习和社会生活的手段。杜威质疑现代性对确定性的追求，提出了作为探究理论的逻辑。他谈到了过度工具性教育形式的固有危害以及教育中对一种认知方式的首要需求，这种认知方式培养了教师自我反思心态，同时也向学生灌输了反思性、探究性和道德能力。彼得斯（Richard Peters 1981）与杜威相似，是提出“道德教育是一切真正教育的核心”的主要力量。他关心的是“受过教育的人”的概念，以及在一个需求和政治相互竞争的世界里，如何才能最好地构思和保护这一概念。他的论点核心是“知识条件”和“价值条件”的结合。他主张在工具主义和全面教育之间进行区分，价值观就是这样一个显著的特点。只有与“什么是有价值的”相关的教育才能让教育有价值。

哈贝马斯（1972，1974）的认识论具有很强的社会参与理论价值。哈贝马斯（1984，1987）谈到了真正的了解会导致沟通能力，并最终导致沟通行动——一种强调个人承诺、可靠性和可信赖性的概念，并将其作为实践转移到实际行动中。这是一种旨在转变思想和实践方法，从而改变人类社会凝聚方式的教育。这是一种对价值教育学进行反思的道德教育。哈贝马斯的认识论是建基于一种“认识方式”理论，该理论是整体的、复杂的，可以被认为与复杂性理论相容，也可以描述为“复杂性科学”（Jorg 2007；Lovat 2008），位于经验科学光谱的另一端。复杂系统科学和教育学之间的兼容性很强：因为这两个最小的分析单元都是作为一个整体系统（Semetsky 2008）存在的，而非各个部分。

哈贝马斯认为，知识并不是符合作为具体学科实体的知识形式，而是作为“认知兴趣”的一种心理功能，取决于人类思维的运作方式。首先，对控制的认知兴趣使得一种认知方式被描述为经验分析或对事实和数字的技术知识。这种类型符合逻辑实证主义者对整体知识的主张。然而，对哈贝马斯来说，这只是认识之旅的开始。建立在对控制的认知兴趣之上的，是了解任何技术数据含义的历史解释学方法。哈贝马斯的思想中隐含着一种真正的道德层次：经验分析的认识对于形成认识的基础很重要，但它的道德秩序相对较低，在许多情况下甚至不需要人类的直接干预，而在越来越多的情况下可以由计算机来完成，而且效率更高。历史解释学的认识具有更高的道德秩序：它需要人类解释的介入，包括主体间性辩论和对话。这些显然是与教育符号学相关的特性。这种解释过程越复杂，就越偏离逻辑实证主义者的主张。在历史解释学知识之外，哈贝马斯所认为的终极人类知识，需要最高水平的人类干预，而且可能永远不会被电脑所取代。这是极具批判性的自反性实践，教育符号学宣称它是一个重要的特征，代表了真正的符号系统结构的内在属性。

哈贝马斯认为，自反性实践的认知兴趣在于解放，在这种解放中，一个人最大程度上是自由的，最少受到错误信息来源、偏见、偏执或其他盲点（包括自己的盲点和他人的盲点）的约束。这是对有限真理的至关重要的认知，它最终必须接受自己的舒适区达成的妥协，因为那些东西我们可能更愿意“知道”，因为它们保护了利益，让我更容易被那些我需要认可的人所接受，或者符合我最保守的信念和价值观——但可能不是真的。如果连自己都不认识，我怎么知道我的盲点在哪里呢?“不知道知者就没有认知”这句话很好地说明了哈贝马斯（和教育符号学）认识过程方式的顶峰：它显然是最深刻的道德秩序，因为知识分子必须面对和评估自己最根深蒂固的信念和价值观，以验证或重估。

显然，哈贝马斯认识论使教育中的价值中立概念受到误导，无法发展，本质上这是不道德的。然而，这正是逻辑实证论者希望对教育做的事情。哈贝马斯的教学方法需要一种充满价值观的教学方法，即假设，充满价值的环境结合明确的教学实践，其中涉及与价值相关的内容，可以引导学生超越他们自己既定的价值观，让他们获得个人权力。哈贝马斯认识论挑战了这样一种观念，即价值教育仅仅意味着各种教育方法中的一种道德选择，也许更适合宗教而不是公立学校。相反，哈贝马斯认识论证实了这样一种观点，即价值教育最好理解为以全面发展措施为目标的整体教育学。价值教育学并不是单纯的道德选择或宗教选择，而是在任何教育环境中都应该以一种有效和不可或缺的方式学习。哈贝马斯通过复杂多层次科学方式，为价值教育学提供了最全面的和令人信服的理由，同时揭露了理所当然的经验科学方法的贫乏状态和固有盲点，这在教育系统中并不鲜见。重要的是，在我们假设的价值教育“惊喜效应”的背景下，哈贝马斯的认知兴趣概念与最近的神经科学研究密切相关，以下，我将进行阐述。

复杂性科学与神经科学

关于神经科学的教育意义，玛丽·爱莫迪诺-杨（Mary Immordino-Yang）和安东尼奥·达马西奥（Antonio Damasio）（2007）写道：

现代生物学揭示人类从根本上是情感和社会生物。然而，我们这些教育领域的人往往没有考虑到学校教授的高级认知技能，包括推理、决策以及与语言、阅读和数学相关的过程，都不能作为理性无实体的系统发挥作用，某种程度上受到情感和身体的影响（p. 3）。

达马西奥（Damasio 1995，2003）的主要研究兴趣是精神神经生物学特别是关于意识、记忆和情感的部分。他的研究与认知、情感、社交联系有关，作为一种理解情绪、情感和社交能力的方式，并没脱离理性，而是作为所有理性过程的固有部分（从而隐含地证实了教育符号学的主要假设）存在。因此，他的研究涉及复杂性科学。他科学严谨的实验工作应该引起所有教育家和教育系统重新思考他们对一系列学习问题的假设——因为在“教学基础”的方法中，没有充分考虑情感和社会因素的（Lovat 2011b）理性主导观念将会被证明是错误的。事实上，认知学习结果可以与情感学习结果分离的分类学概念，长期以来受到严重质疑（Bloom 1956；Krathwohl 1964；Krathwohl 2002）。达马西奥的研究暗含着对悲观主义的驳斥，悲观主义认为，旧的基础在无意中被强加于教学的潜力，以打破不利的障碍。它显示出乐观态度，即整体方法提高了吸引那些没有真正参与者的兴趣和注意的程度，因此处于不利地位。毕竟，许多与遗传、劣势和残疾相关的情感和社交问题阻碍了许多学生的学习兴趣，而不仅仅是具有一种原始的、孤立的认知能力或缺乏这种能力。对这些现实感到敏感并加以处理的教学，已被证明在吸引这类人群以及使所有人都更乐于学习方面更有效（Benninga & Tracz 2010；Rowe 2004），而这一特性是价值教育学中所谓的“惊喜效应”之核心（Lovat 2011a）。

塞利格曼（Martin Seligman 2004）是一位心理学家，他根据神经科学观点修正了许多早期假设。最广为人知的是他在积极心理学方面的研究，他对传统心理学提出了严厉批评，指出消极、无助或悲观想法会导致抑郁和绝望。对他来说，心理状态必须变得更加自觉和善于积极思考，才能产生乐观情绪和可控感。最近，他把这种理论应用到学校教育中，清楚地看到了早期基础思维的负面影响。这样的观点或许有助于理解为什么价值教育学强调学习氛围的积极性以及学习环境中价值话语的积极性，可以产生如此惊喜效应以积极影响学生的成就和健康。

爱莫迪诺－杨是最清晰的发声者之一，其阐明了调和传统教育范式与神经科学的必要性；而帕特里夏·丘奇兰德（Patricia Churchland 2012）运用神经科学中的一系列新发现，提出道德不仅是宗教或社会形成的结果，而且部分源自大脑中的荷尔蒙活动。认知与情感之间的反对偶关系（anti-dual relation），虽然在教育符号学中只是概念上的假设，但在神经科学领域的研究中得到了实验上的证实。因此，作为有效教育的一个基本要素，道德教育的分支开始出现（Semetsky 2009，2010）。达尔恰·纳瓦兹（Darcia Narvaez 2010，2013，2014）认为道德教育是一种潜在地激活大脑中情感和社交区域的方法，这些区域会影响与有效学习相关的合理推理（Lovat & Fleming 2015）。

这些研究创见与教育符号学观点高度相关，因而，价值教育学的所谓“惊人效果”可能一点都不令人惊讶。这也说明了狭义建构的、线性的或工具性的教育学的内在弱点。良好的实践教育学，必须以所有人的发展为基础，同时需要基于这样的理解——学习依赖于在情感、社会和道德冲动范围内被激发的思想，以及吸引那些建立信任、关怀和充满价值的学习氛围，同时满足学生需求的教师（Newmann 1996；Bryk & Schneider 2002；Rowe 2004）。这种复杂性多维方法可以改变情感、行为、适应力和勤奋的习惯模式。很多这样的证据都可以在澳大利亚价值教育计划的研究和实践中找到（Lovat 2010，2011，2012，2013；Lovat & Clement 2008，2014；Lovat & Hawkes 2013；Lovat & Toomey 2009；Lovat 2010a，b，c，2011a，b）。对于那些理解与哈贝马斯认识论和神经科学相容的复杂性科学含义的人来说，价值教育显示的有效性应该不足为奇，因为其与教育符号学观点是一致的。

结束语：为何惊喜？

对于当前教育制度的假设和实践进行全面的批判性分析超出了本章范围。我只想说，任何了解普通教育体制、政客和教育官僚“思想”的人，都可能比那些认识哈贝马斯的批判、神经科学或教育符号学的人，更能认识艾尔对知识和相关课程优先级的信念。此外，他们很可能会回忆起这些假设和优先级被修订和/或扩大的时代。当时，些许光明已然照亮黑暗，然而，随后新的政客或官僚像走马灯一样，熄灭了光亮。他们重新安排教育优先级，强力推行识字和计算能力，醉心于国际PISA（国际学生评估项目）测试级别，在教育领域制定“回归基础”制度或一些类似的、严厉而极其短视的教育倒退政策。在这方面，让我以澳大利亚为例，把它与土耳其进行比较，虽然只是简单比较。

澳大利亚以其价值教育计划而闻名于世，有证据表明，澳大利亚的研究结果在影响世界各地教育体系方面发挥了一定作用，各地因而开始重新评估自己的理论假设和教学实践。与此同时，澳大利亚也在关注这个项目，或许可以顺便提一下，它在 PISA 测试中也表现良好，甚至强化了自己的地位，尤其是在中等到较低成就方面。在 21 世纪第一个十年的年末，澳大利亚政府发生变化，一位新教育部长莫名其妙地决定，提高澳大利亚中小学生考试成绩的最可靠办法应该是：制定严格的考试制度，包括阅读、科学和数学，并在全国范围内以“点名批评”的方式公布他们的学习结果。随后，这些考试制度在全国教育系统思维定势中占据了主导地位，学校校长和教师的关键绩效指标和学校声誉受到威胁。在最近一份报告中，人们发现，考试制度基本上没有对澳大利亚的国际地位产生任何明显影响，甚至在许多方面似乎适得其反（Hornsby 2015）。2014 年，澳大利亚教育部长提出的“治疗方案”，似乎是为了加强和扩展考试制度，并通过缩减低年级课程来促进这一过程，比如“批判和创造性思维教学”和“道德理解”不再是必修课（Bita 2014）。艾尔真的会很高兴。价值教育学的“惊人效应”不再令人惊讶。实际上，通过取消批判性、创造性思维和伦理理解的课程优先级，如果一个人顽固冷漠地忽视复杂性科学、哈贝马斯认识论或神经科学所取得的成就，那么他就只能裹足不前。哈贝马斯只会看到，试图抑制年轻人天生创造性认知兴趣的经验分析体制是徒劳的；至于爱莫迪诺·杨和达马西奥，他们希望再次提醒我们：千万不要忘记——学习者本质上是情感性和社会性动物。

那么土耳其呢？在 2006 年的 PISA 测试中，土耳其在经合组织成员国中排名仅略高于墨西哥。2008 年土耳其各省学校实施了一套全面的价值教育方法，广泛遵循本章所确定的价值教育原则，关注的焦点是支持价值氛围和对价值话语的激励。关于行为、旷课和学业成绩等一系列指标，都有证据显示土耳其大有改观。这些报告于 2013 年在安塔利亚举办的两场国际会议上发布（Kaymacken & Zengin 2015），但内容没有公开发表。然而，2012 年的 PISA 测试结果似乎证实了这些传闻，尤其是与学业成绩有关的传闻。土耳其在阅读、科学和数学方面取得了显著进步，已跻身 OECD（经济合作与发展组织）的中游。OECD 2014 年报告（OECD 2014）强调了土耳其不同寻常的进步，并特别赞扬其在改善低端学业等级的表现。土耳其人均花费只有很小一部分资金在教育上，但与此相比，在PISA测试中，澳大利亚和许多经合组织国家却落后于它。同时，土耳其还在强化、提升。与此同时，澳大利亚和许多其他国家面临着或多或少的社会和政治问题，甚至出现停滞和倒退。这就是真正的惊喜效应？如果认真对待教育，将教育符号学作为其理论基础，难道我们不该深感惊讶（Stables & Semetsky 2015）？

我认为，遵循上述原则的价值教育学的影响，实际上并不会出现令人惊讶的效果。毕竟，它不过是遵循时代智慧和复杂性科学、符号学和神经科学最新研究成果的良好教育教学。然而，复杂性科学并不是很复杂。价值教育学只是提醒我们以下几点。

学校是人类生存之所，是年轻人得到成长和发展的地方，是鼓励年轻人提高能力，思考新思想、想象，感受和享受他们的社会关系，质疑和完善道德立场，富有创造性的表达和表现的地方。如果他们愿意，可以自由探索他们的精神自我。价值教育学所做的只不过是让人惊讶地发现，在年轻人感到舒适安全的氛围中，所有这一切都会发生——周围积极的人际关系、享受平静的安顿之所、积极参与应对挑战以及个性化的话语、都使课程对他们产生了意义。唯一真正令人惊讶的是，我们总是如此迅速、容易和持久地忘记这些事情，真可谓润物细无声，革新静悄悄。

参考文献

Apple, M. (2004). Ideology and curriculum. London: Routledge Falmer.

Ayer, A. J. (1936). Language, truth and logic. London: Victor Gollancz.

Benninga, J., & Tracz, S. (2010). Continuity and discontinuity in character education. In T. Lovat, R. Toomey & N. Clement (Eds.), International research handbook on values education and student wellbeing (pp. 521-548). Dordrecht, Netherlands: Springer.

Bita, N. (2014). Christopher Pyne leads back-to-basics drive in early years for numeracy and literacy. The Australian, December 8. Available at: http://www.theaustralian.com.au/nationalaffairs/education/christopher-pyne-leads-back-to-basics-drive-in-early-years-for-numeracyand-literacy/story-fn59nlz9-1227147738093?sv=1d420d5481b0f07edecf6acd34bfdb2f

Bloom, B., Engelhardt, M., Furst, E., Hill, W., & Krathwohl, D. (1956). Taxonomy of educational objectives: The classification of educational goals. Handbook I: Cognitive domain. New York: David McKay.

Bryk, A. S. & Schneider, B. (2002). Trust in schools: A core resource for improvement. New York: Russell Sage Foundation.

Churchland, P. (2012). Braintrust: What neuroscience tells us about morality. Princeton: Princeton University Press.

Damasio, A. R. (1995). Descartes' error: Emotion, reason and the human brain. New York: Avon Books.

Damasio, A. R. (2003). Looking for Spinoza: Joy, sorrow, and the feeling brain. New York: Harcourt.

De Grasse Tyson, N. (2014). Cosmos: A spacetime odyssey. National Geographic Series. Available at: http://channel.nationalgeographic.com/cosmos-a-spacetime-odyssey.

DEEWR. (2008). At the heart of what we do: Values education at the centre of schooling. Report of the values education good practice schools project—Stage 2. Melbourne: Curriculum Corporation. Available at: http://www.curriculum.edu.au/values/val_vegps2_final_report, 26142.html.

DEEWR. (2010). Giving voice to the impacts of values education. The final report of the values in action schools project. Melbourne: Education Services Australia. Available at: http://www.curriculum.edu.au/verve/_resources/VASP_FINAL_REPORT_2010.pdf.

DEST. (2003). Values education study. (Executive summary final report) Melbourne: Curriculum Corporation. Available at: http://www.curriculum.edu.au/verve/_resources/VES_Final_Report14Nov.pdf.

DEST. (2005). National framework for values education in Australian schools. Canberra: Australian Government Department of Education, Science and Training. Available at: http://www.curriculum.edu.au/verve/_resources/Framework_PDF_version_for_the_web.pdf.

DEST. (2006). Implementing the national framework for values education in Australian Schools. Report of the values education good practice schools project—Stage 1: Final report, September 2006. Melbourne: Curriculum Corporation. Available at: http: //www. curriculum. edu. au/verve/_resources/VEGPS1_FINAL_REPORT_081106. pdf.

Dewey, J. (1916). Democracy and education: An introduction to the philosophy of education. New York: The Free Press.

Dewey, J. (1929). The sources of a science of education. New York: Horace Liveright.

Ferre, F. (1982). Language, logic and god. New York: Harper and Row.

Habermas, J. (1972). Knowledge and human interests. (J. Shapiro, Trans.). London: Heinemann.

Habermas, J. (1974). Theory and practice. (J. Viertal, Trans.). London: Heinemann.

Habermas, J. (1984). Theory of communicative action. (Vol. I, T. McCarthy, Trans.). Boston: Beacon Press.

Habermas, J. (1987). Theory of communicative action. (Vol. II, T. McCarthy, Trans.). Boston: Beacon Press.

Hirst, P. & Peters, R. S. (1970). The logic of education. London: Routledge.

Hornsby, D. (2015). Why NAPLAN is failing our kids. Literacy educators coalition. Available at: http: //www. literacyeducators. com. au/why-naplan-is-failing-our-kids/

Immordino-Yang, M. H. (2011). Implications of affective and social neuroscience for educational theory. Educational Philosophy and Theory, 43 (1), 98—103.

Immordino-Yang, M. H. & Damasio, A. R. (2007). We feel, therefore we learn: The relevance of affect and social neuroscience to education. Mind, Brain, and Education, 1 (1), 3—10.

Jorg, T., Davis, B. & Nickmans, G. (2007). Towards a new complexity science of learning and education. Educational Research Review, 2, 145—156.

Kant, I. (1964). Critique of pure reason. (N. Kemp Smith, Trans.) London: Macmillan.

Kaymacken, R. & Zengin, M. (2015). Proceedings of the international symposium on values and education, 2012. Istanbul, Turkey: Institute for Values Education.

Krathwohl, D. (2002). A revision of Bloom's taxonomy: An analysis. Theory into Practice, 41 (4), 212—218.

Krathwohl, D. & Bloom, B. & Masia, B. (1964). Taxonomy of educational objectives: The classification of educational goals. Handbook II: The affective domain. New York: David McKay.

Lovat, T. (2008). Towards a new complexity science of learning and education (Invited Response). Educational Research Review, 3, 79—81.

Lovat, T. (2010). Synergies and balance between values education and quality teaching. Educational Philosophy and Theory, 42 (4), 489—500.

Lovat, T. (2011). Valueseducation and holistic learning: Updated research perspectives. International Journal of Educational Research, 50 (3), 148—152.

Lovat, T. (2012). Values education. In J. Arthur & A. Peterson (Eds.), The Routledge companion to education (pp. 380 — 388). London: Routledge.

Lovat, T. (2013). Values education programs. In J. Hattie & E. Anderman (Eds.), International guide to student achievement (pp. 279—281). New York: Routledge.

Lovat, T. & Clement, N. (2008). Quality teaching and values education: Coalescing foreffective learning. Journal of Moral Education, 37 (1), 1—16.

Lovat, T. & Clement, N. (2014). So who has the values? Challenges for faith-based schools in an era of values pedagogy. In J. Chapman, S. McNamara, M. Reiss, & Y. Waghid (Eds.), International handbook of learning, teaching and leading in faith-based schools (pp. 567－582). Dordrecht: Springer.

Lovat, T. & Fleming, D. (2015). Creativity as central to critical reasoning and the facilitative role of moral education: Evidence from neuroscience. Creative Education, 6 (11), 1097－1107.

Lovat, T. & Hawkes, N. (2013). Values education: A pedagogical imperative for student wellbeing. Educational Research International, 2 (2), 1－6.

Lovat, T. & Toomey, R. (Eds.). (2009). Values education and quality teaching: The double helix effect. Dordrecht: Springer.

Lovat, T. Toomey, R. & Clement, N. (Eds.). (2010a). International research handbook on values education and student wellbeing. Dordrecht: Springer.

Lovat, T., Toomey, R., Dally, K. & Clement, N. (2009). Project to test and measure the impact of values education on student and school ambience. Report for the Australian Government Department of Education, Employment and Workplace Relations (DEEWR) by The University of Newcastle, Australia. Canberra: DEEWR. Available at: http://www.valueseducation.edu.au/values/val_articles, 8884. html.

Lovat, T. & Clement, N. & Dally, K. & Toomey, R. (2010b). Addressing issues of religious difference through values education: An Islam instance. Cambridge Journal of Education, 40 (3), 213－227.

Lovat, T. & Clement, N. & Dally, K. & Toomey, R. (2010c). Values education as holistic development for all sectors: Researching for effective pedagogy. Oxford Review of Education, 36 (6), 713－729.

Lovat, T. & Clement, N. & Dally, K. & Toomey, R. (2011a). The impact of values education on school ambience and academic diligence. International Journal of Educational Research, 50 (3), 166－171.

Lovat, T. & Dally, K. & Clement, N. & Toomey, R. (2011b). Values pedagogy and teacher education: Re-conceiving the foundations. Australian Journal of Teacher Education, 36, 30－44.

Narvaez, D. (2010). The emotional foundations of high moral intelligence. New Directions for Child and Adolescent Development, 129, 77—94.

Narvaez, D. (2013). Neurobiology and moral mindset. In K. Heinrichs & F. Oser, & T. Lovat (Eds.), Handbook of moral motivation: Theories, models, applications (pp. 323—342). Rotterdam: Sense Publishers.

Narvaez, D. (2014). Neurobiology and the development of human morality: Evolution, culture, and wisdom. New York: W. W. Norton and Company.

Newmann, F. M. & Associates. (1996). Authentic achievement: Restructuring schools for intellectual quality (1st ed.). San Francisco: Jossey-Bass Publishers.

OECD. (2014). Programme for international student assessment (PISA): PISA 2012 results. Available at: http: //www. oecd. org/pisa/keyfindings/pisa-2012-results. htm.

Peters, R. S. (1981). Moral development and moral education. London: George Allen and Unwin.

Quine, W. V. (1953). From a logical point of view. Oxford: Oxford University Press.

Rowe, K. J. (2004). In good hands? The importance of teacher quality. Educare News, 149, 4—14.

Seligman, M. (2004). Authentic happiness: Using the new positive psychology to realize your potential for lasting fulfillment. New York: Free Press.

Semetsky, I. (2008). Simplifying Complexity: Know Thysel and others. COMPLICITY: An International Journal of Complexity and Education, 5 (1), 63—79.

Semetsky, I. (2009). Continuities, discontinuities, interactions: Values, education, and neuroethics. Ethics and Education, 4 (1), 67—78.

Semetsky, I. (2010). Moral stumbling: When ethics recapitulates ontology. In I. Semetsky (Ed.), Semiotics education experience (pp. 53 — 70).

Rotterdam: Sense Publishers.

Stables, A. & Semetsky, I. (2015). Edusemiotics: Semiotic philosophy as educational foundation. London: Routledge.

Wittgenstein, L. (1974). Philosophical investigations. (G. Anscombe, Trans.) Oxford: Blackwell.

第8章　希腊教育目标中的符号学及其意义

阿纳斯塔西娅·克里斯蒂奥多鲁　乔治·达马斯基尼迪斯

摘要　关于价值的危机似乎已经遍及世界，在这场危机中，教育承担着促进文化积极转变的重大任务，要把基于价值的教育作为全世界的头等大事。本章介绍的研究阐述了一种符号学方法，用于解决希腊教育目标与文化教育之间的关系。文化教育具体来说是“教化”（Paideia——原是一种古典的教育思想与儿童教育计划，译者注），本章还分析了三篇文本：其中两篇是希腊法律案文，另一篇是德洛尔提交给联合国教科文组织的报告。鉴于文本的性质，本章遵循了一些当前的法律符号学方法，这些方法受到了格雷马斯的结构语义学和社会符号学模型的影响。社会符号学并不局限于对文本的正式研究，还将其范围扩大，成为物质、社会经济和政治方面的一个组成部分。因为这些文本处于两种不同的社会经济和政治背景中，所以意义系统和通信系统也不相同。研究结果发现：在转换关系方面，文本之间存在对应关系。

引言

近年来，价值教育问题的紧迫性前所未有。符号教育学作为一个综合概念框架（Stables & Semetsky 2015）特别重视价值在教育中的地位，如理论、实践，尤其是政策层面。大约20年前，国际委员会向教科文组织提交的报告（Delors 1996）就已经提出了四个支柱框架，涵盖了童年时期到成年时期，包括学习知识、学习做事、学习做人和学习与他人共处等价值问题，并以此作为教育的基础。就地方教育学和全球伦理学这两方面而言，这种终身教育的方法也是符号教育学的一大特点（Semetsky 2010）。目前全球范围内的教育现状也要求在当地教育、社会、文化和自然环境中创造条件，以促进教育发展，支持并维持人们的“美好生活”和福祉。

本章的研究将教育定位于更广泛的社会主义视角，这是实现上述目标的步骤之一。本章将用符号学分析的方法来分析三篇文本，即两篇希腊制度政策文本以及一篇节选自德洛尔报告的国际文本。这些文本所持观点，无论是从局部上还是整体上来说，在意识形态、文化、社会经济和政治方面都有所不同，这些文本的类型、参考框架和篇幅也有所不同（见下文《数据文本》）。

鉴于这些文本具有法律性质，我们将遵循一些现行的法律符号学方法，这些方法受格雷马斯关于法律话语之符号学分析的影响（Greimas & Landowski 1976）。以解释学来解析数据，理解文本而不是绝对地归纳或演绎。根据这种逻辑推理模式能初步得出结论，而这些结论是对不确定的“定律”和关系做出的假设。因此，分析数据要恰当地使用溯因推理法，这是逻辑推理的方法之一，已被证实其在教育符号学中具有突出地位（e. g. , Semetsky 2009）。

教育目的及价值的社会学方法

本章的研究从社会符号学方面出发，在微观和宏观层面上重点研究与教育目标及价值相关的主题（Matsagouras 2011）。社会符号学并不局限于对文本的正式研究，还将范围扩大，使自己成为物质、社会经济和政治方面的一个组成部分（Lagopoulos 2000，2009）。具体来说，这项研究旨在促进理解教化和教育之间的关系，推动发展希腊法律制度背景中的价值（微观层面），以及特别强调新价值教育的国际目标（宏观层面）（参见 Lovat，et al. 2010）。在这样的客观条件下，假设这三种文本是通过某种概念和意识形态的关系联系起来，由此可推断它们之间存在语义上的重叠——即使文本的类型、篇幅和参考框架都不同。就符号学而言，法律文本和教科文组织报告分别处于两种不同的社会经济和政治背景下，所以意义系统和通信系统也不一样。

为了实现这一目标，本章的研究采用了格雷马斯 1966 年的符号学分析模型。符号学分析模型旨在促进理解那些或不言自明或被忽略的要素（就其表面或潜在意义而言）以及探索符号如何相互关联。以意义系统来分析这些文本，会发现它们在特定的社会文化背景下传达其特定的思想，在我们的例子中，希腊代表当地，教科文组织报告代表国际。具体来说，该分析侧重于一系列符码，这些符码最初源于教化的目标。2008 年 5 月 27 日第 8 次修订议会决议后，修订的希腊宪法中有明确规定。以此为基点，随着第 1566/85 号希腊教育法案目标的确立，以及希腊向教科文组织提交的国际委员会报告中提出教育前景的发展，这些最初的符码也成倍增加且逐渐变得多样化。

在范式轴上对教育一词进行符号学分析，即选择有意义的符号放在一系列符号中的特定位置（Saussure 1916/1983），并不意味着讨论对立的意义，而是比较全球不同的观点。这意味着国家或国际意识形态及其语言的相互影响。因此，随之而来的法律话语首先是反映社会的，而不仅仅是严格控制其意义（参见 Iedema 1995）。索绪尔（1916/1983）认为，语言学“以共时和历时的方式描述所有已知的语言，提取语言的普遍规律，以此为定义”（p. 6）。“教育”一词随后出现，但其概念值得商榷，本身就有与意识形态相关的差别，从上述两种文本中均可以看出。在研究过程中进行符号学分析，根据词汇或符码来选择，可能支持也可能否定这种假设。

事实上，诸如教化、教育和价值等“模糊”概念已经成为许多科学领域关注的焦点包括哲学、教育学和价值论。模糊概念（即具有可变性和或多或少不确定性的概念）的界定，既不奇怪，也不是少数，例如道德原则、善意或公共利益。模糊概念语义内容波动且弹性范围广泛，每次使用术语时由说话者和上下文决定。因此，就某一特定时代的普遍价值而言，这些概念特别具有启示意义，这是由其基本性质决定的，即模糊概念与现实社会联系密切。此外，如何处理模糊概念决定了在特定上下文中如何界定术语的定义。更具体地说，模糊概念的结构是由极小的核心来区分的，不管这个核心有多么具体，它仍然不可避免地会有不确定的区域。在分析模糊概念时遇到困难也是必然的结果，因为这些概念是一个价值体系，要想解释清楚这些概念也并不容易。

法律语言不是随机组合字句，而是表达一个概念框架，其中的概念必须通过区别、相关或包含而相互关联（例如希腊宪法及相关文件）。在符号学术语中，这些词按照特定的语法轴使用，其中的符号根据指定的组合规则以一定的顺序排列（Saussure 1916/1983）。从比较的角度来分析术语，强调了法律意识形态所扮演的角色，即从文化、制度和法律价值出发，调查关键法律理论的相关性。

虽然这种结构分析可能会让人觉得不太现实，但在表达法律概念或细分领域时有诸多优点，如逻辑性、系统性和全面性。因此，所分析的术语往往通过界定和限制其内容，以及根据相关语境而定来证明自己的“存在”。应该首先指出的是，正是在这个框架中有限制和分类，教化、教育和价值念这三个概念才会在三种选定的文本之间联系起来。

方法论的问题

我们分析的这些文本在意识形态、文化、社会经济和政治上都因其背景而异，它们的价值和思想也不同。在这种情况下，符号学分析的作用就是作为讨论的开端，并可能就其意识形态进行探讨（Mitchell 1983）。语言绝不是“社交无公害的”，因为词汇具有第二记忆，即联想性。语言传达多元信息和意识形态信息，这意味着要根据背景来研究文本，尤其是在特定社会政治和社会符号学背景下的文化文本。

数据文本

现本章选取希腊两种法律文本：《希腊宪法》［第 16（2）条《教化的目标》］和第 1566/1985 号法令。希腊现行宪法是 1975 年宪法，诞生于政权更迭的后军政府时期，并于 1986 年、2001 年和 2008 年三次修订，由 120 个条款组成（《希腊宪法》，希腊议会，2010 年）。根据第 1566/1985 号法令，《初等和中等教育的结构和运作》（政府公报 A，167/30—09—1985）的条款包括初等和中等教育的目标（第 1 条 a—e）和希腊教育系统的义务年级水平的目标（条款第 3.1、4.1 和 5.1）。德洛尔报告（1996 年）提出全球教育相关内容，具体是在第三章《从经济增长到人类发展》，该报告阐明了国际委员会提出的价值应纳入教育行业，以便能够解决目前全球经济发展模式所产生的诸多社会和环境问题。第三章大致分为两个部分：第 1—5 章，描述全球经济发展模式及其对环境、生态、生活方式和人类的负面影响。第 6—7 章，其中载有委员会关于建立新模式的意见即关于新价值教育的意见，建议通过纳入和增加若干具体价值来建立当前的全球经济发展模式。

分析方法

该方法建立在语言内容分析的基础上，引用结构语义框架内的定量数据，从而使产生意义的机制变得显而易见（Greimas 1966）。结构语义学是一种分析自然语言和符号系统的方法，其原则是将特定文化的关键语义结构和元素渗透到该文化的所有符号系统中。结构语义学假设文本的基本结构是“看不见的”。所以，其目的是提取和突出文本的关键意义结构，并揭示其内在联系。

结构语义学的一个关键概念是同位素（Greimas 1966），其源自基于共同的语义核心而将话语分割成单元的分类。首先直观地定义同位素，然后用系统标准来定义。具体来说，研究人员首先阅读文本并找出似乎具有共同语义内容的单词或短语，然后找出每一种同位素如何有逻辑地构成整体，从而将同位素转化为结构化语义的符码。最后再将这些符码联系起来，以便找到语义结构来描述文本结构，这样分析就能揭示产生文本意义的机制。

本文从三个视角分析了三种文本，在局部语境和国际语境下构成了一种叙述。根据格雷马斯（1966）的观点，叙述的概念是探索其基本意义结构，解释概念的特征而不是本质，其中概念属于同位素。这样，格雷马斯的文本符号学就可以类似地应用于不同的符号学系统中，并能在语言结构的基础上分析文化。一般而言，“作为文化类型学的一部分，任何符号学系统都需要某种方法来识别语言文本或语外文本中表达的交际和社会关系”（Semetsky in Semetsky and Stables 2015，p. 102）。

语境是文本的内部环境，因此他们之间存在一种组合关系。格雷马斯和科特斯（1982）给出了语言语境和非语言语境的区别。如果没有语境，就无法完全理解甚至全然不能理解文本。脱离语境不仅会削弱文本的意义，而且代表了某种意图策略，赋予该文本不同的意义。下面的分析侧重一系列符码，这些符码最初源于教化的目标，《希腊宪法》中有明确的规定。以此为基点，随着第1566/85号希腊教育法案目标的确立，以及向联合国教科文组织提交的国际委员会报告中提出教育前景的发展，使这些最初的符码也成倍增加且逐渐多样化。

数据文本分析

教育的定义是文本分析的共同范式轴。分析中确定了18个符码（如表8.1所示），其涵盖了这些文本的语义内容（Christodoulou 2012）。我们每完成一项分析都会产生某些定量数据、定性数据及比较数据。数据的定量处理需要确定每个符码的引用总数和频率，而数据的定性处理涉及符码的结构和连接方式，然后要注意定量数据和定性数据的相关性。每次分析结束时，相关的符码比较会参考比较数据。按照惯例，这些文本都用符号标明：A（《希腊宪法》中教化的目标）、B（第1566/85号法案中义务教育的目标）和C（提交给联合国教科文组织的国际委员会的报告，其中C1指第1—5章，C2指第6—7章）。

表8.1　A、B、C三种文本中的符码比较

序号	A	B	C
1	价值	+	+
2	职业	+	+
3	社会	+	+
4	知识	+	+
5	国家	+	−
6	道德	+	−
7	体育	+	−
8	宗教	−	−
9	−	地理	+
10	−	文化	+
11	−	技术	+
12	−	经济	+
13	−	学校教育	−
14	−	情绪	−
15	−	−	福祉
16	−	−	教育
17	−	−	环境
18	−	−	时间
合计	8	13	12

A，B和C三个文本中的目标为明确的语义集，这些语义集带有源自其特定参考框架的意识形态碰撞，分析侧重于文本的结构元素作为其符码。表8.1列出了所有18个符码及其在三个文本中的分布情况。符号“+”表示符码存在于相关文本中，符号“−”则表示不存在。

我们可以看到文本A有8个符码，文本B有13个，文本C有12个。关于三个文本（A、B和C）之间的关系，可以从数据分析和表8.1中得出某些结论。第一层关系是在语义符码方面，三种文本相交。因为四个符码有一个共同的核心（智力符码、价值符码、职业符码和社会符码）——尽管有不同的语义内容。其他14个符码乍一看似乎没有通过任何方式联系。因此我们可以将文本之间的初始关系定义为交集：集合Ω中A∩B∩C（A与B，A与C，B与C相交）（其中Ω是教育术语中包含所有元素的集合，可能包含多种语义含义）。

这一发现促使我们寻找文本中的另一种关系，我们可以将文本C2（第6—7章）中的术语“新教化”和“新教育”视为同义词。在这种情况下，我们可以进一步讨论文本C2：（a）就其与A的等价性而言，即A⇔C，因为两个文本都描述了文化教育理想，尽管它们处于不同的意识形态和空间背景下（包括局部的和国际的）。（b）就B是C2的一部分而言，即B∈C2（B是C2的子集）。集合A是B的一个子集，表示为A∈B，当且仅当A的每个元素都是B的一部分，但是至少有一个B的元素不是A的一部分。若假设A是参考集Ω的子集，则A的补集是Ω中不属于A的所有元素的集合。

我们关注B与C2的关系在于探索文本在语义符码方面的差异。需要确定的是B在“新教育”方案中新元素方面的差异，包括数量和质量方面，即B对C2的补充（表8.2）。认真思考每个文本的不同角色和不同功能。

在语义层次上研究B在C2方面的差异，从一个概念转化为另一个概念是一个从高层次转向低层次的过程。例如，以制度性法律框架为中介将A转化为B。因此，转化只能适用于A（即A转化为B）。也就是说，只能从高层次到低层次（从《希腊宪法》到教育法案1566/85），而不能从C2到B。

表8.2　文本B和C2中的符码比较表及其参考集的参与率

符码	B	C2（%）	
1	价值	31.0	50.0
2	知识	22.0	2.5
3	社会	18.0	15.0
4	文化	4.0	2.5
5	经济	3.0	15.0
6	教育	—	10.0

续表8.2

符码	B	C2（%）	
7	环境	—	5.0
8	体育	6.0	—
9	职业	4.0	—
10	国家	3.0	—
11	地理	3.0	—
12	宗教	2.0	—
13	情绪	2.0	—
14	学校教育	1.0	—
15	技术	1.0	—
16	道德	—	—
17	福祉	—	—
18	时间	—	—
合计		100.0	100.0

B和C2共有的符码有五个（占符码总数的30.0%），即价值、社会、经济、知识和文化符码。仅C2有的符码有两个（占符码总数的15.0%），即教育符码和环境符码。仅B有的符码八个（占所有符码的45%），即国家、职业、宗教、情绪、学校教育、技术、体育和地理符码。还有三个符码均不存在于B和C2中（但是这些符码与文本C的子章节1—5相关联，因此未在表8.2中列出）。接下来介绍B和C2中发现的五个常用符码的数据比较（定性和定量）及其符号机制的描述。

价值符码主要在文本B和文本C中引用。在文本B（30.0%）中，价值符码与下列内容相关：知识价值（人格的进步、成长和发展）、正义价值（法律）、道德价值（对人类价值的尊重、平等和道德），社会价值（创造力，社会整体的进步，自由），个人或职业价值（合作、主动、责任），人文价值（爱、自然、环境、友谊、人文主义），政治价值（民主、共同努力、建设性对话），宗教价值和国家价值。

在文本C中，价值符码与下列内容相关：物质价值（营养），生物价值

（健康），知识价值（培养人类控制其发展的能力），正义价值（正义），道德价值（全球伦理、尊重自然环境），社会价值（集体，对社会进步的贡献，种族平等，社会所有成员的责任承担），个人或职业价值（合作、主动）以及决定生活质量（生态学）的价值。除了人均收入指数（经济价值）和技术指标（知识价值），新教育还必须考虑到“增长和发展”一词的环境维度（全球伦理）、文化维度（智力价值）和生态维度（环境价值）。

我们可以看到文本 B 和文本 C 中包含许多价值，其不同之处在于关于价值符码的内容类型及其相关性。文本 C2 不同于文本 B，因为文本 C2 将价值体系材料和生物价值纳入其中，例如所有人的营养和健康，即决定国家福祉的价值以及其他如环境伦理、经济、文化和生态等价值。同样文本 B 也具有文本 C2 中不具备的某些价值，如人文、政治、宗教和国家价值，这些价值源于特定的地方背景和相关的历史背景。需要注意的是，在文本 C2 中，教育符码不仅与全世界的学习权利相关，还与教学年级、研究和创新以及知识、培训、教育者和教育系统对社会需求的适应性有关。

教育旨在激发当前学生和未来几代人的潜力，而潜力可以通过将许多价值纳入教育来激活。因此，就教育而言，文本 C2 中的符号学机制具有价值定位：教育（作为每个人的权利）＋属性（对社会需求的适应性）＝基于价值的教育（为了激发人类潜能）。在人类发展方面，以价值为基础的定位似乎比其他任何定位都重要。如果它旨在解决已经出现的各种社会问题（如失业、饥荒、社会不平等、环境破坏、资源短缺），教育就必须变得灵活、适应性强且充满活力，并且必须适应当地情况，以实现民主参与、消除贫困和失业的目标，促进自营职业，培养自我意识以改善后代生活条件，改善生存条件并以此作为生存手段，鼓励组织个人和社会层面的新型活动，促进社会包容（社会符码：15％）。

我们所说的是基于教化的教育（知识符码：2.5％），即与当代和后代人类生存相关的许多价值（价值符码：50％）。在文本 C2 中将环境符码（2.5％）添加到上述价值集合中，所有这些关注的都是威胁人类生活条件的因素，是由当前的经济模式以及发展速度、工业和不可再生能源的影响而造成的。因此，文本 C2 中确定的符号学机制指的是以下关系：教化＝基于价值观的教育＝社会和环境问题的解决方案＝人类发展。

文本B中的与社会符码（18.0%）相关的有人类、民主、公民权利、社会和谐包容、人类生活改善、人际关系、生活经验、人类均衡发展、行为规定的价值体系、个人和团体之间的关系以及社会特征如血统、身份、性别、年龄和群体（学生）。在社会符码方面，文本B和文本C2之间的差异仅在与其他符码的相关性中显现出来，这就是说文本B没有将重要社会问题的解决方案与基于价值的教育充分联系起来。

文本B中的经济符码（1.0%）涉及文化、社会和经济生活背景下的一些改进，以便人们能够实现均衡增长。而在文本C2中，经济符码（15.0%）与非物质投资和文化教育相关，而非与当前存在的问题相关，如全球经济和财富，生产性盈余、竞争和费用的不公平再分配，市场效率低下和生产增加，人均GDP、销售额、资本和投资的增加，以现代增长和发展的现有模式、增长率、教育与发展的关系为基础的经济现代化以及亚洲的增长和发展模式。

关于经济，文本B和文本C2之间的符号学机制趋向呈现以下关系：经济=非物质价值的投资=对教化的投资=（均衡的）人类发展。虽然以前经济本身就是目的，但文本C2中的经济现在已成为达到目的的手段，因为它改变了内容并与教化联系起来。因此，文本C2显示了前所未有的内容变化，这种变化存在于当前的增长和发展模式中，因为如果没有教化，特别是没有文化教育，就不会有任何的增长和发展或任何社会问题的解决方案。

文本B中的知识符码（22.0%）比文本C2（2.5%）的更普遍，且二者内容也不相同。前者涉及智力技能的发展、创造性和批判性思维、心理修养、社会价值与平等的认知、文学与艺术、人类身心发展、美学、知识同化、言语表达、知识及其获取、技能、能力、天分、兴趣、区分关系与关联的能力、理解和表达符号的能力、感官的培养、行动的组织、社会关注、语言培养、心理发展、价值系统的组织以及我们与周围世界的关系。

后者则与更广泛的人类发展观和人们根据需要控制和组织环境的能力相关。因此，C2中的符号机制可以表示如下："知识符码=价值符码=人类发展=人类根据自己的需要控制和组织环境的能力"。虽然文本C2侧重于人类需求，但文本B并非如此。人们对其需求的认识以及这种需求与环境的关系是人类发展的动力，因为他们构成了个人与整个世界之间的自我意识的关系。

从另一个观点看待三个文本来确定A、B和C2之间的等价关系，这种关系倾向于某种均衡（关于符码及其相关的语义碰撞），描述人们接受的文化教育，确定“A⇔B”，“A⇔C2”的等效性，但是每种情况（B、C2）具有不同的符码。这种观点基于教育目标的每一个定义都倾向于改变教化目标。如果教育的目的在于揭示了与当前时代相关的自我意识水平和对人类早期文化发展变化的态度，那么教育的目标就在不断变化，而这种转变由受过文化教育的个人来定义，正朝着目标发展的方向前进。

文本B和C中所述的教育目标是通过解释来描述它们与文本A中教化目标的关系，其中涉及学习过程的实施。鉴于该目标反映了一种特定的世界理论，即在理解人类生命的意义方面对人类存在的全球认知（包括我们在世界上存在的限制和能力），那么这种观点必须反映在教育目标中且必须转型（参见 Pavlidis 2012）。因此，我们需要分别承认以下几点：第一，教育目标体现了对文化资产的选择性立场，表达了更为广泛的社会和道德理想。第二，人类当代需求是选择文化产品的标准。第三，教育带来了个人的变化，其目的是使个人能够达到预期的状态，在这种状态下，人们对美好生活的看法在教育目标中起着重要作用。因此，每个教育目标都应被编码、系统化、形成意识并选择一些特定的文化产品（参见 Pavlidis 2012），从而建立案例，以利于作为所有文本支持结构的文本A。

根据表8.1中的数据我们可以清楚地看到，文本A、B和C具有四个通用符码核心（价值、社会、知识和专业），但这些符码并不属于文本B和C的通用符码核心（ 国家、道德、体育和宗教）。文本B和C中与教育目标有关的符码其结构与文本A存在差异，似乎文本B和C中的符码结构松散，就像从任何类型的意识形态（文本C）或其他权威中“解放”出来。这意味着教化目标（文本A）转变为教育目标（文本B、文本C），且这种转变为社会、政治、主观、科学和其他观点带来社会变革提供了充足的机会。教化（文本A）的定义似乎是个常数，而教育目标（文本B、文本C）是变量，为历史和（或）社会必然条件服务。使用系统术语，我们可以考虑通过转换来使用符码在文本A、B和C中的具体表达。

比较这三个文本时，我们可以观察到文本A中的八个符码集是作为教育的基本核心，而文本B中没有宗教符码，文本C中没有国家、道德、宗教和体育教育四个符码。文本B和文本C中缺少上述符码表明它们可能经过转换或用其他符码替换，这可以通过每个文本的不同语境来证明。将希腊宪法中的教育目标（作为常数，不论任何特定背景）转变为教育目标，采取不同的价值，具有一定的灵活性，根据其参考框架，可以赋予模糊概念特定的语义含义。

因此，三种文本之间的等效性不仅仅存在一般与抽象的关系，语义符码之间的关系需要一种特定的形式。如证明可见，这些关系并不是彼此中立的，而是通过某种形式联系起来的。从文本的等价关系（A⇔B 和 A⇔C）开始，我们研究语义符码如何相关（表 8.3）。

表 8.3　文本 A、B 和 C 中的通用符码和其他符码

A	B	C
四个通用符码的核心		
+4 符码	+9 符码	+8 符码
国家	国民	—
道德	道德	—
体育	体育	—
宗教	—	—
	学校教育	—
	情绪	—
	技术	技术
	文化	文化
	经济	经济
	地理	地理
	—	时间
	—	环境
	—	教育
		福祉
总共：8	总共：13	总共：12

文本 A 中（希腊文）的国家符码在文本 B 中仍是国家符码（也是希腊文），但在文本 C 中变为地理符码。文本 B 中关注国家领土变为关注国际和全球环境，涉及世界上所有人的教育，而不仅仅是希腊的教育。文本 A 中的道

德符码在B中仍然是道德符码，但是变成环境道德符码，它关注人类改善环境条件，并移交给后代。文本A中的体育符码在文本B中仍然是体育符码，但在文本C中变成了教育或文化符码。在局部语境中，体育符码保持不变，但在国际语境下（文本C），则转换或分裂为另外两个符码，即教育和文化符码。文本A中的宗教符码在文本B和文本C中不存在，可能已被转移至三个文本的共同核心符码中，并已成为价值符码。这是合理的，因为在全球范围内，特定的宗教意识可能变成一个障碍，于是与所有人都有关的国际文本（文本C）将把宗教符码转变为价值符码。

上述的对应关系表明：文本之间的关系是真正的转换关系。

结语

本章中的对应关系表明，这种符号学分析下的文本之间的关系是变幻的。文本B和文本C中教育的意义结构源于三个文本中符码之间的等效关系：与教育目标（B、C）相比，教化目标（A）的关系如下：A⇔B、A⇔C。在这样的等效性中，文本B和C结合或多或少的语义符码，但不削弱其共同的等价关系。为了与文本A形成等价，在文本B和文本C中合并的符码组是不同的，如前文表8.3所示。因此，上述等价的纵聚合分节（A⇔B，A⇔C）是一个定性准则，根据这个准则可以建立教育定义的符码（文本B、文本C）与教化（文本A）八个符码的联系，该准则反映了局部或国际语境下的意识形态领域。在等价分节（A⇔B和A⇔C）中，参与其中的符码与其所属的集合、引用类型和引用之间的分节都是不同的。

否则，两种文本中教育目标定义的纵聚合分节在局部或国际语境下都会变得相同。因此，不可能完全只参考三个文本之间的一种关系。相反，针对文本的不同观点可得出以下三种关系：（a）交集：A∩B∩C（第一个结论）；（b）包含关系：B∈A，B∈C（第二个结论）；（c）语义符码之间的一般等价关系：A⇔B和A⇔C（第三个结论）。因此，一方面研究假设是已确认的，因为三个文本定义了一种关系，但另一方面也是特定的，因为三者在不同情况下定义了三种关系。

任何社会的语义领域都是世界理论，显然这个世界理论意义广泛，且通过特定分类和符号系统来调节。因此，当新的想法如价值教育出现时，人们可能还不能立即证实这个想法（Lagopoulos 2009，2010）。只有通过立法者、教育工作者、社会学家、分析程序设计者以及用户手册作者和教师的跨学科合作，才能最大限度地实施这项研究并实现结果。正如斯塔布尔斯和赛默斯基（2015）所说的，“在所有传统符号学中，符号都会给予那些准备接收信息并做出回应的人些许灵感”（p. 1）。

参考文献

Christodoulou，A.（2012）. Παιδεία，εκπαίδευση，αξίε. Σημειωτικζπροσέγγιση [Paideia，education，values. Semiotic approach]. Thessaloniki：University Studio Press.

Delors，J.（1996）. Learning：The treasure within（Report of the International Commission on Education for the Twenty-first Century）. Paris：UNESCO.

Greimas，A. J.（1966）. Sémantique structural：Recherche de method [Structural semantics：An attempt at a method]. Paris：Larousse.

Greimas，A. J. & Courtés，J.（1982）. Semiotics and language：An analytical dictionary. Bloomington：Indiana University Press.

Greimas，A. J. & Landowski，E.（1976）. Analyse sémiotique d'un discours juridique [Semiotic analysis of legal discourse]. In A. J. Greimas（Ed.），Sémiotique et sciences sociales [Semiotics and Social Sciences]（pp. 79—128）. Paris：Seuil.

Iedema，R.（1995）. Legal ideology：The role of language in common law appellate judgments. International Journal for the Semiotics of Law VIII，22，21—36.

Lagopoulos，A.（2000）. A global model of communication. Semiotica，131（1—2），45—78.

Lagopoulos，A.（2009）. The social semiotics of space：Metaphor，ideology，and political economy. Semiotica，173，169—213.

Lagopoulos，A.（2010）. From sémiologie to postmodernism：A genealogy. Semiotica，178，169—253.

Lovat，T.，Toomey，R. & Clement，N.（Eds.）.（2010）. International

research handbook on values education and student well being. Dordrecht: Springer.

Matsagouras, I. (2011). Οι επιστήμεζ τηζ παιδαγωγικήζ: Ερωτήματα ονομοτοδοσίαή, ταξινόμησηζ και ποιότηταζ [Pedagogical sciences: Questions of terminology, taxonomy and quality]. in N. Papadakis & N. Chaniotakis (Eds.), Εκπαίδευση-Κοινωνία & Πολιτική [Education, Society & Politics] (pp. 411–427). Athens: Pedio.

Mitchell, W. (Ed.). (1983). The politics of interpretation. Chicago: The University of Chicago Press.

Pavlidis, P. (2012). Η γνώση στη διαλεκτική τηζ κοινωνικήζ εξέλιξηζ [Knowledge in the dialectic of social evolution]. Thessaloniki: Epikentro.

Saussure, F. de (1916/1983). Course in general linguistics (R. Harris, Trans.). London: Duckworth.

Semetsky, I. (2009). Meaning and abduction as process-structure: A diagram of reasoning. Cosmos and History: The Journal of Natural and Social Philosophy, 5 (2), 191–209.

Semetsky, I. (Ed.). (2010). Local pedagogies/global ethics. Educational Philosophy and Theory (special issue), 42 (4).

Stables, A. & Semetsky, I. (2015). Edusemiotics: Semiotic philosophy as educational foundation. London: Routledge.

第9章　教育符号学、存在主义符号学以及存在主义教育学

吉尼·库科拉　埃图·皮卡阮能

摘要　本章探讨如何利用存在主义教育学和存在符号学中出现的某些概念来促进对教育符号学的理解。开篇伊始，作者解释了海德格尔的符号学中实用的事实性概念，即与发展理念兼容的教学理论，并进一步阐述如何在教育哲学中实施，以便阐明存在且不连续的教育形式。作为人类最重要的任务，教育需要从根本上破坏连续性：在生命本身开始并表现出特别的教育意义之前，我们不知道自己在生活中想要或需要成为什么样的人。然而，不连续的教育形式尚未充分阐明存在主义教育的变革潜力。因此，本章旨在将这些方面与埃罗·塔拉斯蒂（Eero Tarasti）的存在符号学理论以及超验旅程模型进行比较，尤其是Z模型，该模型建立在格雷马斯的模态理论之上。本章将学习确定为三个层面：实用、社会和存在，并提出了模态学习模型。

引言

在教育符号学中（Semetsky & Stables 2014；Stables & Semetsky 2015），教育、学习和个人（职业）发展被视为深层次的过程，符号学如此深刻以至于对教育理论、实践和研究的所有领域都有影响。在教育和学习中，符号及其含义经历了深刻的变革，甚至在这些过程中也可能诞生另一些符号。这些变革不仅限于学习者遇到和发现的符号及其含义，而且适用于学习者自身，甚至更多。我们可以说，人类主体的转变正是教育研究的关注点所在。教育符号学以皮尔斯哲学为基础，主张人类主体是生命的符号。因此皮尔斯指出，主体的转变具有符号学特征。从另一个截然相反的角度来看，从克尔凯郭尔（kierkegaard）到海德格尔、雅斯贝尔斯（Jaspers）或萨特，都在存在主义哲学中强调

并分析了人类主体的变革和“形成”。最近，塔拉斯蒂在他的存在主义符号学理论中详细阐述了这一传统与符号学之间的密切联系（Tarasti 2000，2012）。

本章的出发点是突出海德格尔教育思想中一些主要的问题，这些问题似乎被当代海德格尔哲学的许多主流阐释者所忽视。此外，我们将阐述历史悠久的海德格尔思想如何影响教育哲学。过去几十年的研究过程，其中包含了阐述海德格尔教学法的最佳方法。我们将介绍存在主义教育学的一些基本概念，通过这些概念旨在形成连贯的教育符号学观点，并进一步阐明海德格尔教育思想在其真理理论（即事实性）中得到了最好的解释。由于事实性概念批评逻各斯中心观点中关于世界和个人命题的真理内容或者至少是对其的补充，我们可以比较德国传统中关于自我修养和个人（文化）成长理念，以便更好地理解海德格尔的教育思想。

然而，事实性概念本身并不强制要求教育理论，因此，我们将继续研究奥托·弗里德里希·波尔诺（Otto Friedrich Bollnow，1907—1991）的哲学及其对教育现实的看法以阐明海德格尔的教育本体论。波尔诺根据海德格尔的事实性概念形成了他自己的理论。这样的教育哲学被认为是成熟的存在主义解释学教育理论，既阐明了教育现实的存在方面，也与文化自我修养保持一致，但教育的存在方面不是或不能是教育的全部内容。为了形成教育符号学理论，且将实践纳入存在主义教学法（Semetsky 2014），我们将研究塔拉斯蒂的存在主义符号学。

教育本体论

教育问题即“如何最好地培养和发展重要的独特技能和能力”（Thomson 2004，p.447），这对教育哲学很有价值。这个观点对人们而言并不陌生，是从柏拉图和亚里士多德的观点中引申出来，然后影响后来的哲学家如康德和施莱尔马赫，以及教育理论家如威廉·冯·洪堡和赫尔巴特的。这个问题在当代教育理论中也有一些相关表述（如 Benner 2010；Mollenhauer 2013）。海德格尔对于教育的“完美主义者”看法与他对事实性真理的看法相联系，而发展理念不断培养人类的权力，汤姆森阐述了二者是如何兼容的。据此汤姆森得出了一个观点，在这个观点中，海德格尔的本体论论点“成为你自己！”为教育奠定了矛盾的基础：“‘做你自己！’说得通只是因为‘此在就是它本身’。那么我们该如何理解这个奇怪的说法，即我们能够成其所是，只是因为我们是其所成?”（Thomson 2004，p. 449）。

此在（Dasein）表明在场即为“存在”——然而它就是它所成为的。这个矛盾的基础是康德（1992）式教育学悖论的新观点，或者更确切地说是衍生物：当需要强制性的教育行动时，我们怎么可能成为自主和理性的人？这个悖论常作为教育实践的基础。启蒙运动的真正精神主张人类首先是理性的存在，因此教育强制违背了人类技能和能力的发展，然而可塑性概念要求这种强制作为学习技能和能力的人类基本必需品。教育工作者确实倾向于坚持学生自主行动，因为他们还不能完全理性或自主地看待这种品质（Herbart 2012；Klafki 1985）。海德格尔用本体论观点看待整个教育问题，质疑以逻各斯中心主义为基础的教育悖论。根据汤姆森的说法：

> 当海德格尔说“此在就是它所成为的”时，他所关注的是：未来构成了我的自我意识，因为角色、目标和生活项目隐含地组织了我当前的经历，并将其延伸到未来。换言之，“此在就是它所成为的”并不是记录这条自明之理——我现在是谁，就是我已经成了谁，而是记录了一个在现象上有趣的事实，即我对自我的基本感觉具有不可思议的未来维度（Thomson 2004，p. 449）。

海德格尔的完美主义教育本身并不是要形成某种特定之物，而是彻底放开：存在是永无止境的形成过程。重要的是要注意到教育符号学特别关注以未来为导向的变化过程（Semetsky 2006；Stables 2012），理论和实践皆是如此。对于海德格尔而言，人类需要两个基本组成部分——真实性和超越性。真实性是“抛出”存在的事实：我们恰好存在于所做之事的时间和背景中。我们存在于世，具有有限性和偶然性，因此我们是什么都显现于当下。与此同时，我们的存在又具有未来主义维度即超越性，我们不仅以已拥有的品质和技能来认同自我，也以目前还没有的品质和技能为行为准则来要求自己。从这个意义上说，我们可以认为海德格尔完美主义教育建基于人性的形成过程，即此在是可以做到的。塔拉斯蒂（2000，2012）将此在的超越性概念与他的存在主义符号学理论联系起来，为教育学的形成提供了基础。但是要完全理解超越性概念，我们首先要看看海德格尔对此在的真实性或事实性的看法以及这种真理观念如何与教育学的存在主义概念联系起来。

海德格尔之解蔽：作为教育概念

解蔽（unconcealment）这个术语作为希腊词汇“alêtheia”的翻译，首次出现在海德格尔哲学中，他选择了“alêtheia”的字面意义：真相或披露。解蔽是一件大事；它通过“本质的创造性投射和本质的规律”发生在人类身上（Heidegger 2001，p. 7）。解蔽性否定了问题存在唯一正确答案的观点，这种否定似乎促进了认识论的相对主义的发展。海德格尔（1962）认为，只有公开并亲身经历过的世界才能看到实体，这样实体就无法隐藏。在后来的论著中，海德格尔阐述了隐蔽（concealment）的概念有两个含义：没有意识到事物；事物没有合适的语境（Heidegger 2001；Dahlstrom 2007）。第一个含义是隐蔽的表面概念，表示一个东西存在但我们并不了解它；而第二个含义更深刻、更根本（Wrathall 2011）。实体的存在基于本质关系的语境，因此缺乏任何可能语境都相当于本体论的隐蔽，即缺乏有关实体可能表现出来的条件。所以，中心思想是解蔽性就是要将事物带入意识、并为事物可以成为它们本身而创造语境。

隐蔽性存在于处理世界的非武断行为中，因为在这种预述行为中，世界以一种缺乏确定性和抗拒命题语言表达的方式被人们体验着。这就意味着，我们对世界的概念，以及对命题状态和世间事物状态之间关系的推理正当性的发现，都无法理解世界。在这样的预述经验中，事物是通过我们处理它们的实际方式来理解的。任何语言真理都是一种更广泛解蔽性的特定形式，在这种形式中，真理讨论的问题一般是实体可用性。揭示的意思是为行为提供实体：行为（verhalten）是一个广义的术语，意思是我们对于某事有经验。但是，此在的默认状态是包含着被掩盖的真相。

海德格尔认为，他分析的真理有两个非常重要的结果：第一，真理从根本上属于此在；第二，此在既是真实的，也是非真实的。真理的对立面是“具有欺骗性外表，其不确定性如浓雾般隐藏着事物本质”（Bollnow 1974，p. 9）。海德格尔将这种欺骗性的外表归因于喋喋不休且含糊不清的世界，世间的一切都能大致理解，几乎没有留下任何疑问。因此，通向真理的道路在于征服具有欺骗性的外表，真理不是在对中立的认识过程中获得的，而是要求消除具有欺骗性甚至是迷惑性的外表。然而，这个过程总是痛苦的，因为触及了人类的核心（Bollnow 1959，1974；Heidegger 1962）。

解蔽性与基础主义、进步主义不同，后两个概念都是现代性启蒙运动项目的特征。某物只有被公开时，它才会因此变得有意义。海德格尔完美主义不承认现代再生性教育学（reproductive pedagogy），而这就是发展的概念根据人类从动物进化并与其所处环境具有的因果关系，从而形成适应文化之人，并且具有意向性和自由来认识自己并为自己做出选择（Koskela & Siljander 2014）。在教化的语境下探讨柏拉图的真理学说时，海德格尔（1998）质疑把一个据称毫无准备的灵魂作为空容器："教化不仅仅是将知识倾注到毫无准备的灵魂中，就好像它是一个空洞的、正在等待着盛放物的容器。相反，真正的教育把握了灵魂本身，并通过首先引导我们找到本质所在，并使我们适应它，如此便将灵魂全部转化。"（p. 167）

海德格尔关于转化的教育学思想，并不意味着形成了某种特殊的东西，进而在未来某个时刻变得完整；而是一种不断生成自我的变化过程。对于他来说，当传统占据主导地位时，就会有一种难以克服的过去向现在的隐性传递。如果传统以适当的方式运行，就会促进解释而非教条，促进对话而非听写，促进参与而非传播（Gallagher 1992）。教育符号学确实强调了形成的必然参与性特征，因为形成了具有生活经验和符号解释的功能。海德格尔的转变观念正式向传统方法提出挑战，这种不断的形成过程也是塔拉斯蒂存在主义符号学的核心，下文将进一步阐述存在主义符号学。同时，教育哲学家波尔诺已经形成了他对教育存在主义的理解，以此支持他的观点——个人发展既不能持续也不能仅仅代表累积过程。从这个角度来看，不连续性成了教育的基本特征，且基于海德格尔的解蔽性概念。其结果是：海德格尔对传统的彻底转变变得更加清晰。

从解蔽性到不连续性教育

波尔诺对教育的理解可以被归结为教育理论中的人文传统，伴随着行为解释学的元素。在这一传统中，研究的对象一直是教育现实，它在最广泛的意义上包含了我们从事实际教育实践的所有历史文化条件。教育现实作为人类生存的特定领域，属于历史文化条件整体的一部分，普遍意义上包含生命圈或生活世界的一小部分，在这个圈子里教育起着核心作用（Flitner 1950）。这种观点中的教育是先决条件，只有通过可塑性才能成为可能——这一概念意味着发展作为个体形成的过程，本身并不是基于个人能力自然发生的，并且个人无法继续完成这个过程，而是需要帮助，如教学干预。另外还预先假定干预促进个人发展且影响深远长久，因为如果没有这种长期影响就不可能取得进展。

然而，波尔诺认为通过行为解释学来理解教育现实存在一定的问题。社会文化条件由理性构成即理性条件，它被用来描述教育现实。从发展概念的角度看，这不难理解：人文主义的形成过程就是一个理性发展的过程（Bollnow 1962）。但教育现实也需要人类生活的某些元素，这些元素并非源于理性或目的性，反而具有突发性、激烈性、不可预测性、甚至非理性。从这个角度看，教育是一个不连续过程，其中难以理解和不可控的经验碰撞起着重要作用。

对于波尔诺来说，本体论存在世界中的人类是动态的，并通过不连续性揭示。只有在特定情境条件下，人才能理解自己的某些方面。这是存在主义的基本论点：人只能掌握当下存在的真实性，而不能把它保存在未来。这种前提似乎对现代教育学方法提出质疑，因为如果没有持久的影响，前提就不可能存在。没有前提，人类形成和生长能力的概念就没有意义，教育现实的整个概念也就不会形成理论结构（Bollnow 1959；Koskela & Siljander 2014）。

因此，波尔诺在阐述新存在主义—解释学教育及形成理论的过程中，不仅重新评估，而且保留了自我形成和生长能力以及教育持久效果等观念的各个方面。他还认为，海德格尔关于情境展现真理的概念很重要、且与教学相关。在他看来，虽然这两种观点都是模块化的，但相互包容，是教育哲学的基础。人类存在并不是完全或永远以真实性模式显现出来，只有不合常规才能培养真正的自我理解（Bollnow 1959）。波尔诺基于不连续性概念引入了几个概念，从（传统宗教的）相遇（begegnung）概念开始，相遇的意思是遇到某个人或者遭遇某种疾病，或者读到文学历史中某个人物的相关内容，或者看到某个艺术品。

相遇的概念指的是某些特殊经历，能够摆脱人的存在并还原其动态本质。从这个意义上说，相遇是存在主义的经历，揭示人类格式塔的某些方面及解释先前模糊不清的情况（Kukkola 2014）。相遇会影响人们内心深处的活力，不能随意产生。因此，教育不能强行产生相遇，这会破坏日常生活中的活动。但是，教育也无法阻止这些事件的发生，除了接受本质上相遇的解蔽性，教育也“别无他法”。

波尔诺（1959）还引入了觉醒（erweckung）概念。从本质上讲，只要人们能通过先验性质，感受到此要求与其他所有要求的不同，并且必须在生活中为自己辩护，这就是超验良知的觉醒（参见 Crowell 2007）。这种意识状态无法通过某种技艺来学习，也无法通过教学来传播。这样的意识在情境下是真实的，但意识又不仅仅由情境决定，只能被唤醒。因此，教育过程不可能是连续的。相反，教育会对进步产生根本性破坏，在未来生活表现出特别的教育意义之前，成为什么样的人，想要或需要什么样的生活方式都未可知（参见 Kompridis 2006；Peters 2002）。教育只能诉诸意识状态，在这种意识状态下，新的生活方式逐渐被解蔽，进而成为教育性挑战。根据这一理论，教育不能引发变革，也不能成为激进变革的源头。人们可以将教育理解为一种媒介，在超验性旅程中揭开潜在生活方式的面纱（Tarasti 2012）。

存在主义符号学作为不连续教化理论：此在与超验之旅的模型

塔拉斯蒂存在主义符号学的中心目标可以表述为：人的不连续性成长或教化（bildung）。当然，塔拉斯蒂强调其符号学理论研究符号及其“深意”（2012，p. 317）。其中的差异，尤其是其与索绪尔符号学的差异，体现在从变化和发展方面研究符号。塔拉斯蒂（2000）引入了新的符号类别，称之为预符号、行为符号和后符号以及转换符号、内外符号、准符号、现象符号和基因符号。该理论中最重要的一点是它与人类主体的概念密切相关，这也是格雷马斯符号学的核心特征，但塔拉斯蒂借存在主义哲学来发展这一特征。他将该理论存在的问题与海德格尔的此在概念联系起来，尽管塔拉斯蒂对此有不同解释。他觉得，此在似乎存在于时空或经验的语境，意思是事件过程发生于“正常”的时间或某个空间。

对塔拉斯蒂而言，作为对此在的补充概念，超验是很有趣的，不过符号学家一般不太接受。不过从本体论来看，教育符号学确实承认了超越方面在人类经验中的重要性（如 Semetsky 2009）。塔拉斯蒂（2012）对超验的定义自相矛盾：超验超出此在之外，虽然不存在，但存在于我们的脑海中。我们可以理解为，实际上在此在中并不存在的一切事物，可以在我们的脑海中实现，甚至在此在中也是一种真实的可能性。因此，用海德格尔的话来说，超越可以理解为能够被解蔽的事物。

存在主义符号学的核心理论成就是超验之旅（此在模型）的理念和模型，即人类主体从此在回归到超验，再返回此在（Tarasti 1996，2000）。原始模型如

图 9.1 所示：处于此在的主体可能（也许最终会）感到不满足、不满意，这种感觉会导致她否定此在。萨特曾有句名言将这种不舒服的感觉称之为恶心。超验的第一个进程使主体感觉好像她不存在，基础已经消失。在第二个进程中，主体找到超个人意义的宇宙，引导她进入相反的肯定过程（Tarasti 2012）。

该模型形成之初，似乎是为了解释艺术创造力、不同风格艺术作品和作为存在性符号的艺术形式（Tarasti 1996）。

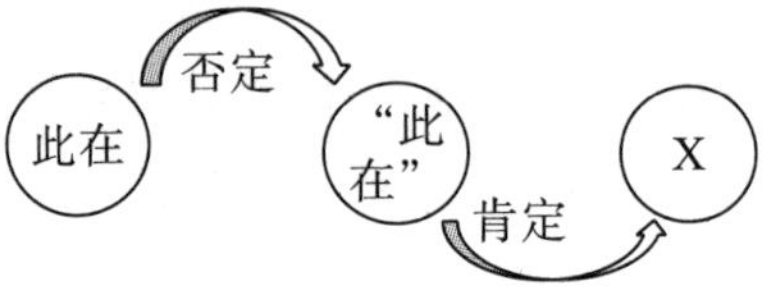

图 9.1[①] 超验之旅的模型

不过该模型也可以应用于存在主义学习。在某种程度上，如果我们假设否定行为对应于相遇，毫无根据的此在对应于危机，而肯定对应于觉醒，那么该模型就浓缩了波尔诺的存在主义学习各阶段，当然也有不同之处。萨特提出的恶心概念是由厌倦旧事物引起的，而非遇见新事物。塔拉斯蒂（2012）强调否定可以是对某些已出现的事物的拒绝，而肯定则是对所出现事物的接受或揭示。但是他也从另一个方面思考这个模型，认为箭头可以反过来，人类主体可以返回到之前的此在。塔拉斯蒂认为，这一过程是基于主体的记忆。但是，此在可能是不同的，因为主体会忘记某些东西或者相反，此在本身可能已经发生了变化。塔拉斯蒂在这里思考的是历史、决定论和因果关系的问题。这个想法似乎开启了使这个模型更接近解释学循环概念的可能性。转变和延续的二元性可以或多或少地通过循环或者更准确地说通过螺旋过程的概念来解决，我们总是从一些普遍的情况出发，然后回到或多或少相似但又有些不同的情况。

肯定和否定的概念及其关系与格雷马斯的符号学方阵（Greimas & Courtés 1982）有关，人们很容易将塔拉斯蒂的模型解释为对符号方阵的修改。在其最初的形式中，符号方阵在上角包含两个相反的项，这些是通过对角线的矛盾项否定的，因此位于下角的两个负项都以上面的正项为前提。当这些

① 转载自瓦尔西纳（2012）所编的《牛津文化与心理学手册》（*The Oxford Handbook of Culture and Psychology*）。

矛盾和蕴含的关系被解释为动态行为时，我们可以把塔拉斯蒂模型重新描绘为符号学方阵的一部分（如图9.2所示）。

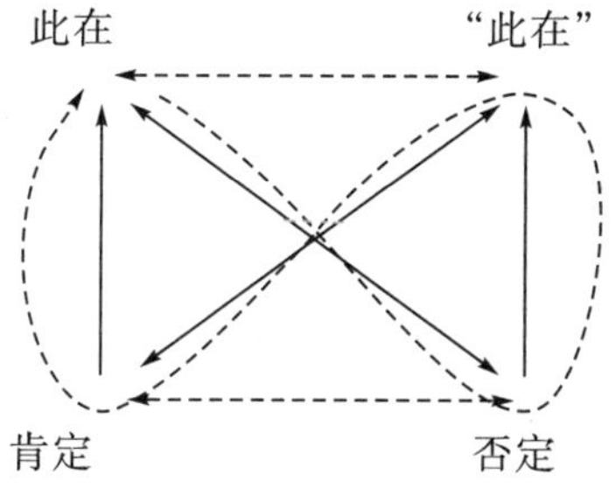

图9.2 超验之旅：符号学方阵

图9.2中的窄虚线表示轨迹。首先，主体或多或少地满足于此在或平静地处于此在之中。用格雷马斯的概念，我们可以说方形的左侧是由胸腺类的欣快决定的，而此在代表文化或生命积极的基本价值，这取决于观点是属于个人的还是社会的（Greimas & Courtés 1982）。然后，无论是内在的还是外在的事物，都会打乱平衡，导致主体否定此在的存在主义基础，从而进入否定的虚无。这种存在的虚无或空虚暗示着此在变得烦躁不安，代表自然或死亡消极的基本价值。通过第二次否定，主体可以从这种焦虑状态中解救出来：否定之辩证否定导致肯定。这一过程让她回到了欣喜的存在以及欣喜、甚至欣喜若狂的此在。虽然经典叙事轨迹会回归到最初的正常状态，但塔拉斯蒂（2004）强调模型中的X（如图9.1所示）代表新兴和不可预见性。这与具体的存在主义教育完全相同：每一个已经解决的学习危机都会把我们带入一个全新的、以前无法预料的情境中。因此，严格来说，不应将方形视为周期性结构，而应视为双重螺旋结构，每一轮都会带来新体验、新现实。

多种模态和Z模型

价值问题是存在主义符号学研究人类生命和行为的核心问题。价值反映在我们应该如何生活和行动等伦理问题上，但在艺术和美学以及语言学和数学方面也有广泛应用。塔拉斯蒂没有明确定义价值概念，但他指出，价值存在于超验概念中，并且在此之中可作为符号被认识。这种认识是通过主体行为来实现的，而行为设定了模式的必要性，如基本的格雷马斯行为模态或人类的能力，即欲望、能够、知道、必须。例如，我们可以认为贝多芬奏鸣曲的价值是通过贝多芬的模态主义行动在此在得以实现的，也就是说，贝多芬想要并且能够创作奏鸣曲，他知道如何去做，甚至可能必须这样做。模态的特例是元模态，即在此在实现的超越价值（Tarasti 2012）。

但是，元模态与普通模态有何区别？虽然基本上与格雷马斯模态相同，但是元模态仍然具有某些独特性。

第一，模态的“想要”（want）不是对我们环境中的某个对象的特别欲望，而是想在此在中实现某些超越价值。

第二，作为元模态的一种，可以（can）指这种实现所需的特殊技能和先决条件。

第三，主体必须知道（know）那些先验价值存在并且值得实现。

第四，第四，必须（must）表示主体可以感受到价值的约束力，并选择服从它。良知作为存在主义教育学的核心主题，此观念与主体能力的存在主义元模式密切相关，随之而来的问题是指良知能否培养。激进派存在主义者认为不可能，并且认为这样的尝试可能会导致教育者出现不合乎职业道德操纵的现象。良知是自内而外发展的。根据雅斯贝尔斯的教育观，波尔诺提出了一种温和观点，认为通过某种称谓或劝告，良知是可能被培养起来的。教育者可以凭借一个人的良心（或至少是其潜力），以便做出合乎道德的决定。

在存在主义符号学中，这个问题是以塔拉斯蒂著名的 Z 模型为理论核心的。这个模型有助于证明良心的发展是如何正式展开的（如图 9.3 所示）。

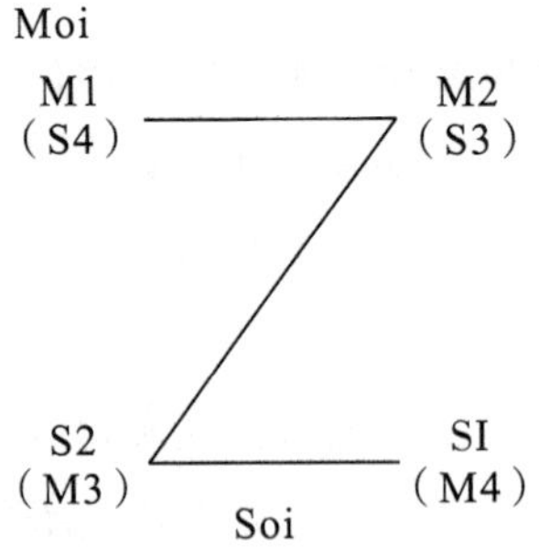

图 9.3[①] **塔拉斯蒂的 Z 模型**

① 图 9.3 转载自瓦尔西纳（2012）所编的《牛津文化与心理学手册》。

与之前的模型相比，该Z模型与格雷马斯符号方阵的相似度更高，并且表述也明确。塔拉斯蒂（2012）希望把方形“转变为更加动态且更灵活的模型，其中一切都在运动中”（p. 329），他借用了方塔尼耶（Fontanille）身体符号学中的概念 Moi / Soi。Moi 是主体的内在存在域（内符号域），Soi 是外在社会域（外符号域），两个区域都由特定阶段组成，分别命名为 M1、M2、S1、S2。这些区域不是互相排斥的而是有所重叠的，因此 M1 同时也是 S4，以此类推。每个部分的内容描述如下：M1（S4）表示欲望和身体的主要动能，M2（S3）表示身份、个性、习惯和稳定性，S2（M3）描述社会角色、制度和实践，S1（M4）是规范、价值和通用符码。这个模型最突出的方面在于这些内容也是主要的模式：分别是想要、可以、知道和必须。

模型中所需的运动是从 M1 到 M4 以及从 S1 到 S4 的双向运动。运动总是（或至少主要）假设按照数字顺序发生，这就是省略了方形的另一个对角线的原因。M 运动从纯粹的肉体存在和感受能力发展到稳定的身体，再到社会角色，最后到社会中抽象的规范和价值。S 运动则相反，从抽象价值到社会制度，再到具备感知力之人，最后到有形实体。因此，从教育的角度来看，这个模型解释了主体的模态能力是如何在相互作用中发展的。然而，根据存在论的传统，这个模型严格限制在主体内部，因此它并不代表可以描述主体与社会及其他人的关系或相互作用，相反模型考虑的是主体自发和无形的一面与他们已经社交化一面之间的相互作用，但并没有说明 Moi（我）的社会化是如何发生的。此外，这个丰富的模型没有将元模态与普通模态分开，没有进行明确区分，但是又存在且很有必要。不过，该模型提供了讨论这个问题的机会。例如，塔拉斯蒂（Tarasti 2012，p. 335）提到，社会的价值可能通过教育从世俗变为超验。提及“抽象价值和社会规范”方面，S1（M4）的描述存在明显的模糊性（Tarasti 2012，p. 329）。一方面，可以把价值和规范理解为人们共有的偏好；另一方面，可以把价值和规范理解为纯粹的超验实体，因为这些实体独立于人类偏好和大多数人意见。学习通常具有存在主义特征，特别是在这两种价值和规范相互矛盾时，然后觉醒的良知要求主体服从抽象的价值观念，并放弃社会现有的价值观念。在这里，存在主义符号学与存在主义非连续性教育学之间建立了基本联系。

结语：走向模态学习的模型

不谈结论，我们想对存在主义学习模型做一些改变。首先，我们建议对模态进行不同的映现。毕竟，塔拉斯蒂 Z 模型作为一种前后往复结构，在教育符号性成长和发展方面，具有一定程度的稳定性，与原初符号学方阵背后的思想相比，它似乎也存在问题。如上所述，符号学方阵的目的，是分析任何与之相反意义作为其否定意义，和与之相反的否定之间的相关意义。如果将模态中的想要、可以、知道和必须放在一起，就不能很好地适应这种结构，反而似乎会彼此平行。其次，符号方阵的动态只允许在超越之旅模型中，通过否定在对立之间进行辩证运动（图 9.2），因此任何水平转换都是不可能存在的。基于以上各种理由，我们建议采用解释学螺旋的思想和结构，用循环反馈回路表示模态间的关系，如图 9.4 所示（其中还有一些其他可能存在也很重要的反馈循环没有表示出来，包括从每个模态到以前所有的模态之间的循环）：

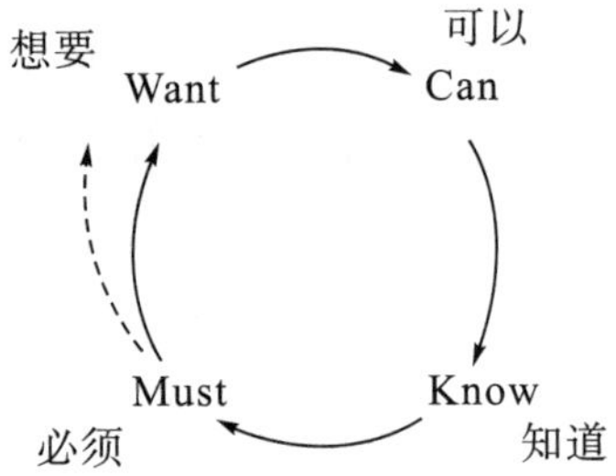

图 9.4　**模态学习的圆形/螺旋模型**

理想的典型行为方式遵循这种螺旋模态结构，以便使任何行动都可以从必须或想要的意动模态开始，其中最后一个例子是来自想要（want）。然后，如果主体可以与环境尝试进行相关的操作，根据主体的知识和技能水平，或多或少能取得一些成功。但在现实生活中，以及一些有趣的小说中，事情很少以如此简单的方式发展，特别是我们可以假设真正的学习需要在这个过程中出现一些小插曲和不连续情况。因此，我们可以构建一个典型的学习模型，如下所示。首先，主体想做或得到一些 X，她能够（或者不能）实现这个愿望。不断地尝试和试验增加其知识储备、让她逐渐明白，在特定环境中什么可能以及什么不可能。其次，主体知道她必须做些什么才能实现目标和愿望。圆圈中的每个阶段都有助于行动过程，包括接下来和以前的模态，因此也有助于未来的所有行动。当然，环境及其变化也会引起一些意外，从而导致过程中的不连续。最后，关于从海德格尔到波尔诺的存在主义教育学传统，我们可以肯定地说，他们所分析的存在主义学习过程，包括解蔽和良知的觉醒并非是一种独特的学习形式。它也可以用与实用主义学习形式相同的圆形模型来分析。重要的是，它并不是凭空出现的，而是需要基于前期的学习类型才能实现。

我们建议至少确定学习的三种主要类型或层次：实用性、社交性和存在性。这些级别按层次排序，因此在进行社会性学习之前必须进行实用性学习，在存在性学习成为可能之前，需要进行社会性学习。它们之间不会相互排斥，而是互相包含且层层递进，所以较低级别的学习将保持可操作性和必要性，即使它们通常或多或少地受限于较高级别。上述学习水平可简要描述如下。在实用性学习中，主体会学习一些基本的行动技能和模态技能，包括决定、选择替代方法、审议、等待合适时机以及学习遵守技术规范。在这一级别中，推动学习过程的基本不连续性，是在主体的愿望和环境提供的可能性之间产生的。在第二级别中，主体学会了在社会环境中采取行动及其所需的模态能力：认可其他行为者、遵守共同规则，等等。实际上，直到第二个社会性学习阶段，主体的 Soi（自我）才会发展，社会环境（包括语言、规范、角色、权力关系等）才成为决定因素。只有完成这些准备阶段之后，元模态的发展才有可能。在存在性方面，一种全新的基本不连续性在社会价值和超越价值之间开启，从而通向自由。发展概念中的自由观念代表人类具备理性且独立批判社会普遍价值的能力。

这对实际的教育工作者和研究者意味着什么？教育和学习、成长和发展，因此被概念化为终身甚至跨代的符号学过程，其中先前的历史影响着未来的结果。在我们力所能及范围内的教学或研究行动中（此时此地），应该考虑过去和未来。在教育方面，即使是最简单的实用教学也应以人类自由发展为目标。学习应该以整体方式来看待世界，包括物质和社会环境以及内部主观世界（即整个此在）产生的影响。最后，在教育互动中，想要、能够、知道、必须等模态扮演关键角色，并且经常表现为感觉和情感。这代表了教育符号学研究的重要途径，特别是在皮尔斯三元符号论视域中，感觉（feeling）是首要的。

参考文献

Benner, D.(2010). Allgemeine Pädagogik: eine systematisch-problemgeschichtliche Einführung in die Grundstruktur pädagogischen Denkens und Handelns [General Pedagogy: a Systematic Problem-Historical Introduction to the Basic Structure of Pedagogical Thinking and Practice]. Weinheim: Juventa.

Bollnow, O. -F.(1955). Begegnung und Bildung [Encounter and Education]. Zeitschrift für Pädagogik, 1 (1), 10—32.

Bollnow, O. -F.(1959). Existenzphilosophie und Pädagogik: Die unstetige Formen der Erziehung [Existential philosophy and pedagogy: The discontinuous forms of education]. Stuttgart: Kohlhammer.

Bollnow, O. -F.(1962). Maβ und Vermessenheit des Menschen. Philosophische Aufsätze neue Folge [The measure and presumptuousness of people. A new succession of philosophical papers]. Göttingen: Vandenhoeck & Ruprecht.

Bollnow, O. -F.(1966). Krise und Neuer Anfang [Crisis and new beginning]. Stuttgart: Kohlhammer.

Bollnow, O. -F.(1974). The objectivity of the humanitiesand the essence of truth. Philosophy Today, 18 (4), 3—18.

Crowell, S.(2007). Conscience and reason: Heidegger and the grounds of intentionality. In S. Crowell & J. Malpas (Eds.), Transcendental Heidegger (pp. 43—62). Stanford, CA: Stanford University Press.

Dahlstrom, D.(2007). Transcendental truth and the truth that prevails. In S. Crowell & J. Malpas (Eds.), Transcendental Heidegger (pp. 63—73). Stanford, CA: Stanford University Press.

Flitner, W.(1950). Allgemeine Pädagogik [General Pedagogy]. Stuttgart: Klett.

Gallagher, S.(1992). Hermeneutics and education. Albany: SUNY Press.

Greimas，A. J. & Courtés，J. (1982). Semiotics and language：An analytical dictionary. Bloomington：Indiana University Press.

Heidegger，M. (1962). Being and time. Oxford：Blackwell.

Heidegger，M. (1998). Pathmarks. Cambridge：Cambridge University Press.

Heidegger，M. (2001). Sein und Wahrheit [Being and Truth]. Frankfurt am Main：Vittorio Klostermann.

Heidegger，M. (2002). The essence of truth：On Plato's Cave allegory and Theaetetus. London：Continuum.

Herbart，J. F. (2012). Pädagogische Schriften：mit Biographie [Pedagogical writings：with biography]. Charleston：Nabu Press.

Kant，I. (1992). Kant on education. Bristol：Thoemmes Press.

Klafki，W. (1985). Neue Studien zur Bildungstheorie und Didaktik [New studies in theory of culture and didactics]. Basel：Beltz.

Kompridis，N. (2006). Critique and disclosure：Critical theory between past and future. Cambridge，MA：MIT Press.

Koskela，J. & Siljander，p. (2014). Defining educational encounter. Paideusis，21 (2)，71—80.

Mollenhauer，K. (2013). Forgotten connections：On culture and upbringing. London：Routledge. Peters，M. A. (2002). Introduction：Heidegger，education and modernity. In M. A. Peters (Ed.)，Heidegger，education and modernity (pp. 1—26). Lanham：Rowman & Littlefield.

Pikkarainen，E. (2014). Competence as a key concept of educational theory：A semiotic point of view. Journal of Philosophy of Education，48 (4)，621—636.

Semetsky，I. (2006). Deleuze，education and becoming. Rotterdam：Sense Publishers.

Semetsky，I. (2009). Virtual ontology/real experiences. Transdisciplinarity in Science and Religion，6 (2009)，169—200.

Semetsky，I. (2014). Learning existential lessons：The edusemiotics of images. In I. Semetsky & A. Stables (Eds.), Pedagogy and edusemiotics: Theoretical challenges/practical opportunities (pp. 121 – 136). Rotterdam: Sense Publishers.

Semetsky, I. & Stables, A. (Eds.). (2014). Pedagogy and edusemiotics: Theoretical challenges/practical opportunities. Rotterdam: Sense Publishers.

Stables, A. (2012). Be (com) ing human: Semiosis and the myth of reason. Rotterdam: Sense Publishers.

Stables, A. & Semetsky, I. (2015). Edusemiotics: Semiotic philosophy as educational foundation. London: Routledge.

Tarasti, E. (1996). Esimerkkejä: Semiotiikan uusia teorioita ja sovelluksia [Pre-signs: new theories and applications of semiotics]. Helsinki: Gaudeamus.

Tarasti, E. (2000). Existential semiotics. Bloomington: Indiana University Press.

Tarasti, E. (2004). Arvot ja merkit: Johdatus eksistentiaalisemiotiikkaan [Values and signs: An introduction to existential semiotics]. Helsinki: Gaudeamus.

Tarasti, E. (2012). Existential semiotics and cultural psychology. In J. Valsiner (Ed.), The Oxford handbook of culture and psychology (pp. 316–343). Oxford: Oxford University Press.

Thomson, I. (2004). Heidegger's perfectionist philosophy of education in Being and Time. Continental Philosophy Review, 37 (4), 439–467.

Wrathall, M. (2004). Heidegger on Plato, Truth, and unconcealment: The 1931–32 lecture on the essence of truth. Inquiry, 47 (1), 443–463.

Wrathall, M. (2011). Heidegger and concealment. Truth, language and history. New York: Cambridge University Press.

第 10 章　具身思想[①]：教育就是转变习惯

茵娜·赛默斯基

摘要　思想体现在自然中与人类思想和自然世界形成鲜明对比，将二元范畴视为相互对立的独立笛卡尔物质是教育符号学的一个特征。教育符号学的核心是思想和行动习惯的转变，并旨在从理论和实践层面上探讨这一过程。本章借鉴查尔斯·S. 皮尔斯的符号学和杜威的教育哲学，以证明习惯养成和习惯破坏都是符号学固有的，因为符号的行为跨越了身心二元论并且让我们意识到我们的习惯是无意识倾向。皮尔斯和杜威的学习方法和经验为此观念的形成提供了理论基础。本章还通过将协调动力学的前沿科学与其相对应的互补对哲学引入对话，架起人文科学与科学的桥梁，互补对哲学与符号学这种科学有着不可思议的密切关系。本章最后以道德教育的教育符号学方法作为总结。

习惯养成：包含三角

根据美国符号学家皮尔斯的观点，假定符号代表其他一切事物，即对象；在这种关系中产生另一个符号，即解释项。通过解释项的间接联系，符号获得了特定意义而不是直接代表其他事物。真正的皮尔斯式符号可能有很多种意义，因为意义是在符号与其对象之间的特定三元关系中产生的。符号是互相关联又具有两面性的实体。符号三角表示真实符号（而非退化），通过解释项作为包含三角的第三类别，将符号本身（皮尔斯或称为表征符号）与其所代表的对象结合起来（如图 10.1 所示）：

---

① 具身思想源自具身心理学，主要指生理体验与心理体验之间有强烈的关联。

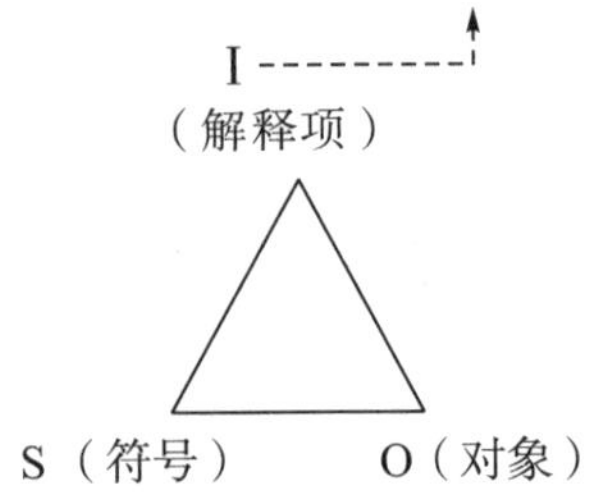

图 10.1　**皮尔斯式符号**

符号有一个矛盾的三角结构，其中的真正三元组因“符号与其对象的关系形成新符号的对象”（Sheriff 1994，p. 37），总是受到随后一系列解释项的影响。意义并不局限于语言符号：符号也在不同程度上渗透了自然界，并按照“第一性”“第二性”和“第三性”的基本范畴进行分类。“第一是其他任何事物独立存在的概念。第二是相对的概念，反应的概念，等等。第三是中介的概念，将第一和第二联系起来……在心理学中感觉第一，反应感第二，一般概念或中介第三……机会第一，法律第二，习惯的倾向第三。思想第一，物质第二，进化第三”（Peirce，CP 6.7）。这些概念指的是基数（不是简单的序数，如顺序的第一、第二或第三）。根据定义，第二性包含一和二，所以在第二性包含第一性，所以第三性中包含全部三个。身心之间的关系相当于完全三元符号学：因为对于皮尔斯而言，物质（第二）是有效的思想（第一），思想（第一）必须在习惯（第三）中根深蒂固以便形成物质（第二）。正是由于这种演化后的符号学，习惯才得以形成，因此一个符号总是可以转化为另一个符号。

重要的是，有时候符号会“沉淀到身体里，变成习惯，然后成为个人或文化习俗的一部分”（Merrell 2002，p. 128）。皮尔斯强调了一种自我产生的“所有事物都有采取习惯的倾向”（Peirce，CP 6.101），其形式为“第三性”，代表符号行为的“连续流动”，称为“符号化”（Peirce，CP 1.412）。习惯作为一种进化过程（基本的第三性）包括第一性，其形式为机会、微妙的感觉、或以其自身动态为前提条件创造的自由。根据经验形成的习惯，我们倾向于重复行动，往往对我们的行为缺乏任何批判性反思。物质就是思想，然而思想的习惯变得如此死板僵化，以至于“思想”无法改变新习惯或摒弃旧习惯。身体和思想只是两个不同的方面，表现为单一的符号学过程。

皮尔斯把习惯描述为在特定体验环境下以某种方式行事的倾向。习惯是无意识的，改变习惯确实是具有挑战性的任务，换言之，以实践的元级别为最终解释项来表达，即“改变一个人的行动倾向”（Peirce，CP 5.476）。习惯的本质是：“当符号的想象、感知以及概念”（Merrell 2002，p.128）一次又一次地出现时，这些符号可能深入到无意识之中，并伪装成我们可能不知道的那些固定死板的习惯，除非我们进行批判性和创造性的自我反思，并深刻检查，才能改变这些习惯。因此，教育符号学中具有批判性和自我反思性的思想和道德行为必然是互补的类别，彼此不可分割。皮尔斯符号学将“物质的心理和生理问题视为截然相反的两个方面”（Peirce，CP 6.268）。正是“第三或中介”（Peirce，CP 6.7）将主体与客体、身体与思想、自我与他人的二元对立联系起来。当身体与思想、精神和物质之间的二元论被符号流所克服时，我们就会进入整体主义的领域。教育符号学对教育的影响非常深刻，从根本上说是教育的整体哲学。

符号的三元结构是我们习惯转变和演变的基础，也是教育符号学的定义特征。现实生活中的情况永远无法确定，并且以一种异常清晰而又独特的理念表现出来，如同笛卡尔想要呈现的理念一样。他们总是分享无法用于逻辑话语的无意识维度，并倾向于保持在“无法分析、无法解释、无法思考……其中的联系产生于意识背后的真正有效力量”（Peirce，CP 5.289）中。

皮尔斯认为意识是一个模糊的术语，并断言“如果意识表示思想，那就是没有我们而不是没有内在。是我们存在意识之中，而不是意识存在于我们任何一个人中”（Peirce，CP 8.256）。环境世界充满了符号，一切都是符号。但矛盾的是，“除非赋予符号的意义，否则没有任何符号”（Peirce，CP 2.308）。从语用意义上讲，每个概念的含义和本质都取决于应用方式：在实践层面，概念“存在于本身形成的应用中”（Peirce，CP 5.532），无论是研究、教学、写作还是培养年轻一代。符号学的解释性实践提出了推理的溯因推理法——凭借直觉和洞察力将其表现于意识或精确的表达中。溯因推理不是笛卡尔提出的直接的心理直觉，而是属于第一性的逻辑范畴，往往是灵光闪现，这是一种有见识的行为（Peirce，CP 5.181）。重要的是，除了文字等符号外，符号还包括“图片或图表或其他图像（如图标）（和）多多少少类似的符号（如指标）……思想的实质由这三种成分组成”（Peirce，CP 6.338）。

完美的符号要融合三个符号元素，因此一个尚未表达的心理形象总是已经出现在智力的产物中，例如在最终分析中用口头语言表达的概念或判断。这意味着有意识的“正确”判断必然包括“第一性”元素作为一种直觉“位于”正式的三段论推理之外，这个维度代表非人类的界面，独立于笛卡尔的“我思想”（Cogito）的狭窄边界之外。溯因推理可能看起来和直觉一样，但对于皮尔斯来说，没有直接的直觉。笛卡尔认为：所有的认知都是通过符号来调节的，而逻辑推理包括演绎、归纳和溯因推理。后者也“说话”，但不是在意识的命题语言中，无意识习惯的语言是图像（Semetsky 2011a）、“直觉”和副语言符号。关于溯因推理，皮尔斯声称“实际上并没有考虑过第一个前提，尽管该前提习惯性地存在于思想中。这本身并不会使推理失去意识，但事实确实如此，溯因推理不算是一种推论，其结论也是在我们不知道如何接受的情况下被接受”（CP 8.65）。在与学生杰斯特罗的谈话中，皮尔斯评论说：“女性的洞察力以及某些‘心灵感应’现象可以用这种方式解释。心理学家应该充分研究这种微弱的感觉，每个人也应刻苦训练以培养这种感觉”（Hacking 1990，p. 206）。

真正的符号通过自我指涉的闭合最终建立了同一性，不过还是存在不同之处：教育符号学的解释性过程不仅创造了“人的思想中等价的符号，……还有更发达的符号”（Peirce，CP 2.228），获得新的意义。包含解释项的结果是“间接的即时性”（Peirce，CP 5.181）创造了“合成意识（和）学习感”（Peirce，CP 1.377），即使这种似非而是的联系在经典逻辑的框架内似乎是矛盾的。真正的符号逻辑是三元的，其特征在于包含中间逻辑与分析思维中普遍的排除中间逻辑形成鲜明对比。皮尔斯符号学中的逻辑不是逻辑学家的发明，而是早已深入人类现实和自然世界的比例，二者通过关系网络共同形成了一个连贯的整体。人类也是位于“充满符号”的大宇宙中的符号（Peirce，CP 5.448）。虽然符号学三角接近自身，但三元结构表明符号与自身不同，因为会赋予符号意义。乍一看，矛盾显而易见：作为符号学的一个特征，包含中间的创造性逻辑似乎确实是自相矛盾的，与分析哲学的命题逻辑形成对比，后者基于非矛盾原则和排除中间原则。但显然矛盾的是：“一个自相矛盾的命题并非没有意义，而是表示了太多意义”（Peirce，CP 2.352）。

符号学已经认识到非矛盾原则并非完全符合形式逻辑。教育符号学认为，逻辑矛盾以及生活经验中大量存在的道德困境，对我们来说非常重要，我们不应该忽视，而应该对其认可并从中学习。二元关系不会导致意义的产生或新概念的理解：符号“为了履行其职责，实现其效力，必须服从其对象”（Peirce，CP 5.554）。因此，符号试图通过结合特殊且不可察觉的推理形式，从无意识跃入有意识，皮尔斯称该形式为溯因推理。

无意识领域为习惯奠定了深刻的心理基础：皮尔斯的“总体思想……已经决定了未来的行为，在某种程度上如今还没有意识到”（Peirce，CP 6.156）。他使用扩展和解释这两个术语来区分推理模式，这种推理模式不仅旨在明显增加先前的意识知识，而且还使隐含的、无意识的和隐性的“知识”显性化了。通过一系列的解释项产生新的意义，这些意义是基于生活经验并从中学习的结果，从而引发习惯的转变。创造新颖的意义是为了体验生活，而不是将一些先前存在的事实简单地从教师传递给学生，如此才能打破旧的思维或行为习惯。

生活层面习惯的转变应成为教育符号学框架下的教育目标，在行动层面上促进完全成熟的符号学理性产生，主要在于“体现，即表现形式”方面（Peirce，CP 1.615）。理论知识必然得到实际行动的补充：符号学思想体现在世界中。因此，三元逻辑带有思维伦理的特点（参见 Deely 2001，p.622），与人类行为不可分割，即道德作为行为的逻辑。进化的第三性循环为观察“实际的实验效果”提供了条件（p.617）。关系伦理学必然概括了关系的本体论（Semetsky 2010a）。事实上，溯因推理的猜测表示在增长和获取新知识的过程中与符号有关的学习实验。超越言语命题，我们的行为将意义“定义”为具体形式或特定“形式，其中的命题适用于人类行为”（Peirce，CP 5.425），符合皮尔斯在其语用准则中表达的意义理论：“考虑可能具有实际意义的影响，设想概念中的对象。然后我们对这些影响的概念就是我们对整个对象的概念”（Peirce，CP 5.402）。概念性理解是解释的功能之一：“一个人指明他此刻关注的对象，暗含他对这个对象的任何认识或感受，也是这种形式的具体表现……他的解释项是对这种认知的未来记忆，只属于他自己的未来。”（Peirce，CP 7.591）形式的情况表现在身体和思想之间的关系中被表现出来，而不仅仅是在与周围世界隔离的个人意识中表现出来。包含中间的逻辑“提供信息……确定想法并赋予其形体”（Peirce，CP 1.537），从而形成了两者之间的互补对。

意义的标准往往后来才能得到检验，是经验学习的一个功能。这种经验的一个重要的“品质”是意外的因素：皮尔斯坚信，经验通过意外来教导我们。只有通过意外我们才能获得新知识，因为只有这样的经验才能改变旧观念。正如诺斯（2010）所说，皮尔斯强调实践经验，通过实验学习，通过实例教学，观察和反思他们的行为所造成的后果，这个过程可以指导学生学习知识：我们“直到一些意外打破这个习惯才会相信。信仰的破灭只能归因于一些新的经验”（CP 5.524），即使这样的经验情况可能看起来令人震惊、显得残忍无情，或如杜威所言，悬而未决、模糊不清。

习惯改变：经验重组

令人困惑和相互冲突的经验给我们带来了一些不明确的情况，这些情况最初对我们来说没有意义，如果我们能够学习其中蕴含的符号，并从中理解这种令人惊讶（至少令人惊讶）的经验，那么就可以在这种经验中提取其存在的意义。对于杜威（1916/1924）来说，“‘从经验中学习’就是要联系前后……这就成了指示，即发现事物之间得到联系”（p. 164）。缺乏对直接教学的强调导致学习通过使用符号作为后形式教学法的模态，形成事件之间的联系，以发现它们的意义或价值。价值维度是教育符号学的内在要素。在实践中创造的“符号桥”使经验变得有意义和“完整”了，而不是将其限制在彼此毫无关联的事件上，这样似乎没有任何意义。符号充斥于我们必然参与的世界中，因为我们也是符号，是具体的思想：经验丰富的世界不是由简单的二元组成的，而是由“观察者、主动观察者和被动观察者”（Dewey 1922/1988，p. 21）组成的复杂三元组来作为真正的三元符号。

符号的三元性本身自相矛盾，并形成了符号学三角形（如图 10.1 所示），表示综合、整体的思考，其中经验的无意识或身体方面结合在一起。这种结构看似不合逻辑、自我指涉，但从分析理性的角度来看，如果不是完全禁忌则总是令人怀疑的。创造意义是为了生活经验，意义重组需要三元自我指涉的符号结构。杜威将习惯描述为人性组织。习惯是一种组织方式：不仅要指挥行动（例如，在某种情况下做出某种决策），而且还要“控制我们，因为我们就是习惯”（Dewey 1922/1988，p. 21）。杜威将习惯定义为能够通过形成欲望和支配思想来构成自己的习惯，他（1922/1988，p. 21）说：“习惯是意愿”，但是在情感意义上，习惯是“我们本身非常亲密和基本的部分，而不是模糊的、普通的、有意识的选择。”（p. 21）沉入意识深处，习惯“通过坚持不懈地按照活动的自然储备而行动，使之永存。这些习惯会刺激、抑制、强化、削弱、选择、集中和组织活动使之与习惯相似”（p. 88）。习惯是“积极的方式，表示以充满活力和主导的行为方式来自我表达”（p. 22），尽管如此，习惯可能在人类行为中表现为“常规、非智能”（p. 55）。于是，习惯重组并变成了一种探究模式，以便使习惯进入意识，并随之受大脑灵活控制。

在智能探究的基础上，习惯转变对于经验重组来说至关重要。实用的经验探究必须在获得新习惯或改变旧习惯之前进行，正如杜威所言，因为这种改变会在以后对类似的方面产生影响，能采取更容易且更有效的行动。生物体与环境的相互作用能产生杜威称之为操作中的智能，这总是通过“与外部材料和能量的合作”来实现（Dewey 1922/1988，p. 22）的。如此智能就进入了我们内在的观念和思想：身心二元论得以解决。通过处理包含在“发展生活经验的每一个过程中所预示的时空组织”，无意识、非智能的习惯转变为有意识、智能的习惯（Dewey 1934/1980，p. 24）。因此，处理的概念带有符号学联系，生物环境联系等特点。这种关系动力学延伸了唯一有机体的时空边界，动态过程包括“从过去进入现在，以扩展和深化现在的内容”（Dewey 1934/1980，p. 24），并且还涉及对未来后果的预感。人类智慧通过联系和经验的解释而发展，因为在经验和生活中发现了许多联系，并且“将这些联系……带入意识中，体现经验的意义。任何经验次出现时，无论多么微不足道，都能通过扩展其感知联系的范围来确保意义的无限丰富性”（Dewey 1916/1924，p. 255）。

虽然最初多种可能的联系仍然未知（由于情况的问题特征），但这些联系表现为“人类思维的‘潜意识’”（Dewey 1929/1984，p. 299），并且具有皮尔斯式溯因推理的特点，开始我们的认知反思。也就是说，即使这些联系脱离了对意识产生冲击的环境，也会一直处于意识之外，因此，我们会继续思考并习惯性地行动，没有机会“从经验中学习”。即使“观察到令人惊讶的事实……”（Peirce，CP 5. 185），有问题的情况还包括一些并未完全呈现在意义中的事物，在意识中也不存在事先对事物的认识：否则事实也不会令人惊讶。然而，溯因推理证明了一种创造性的“操作效率，但（意识）思想不可能匹配”（Dewey 1929/1984，p. 29）。意识到我们的无意识习惯是习惯转变的第一步。因为对杜威而言，习惯是一种行动方式，在人类的选择、决策和行动层面上的变化与我们的思维、感觉和感知模式的转变是互相的。这种广泛的符号学理性“跨越了一些旧习惯”（Dewey 1929/1958，p. 281），即使经验情境中的许多“意想不到和不可预测的组合”（Dewey 1929/1958，p. 281）也存在形成新习惯的倾向。事实上，正是出乎意料丰富了我们的生活，因为出乎意料可以创造新奇。

新意义可能形成新习惯，必然会体现出来：人类思维管理界限，不可避免地“与世界接触……，当创造出新生事物，遥远而奇特的事物就成为世界上最自然而又不可避免的事物”（Dewey 1934/1980，p. 267）。仅仅依靠这种动态，即符号的作用，就能够将无意义且模糊的问题情境转化为有意义的情境。在实践中构建的符号桥表示明显矛盾的“新旧之交，其中涉及各种形式意识的调整，通过快速和意外的和谐而突然产生，这种和谐非常突然，就像灵光闪现，但是事实上和谐是通过长期而缓慢的潜伏才做好准备的”（Dewey 1934/1980，p. 266）。只有当休眠（潜伏）于无意识中的旧习惯，从现有的狭窄思想边界中突然出现时，我们才会明白当前意识的限制：我们要开始学习。这样的处理事件代表着“意识生活的扩大和深化，即意义实现变得更加强烈、更有纪律且不断扩大……教育不仅仅是实现这种生活的方式。教育就是这样的生活”（Dewey 1916/1924，p. 417）。有意义的经验总是或已经是学习经验：这是教育符号学的假设之一。

习惯的转变和新意义的实现与教育符号学密切相关，它们都必须在关系中产生。教育符号学的合理性是关系性和激进性的，并且运用的理性是在包含中间的基础上运作，能够整合所有二元，包括有意识二元和无意识二元。无意识“赋予自发性和新鲜感，（但）意识赋予信念和控制”（ Dewey 1991a，p. 217）。因此，有意义的教育以教育符号学作为其概念框架，必须认可经验的存在有影响、非自愿且无意识，超越笛卡尔理性或意识意志。影响是“隐藏”在字词背后的符号，用隐喻的方式来表达，即绕过命题语言的微妙感觉和未言明的欲望。因此，正如杜威所言，教育的最终任务在于培养特定的“思想，能够保持无意识和意识的合理平衡”（Dewey 1991a，pp. 215－216）。正是这个任务在教育符号学中得到了充分的体现，特别是当图像和图片的解释能够补充语言符号时（Semetsky，2013），正如俗语云，一张图片胜过千言万语。

符号学的理解是非分析性且综合性的，取代还原的经验主义，将观察者与观察对象、主体与对象、自我与他人分离，用丰富的经验主义超越二元分裂，将表观的二元性转化为符号的两极，尽管具有双极性和两面性。生命是一个符号学过程，借鉴必然具体化的经验，这些经验由于重新评价我们的信念和习惯态度而引发了转变。事实上，如果“教育与生活的运作相同，其中生活富有成果且具有内在意义，那么唯一可以建立的终极价值就是生活的过程本身”（Dewey 1916/1924，p. 248）。生命“包含”符号三元组而不是二元对立，使二元事物的结合成为可能，反之则保持分离。从道德上讲，通过二元事物的“和解”（Kelso and Engstrøm 2006，p. 63）而非“冲突或竞争，即与和解相反”（p. 186），才可能实现自我与他人的结合。

本体论与科学

皮尔斯将智能定义为使用符号的科学，并且“能够通过经验学习”（Peirce，CP 2. 227）。逻辑学和符号学同样都是符号的科学，但仍然表现出创造性，即艺术能力。虽然“属于”教育理论和教育哲学，即人文学科，但教育符号学肯定了逻辑学的理论价值和实践价值，因为逻辑学与当代经验科学中的前沿方向有着惊人的联系，其被称为协调动力学（Kelso & Engstrøm 2006）。在研究自然界时，协调动力学并没有与人类意识分开，而是将单个实体指定为身体～思想。“身体”和“思想”这两个词之间的波浪号“～”，作为符号演化的第三性指标，也是真实符号固有的。将最新的科学研究纳入教育哲学领域的讨论，能加强教育符号学中理性的立场（尽管是非正统和激进的），研究的逻辑甚至超越了分析理性和言语话语的局限性。

关于解决广泛的二分法，凯尔索和恩格斯特罗姆将二分法定位于“亚里士多德称之为‘排除中间’，（并引入）‘波浪号’（～）新的意义和应用，就如阴～阳，身体～思想……与连字符不同，波浪号不是单词的简单连接，而是……表示它们之间不可分割的互补关系”（2006，pp. xiv-xv）。正是波浪号“～”“为我们的互补对哲学提供了词汇和丰富的科学基础”（Kelso and Engstrøm 2006，p. 10；原文中是斜体），换句话说，是为符号学哲学提供了基础。因此，教育符号学可以通过其特定的教育哲学来定义，该哲学基于互补对，教师和学生只是同一个单一实体（即符号）的两面。凯尔索和恩格斯特罗姆注意到，虽然在两个看似相互排斥的描述之间，量子定律所描述的自然实则允许互补而非驳斥，但我们的日常实践经验习惯性地在一个真实或正确的描述与另一个虚假或错误的描述之间进行选择，因此忽略了二者之间几乎难以察觉的“灰色阴影”（2006，pp. xi）。

因此，协调动力学的新科学不是探索我们独立观察者或传统科学家眼中的自然物质世界，而是探索人类思想所体现的“互补性”（凯尔索和恩格斯特罗姆于 2006 年著作的书名）。他们认为，复杂的自然（Nature，大写 N）是互补的，通过波浪号“~”象征的关系，我们认为的双重对立实际上具有两极性且相互联系。波浪符号表示的关系，与皮尔斯式解释项的包含中间具有相同的综合或协调作用。根据这些关系，“所有的思想都是对话的形式”（Peirce，CP 6.338）。符号化之流受解释项（人类与非人类）全面影响，在本应保持分离的笛卡尔两个实体之间创造了一种象征性对话，即“广延实体”（Res Extensa，意为：有形、物质、身体）和“精神实体”（Res Cogitans，意为：无形、非物质、思想），从而使二者“彼此密不可分地连接”（Kelso & Engstrøm 2006，p. 186）。因此，在实践而非单纯的理论方面，教育符号学最终目的是“组建一种自我~其他的感觉”（p. 253）作为整体结构或互补、协调、综合的“对立面”，对于我们在人际关系和社会政治背景下与他人的关系尤为重要。要重申的是，符号学三角本身就会闭合，这样的自我指涉似乎在“几个世纪以来一直为哲学家制造麻烦”（p. 253），分析哲学家将其称之为循环，所以在逻辑上是无效的。

顺便说一下（也许不是），互补原理首先由物理学家尼尔斯·玻尔（Niels Bohr）提出，他用粒子或波来质疑自然界的描述。对于玻尔来说，中国道教哲学中的阴阳倾向相互影响，形成了一个整体，这与他在物理学中的新原理相关联并且提供了信息。物理学家大卫·博姆（David Bohm）提出了全息运动的过程，强调通过量子网络交织在一起的事件之间，没有任何直接的因果关系，取代了以前所说的相互关联。我们倾向于认为在普通经验水平上的二元对立实际上并不矛盾，而是在最微妙的量子水平上互补。相反，不相干的对立将作为杜威式处理参与协调的关系动力学，使对立“相互耦合”（Kelso & Engstrøm 2006，p. 41）。这种耦合证明了连续的平衡行为——哲学家莱布尼茨称之为相互折叠的粒子舞蹈——与关系网络相关，关系网络的定义特征是循环或“对等因果关系”（p. 115）。从符号学的反对偶（anti-dual）角度来看，思想和身体不再是二元对立的，而是协调一致的，从而通过知识和行动之间的递归反馈产生的实践知识来补充理论知识。机械科学和分析理性的线性因果原理由非线性—三相—动力学过程~结构所取代，这种结构表征了真实符号在符号学过程中发展、进化和成长。由波浪号表示的非正统三元逻辑类似虚拟或古老的逻辑（Kauffman 2010），“超越理性进入一个充满美好、交流和可能的世界”（Kauffman 1996，p. 293）以及凭经验超越既定事实进入由解释项号和存在意义组成的世界。

充满符号的世界是一个处理型世界，展现了当代物理学家和数学家罗杰·彭罗斯爵士在与柏拉图思想世界的某些联系方面所定义的内容（Penrose 2004）。物理世界、抽象无意识思想的柏拉图世界和心理世界这三个世界（图10.2）之间的关系，在退出科学理论的框架中仍然是一个谜，而且还忽略了协调动力学。

从符号学的角度来看，这种关系并不神秘，只是与符号的动态结构同构（如图10.1所示），这种结构将宇宙作为整体。同样的，皮尔斯的溯因推理类别也揭开了这种关系的神秘面纱。

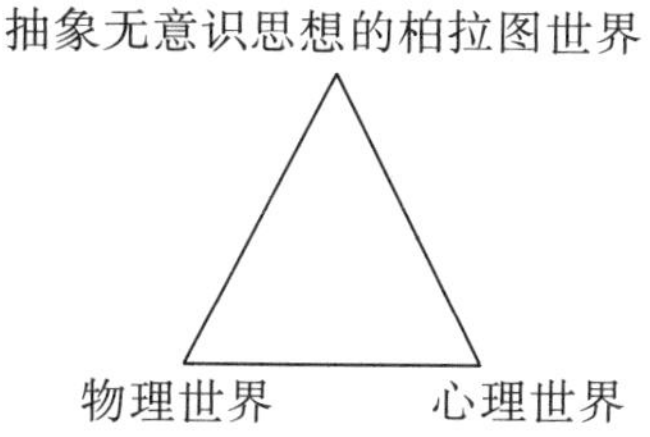

图10.2　三个世界

我们可以将进入无意识的溯因推理与彭罗斯所称的一种盖革（Geiger）计数器进行比较，该计数器可以暂时连接“小”世界和“大”世界（微观世界和宏观世界），即使这种“符号桥”的性质在现有科学理论框架下显得神秘莫测（如果不是完全神秘的话）。但符号学作为符号的科学，特别是与协调动力学相结合时，为理解这种非正统的扩展现实提供了机会：符号本质上是桥梁，互补对包括符号学的自我指涉过程。教育哲学家内尔·诺丁斯认为，这是一种“本体论基础”的关系（Noddings 2010，p. 390）。事实上，“居住”于柏拉图世界的事物不仅仅是“真实”，而且也是“善与美”，是“不可计算的元素，例如判断力、常识、洞察力、审美感受力、同情心、道德”（Penrose et al. 1997，p.125）。三个世界的（符号学）本体论以递归互连为基础，对教育产生了巨大影响，教育符号学则否定了自主主体的概念。当自我和他人代表一个互补对、一个符号时，伦理融合取代个性培养成为道德教育目标（Semetsky 2010b，2012），旨在使代表我们时代符号的不同价值观变得一致。

结语

考虑到符号学对教育的影响，我们可能面临以下挑战：如果教育符号学旨在改变我们的习惯（符号确实在进化和发展），但习惯是无意识的，在实践上如何进入深层无意识水平仍然是一个挑战，深层无意识水平以不同于命题语言的方式表达自身。教师准备课程时缺少对无意识经验方面的关注，学校继续强化分析理性，即使教师或学生不清楚。然而，人类发展作为一个符号学过程，在理论上没有限制，作为经验式学习的道德教育应该继续存在，贯穿人的一生。如皮尔斯所言，通过解释项，“人类符号”可以获取信息并且比以前更有意义，其中的符号主要是在无意识的层面影响我们，就如微妙到难以察觉的想法。符号中传达的信息超越了感觉数据，必须完全以柏拉图式的方式呈现给我们，既可理解又具感知力。通过符号关系构建，人类经验是符号学过程中更深层的表达，身体与思想在此过程中结合。人类决策通过符号告知：我们在世界上的行为也是符号解释项，解释项突出了符号化的非线性过程。生活还在继续，而且总是有更多经验的空间。学习也永无止境。

教育符号学不是由有限知识组成的碎片化结构，而是无限学习过程（特别是使用道家隐喻）的整体，并通过潜在意义及价值的共同领域可以与新儒家思想中的“ch'i”概念比较，其中的“自我”总是具有符号学关系的本质，最终变得一致。

任何经验对象都包含潜在的虚拟或隐含意义，即使这些意义尚未通过无意识习惯而明确表达出来。当然，杜威（1991a）呼吁“让隐含意义变成明确意义，（如此）无意识的假设就能‘得见天日’，在有意识中显现出来”（p.214）。这种具有挑战性的反二元教育计划，本身就受到了教育符号学的影响，如今正慢慢消失或者只是偶尔呈现，以一种奇特的方式“回归”东方哲学与实践一体化。为什么没有符号科学成为我们思想的新习惯？为什么我们习惯性地支持二元世界观，而忽视遍布世界的真实符号三重性？确实，旧习惯恢复能力强，即使受进化和发展的影响，也会变得固定和僵化，因此旧习惯在“对未来的自我发号施令”时（Peirce，CP 5.487），根据隐藏在无意识中的那些习惯，继续以重复的方式行事。更糟糕的是，我们习惯性地相信行为的正确而不会质疑，因为“信仰是……思想的习惯，本质上持续了一段时间，而且大部分是……无意识的”（Peirce，CP 5.417）。我们不仅没有意识到这些假设，而且基于这些假设，继续以我们习惯的思想和行动模式反复向年轻一代灌输。毫无疑问，教育符号学将强烈“挑战深刻的信仰或生活方式”（Noddings 2006，p.1），这项挑战不仅需要在理论上实现，还需要在教学实践中，特别是在教育政策层面上实现。

教育符号学作为一种新颖的概念框架，对正规道德教育自上而下的模式产生了广泛的影响，简而言之，教师直接向学生灌输价值。在非正式的文化层面上，这种灌输很容易变成意识形态的灌输。然而，考虑到我们经常都是根据溯因推理和潜意识做出的道德判断，因此即使把最高超的技巧应用于这些推理，也不足以有意识地思考道德困境或做出正确的决定。人们在实践中需要阅读和解释微妙的经验符号，就像在临床实践中，医生观察当前的症状，并在每个临床情况下做出诊断和病情预测。批判性、临床性和创造性方面（Semetsky 2007）在教育符号学中是相辅相成的。让无意识变得有意识仍然是一项艰巨的任务，笛卡尔的“我思想”独立且以自我为中心，通过摒弃“我思想”在分析理性中具有多样性的假定中心，我们正步入学习和进化的符号学过程，因此必须在我们的实际生活中建立起通往柏拉图式思想世界的符号学桥梁。我们的道德判断不可计算（在有意识的思维层面），且强烈依赖洞察力、直觉和想象力（Semetsky 2011b），是逻辑学作为符号学所特有的溯因推理的心理对应物，也铺设通往无意识之路，作为通往现实之路的组成部分（彭罗斯 2004 年出版的书名）。例如，扩展的符号学现实不仅局限于物质世界，还包含互补性。符号的三元自我指涉结构让我们明白，道德观念的水平作为潜在意义，必须超过已经存在于意识思想中的固有参考，因为符号理解包含我们的思想（心理世界），体现其中或与之结合，我们的行为（物质世界、行动世界）。一个真正的符号总是由三个部分组成的。

扩展的意识，其中的无意识已被整合，可以超越现在的局限，并为开放的未来提供各种机会。符号学三角的明显闭合反而开启了新的可能性（如图10.1中虚线所示的过程）。通过扩展人类思维的边界，现在包含无意识，教育符号学可以执行看似不合逻辑的任务，计算本质上不可计算的事物。符号学的过程具有深度和“广度……无限的弹性程度、会延伸”（Dewey 1929/1958，p.1）：符号演变。然而，符号学中固有的矛盾“计算”绝不是基于规则的算法，而是相当于通过符号联系重新评估经验，并且包括皮尔斯式溯因推理作为假设猜想，此推理通过洞察无意识思想领域而实现。作为学习过程的结果，意义潜伏于未来，教育符号学代表着面向未来的教育哲学，可以教会我们如何评估未来符号演变中的选择，然后在许多可能性中选择一个行动方案：思想和行动、身体和思维变得一致。在正规教育环境中，为了促进学习完全一致的广泛符号学理性，教师的任务是创造适当的条件、丰富的、惊喜的和新颖的经验，以帮助学生解释符号，并以溯因推理的猜测形式发展他们的创造力，使他们顺利地通往真、善、美之路。

参考文献

Deely, J. (2001). Four ages of understanding: The first postmodern survey of philosophy from ancient times to the end of the twenty-first century. Toronto: University of Toronto Press.

Dewey, J. (1916/1924). Democracy and education: An introduction to the philosophy of education. New York: Macmillan Company.

Dewey, J. (1922/1988). Human nature and conduct. In J. A. Boydston (Ed.), The middle works of John Dewey (Vol. 14, pp. 1899－1924). Carbondale & Edwardsville: Southern Illinois University Press.

Dewey, J. (1929/1958). Experience and nature. New York: Dover Publications.

Dewey, J. (1929/1984). The quest for certainty: A study of the relation of knowledge and action. Carbondale: Southern Illinois University Press.

Dewey, J. (1934/1980). Art as experience. New York: Perigee Books.

Dewey, J. (1991a). How we think. New York: Prometheus Books.

Dewey, J. (1991b). Knowing and the known. In J. A. Boydston

(Ed.), The later works of John Dewey 1925-1953 (Vol. 16, pp. 1949—1952). Carbondale & Edwardsville: Southern Illinois University Press.

Hacking, I. (1990). The taming of chance. Cambridge, MA: Cambridge University Press. Kauffman, L. H. (1996). Virtual logic. Systems Research, 13 (3), 293—310.

Kauffman, L. H. (2010). Virtual logic-an introduction. In I. Semetsky (Ed.), Semiotics education experience (pp. 175 — 202). Rotterdam: Sense Publishers.

Kelso, J. A. S. & Engstrøm, D. A. (2006). The complementary nature. Cambridge, MA: The MIT Press.

Merrell, F. (2002). Learning living, living learning: Signs, between east and west. New York, Toronto: Legas.

Noddings, N. (2006). Critical lessons: What our schools should teach. Cambridge, MA: Cambridge University Press.

Noddings, N. (2010). Moral education in an age of globalization. In I. Semetsky (Ed.), Local pedagogies/global ethics, special issue: Educational philosophy and theory (Vol. 42, pp. 390— 396).

Nöth, W. (2010). The semiotics of teaching and the teaching of semiotics. In I. Semetsky (Ed.), Semiotics education experience (pp. 1—19). Rotterdam: Sense Publishers.

Peirce, C. S. (1931—1935; 1958). Collected papers of Charles Sanders Peirce (Vols. 1—6, C. Hartshorne & P. Weiss, Eds.; Vols. 7 and 8, A. Burks, Ed.). Cambridge, MA: Harvard University Press. [cited as CP].

Penrose, R. (2004). The road to reality: A complete guide to the laws of the universe. London: Jonathan Cape.

Penrose, R., Shimony, A., Cartwright, N. & Hawking, S. (1997). The large, the small, and the human mind. Cambridge, UK: Cambridge University Press.

Semetsky, I. (2007). Educating for 3C: Critical, clinical, creative. In Proceedings of the PESA Annual Conference 2007.

Semetsky, I. (2010a). Moral stumbling: When ethics recapitulates ontology. in I. Semetsky (Ed.), Semiotics education experience (pp. 53－70). Rotterdam: Sense Publishers.

Semetsky, I. (2010b). Towards an ethics of integration in education. In T. Lovat, R. Toomey & N. Clement (Eds.), International research handbook on values education and student wellbeing (pp. 319－336). New York: Springer.

Semetsky, I. (2011a). Re-symbolization of the self: Human development and Tarot hermeneutic. Rotterdam: Sense Publishers.

Semetsky, I. (2011b). Tarot images and spiritual education: The three I's model. International Journal of Children's Spirituality, 16 (3), 249－260.

Semetsky, I. (2012). Toward shared values: Self-other dialogue and the cultural pedagogy of concepts. In T. Besley & M. A. Peters (Eds.), Interculturalism, education & dialogue (pp. 122－133). New York: Peter Lang.

Semetsky, I. (2013). The edusemiotics of images: Essays on the art * science of Tarot. Rotterdam: Sense Publishers.

Sheriff, J. K. (1994). Charles Peirce's guess at the riddle. Bloomington: Indiana University Press.

第 11 章　学术病理学和认知焦虑

迈克尔·A. 彼得斯[①]

摘要　这篇探索性文章以“学术病理学”这一术语为基础，以批判的方式讨论学术自我的文化，同时关注认知焦虑。本章的主题参考哲学家了克尔凯郭尔、维特根斯坦、福柯的思想和电影导演伍迪·艾伦的作品。作者称“学术病理学”这一话题已困扰他多年，尽管他一直在尝试解决各种表述问题。本文是作者多次尝试失败后所呈现的东西。他曾质疑自己是否有能力撰写这篇文章，这是一种自我治疗、忏悔和自我反省的练习。本章提出了一个长期存在的问题：成为“学术自我”的过程对女性、毛利人、其他文化少数群体或移民意味着什么，或者对那些把表意文字中的思考和写作视为文化规范的人来说意味着什么。在重新评价作者的一些人生经历的过程中，再阅读和再写作以及哲学训诫的相互作用，是教育符号学在实践中的真实例子，因为相互作用关注的是终身的自我形成过程。

引言

我承认我至少花了十多年的时间来写一篇特定的学术论文。虽然经过自我治疗、忏悔和自我反省，我还是无法创作出一篇文章，本章最终确定围绕“学术病理学”（academic pathologies）而展开。过去，我尝试（但非常不成功）与不同作者合作撰写关于这一主题的论文，包括我的妻子兼合作伙伴蒂娜·贝斯利（e. g. , Besley & Peters 2008，2012），她曾经做过心理咨询师，有过心

① 本章是迈克尔·A. 彼得斯（Michael A. Peters）的就职演讲《做出改变：学术病理学与认知焦虑》（“Making a Difference: Academic pathologies and the anxieties of knowing”）的修订版、更新版和缩略版，由怀卡托大学威尔夫·马尔科姆教育研究院于 2013 年首次发表，网址：http://www.waikato.ac.nz/_ _data/assets/pdf_file/0015/203019/michael_peters_prof_lecture_WEB.pdf.

理治疗的经历。我仍然是她“正在进行的工作”。应该说，写作失败对我来说非比寻常，因为我倾向于轻松自由地写作。

因此，这篇文章除了作为本书的一章发表，也是一种不同寻常的仪式——“驱除心魔”。我希望最终能摆脱多年来因某种焦虑而一直困扰着我的“幽灵”，这种焦虑源于我不能创作。不过对于我来说，这也是一种纯粹的奢侈，能够无休止地生活在犹豫不决和深思熟虑状态中，或是求知过程中的焦虑状态中，在选择如何表达以及用什么词来表达一系列难以理解的概念和经验之前的焦虑状态中，这些概念和经验在想象中游刃有余，但却拒绝我对其指定的任何物质形态。就是在这个过程中，我在认知焦虑中越陷越深。然而，意识中难以表征的意象与其在语言有形表现之间，所存在某种“炼金术般的熔合”（Alchemical Marriage），正是教育符号学的特色（Semetsky，2011，2013）。因此，尽管我这一章的内容透露出“病理学”味道，却也符合本卷主题。

认知焦虑包括对阅读、写作、说话、思考和学习的焦虑，指的是不安、忧虑或不确定性，有时对某种预期状态、事件或情况的恐惧可能导致心理障碍或产生不安全感和无助感。焦虑概念与其他术语有关：恐惧、焦虑、甚至绝望，还有程度较轻的诸如烦恼、刺激或不安等情绪。这是一种普遍的情感或感觉，在哲学文献中经常与怀疑或质疑相关，有时甚至与某种疯狂联系，我们可以说，这种疯狂的形式是明显夸张且程度很深的焦虑，会导致绝望、痛苦甚至抑郁。

重温索伦·克尔凯郭尔和伍迪·艾伦

这就是不为人知的“黑暗认识论”（Dark Epistemology），内心思维的神经解剖学，难以驾驭、未充分发展和无形式思想的混乱，这些东西困扰着我们，我们需要解决问题的办法和维护秩序，即便只是暂时的。这里使用的“认知”（Knowing）一词不太准确：其中还涉及写作和思考。这种不确定性思维方式使我开始接触伟大的丹麦哲学家索伦·克尔凯郭尔（Peters & Marshall 1999），他被普遍认为是存在主义的奠基人之一。其作品聚焦于“作为主观性的真理”（truth as subjectivity），高度个人化且富有诗意（参见 Besley and Peters 2008），他阐述了拥有自由、选择、承诺和信仰权利的个体如何过着合乎道德的生活。1844 年，克尔凯郭尔撰写了《焦虑之概念》（*The Concept of*

Anxiety)，对遗传罪的教条主义问题进行了心理学解析（Kierkegaard 1980）。在这部作品中，他以站在悬崖边上的人为例来研究焦虑的经历，这个人既害怕坠入深渊，又有想从悬崖上跳下去的可怕冲动。这种模棱两可的存在，再加上最终一定要跳下去的感觉，实际上是教育符号学的一个特征：强调体验式学习（Semetsky 2001）。

焦虑或恐惧的经历正是我们完全自由行事，在焦虑和恐惧初显端倪时，就将其消解。在克尔凯郭尔的神学讨论中，焦虑先于罪恶，因此“焦虑就是自由的眩晕”。格伦（Grøn 2008）解释道，“焦虑概念将我们直接导向自由，但自由意味着被不自由的检验形式包围。在焦虑中，自由的可能性出现了，但在焦虑中，一个人也变得不自由了”（p. ix）。“认知焦虑”一词表示人们面临的自由负担，例如：选择词汇来表达句子、表达研究主题或解释作品，或者实际上只是表达一种话语。说出任何有意义的东西的前景都是令人畏惧的，许多面临增加知识的压力的学生和教师仍然对自己说，：我有什么不得不说吗？我要说吗？在思想史上，我是谁？意识到过去几千年的文化传统，这些焦虑的人常常陷入沉默，痛苦地认为他们没有什么贡献。

“认知焦虑”一词也让我想起了纽约在世的犹太哲学家、电影导演伍迪·艾伦。他的哲学及其重要性在一系列电影、剧本、角色、戏剧和书籍中得到了探索，这些电影、剧本、角色、戏剧和书籍都结合了美国传统的单口相声和低俗喜剧，其中又融入了欧洲艺术电影，尤其是伯格曼和费里尼的作品。他在一次演讲（Allen 1979）开头说：

比起历史上任何一个时期，人类正处于十字路口。一条道路通往绝望和无望，另一条通往彻底灭绝。让我们祈祷，我们有智慧做出正确选择。

顺便说一下，我这样说并不是带着徒劳无益的感觉，而是带着一种对存在的绝对无意义的恐慌信念，这种信念很容易被误解为悲观主义。

其实不然。这仅仅是对现代人困境的正常关注。（此处的现代人出生于尼采宣告“上帝已死”之后，热门唱片《我想牵着你的手》问世之前）。这种“困境”可用两种方式来表达，择其一即可。但某些语言哲学家更倾向于将其简化为数学方程式，这个方程式中很容易得到解决，甚至可以放在钱包中随身携带。

艾伦的直觉并非未经过训练，与克尔凯郭尔不同的是，他使用喜剧而非悲剧来探索人类的基本存在条件。亚当·科恩（Adam Cohen 2007）认为，艾伦比其他任何美国作家都更关注存在的恐惧（参考萨特《存在与虚无》的文化辩论），“如果一切都是幻觉，而且什么也不存在怎么办”。存在被认为是荒谬不经的天大笑话。正如艾伦谈到他电影中的角色时说，你出生了但不知道剧本，然后遭受悲剧和灾难，最后尽管没有犯罪也被彻底消灭。艾伦说了许多角色，希望将他们的生活建立在传统伦理价值之上，尽管他们意识到这些价值可能不再确定或一成不变，也明白当代美国社会正在迅速滑向野蛮状态，正是因为社会未能保持个人道德责任感。

书写自我

经常有人问我为什么写这么多。我以为，与学术写作的经验问题一样，“写得太多”也可以视作强迫行为，就像学术病理学本身一样。几年前，一位同事半开玩笑半认真地告诉我，他明年业绩的新目标是完成去年末写作的一半，次年再写一半。他是那种把写作看成是自我折磨的人，写作会让人深陷困境、夜不能寐，坐在电脑前花数个小时斟酌每一句话。他的父亲是一位有名的伊斯兰历史教授，一生中写过六十多本专著，这更加剧了这位同事的痛苦。他可以花一周时间写一篇论文，最后却是满腹的自我厌恶和空虚情绪。这种自我强加的痛苦——自我伤害、强加于己身的行为，往往会对他造成深刻的心理伤害。他和许多人一样，无论是学生还是同事，都对写作有着深深的焦虑和恐惧。

心理学家从“阅读障碍”（Dyslexia）和书写困难（“Dysgraphia”）的角度来讨论阅读和写作问题。这些是神经学话语中定义的术语，其含义非常具体：阅读障碍表明儿童未能获得与其智力能力相符的识字技能，书写障碍是书写能力的一种特殊缺陷，与阅读能力无关，也不是由任何智力缺陷引起的。然而，我并不担心写作会成为神经问题，反而担心写作会成为哲学和教育问题，哲学和教育问题与一系列其他的自我问题有关，从根本上讲，既是自我表达的问题，又是学术自我的文化问题，在“出版或消亡”（Publish or Perish）的大学环境中，焦虑常常会加剧问题的严重性。但是，不仅仅是经历写作问题的学者和学生害怕写作，一些专业写作者也同样害怕写作。

多年来，我一直在思考和工作中使用“学术病理学”和“自我写作”这两个术语，它们源于米歇尔·福柯（Michel Foucault），他用来这两个术语描述希腊人使用一种古老形式的自我写作（Hupomnemata），用日记或笔记本记录已经说过的东西，收集人们听到或读到的东西，并且“为了不仅仅是塑造自我的目的”（Foucault 1997，p. 211）。这是一种“关心自我”的古老艺术。“自我写作”概念，如自我阅读或自我言语，是在识字领域特别是在学术文化中实现自我的一部分。文本，尤其是人文科学中的文本，就是这种意义上的自我民族学，我们有完全由自我表达组成的文本流派：日记、信件、自白、自传。一些学者认为，现代小说产生于对人物性格的叙事表达。于是所有的写作都是自传体和治疗性的吗？

福柯在法兰西学院的同事皮埃尔·哈多特向我们表明，将自我写作作为理解学术文化发展的基础很重要。在对拉丁古代“精神运动”的研究中，哈多特（Hadot 1995）描述了“思想，把自己当作自己的主题”（p. 81）的方式，这种方式与斯多葛派哲学相关，是一种生活艺术的基础，在这种生活中，个体进入增强了自我意识的真实状态，自我意识提供内心的和平和自由（e. g.，Peters 2009，2012）。

弗洛伊德在其1929年的开创性著作《文明及其不满》（*Civilization and its Discontents*）中探讨了个人追求自由与文明要求一致性之间的根本矛盾。在这部作品中，他第一次深思了“病态”文化的概念和后果。早期弗洛伊德对特定的个人病理学（Pathologies）感兴趣，在《文明及其不满》中扩大到对识别社会本身的神经质方面也感兴趣。在这方面，我认可他并不是因为我相信“海洋感觉”（Oceanic Feelings），即俄狄浦斯冲突或性欲驱动理论，而是因为他提供了一种见解，我们可能会考虑个人自我表达自由的挫败感作为学术病理学的主要来源。我使用病理学这一术语，在希腊语中的原意是指感觉或痛苦，“logy”则意味着对这些痛苦的研究。学术病理学是研究主体变化的原因、发展、变化和结果，这些主体的自我基本表达受到阻碍，有时是由学术文化本身引起或带来的。

在写作恐惧中存在特定的“档案结构”（Archi-Texture）：通常害怕成为作者（作为主体），或害怕自我表达。写作恐惧与自我和身份问题密切相关；写作恐惧也是对思考的恐惧（如果承认写作与思考之间的密切关联）；写作恐惧不仅是个人化的经历，而且是社会性的建构和经验；此外，写作恐惧包括对话语形式的选择，这可能有无意识因素。教育符号学作为与自我认识相关的教育理论与实践之间的联系纽带，能够将无意识的深度以及与其相关的多种情感带出表层，从而发现并消除一些可能相关的恐惧和焦虑以及随之而来的自我怀疑感。

值得注意的是，几年前我一直认为是我发明了“学术病理学”（Academic pathology）这个词，但在 2009 年，我惊讶地发现某一教育在线期刊将这一术语作为《教育见解》（*Educational Insights*）专刊的主题（参见 http://www.ccfi. educ. ubc. ca/publication/insights/v13n04/toc. Html）。该杂志的编辑们写道：

2007 年，社会学教授道格青木（Doug Aoki，阿尔伯塔大学）召集《教育见解》中提出的问题：探讨在学院内教学、研究、劳动、理论和写作背景下病态与常态之间的矛盾关系，“恋爱和仇恨、傲慢和偏见、天才和愚蠢、性和谎言。”

他们继续写道：

该学院通过无数的载体将病理学系统化。再次，诊断取决于我们如何处理语言。Patho-源自 Pathos，意为痛苦或感受；-logy，这一明确的学术后缀，是标志的古老规范化，具有熟悉且惊人的内涵。那么，对学术病理学富有成效的解读，就是大学中痛苦和情感的畸变性制度逻辑。

好吧，我已经拖延了很长时间。这就是我所说的延迟教育学（Pedagogy of Deferral），关于延期的（Delay）教育科学。那现在来介绍我未能成功处理或实现的概念——“学术病理学”的简史。首先，我简单尝试构建一个抽象概念，同时也试图挑出那些影响我概念化的哲学家：

在本文中，我将“学术病理学”这一术语作为一种分析形式来理解学术本身的障碍。本文首先给出了弗洛伊德使用的各种深度诠释模型的谱系，重点关注批判理论传统中的思想家，并对马尔库塞《单向度的人》（*One Dimensional Man*）、阿多诺《威权型人格》（*The Authoritarian Personality*）、威廉·赖希《法西斯主义的大众心理学》（*The Mass Psychology of Fascism*）的尝试进行了评价，以提供批判性心理分析，用来解释与社会结构相关的人格结构，这是弗洛伊德在《文明及其不满》中首次提出的关系。我指的是如何在批判传统中，比如克里斯托弗·拉斯《自恋文化》（*The Culture of Narcissism*；*The*

Minimal Self)、《最低限度的自我》(*The Minimal Self*)，米歇尔·福柯《疯狂与文明》(*Madness and Civilization*)、《诊所的诞生》(*The Birth of the Clinic*)、《性史》(*History of Sexuality*) 提供一些有趣的可能性，发展出一种替代主流教育心理学的方法来理解学术行为。

在这次尝试中，我从未超越过抽象的概念，但它确实表明了这是我想大显身手的领域。以下是第二个更经久、更深入的段落：

从现代哲学的起源——笛卡尔"主体性转向"和黑格尔现象学——到我们今天可能称之为批判性的政治心理学，或是到批判性的深度心理学都或多或少地有直接联系，批判形式的深度心理学或者说是批判性的自我解释学，要求在制度创造和自我构成的身份中特别关注权力问题。笛卡尔对"我思"之假设，即"我"作为一切知识和道德的主张基础，将现代哲学置于稳定的主体性轨道上。20世纪法国哲学复兴黑格尔现象学，结合笛卡尔主体性转向亨利·柏格森 (Henri Bergson) 对主体时间性的强调。后来，亚历山大·科伊维 (Alexandre Kojéve) 于20世纪30年代在法兰西学院 (Collège de France) 讲学，为黑格尔引入了一批有影响力思想家，并开始了法国思想的复兴，影响持久而深远。

在德国背景下，批判理论的起源要归功于黑格尔现象学，也归功于1844年手稿中年轻的人道主义者马克思，归功于弗洛伊德，以及后来的胡塞尔、海德格尔和现象学传统。事实上，无论是法国人还是德国人，这门学科的两大批判哲学流派都没有脱离权力问题，尽管在不同时期对此有不同看法。20世纪法国哲学从柏格森开始，在现象学—存在主义、解释学、结构主义和后结构主义的影响下经历了转型，主要关注马克思主义意义上的意识形态权力、统治和霸权，也试图通过福柯和德勒兹作品培养对纪律权力的理解，通过话语和持续控制的形式来行使权力。

批判理论由格伦伯格 (Grunsburg) 开创，由霍克海默 (Horkheimer) 和阿多诺建立，它直接来源于马克思和弗洛伊德，以及后来由海德格尔发展起来的现象学，在埃里克·弗洛姆、赫伯特·马尔库塞和威廉·赖希的作品中，随着弗洛伊德—马克思主义和海德格尔—马克思主义的各种结合而蓬勃发展。

法国和德国也深受艺术和前卫文学的影响。首先是达达主义 (Dadaism)，然后是立体主义 (Cubism)，接着是安德烈·布雷顿 (Andre Breton) 的超现实主义 (Surrealism)，基于透视主义认识论 (Perspectivist Epistemologies)

对视觉进行合理的怀疑主义（skepticism）操作，并试图通过深刻的形象心理学来突破资产阶级道德。结合弗洛伊德和马克思，布雷顿试图打破现实主义和大众对资产阶级道德想象，以及认为理所当然的“个体”世界的普遍看法。弗洛伊德和马克思在超现实主义中的结合，对法国小说产生了持久影响，例如布雷顿于1928年出版了他的第二本小说《娜迪亚》（*Nadja*），以“我是谁?”开篇。通过自动书写和意识状态的改变，超现实主义者试图揭示无意识自我的运作方式。他们革新了法国文学，并影响了一代作家和诗人：让·科克托、雅克·普莱弗特、皮埃尔·里维尔迪、安东宁·阿特罗、亨利·米肖和勒内·查尔。

法兰克福学派（Frankfurt School ）从一开始就深受德国成长小说传统和早期世俗人文主义的影响，这体现在弗洛姆、阿多诺、霍克海默的作品中。教化概念的知识负债确实记录在册，因为教化概念（*Bildung*）对德国的哲学和生活产生了更广泛影响，培养了一套类似的思考概念：自主权、真实性、责任、义务、职责，即使这些概念本身在“奥斯维辛集中营”之后就成为人们怀疑的对象。

20世纪70年代，“后殖民研究”兴起，起源有二：黑格尔现象学在拉康和萨特的传承中转化为种族主义现象学（Phenomenology of Racism），在弗朗茨·法农（Frantz Fanon）影响下生发出种族主义之自我（*Racialized Self*）。弗朗茨·法农的作品有《可怜的地球》《黑皮肤》《白面具》，并激起和发展了殖民精神病（Psychopathy of Colonization）概念。

重温维特根斯坦

上述所有尝试都让我觉得自己已步入正轨。从直觉上说，我觉得自己接近问题核心，但我又一次动摇了。这个范围太大，即使它准确地指出了现象学的起源。该范围涵盖了整个19世纪德国哲学以及20世纪法国哲学和德国哲学，关注法兰克福学派哲学家和福柯等当代法国思想家对权力的不同解读。在另一篇文章中，我从奥地利哲学家路德维希·维特根斯坦（Ludwig Wittgenstein）那里，摘录了几篇引文。我曾使用过“书写自我”（writing the self）这个词，“书写自我”与维特根斯坦自白式哲学风格有关，这种哲学风格迫使说出真相，从而为道德自我的形成创造条件（Peters 2002；also Peters 1993，1997，2001，

2003，2005，Besley and Peters 2008）。

维特根斯坦（1953/2001）在其《哲学研究》（*Philosophical Investigations*）中，将哲学目的形象地归结为“让苍蝇飞出苍蝇瓶”。维特根斯坦深受弗洛伊德、卡尔·克劳斯（Karl Krauss）和威廉·詹姆斯的影响。他提出了有名的哲学治疗观，认为哲学是一种寄生和传染性话语，依赖于普通语言中词语的使用，无法清晰地了解我们谈论世界的方式。在解除伪问题的意义上，哲学不仅具有破坏性（或解构性），而且具有治疗效果，哲学可以作为一种净化，使我们能够停止研究哲学，从而使我们摆脱哲学的病态。语言疗法可以化解和中和歪曲的理论，也可以摆脱支配或统治我们的隐喻。维特根斯坦提醒我们，关于我们如何看待语言和现实之间关系的非常普遍的图景，很容易成为我们哲学幻觉的一部分，且成为智力病理学（Pathology of the Intellect）的一个合适主题。在一个明显的意义上，这些广泛的哲学假设支配着人类科学、人文科学与社会科学话语，构成了一幅清晰的学术病理学图景，这是由“语言休假时”（Language Goes on Holiday）发生混乱所造成的。维特根斯坦阐述道：在此背景下，哲学理解往往是意志问题，而非智识问题。

维特根斯坦曾经说过，他认为自己是弗洛伊德的信徒。雅克·布维雷斯（Jacques Bouveresse 1995）也认为“维特根斯坦是弗洛伊德‘门徒’，他似乎除了反对师傅外，什么也不做”（p. 41）。维特根斯坦在抨击精神分析科学地位的同时，也认为弗洛伊德创造了一种思维方式。他对弗洛伊德的看法，受到重估实证主义的影响；他对语言纯洁性的观点来自维也纳讽刺作家和评论家卡尔·克劳斯，克劳斯在《火炬》（*Die Fackel*）杂志上写道：精神分析是一种精神疾病，认为自己可以治愈这种疾病。克劳斯认为理性是工具，价值来自创造性想象，而维特根斯坦在试图阐明和净化语言的过程中，深受克劳斯的魔力影响，把语言与伦理作为一种文化批判联系起来。古德曼（Goodman 2002）认为，维特根斯坦从威廉·詹姆斯《心理学原理与宗教经验多样性》（*The Principles of Psychology* and *The Varieties of Religious Experience*）中学到了很多，并对“反基础主义，人类生活的具体细节描述，实践优先于知识，以及宗教在理解人类生活中的重要性”（Goodman 2002，p. 5）等方面做出了一系列承诺。

唐纳德·利文斯顿（Donald Livingston，1998）也将“哲学病理学”一词与大卫·休谟（David Hume）哲学联系起来，旨在探讨休谟对于“什么是哲学?”和“哲学生活是什么?”等问题的答案，这些问题基于真正哲学家的美德，他明白哲学起源于神秘的多神论宗教，这些宗教为我们提供了对自身和世界的第一个理解。休谟在人性倾向中寻求哲学实践的根源，并认为欧洲文化是由世俗思维方式逐渐塑造出来的。

这种思路使我求助于批判理论家，并试图发展出一种哲学概念，即“学术病理学”，这一概念应归功于黑格尔和现象学，后来该思路发展成为批判精神分析（Critical Psychoanalysis）。这种思路让人联想到阿多诺“威权型人格”（Authoritarian Personality），指的是一系列反映出秩序欲望、某种死板、绝对服从、尊重权威、渴望得到高度结构化的命令、寻找替罪羊以及高度传统观点的性格特征。威权型人格理论被用来解释种族主义。阿多诺 1947 年的 F 级（F-scale，F 此处代表法西斯主义）概念已经不再使用，部分原因是群体忠诚早已司空见惯，而民族中心主义和刻板印象也被视为普遍且无法消除的心理过程。

从早期的西方起源到马克思、再到女权主义

希腊多克西斯山谷德尔斐剧院的阿波罗神庙，是德尔斐神谕的所在地，这里可能是希腊最著名的古代建筑，有三个铭文刻在门楣上：

γνωθι σεαυτόν（gnothi seauton =认识你自己）

μηδέν ἄγαν（meden agan =没有多余的东西）

Εγγύα πάρα δ'ατη（eggua para d'atē = 许下诺言，灾难来临）

这些格言归功于七贤，据说这些铭文起源于史前时代，是为了表达对女神盖亚（Goddess Gaia）的崇拜。有一些考古证据表明，该遗址大约在公元前 8 世纪就被占领了。在所有重要场合，都会祈求神谕，预言必会灵验。神谕由女祭司皮西厄斯（Pythias）传达，并由阿波罗崇拜的祭司进一步解释。如今，提倡“审视人生”的格言似乎表明，它是“教育的必要目标，即使常常被忽视。……教育往往等同于正规学校教育（儿童）或永久培训（成人），从而先天地边缘化了处于现实情况中人的终身发展和体验式学习领域”（Semetsky 2011，p. 3）。“认识你自己”是主体与真理之间关系的基本表达，但是福柯认为这段铭文并没有规定自我认识，既不是道德的基础，又不是与神的关系的一

部分。铭文只是在很久以后才收集到有关自我认识的意义。当时，铭文的意思是“不要问太多问题”或“作为一个凡人，不要对神要求太高”。

只有当铭文出现在哲学话语中（如与苏格拉底的道歉中），才具有额外意义，尤其是在与观照自我相结合时。事实上，福柯认为后者——“照顾好你自己”——是前者“认识你自己”的根据或基础。因此，“照顾好你自己”是描述希腊中的哲学态度、希腊文化和罗马文化的基本原则。伊壁鸠鲁使用希腊语单词“therapeuein”，意思是医疗（灵魂治疗）和为主人服务。这种态度成为希腊文化中道德理性的原则，甚至渗透到了基督教特别是基督教禁欲主义中。

西方哲学传统把自我视为客观、统一和普遍的实体，既有历史实体也有文化实体，超越特定的历史和文化语境。这个概念从宗教和神学讨论中发展而来，在这些讨论中，本质的、“真实的”或真正的自我，其持久部分集中于灵魂、精神或心灵（非物质方面）在凡人身体中幸存下来。在以笛卡尔、霍布斯、洛克、康德为代表的现代西方社会思潮中，主权自我（sovereign self）被认为是独立的、个体的、自主的、理性的存在，独立且有逻辑地先于社会而存在。事实上，这种理性且自主主体的传统采取了两种有影响力的形式：康德式伦理主体（ethical subject）以及亚当·斯密与大卫·李嘉图建立的自由政治经济学中的利己主义个体（self-interested individual），即基于个性、理性和利己主义的所谓“经济人”（homo economicus）假设。这两条发展方向都成了构建与现代性同义的自由文化之中枢。这一概念不仅从根本上是个人主义、理性主义和占有欲的，而且被认为是先验的、给定的和不变的——一个没有历史或文化构成的本质自我（essential self）。

马克思主义和社会主义批评家们已经注意到自由主义政治经济学主体的意识形态本质，他们坚持认为自我是一组主要由潜在经济力量定义的社会关系。心理分析的学者批评了理性和个性的假设，提出了更充分地认识情感和欲望作用的关系分析模式。社群主义者质疑自由个人作为原子政治基础的概念，超越这一基础，人们就无法援引社群主义者对政体的看法。来自其他文化的批评家质疑西方自我概念的民族中心主义和欧洲中心主义，以及自我概念作为普遍主义全球社会基础的发展方式。其中的一些批评与很多后现代主义和后结构主义观点有共同之处，即认为西方的主体性概念是历史和文化建构——一种历史本体论，与权力问题有着不可分割的联系。在这个观点上，西方的自我概念已经随着时间的推移而改变了。

激进的女权主义哲学家认为，西方占主导地位的自我概念具有父权主义和男权主义特点，通常是以另一种相关的、基于关怀伦理（Ethics of Care）的自我概念来代替。直到最近的教育符号学研究中，融合的伦理学才开始影响教育话语，代表了关系自我概念的进步，作为对教育“关怀理论”（Care Theory）的后续行动（Noddings 1984/2003，2002，2010），以及个人道德教育的替代方案（Semetsky 2010，2012，2013）。因此，在社会和政治进步的那个时代，首次提出这些相关概念时，包括女权主义在内的各方面有说服力的批评，都强烈反对自我作为主权个体。

我还想在这篇杂乱无章的文章中添加更多内容。朱迪思·巴特勒（Judith Butler，1997）的《易激言语》（*Excitable Speech*）确实将性别维度引入了演讲、写作、思考和认知的主题中——在西蒙娜·德·波伏娃 1948 年出版《第二性》（*The Second Sex*）之前，这一范畴并不明显。巴特勒对这一哲学传统的描绘表明，性别是一种行为范畴，而不是任何固定或稳定身份。在这本书中，她探讨了美国“仇恨言论”现象。“易激言语”是语言、身份和行为之间错综复杂又相互关联的隐喻。巴特勒坚持认为，我们都是语言生物，通过与语言系统持续不断的风险协商而成就自己。对于巴特勒而言，语言的存在源于语言的主体间性，这种特性利弊皆有，具有强大的创伤能力，但也使主体的说话和写作时间成为可能。如果“认知焦虑”的概念完全适用（几乎可以肯定），它适用于妇女的散漫（自我）定位，直到最近，这种定位还剥夺了她们的发言权，从而让她们沦于沉默。

替代性结论：毛利语（Te reo Maori）

与教育和哲学相关的主题在奥特亚罗瓦州根深蒂固，我称之为“霸权式写作主题”。奥特亚罗瓦（毛利语发音［aɔ'tɛarɔa］），最初指新西兰的北岛，如今成为公认的国家名称。由于文章篇幅有限，这里无法合理地讨论这个主题的复杂性，所以长话短说：毛利儿童能够流利地说出他们的母语即毛利语，但如果他们成长于农村地区的毛利会堂（mara——防护区域，传统上属于部落）例如“Pungaru”，在 1988 年之前的新西兰学校资格考试中，学校强制他们“写”而不是“说”毛利语。一代又一代的毛利儿童虽然能够流利地讲毛利语，但之所以在“毛利”这一科考试中挂科，是因为这门考试只考毛利书面语言（即英语化、按字母顺序排列的英语读写形式）。对许多人来说，这相当于没有掌握他们自己的文化。病理的影响对毛利学生造成了极大伤害。

“北方的语言”（Te Reo o TeTaitokerau）项目旨在将口语部分引入考试，但其政治影响更为深远。我在大托克劳（Tai Tokerau）实地工作 7 年，参与了一系列相关项目。职业生涯早期的这段经历对我个人的改变立竿见影。我开始明白口头交流的重要性及其在毛利文化生活中的地位。我也开始了解毛利语教师在国家教育体系中的边缘化本质，早期教育学家设想“强制写英语”，因为他们普遍认为毛利语是“不完美的思想工具”。20 世纪 80 年代，我还见证了新西兰学校的制度性种族主义的广泛性（e. g. , Peters and Marshall，1988、1989a、b、c，1990；Peters et al. 1989）。

本章内容（经历了尝试、错误、再尝试，包括口头和书面）代表了我的失败史，尝试创造可用的“学术病理学”概念并不仅仅停留在个人学术的障碍，或围绕认知焦虑的问题、写作恐惧等方面。我曾试图解决集体、文化和教育方面的焦虑，还考虑到了体制权力关系。通篇下来以及在写作过程中，我越来越清楚这个主题的重要性，而且，可能会有越来越多的人认为，这个主题的文化特异性成了我思考的核心方面——因为如何经历恐惧、焦虑、如何表现出来以及如何感知权力关系，这些都是只能在差异范畴下描述的事。例如，写作恐惧是如何在传统口语文化中表现出来的？如何在文本中表现女性以及如何表现她们自己？在成为学术自我的过程中，尤其是对妇女、毛利人、文化少数群体、移民以及那些以表意文字思考和写作为文化规范的人来说，写作和演讲主题又该如何呢？

为了充分解决这些焦虑“障碍”——认知焦虑，我们需要把它们置于更广泛的自我文化心理生态中，并鼓励人们对学术上的自我认知问题进行一系列的反思。通过这种方式，我们可以更深刻地了解到：认知有其自身的病态。

参考文献

Allen，W. (1979). My speech to the graduates. The New York Times，10，A25. (restricted access). Available at http：//aphelis. net/speech-graduates-woody-allen-1979/.

Besley, T. & Peters, M. A. (2008). Subjectivity and truth: Foucault, education and the culture of the self. New York: Peter Lang.

Besley, T. & Peters, M. A. (Eds.). (2012). Interculturalism, education and dialogue. New York: Peter Lang.

Bouveresse, J. (1995). Wittgenstein reads Freud: The myth of the unconscious (C. Cosman, Trans.). Princeton: Princeton University Press.

Butler, J. (1997). Excitable speech: A politics of the performative. London: Routledge.

Cohen, A. (2007). Woody Allen's universe, still expanding, is as absurd as ever. The New York Times, at http://www.nytimes.com/2007/06/24/opinion/24sun3.html?_r=0.

Foucault, M. (1997). Self writing. In Ethics: Subjectivity and truth (pp. 207—221). New York: The New Press.

Goodman, R. B. (2002). Wittgenstein and William James. Cambridge, UK: Cambridge University Press.

Grøn, A. (2008). The concept of anxiety in Søren Kierkegaard. Mason, GA: Mercer University Press.

Hadot, p. (1995). Philosophy as a way of life: Spiritual exercises from Socrates to Foucault. New York: Wiley.

Kierkegaard, S. (1980) The concept of anxiety: A simple psychologically orienting deliberation on the dogmatic issue of hereditary sin (R. Thomte & B. Albert Anderson, Eds.), Princeton: Princeton University Press.

Livingston, D. W. (1998). Philosophical melancholy and delirium. Chicago, IL: University of Chicago Press.

Noddings, N. (1984/2003). Caring: A feminine approach to ethics and moral education. Berkeley, CA: University of California Press.

Noddings, N. (2002). Educating moral people: A caring alternative to character education. New York & London: Teachers College Press.

Noddings, N. (2010). Moral education in an age of globalization. In I. Semetsky (Ed.), Local pedagogies/global ethics, special issue: Educational

Philosophy and Theory 42, (pp. 390—396).

Peters, M. A. (1993). Beyond the philosophy of the subject: Liberalism, education and the critique of individualism. Educational Philosophy and Theory, 25 (1), 19—39.

Peters, M. A. (1997). Nietzsche, poststructuralism and education: After the subject? Educational Philosophy and Theory, 29 (1), 1—19.

Peters, M. A. (2001). Education, enterprise culture and the entrepreneurial self: A Foucauldian perspective. Journal of Educational Enquiry, 2 (2). http://www.education.unisa.edu.au/JEE/.

Peters, M. A. (2002). Writing the self: Wittgenstein, confession and pedagogy. Journal of Philosophy of Education, 34 (2), 353—368.

Peters, M. A. (2003). Truth-telling as an educational practice of the self: Foucault, Parrhesia and the ethics of subjectivity. Oxford Review ofEducation, 29 (2), 207—223.

Peters, M. A. (2005). Foucault, counselling and the aesthetics of existence. British Journal of Guidance and Counselling, 33 (3), 383—396.

Peters, M. A. (Ed.) . (2009). Academic writing, genres and philosophy. Oxford: Wiley-Blackwell. Peters, M. A. (2012). Educational philosophy and politics: The selected works of Michael A. Peters. London: Routledge.

Peters, M. A. & Marshall, J. (1988). Te reo o Te Tai Tokerau: Community evaluation, empowerment and opportunities for oral Māori language reproduction. Report of the Royal Commission on Social Policy, TeKamihanaATeKarauna Me Nga A Hautanga-A-Iwi, III, 2, "Future Directions" (pp. 703—744). Wellington, NZ: Government Printer.

Peters, M. A. & Marshall, J. (1989a). Te reo o Te Tai Tokerau: Language, evaluation and empowerment. New Zealand Journal of Educational Studies, 24 (2), 141—157.

Peters, M. A. & Marshall, J. (1989b). Te reo o Te Tai Tokerau: A community approach to the assessment and promotion of oral Māori. Pacific Education, 1 (3), 70—89.

Peters, M. A. & Marshall, J. (1989c). Te reo o Te Tai Tokerau: A community approach. Journal of Multilingual and Multicultural Development, 9 (6), 1−15.

Peters, M. A. & Marshall, J. (1990). Institutional racism and the retention of Māori students in Northland. New Zealand Sociology, 5 (1), 44−66.

Peters, M. A. & Marshall, J. (1999). Wittgenstein: Philosophy, postmodernism, pedagogy. Westport, CT: Bergin & Garvey.

Peters, M. , Para, D. & Marshall, J. D. (1989). Te reo o Te Tai Tokerau: The need for consolidation and national implementation. Critical Perspectives in Cultural and Policy Studies, 8 (1), 10−25.

Semetsky, I. (2001). The adventures of a postmodern fool, or the semiotics of learning. In C. W. Spinks (Ed.), Trickster and ambivalence: The dance ofdifferentiation (pp. 57−70). Madison, WI: Atwood Publication.

Semetsky, I. (2010). Towards an ethics of integration in education. In T. Lovat, R. Toomey & N. Clement (Eds.), International research handbook on values education and student wellbeing (pp. 319−336). New York: Springer.

Semetsky, I. (2011). Re-symbolization of the self: Human development and Tarot hermeneutic. Rotterdam: Sense Publishers.

Semetsky, I. (2012). Toward shared values: self-other dialogue and the cultural pedagogy of concepts. In T. Besley&M. A. Peters (Eds.), Interculturalism, education & dialogue (pp. 122−133). New York: Peter Lang.

Semetsky, I. (2013). The edusemiotics of images: Essays on the art * science of Tarot. Rotterdam: Sense Publishers.

Wittgenstein, L. (1953/2001). Philosophical investigations. Oxford: Blackwell.

第12章　诠释自我

桑迪·法夸尔　彼得·菲茨西蒙斯

摘要　本章涉及保罗·利科的叙事同一性理论，它使自我成为一种不稳定的意义联系，这种联系参与了对自我的不断创造和重新解释。通过文学隐喻的运用，阐释自我的复杂性突显。文学隐喻把自我设定为作者、阐释者和不断演变的文本。本文深入研究解释学领域，以消除自我认知中确定性的可能性，认识到没有任何观察或描述不受观察者的经验、个人价值和期望之假设和预测的影响。本章认为，在解释自我的教育符号学意义上，我们陷入了解释学的双重怪圈：最初以自我为解释主体，随后在最终解释中，以自我为解释对象。因此，自我是不断发展的文本，尽管可能性有限。身份的解释基础涉及对自我的辩证理解，即我们同时是不断变化的，我们的生活故事就像叙事一样展开。正是通过解读，人们赋予对世界的体验以意义，通过解释我们的经验，我们成为富有存在意义的符号。本章将生命隐喻为连续性文本，通过叙述，我们不断进化的自我必然处于历史、时间和偶然的位置。

引言

自古以来，自我认识一直是哲学和教育探究的基石。“认识你自己”这句铭刻在德尔斐阿波罗神庙上的箴言，也出现在了印度教《奥义书》（*Upanishads*）中，一直是学术界和教育界人士关注的焦点，是一种雄心壮志而非可实现的抱负。诺丁斯（Noddings 2006）认为，教育如果不渴望自我反省，“可能就不配贴上教育的标签”（p. 10）。本章认可，与自我（和他人）相关的知识具有不可避免的不确定性，接受解释在教育符号学中的地位，作为一种试探性、持续性探索，来破译社会互动和历史中固有的符号和符码。通过这些符号和符码，我们开始了解自己。解释充其量只是澄清、解释或提供意义的近似过程，并没有假装揭示其对象之本质。了解我们自己，尽管是以有限的方式，但显然是教育的重点。解释，必然是符号学的作用，因为它涉及意义创造，这些意义支撑着嵌入符号过程关系动力学中的自我同一性的形成。

本章将解释学作为一种创造性解释的形式，阐述了解释学界的问题——迂回逻辑（circuitous logic）在许多领域中阻碍了客观理解，尤其是在兼具主观性和客观性的人文科学中。主体和客体之间的互利，确实是教育符号学作为反二元论、综合性概念框架的重要特征之一（Semetsky 2013；Stables and Semetsky 2015）。在文学隐喻中，自我可以理解为一种文本形式，可以进行各种解释，然后重新记录。自我也可理解为该文本的解释者，涉及下一阶段的产生和记录。作为进一步的延伸，自我可以作为解释的后续意义——结果文本。文学隐喻的主题不断变化，作者因时间而异，同一性的形成也不确定，这些可以形成不断发展的文本与读者之间创新的、持续的互动。

本章以利科（Ricœur）的叙事身份为主题，解释我们的生活是如何被重新描述、揭示和转变的。自我的形成被视为在停滞与变化之间的一个永久状态/动态平衡过程——利科的"相互同一性"（idem）和"自我同一性"（ipse）概念的要素，每个阶段都会产生一个关于我们如何解释自我的全新而非最终的观点。

解释学是创造性解释

语言不仅是发送者和接收者之间的一系列消息传递。解释的可能性意味着在意义方面存在一些流动性，将交流的共同概念定义为直接传递的消息。就文本而言，线性生产模型假定作者、文本本身以及读者，在意义的构成、传递和接收中设置了一系列离散的步骤。本章从解释学领域中的解释概念入手以解决这种简单问题。在希腊传统中，解释的艺术包含于解释学的概念中（"Hermeneus"源自"Hermes"，指上帝的信使），即字面意义上的"译者"，为现如今的哲学和语言学提供了解释学的基础，在哲学和语言学中，本质被淡化，更倾向于动态解释。拉丁学者也使用诸如"Traducere""Interpres""Transferre""Translatum"等词汇进行意义转换，所有这些词汇都是从一个习语到另一个习语的转换或转移，在今天的英语衍生词中都可表意为与意义的解释和转移有关。

作为这些衍生品之一，翻译不仅仅可以看成是一种转换——既不是原作的形象，也不是原作的复制品，而是一种涉及原作发展或扩大的创造性和解释性行为——如隐喻和诗歌的转换。在翻译中，原文变得更广阔。翻译不是自我复制，而是成长，“像一个孩子……但拥有自己说话的能力”（Derrida 1985, p. 191），使“孩子”成为非复制品。在重新构想教育的未来时，伊根（Egan 2008）详细阐述了我们作为语言基础的隐喻所具有的丰富能力，认识到即使我们的基本句子结构也包含隐喻，尽管我们忽略了这就是隐喻。他认为，如果能够看到这些无形的隐喻，就等于提供了一种创造性工具，因此可以巧用受隐喻约束的事物，丰富我们的表达和理解，激发灵活性和创造性思维。

未能发展我们的隐喻能力的代价之一，是我们从未超越其起始假设和预设的文字思维。相比任何批判力或想象力，思维更深谋远虑：思考不仅强制留在“盒子里”，甚至不知道外面还裹着“盒子”……教育的作用之一至少是拓展“盒子”的体积并明确知道外面还有“盒子”，值得偶尔努力尝试（Egan 2008, p. 57）。

在早期的论文中我们探讨了“在翻译中迷失”代表什么意思（Farquhar and Fitzsimons 2011），我们接受了现象和意义的不可避免性，即使在同一个语言社区中，它们的解释也不同。我们认为语言具有创造“真实”的能力：通过形象、隐喻和解释。迷失的想法让人对新想法持开放态度，也让人愿意接受多样化——以一种承诺的形式，投入一段旅程中，寻找新的意义和轨迹，接受那些不确定又可通行的目的地。迷失在翻译中意味着愿意接受语言不可避免的偶然性，并致力于保持开放性且不断进行重新解释，从而增强我们作为教育者的道德努力的可能性。同样，解释可以更好地理解为创造性的隐喻形成，而不是任何形式的镜像或复制，文本的意义必然反映出读者的存在困境，而不是揭示作者的原始意图。

许多教育研究都建立在相信科学知识的基础之上，依赖观察的准确性、收集适当的证据以及提取和处理相关数据，在理解我们的生活世界时几乎没有真实价值。然而，支持叙事知识的重要性的人（如，Ricœur 1985; Lyotard 1984; Rorty 1989）认为，科学甚至也是一种叙事形式——另一种形式的叙事方式。库恩（Kuhn 1996）提出了科学叙事不能被赋予客观真理权威性的观点。在知识生产中，客观性主张在很大程度上依赖于参与者之间关于什么构成真理的主体间相互同一性。在科学中，知识是基于共识的解释形式，其权威源于科学界人士按照类似规则进行游戏。而科学，特别是社会科学，旨在揭示关于我们自己的真相。

解释学破坏了人文主义对文学和艺术传统关注中经常假定的知识。我们声称对自己的了解受到当前多种解释和语言语境变化情况的严重削弱。德里达（Derrida 1978）使用了索绪尔符号学以质疑关于“中心”的概念，他引入游戏概念来描述结构概念化的其他可能性。他对游戏提出了两种解释，一种是试图解读暂时无法解释的真理或起源，另一种是“尼采对一个没有错误、没有真理、没有起源的符号世界的肯定”（Derrida 1978，p. 292）。第一种解释在科学隐喻中运作，因为调查过程是最终接受真理的初步工作和预备基础。第二种解释类似持续调查，没有发现最终结果，每一个“真相”都是暂定的。他认为这两种解释不可调和，尽管它们都属于社会科学领域。德里达的立场并没有为行为提供潜在真理或理性基础，而是能让人们对文本进行多种解释，并认可语言使用中意义的重要性。

利科的解释学为理解众多变量提供了一条直接途径，这些变量将通过他称之为“微观伦理”的概念来指导我们在世间的存在（Ricœur 1992）。对于利科来说，诠释学并不妨碍或阻碍我们行事，相反，解释学迫使我们在面对不确定性时选择一种解释，并以这种方式代表一种决策形式。他认为，文本提供了发展新思想、新同一性和新行动计划的机会。文本告诉了我们一些关于世界的真相，我们正是通过文本叙事化来建构意义和价值，进而建构我们的同一性的。利科的中心思想是关注意义的意义。他的一个主要信念是：由于语言多义性，意义具有不确定性和偶然性。因此，解释学的任务不是发现没有联系的现实，而是继续通过全新的、创造性的解释来联系现实，这些解释认可多重意义和相互冲突等观点的合理性。他把这种表面上的矛盾上升到必然的层次，拒绝简单辩证地综合意义或减少意义。对于利科来说，“没有一种自我理解不是通过符号、象征和文本联系起来的”（Ricœur 1991b，p. 15）。符号作为中介关系实体的矛盾“逻辑”是教育符号学的显著特征之一。因此，人类科学并不是确定性的来源，而是进一步的符号系统，它们根据自己的符号学参考模式来解释世界。教育是与世界进行批判性、建设性接触的过程，而非发现客观现实或先验真理的实证过程。

解释循环

解释学是哲学的一个分支，它以解释问题为出发点。最初涉及神学问题和对神圣文本的解释。20世纪，解释学从神学中脱离出来，海德格尔和伽达默尔将解释理解为对话的、开放的，诠释学成为理解我们世界处境的一种方式。通过解读，我们既理解了我们的心理主体性，也理解了我们的存在条件。

解释学循环问题在解释学发展早期就被人们意识到了。奥古斯丁知道语言与解释之间的联系，并且已经理解圣经的解释涉及更深层的、存在的自我理解。斯宾诺莎也在我们对自然的理解和对圣经的理解之间进行了类比。他指出，在这两种情况下，我们对这些部分的理解取决于我们对更大整体的理解，而这一整体只能在各部分之间的关系基础上理解。这种循环的理解是由弗里德里希·阿斯特（Friedrich Ast）进一步发展起来的，那时他还是谢林（Schelling）的学生。阿斯特认为，理解单句话语既不能参照其作者，也不能参照其在符号学体系中的位置来定位，而是要根据其在世界历史中的位置。阿斯特认为，这可以通过结合方法和分析方法的综合实现（Ramberg and Gjesdal 2014）：综合关注于整体，而分析则侧重于其组成部分。在纳入历史影响的过程中，阿斯特扩展了解释学循环的范围，将文本与历史传统、文化的关系纳入其中。

伽达默尔是遵循欧洲大陆传统的德国哲学家，最著名的解释学著作是1960年的《真理与方法》（Gadamer 1975）。伽达默尔认为，我们永远不会像第一批读者那样了解历史作品，因为我们无法获得其原始语境或作者意图，尽管我们可能会在以后给出各种归因。文学和文化中的传统是动态的、不断发展的，因此任何在人文学科中寻求永恒真理的努力都注定失败。根据伽达默尔的说法，我们并不是在谈论传统文本，而是经典的艺术作品和文学作品在对我们说话，挑战我们的生活方式以及偏见。我们通过与过去的对话关系来接触这些文本或艺术作品。我们无法完全理解文本意义，然而，通过解释，一开始看似陌生的东西构成了丰富语境的一部分，在这个语境中，我们对文本和自己有了更深刻的理解。这种文本和读者的共同决定是伽达默尔对解释学循环的看法。应用到目前的自我解释问题上，我们无法掌握过去的文本，就好比我们无法获得结论性的自我认识。对传统的认识和对自身的认识既是一个持续的过程，又是一个不确定的过程。

解释循环包括这样一种观点：解释者投射到文本上的任何意义都会受其假设和偏见的影响。有人认为任何观察或描述都不可能不受观察者个人价值和期望的经验、预设和预测的影响。在解释自我的过程中，我们陷入了诠释学的双重怪圈：最初以自我为解释主体，随后在最终解释中，以自我为解释对象。由此产生的对象“自我”成为进一步解释行为的主体，依此类推。

在商业社会中，当人们发生利益冲突时，解释学循环也是显而易见的。当决策者可能从某个特定的商业决策中获得个人利益时，决策者通常会将问题公之于众，并对该决策不闻不问，因为人们认识到潜在的利益可能会对将要做出的决策产生不适当影响。如果问题继续发酵，那么可能要求该人以永久的方式脱离决策角色。宣布利益冲突和不参与决策的协议通常足以缓和局势，使业务得以继续。然而，在解释我们的自我时，我们不可能置身事外——我们被锁定在这个把自我作为终身承诺的项目中，不是自由选择，而是被迫选择每一个解释步骤。没有任何声明可以免除我们的责任。在每一个决定性的关键时刻，我们都会有所得（或有所失），没有人能够代替我们来做这项工作。

解释自我，虽然可被框定为重复的螺旋，但有人认为可能性有限，某些解释会比另一些解释更有效。这一过程受诸多因素影响，如当前讨论重点、（自我）观察方面的既定协议、语言惯例、知识社群内部交流机会、道德自我约束以及需要符合社会规范的“合法曲目”，从中可以得出适当的自我表述来解释自己最近的自我观察。因此，没有一个权威的自我版本，而是随着每一种不同叙事展开而出现不同的版本。

自我是易变的作者

解释自我的复杂性在之前概述的文学隐喻中得到了强调。这个隐喻把自我设定为作者、文本、解释者，然后在一个渐进的螺旋中，新的自我作为解释的结果。西方文化倾向于认为语言提供了一种清晰直接的交流方式。但从心理分析和语言学角度来看，德里达对这一假设提出了质疑，他质疑文本意义是一成不变、千篇一律的这种观点。因此，不能无条件地接受或假设其作者所说和（或）写作的意图。斯特罗克（Sturrock 1986）认为，作者实际上是读者对其阅读证据形成的结构或假设：“作者的形成过程是循环的：我们从文本中提取出作者的抽象概念，然后用这个抽象概念来解释文本。”（p. 154）将作者视为结构，会成倍地增加对文本的合理解释。虽然可能存在一些解释性话语规则，因此会有一些更好的解释，但作者的“去源化”（deorigination）过程否定了文本的基本性质。这意味着文本和作者都不能作为支撑实践智慧的人文主义概念的普遍规范、规则或准则的来源。

建构主义文学研究方法探讨了阅读和写作过程之间的关系，认为读者在构建自己意义时，会转化他人所写文本，而假想的预期读者是创作过程中不可或缺的一部分（Spivey 1997）。这并不是要质疑原作者或有意作者的可能存在（此处之所以用“可能”一词，是因为文本也可能由是计算机生成的），而是要强调我们认知的局限性，包括作者是谁、他（她）可能的意图，以及作者可能经历过的主观性变化。尼采在日后为自己的著作重写新版序言，并事后批评早期作品，包括放弃之前的信念，这些做法表明原作者甚至不是意义的稳定中心，而更像是随着时间推移而改变的文本。例如，尼采在他的第一本书《悲剧的诞生》（*The Birth of Tragedy*）中增加了一篇名为《自我批判的尝试》（*Attempt at a Self-Criticism*）的序言，在首版问世大约15年后发布，试图将这本书重新定位于道德而非艺术中。从1886年到1888年之间，尼采的著作包括《人性的，太人性的》（*Human, All too Human*）、《曙光》（*Daybreak*）、《快乐的科学》（*The Gay Science*）等也随之发生改变。《看呐，这人》写于1888年，是对他许多早期作品的彻底批判。因此，“权威”应该放在最初的创作中，还是应该放在后来的解释中，这一点存在争议，即使后来的解释者是原始作者。

自我是发展的文本

利科认为使用书面话语具有独特优势，因为书面话语记录行为和时间的方式是口头话语无法做到的。写作是话语的充分表现，“因为写作的重点不是说话的内容，而是说话的方法”（Ricoeur 1976，pp. 25—26）。关于这种优先使用书面话语的特权，利科指出了一些由此产生的复杂性。首先，书面话语并不存在于实时对话中，因此改变了交流动态。其次，口头话语的信息与受众之间关系在范围和程度上普遍有限，而书面话语具有覆盖更广受众的能力。第三，当“话语转移到生产领域时，它也被视为需要塑造的东西”（Ricœur 1976，

p. 33)。最后，也许是最复杂的，作者和读者之间的距离将文本从作者手中解放出来："文本的'职业生涯'摆脱了作者生活的有限视野。文本的当下含义比作者写作时的含义更重要。"（Ricœur 1976，pp. 29－30）虽然文本现在必然在没有作者授权情况下使用，但其含义并不一定与当初作者所写语句的意义相同。相反，它是一个由体裁和结构方法构成的整体，允许一个解释过程——尽管在有限的可能性范围内。通过类比，自我被视为文本，自我从而从作者中心和有限视野中解放出来。自我不仅是组成部分的总和，也不是原始设计（或描述），由其受众以允许多种解释存在的方式塑造，尽管（再次）在有限数量的可能性内。如此一来，解释的自我既是自身解释的主体，也是对象。解释循环到此就完整了。

相互同一性（Idem）和自我同一性（Ipse）——动态平衡

在任何约束条件下，倾向于改变的东西和阻止这种改变的限制之间存在一种张力。同一性的解释基础涉及对同一性的辩证理解，涉及连续性或相同性以及变化的能力或倾向。利科使用拉丁语单词"Idem"（相互同一性）和"Ipse"（自我同一性）来表示同一性的这两个方面。他认为，个人同一性由相同与相异之间不可分割的联系构成。没有两种形式就没有自我：相互同一性赋予了自我时空的同一性，而自我同一性赋予了自我发现新事物的能力。相互同一性（相同）的特征是"我是什么?"表示不间断的连续性，包括数值和性质。我们的同一性使我们一生都可以被辨认出是同一个人，即使我们衰老、改变形状、改变名字并经历各种其他变化，别人也能识别构成我们同一性的特征。但这还不足以构成利科的同一性概念："我一再肯定，同一性并不一致。"（Ricœur 1992，p. 116）与相互同一性不同，自我同一性并不取决于其存在的永久性，相反，自我同一性会从叙述中显现出来。自我同一性是对"谁?"这个问题的回应，它赋予自我独特的能力来发现一些新颖的、可归因的事物（Ricœur 1991a）。自我同一性（不同）与叙事领域有关，在叙事领域中，行为被归因于在伦理领域中活动的主体，因此赋予他们行为道德意义。

虽然承认两种同一性概念之间存在差异，但利科认为两者都是按时间永久性整合而成的，我们可以使用两种模型：(a) 性格，(b) 信守诺言。性格可被理解为一种长期的性情或一组特征，随着时间的推移可以重新确认一个人的同一性。性格提供了描述性特征，赋予个体“数字同一性、质量同一性、不间断的连续性和及时的持久性”（Ricœur 1992，p. 119）。因此，性格属于相互同一性的范畴，是“谁”当中的“什么”。“谁”和“什么”之间的重叠也揭示了自我同一性的存在：不是在性格的概念中，而是在我们倾向于做出诺言并遵守诺言的观念中，从而突出了差异的道德维度——一个人通过做出并遵守诺言实现存在的永恒。做出承诺时，此人肯定自己是一个个体，其同一性在时间上得到延伸——积极认同未来。在遵守诺言的过程中，她及时地创造了一个连续的自我。这种自我坚持意味着其他人可以依靠她：“因为有人‘依靠’我，在别人面前我要对自己的行为负责。”（Ricœur 1992，p. 165）违背承诺并不意味着她变成另一个人，而是代表着远离了过去做出这一承诺的自己。即使违背了诺言，她也承认她人的生命具有延续性。

在相互同一性和自我同一性重叠的情况下，尽管不会达到难以区分的程度，永久性的概念仍然存在。相反，我们可以把这两个领域理解为推动变化的创新和形成习惯的积累之间的辩证法。在相同和相异（相互同一性与自我同一性）的两极之间起中介作用的是利科关于同一性的“想象变异”概念（Ricœur 1992）。富有想象力的变化源自文学隐喻，其提供了一个思想实验的实验室，虚构一个人的实验，并以一种全新的、更具创造性的方式重新解释已解释过的事物：“叙述不仅仅允许这些变化，还产生变化，寻找变化。”（Ricœur 1992，p. 148）利科的观点让我们明白同一性既是恒定的又是不断变化的。当相互同一性被赋予人的长期特征时，差异则被赋予创造决策和道德决策的创新力——形成新的特征，随后成为自我的新沉积层。

两种形式的同一性对自我都很重要，因为它们通过创新和沉淀的动态过程反射性地相互加强——这是教育符号学有名的符号转变。我们谈论的是具体化的自我，由其物质和文化情境构成，具有能动性，并且总是能够创造新的事物。我们并不是在每一个新的叙述节点上都会变成完全不同的实体。相反，相互同一性（相同）和自我同一性（相异）之间的相互作用产生了一种叙事同一性：“这种辩证法代表了叙事理论对自我构成的首要贡献。”（Ricœur 1992，p. 140）

叙事同一性：读者与文本之间的创造性互动

一个人的同一性可以理解为在某种程度上类似小说或历史叙事中的一个角

色，生活故事像叙事一样展开，不是简单地从外部强加，而是作为一种建设性活动形式，涉及人们及其社区的特殊历史和故事——生命即符号。因此，自我理解是一种解释形式，运用来自历史和虚构故事的符号和象征。读者让文本增加他对生活的理解，让文本带来新意义，而不是强加自己的解释。我们现在有创造性的互动形式，而非单向传播。用利科的术语来说，读者通过距离（Distantiation）和挪用（Appropriation）的辩证关系（Ricoeur 1991b）而获得理解，这是一个“远”与“近”的双重呈现过程。对话的基本特征和解释的必要前提是：对话能够使主体与文本产生保持距离，从而能够从不同角度重新看待文本，最终形成我们自己的文本。根据利科的观点，所有解释学的目的都是与文化距离和历史异化做斗争，“以适应外来事物并使其成为自己的事物”（Ricœur 1981，p. 185）。通过叙述，我们了解自己的生活，通过解释，我们在叙事中展现自己的生活。这种互动对话形成了一种叙事统一，我们称之为叙事同一性。

在虚构叙事中，生活可以被重新描述、揭示和转化。在这种融合中，叙事同一性应运而生。当我们叙述时，我们不是在描绘世界的本来面目，而是从历史角度来解释我们观察到的现象。我们的解释汇集了这些观点，使其均衡，并赋予当代性和熟悉性。

当作者不在时，读者不再参与作者的主体性，而是通过沉浸到文本中，在文本中理解自己，从而增加对文本的理解。但重要的是我们要注意，阅读和理解一篇文章并不是指在任何时候都以一种方式理解它。理解是主观的，随着时间的推移，不同的读者，甚至是同一位读者的理解也是不同的——任何一门关于阅读或解释的科学都不可能根据“正确”的意思进行解释。阅读成为一种赋予文本意义的工作，以解释为中介，在分析性说明和开放性解释之间不断进行往复行为。理解文本的任务由读者承担，他们最终会把文本变成属于自己的东西。虽然对意义的初步猜测可能会影响解释性阅读的结果，但其不具有预先决定性意义，因为解释会揭示文本的结构。解释和理解是解释过程中相辅相成的两个要素。也就是说，解释寻求作品的内部结构，而理解则会展示存在的可能性。

解释和理解的中介作用是利科所关注的核心问题——解释需要理解才能引出构成解释的内在辩证法，所以解释得越多，理解得越好。利科将“文本解释与自我解释”之间的这种辩证遭遇，视为另一种解释循环（Ricœur 1978a）。这不是主体循环，而是本体论循环：“认识意义之语言和文本之指称，也就是认识世界之语言和他人之认知”（Ricœur 1981，pp. 145－146）。如果借用文字是为了揭露，那么主体的作用就包含着接受的立场：“我们面对世界理解自我，同时，世界也从反面映射出我们自己及其信仰与偏见，这就是让文字作品及其所叙述的世界扩大我的自我认识视野。”（Ricœur 1978b，p. 145）这种辩证法在归属感与距离感之间起着调解作用。因此，解释拉近了遥不可及的距离。解释的任务是“重构文本的内在动力，以显示它所投射的世界”（Ricœur 1978b，p. 32）。叙事将人物和多个分散的行动和事件联系在一起。叙事情节对事件排序，随着时间的推移建立起因果关系，并且通过解释性阅读，意图和新意义才得以产生。

解释是揭示新的存在方式的过程——或者如果你更喜欢维特根斯坦而非海德格尔，那么就可以表述为：新的生命形式——它赋予主体认识自己的新能力。如果文本的引用就是世界的投射，那么投射自己的并不是读者。相反，读者通过从文本本身接受一种新的存在方式，从而扩大自我投射的能力（Ricœur 1976，p. 94）。

对于利科而言，任何特定解读的验证都不涉及伪造测试。它只是更可能采用不同工具来质询一种解释比另一种解释更有效。人们总是有可能对特定解释提出支持或反对意见、与之对抗，并在它们之间进行仲裁、寻求一致意见，即使这种一致意见可能仍然超出我们当前的能力。并非所有解释都是等效的，文本呈现了有限的可能性结构，也就是说，解释文本的方法有限，并不是所有方法都能生发意义。解释就是把文本意图恰当地在此时此地表达出来。文本意图意义并不一定是作者的假定意图，其实，文本对其解释者而言，只是开启了一条可以遵循的思想路径。

当代叙事理论认识到，我们所知道的世界并不是先验现实，而是通过人类对经验的解释来实现的。生活经验的表达使人们参与解释行为，正是通过这些解释行为，人们才能为他们的世界经验赋予意义。这就是教育符号学的主要假设：通过解释我们的经验，我们不断学习并因此成为富有存在意义的符号。叙事需要读者的解释，而读者在阅读过程中，以虚拟作者身份重新定义了叙述的意义。这样，在我们自身的进化和解读中，叙事身份就成为我们自身与作为文本的世界之间的一种互动对话。在利科的投射理论中，文本解释只是一般意义上的解释范式。因此，叙事的相互作用为我们提供了认同自我身份的方式。

结语

人文主义主体是一个以人性的普遍性和基本面为根基，从文学和艺术原型中汲取灵感的本质个体。该个体可以做出理性和自由的选择，被认为是知识的起源、一个不受约束的意义中心和行动中心，能够通过经验观察和理性推理来解读宇宙。与之形成鲜明对比的是：利科通过叙事理论提出的主体——具有偶然性、多变性和不稳定性，这是一种解释学立场，它将叙事、伦理和同一性融会贯通。自我同一性作为个体人格特性，聚合人的能力而做出道德决策，并在自我与他者的辩证关系中，参与到创造和再创造的持续过程中。利科的主体间自我要求一个人对他人有所承诺，作为关心、互换和回应其社会环境的责任。这种对叙事同一性的理解源于社会和文化实践，这些实践可以被审视、重新解释和重新赋予新的意义。利用作为连续文本性的生命隐喻，我们可以得出结论：通过叙事，我们不断进化的自我必然处于历史的、暂时的和偶然的位置。与社会生活一样，作为文本的自我是模糊不清的，可以有多种解释。自我与他人之间的关系是教育符号学所理解的一种符号：可被书写、阅读和解释的文本。在与他人持续接触中，承认我们既有立场的暂时性，对我们自我的解释意义并非是固定不变的，而是一种对开放和持续可能性的符号学承诺。

参考文献

Derrida，J.（1978）. Writing and difference. Chicago：University of Chicago Press.

Derrida，J.（1985）. Des tours de Babel. In J. Graham（Ed.），Difference in translation（pp. 13—30）. London：Cornell University Press.

Egan，K.（2008）. The future of education：Reimagining our schools from the ground up. New Haven：Yale University Press.

Farquhar，S. & Fitzsimons，P.（2011）. Lost in translation：The power of language. Educational Philosophy and Theory，43（6），652—662.

Gadamer，H. -G.（1975）. Truth and method. New York：Seabury Press.

Kuhn, T. (1996). The structure of scientific revolutions. Chicago: University of Chicago Press.

Lyotard, J. -F. (1984). The postmodern condition: A report on knowledge. Minneapolis: University of Minnesota Press.

Noddings, N. (2006). Critical lessons: What our schools should teach. Cambridge, MA: Cambridge University Press.

Ramberg, B. & Gjesdal, K. (2014). Hermeneutics. In E. N. Zalta (Ed.), The Stanford encyclopedia of philosophy (Winter 2014 Ed.). Retrieved Dec 1, 2015 from http://plato.stanford.edu/archives/win2014/entries/hermeneutics/>.

Ricœur, P. (1976). Interpretation theory: Discourse and the surplus of meaning. Fort Worth, TX: Texas Christian University Press.

Ricœur, P. (1978a). Explanation and understanding: On some remarkable connections among the theory of the text, theory of action, and theory of history. In C. Reagan & D. Stewart (Eds.), The philosophy of Paul Ricoeur: An anthology of his work (pp. 149—166). Boston: Beacon.

Ricœur, P. (1978b). Metaphor and the main problem of hermeneutics. In C. Reagan & D. Stewart (Eds.), The philosophy of Paul Ricoeur: An anthology of his work (pp. 134—148). Boston: Beacon.

Ricœur, P. (1981). Hermeneutics and the human sciences: Essays on language, action, and interpretation (J. Thompson, Trans.). Cambridge: Cambridge University Press.

Ricœur, P. (1985). Time and narrative (Vol. 2). Chicago: University of Chicago Press.

Ricœur, P. (1991a). Narrative identity. Philosophy Today, 35 (1), 73—81.

Ricœur, P. (1991b). From text to action: Essays in hermeneutics (K. Blamey & J. Thompson, Trans.). Evanston: Northwestern University Press.

Ricœur, P. (1992). Oneself as another (K. Blamey, Trans.). Chicago: University of Chicago Press.

Rorty, R. (1989). Contingency, irony and solidarity. Cambridge: Cambridge University Press.

Semetsky, I. (2013). The edusemiotics of images: Essays on the art~science of Tarot. Rotterdam: Sense Publishers.

Spivey, N. (1997). The constructivist metaphor: Reading, writing and the making of meaning. San Diego, CA: Academic Press.

Stables, A. & Semetsky, I. (2015). Edusemiotics: Semiotic philosophy as educational foundation. London: Routledge.

Sturrock, J. (1986). Structuralism. London: Paladin.

第 13 章 《读者的角色》：纪念艾柯设想的可能世界

彼得·伯里克利斯·吹佛纳斯

摘要 本章从教育符号学的角度解读翁贝托·艾柯的两部小说《玫瑰之名》（*The Name of the Rose*）和《福柯的钟摆》（*Foucauld's Pendulum*），将虚构的文本作为紧密衔接的符号学教学方式呈现出来。艾柯的哲学遗产在这里特别突出，因为他关注读者可能世界的产生。这些作品从教育性视角展示了一些基本的符号学原理，这些原理被注入了流行小说体裁的文本形式：侦探小说。艾柯的“迷宫”隐喻是指侦探小说中多重叙事层次的开放性结构，其特点是看似随意的符号联系。侦探小说的符号学路径迂回曲折，促进了教育功能按照教育符号学发展。因此，读者是一个侦探，在构建多个可能世界时，意义超越了给定文本的物质范畴，而完全处于读者心灵可能世界的形而上学领域。文本生产的美学通过词汇符号和符码产生。侦探小说体裁使艾柯能够在教授符号学理论的主要方面的同时，通过故事中错综复杂的情节来进行教育叙事。通过文本对话结构，读者不可避免地转变为一个能够欣赏和把握相互冲突的意识形态观的个体，这一点符合教育符号学框架。

引言：文本符号学

《玫瑰之名》始终强调读者解读符号的本质，体现了阅读文字符号的教育性诗学：“作者不得解释。但他可能会告诉你写这本书的原因和方式。”（Eco 1984，p.8）艾柯最喜欢用“迷宫”来比喻这种开放式的叙事结构。美学文本的生成问题是他对阅读和写作的符号学研究的范式。艾柯不得不将难以理解的符号学两难困境作为教导读者如何解读小说之谜的焦点：“像一个迷宫般的大花园，艺术品可以采取许多不同的路线，其数量因路径的纵横交叉而增加。”

(Eco 1984, p. 275) 在审美文本的意义过程中，指称的模糊性促使解释性结果引导读者意识到语言的表征灵活性。因此，不可避免地教导个体通过挑战自己的概念结构认知图式，来重新思考表达的语义连续性，所述认知图式是根据可用于思想交流的意义生成系统构建的。艾柯对美学文本操作结构的理论解释，侧重于通过各种可能性的发挥来创造“可能世界”。符号编码的可判性问题隐含在读者解释行为中，“开放”或“封闭”是文本的永久性叙事特征。读者开始去发现有意义的密钥来解码信息，这些信息能通往符号的迷宫。生成意义乃忠实地阅读和写作的附带产物。艾柯 (Eco 1979) 坚持认为，文本以符号学方式教导读者应该如何阅读。这种对读者的符号学教育如何在文本生产的美学中发挥作用呢？

小说文本是符号学的一种教学方式，其美学意义在于根据重申艾柯符号学关注的意识形态结构，将符号和符码组合在一起的新颖性。在结构框架内，通过主题的整体重复而形成的相互关联的潜在系统，在小说文本的审美独特性中得到了明确的体现，其规则是通过多个层次的相互联系来巩固其信息 (Eco 1976)。因此，赋予读者的意义模态“不断地将其外延转化为新的内涵，所有条目都不会止步于第一个解释项，内容从来都不是为了自身而接收，而是作为其他事物的符号载体” (Eco 1976, p. 274)。随着故事逐渐向更高的抽象层面展开，虚构文本由非指示性的符号世界代替，读者可以对这些符号进行多种解释。对于艾柯来说，看似随意的符号联系是小说的一大特色。意义完全超出了文本物理世界的物质范畴，完全处于读者心灵可能世界的形而上学领域。小说文本同时也是一种美学文本，因此在其属性结构中对于界定的符号化具有一定开放性。开放式文本的目的是通过减少对封闭文本的还原性阅读，使它们的读者成为文本本身过程的一部分，这些还原性阅读旨在激发“或多或少经验主义读者的精确反应” (Eco 1979, p. 9)。

《读者的角色》(*The Role of the Reader*) (Eco 1979) 是一个起点，用于解释艾柯如何在封闭的文本中构思读者的符号性教育（例如超人故事、传统侦探小说和詹姆斯·邦德系列小说），其中“你不能随心所欲地使用它，而只能按照它所希望的方式去阅读” (Eco 1979, p. 9)。具有讽刺意味的是，该文本很容易出现异常阅读的可能性——解读破坏了文本原始编纂意图（通常本质上是道德的）。相反，开放文本需要多种解读。每一次重读都会得到其他重读作品的呼应，直到"文本和读者之间建立对话（作者除外）。当作品正处在创作过程中，对话是双重的：文本和所有以前写过的文本之间存在对话（作为文本的书只能是源于别书并围绕别书而作），作者和他的模范读者之间也存在对话"（Eco 1979，p. 41）。为了便于通过文本来构建模范读者，小说的结构以文本间性和文本外性的形式，将符号学的译码行为主题化。这是一个探测性问题。

文本的形而上策略构成了文本性谜题，它远远超出了对符号解读的狂喜，这些符号构成情节和寓言。多重情节的运用确保了小说意识形态倾向的整体"形式化"，并成为解释中探索模糊性或矛盾性主题的文本载体。寓言式的推理界定了意义的缺憾，它产生于这样一种需要：即假设模型必须由试图解析意义结构的读者来构建。实际上往往缺乏一个固定的点，以便锚定事件在物理世界的意义，这些事件包括构成读者困境的文本场景。臆想的教育使经验主义读者进入一种献身于隐喻性身份或地位的过程。想象力丰富的读者不再是旁观者，而是经验主义的观察者，他们表现出一种积极的、全心全意的愿望：成为一名侦探，以阅读并解释各种符号为线索。为塑造一个瞬息万变的符号学世界，希望再渺茫也须付出必要努力，通过忍受符号的交错转折、混合符码的微妙异质性以及意识形态冲突或道德斗争的伦理模仿，从而穿透虚构文本结构的迷宫。

审美文本的叙事技巧提供了一个教育符号学框架，教导读者如何实现概念元素和元虚构元素，通过描述的概念图式创建可能世界。可能世界基于读者的参考和关联，其中呈现的对象、事件和角色绝非真实，但却被认为是可行的。最终，文本构建自己理想中的模范读者。毋庸置疑，艾柯（Eco 1984，pp. 23－29）意识到，读者将通过文本叙事结构中与话语特征相关的内容，使用内容所提供的细节复杂性来构建可能世界的心理结构。从本质上说，小说试图在读者的心灵中创造宇宙现实的概念或无限猜想的可能世界的表面特殊性。然而，对读者来说，意义确实是根据主观经验明确的意识形态语境而产生的。通过词汇符号在叙事话语的累积形式中的线性表现，旨在创造似是而非的可能世界，必须在表征生活经验的经验世界和表征现实的虚构世界之间建立直接的连续关系。词汇参照会刺激心理反应的线索，从而验证单词作为符号的视觉与可能意义的联系——尽管只是模仿现实。在向读者呈现与共同参考框架相关的词汇符号时，作者提供了符号学方法，用于促进这些符号与其所指对象之间的连续关联，最终可能导致这些虚幻现实的心理创造和虚拟接受。

指称混乱在小说文本中表现为对形而上学“真理”追求的思辨欲望。然而，由于文本的世界并不包含用于理解故事事件的三段论顺序模式，导致连贯的文本变得难以理解。这是一种解释学困境或解释学困境，在这种困境中，读者必须不断追溯甚至重新追溯文本产生的接受步骤，以解读叙事本身所蕴含的意义形成的潜力。意义通过错综复杂的情节在行动中变得戏剧化，造成了理解上的紧张或焦虑，并最终引导读者进行持续的猜测行为，从而产生一系列假设的可能性。读者的预期能力是把各种假设联系起来。从本质上说，推动情节发展的动力是寻找一种方式，使读者作为读者而存在具有意义。艾柯最终在文本方面将这种“读者伎俩”解释为读者的一种转换体验。

符号学侦探

叙述者实际上是一种允许干预话语即席性的方式，它为主角和其他角色的行为提供些许心理洞察力。毫无疑问，通过将叙事符号理解为“真实”的描述，甚至是忏悔，叙事在读者心中产生了现实的幻觉。小说文本要达到开放文本的审美目的，就必须具备逼真这一经典特征。这种文本技巧的比喻允许对文本形式进行元虚构的渲染。艾柯（1979）采用结构主义方法，研究文本中起作用的符号和代码符号学。叙事文本技巧的创造性产生是对“辩证文学从一种小说拟态向另一种小说拟态发展”的自觉意识的转换（Hutcheon 1980，pp. 4—5）。形式的叙事功能或主题功能与小说语言表征的模仿功能相结合，实现了暂停怀疑和随后创造可能世界所需的美学效果。这种文学生产过程是自觉的，这一事实将其自身文本探究的参数固定在特定的理论参考框架内，无论是在学术方面还是其他方面。符号和代码如何体现在小说的文本形式中，为文本的解释学探究和教育符号学奠定了良好的基础。对于艾柯（1976）来说，参照框架绝对是符号学的，即关涉到编码、产生意义、解码的问题。

在《玫瑰之名》一书中，艾柯本质上从教育性视角展示了一些基本的符号学原理，这些原理被注入流行小说体裁的文本形式：侦探小说。这部小说将符号学的关注点与中世纪的关注点融合一起，“不仅要在过去确定后来事情发生的原因，而且要探索这些原因开始慢慢产生影响的过程”（Eco 1984，p. 76）。这是一种有意识的尝试，试图评论符号学历史上的重要时期，并通过再现中世纪的元历史来衡量其影响，作为自传小说，其中的人物“创造了历史”。该时期的修道学者对中世纪符号思想的两大基本范畴——词源学和语义学进行哲学论证的例子，说明了中世纪和现代观点的逻辑冲突。艾柯（Eco 1984）解释道，这个故事“通过经历过事件的人发声讲述，以青春时期的所有忠诚记录他们，但却并不理解（即使到了耄耋之年也无法完全理解，因为他选择飞到神圣的虚无，这是别人无法教导的）——通过一窍不通之人的话语来理解这一切”（pp. 33－34）。意义作品的“真实性”，其本体论并没有根植于阿德索（Adso）文本的“标识”中，而是通过自我反思，将读者生活体验（文本间和文本外）带入阅读过程中。这一方法通过为给定的命题集提供一组书面的词汇符号，可以使作者的初衷发生个人转变。

因此，符号模式不仅是产生文本的模式，也是通过语用维度解释每个文本的模式：“我想象征性地解释这个文本。”这是文本使用的一种形式……在现代美学经验中，可能的内容由共文和互文传统暗示：解释者知道他不是在发现外在真理，而是在使百科全书发挥其最大作用……无论如何，在符号模式的每一种策略背后，无论是宗教还是美学，都有合法化的神学，即使是无限符号学或解构主义解释学的无神论神学。如果要探讨符号模式的每个实例，就要解决以下问题：哪一种神学使其合法化？（Eco 1984，p. 163）

通过允许叙述者从中世纪内部而非外部讲述故事，艾柯可以合理地考虑合法化神学理论对意义、符号和语言的“真理”理论的现实影响，因为寓言式替代方案对文本的各个主题都很重要。阿德索探讨了一个古老问题，事物的名字是源于自然还是源于传统。他指出，“Lamb”（羔羊），拉丁语为“agnus”，因出生时就认得母亲而得名。阿德索具有形而上学的托马斯现实主义意识，使他从这一简短的词源学沉思中，推断出秩序世界的存在，在其结构的相互关联中，象征了“创造的伟大和稳定”（Eco 1983，p. 286）。另外，阿德索的巴斯克维尔导师威廉，在关于基督贫穷的大会上对本笃会的演讲中，使用了偶然论（occamistic）观点，来动摇存在与专有的名称逻辑之间隐含的词源学对应关系。通过提及命名行为中判断的随意性，威廉展示了如何将识别存在的权利作为上帝赋予亚当的责任，“所以‘nomen’源自‘nomos’，即‘law’，因为‘nomina’由男性和公约决定，换言之，由自由和集体的协议决定”（Eco 1983，p. 351）。

威廉的推理在观点上无疑具有现代性，但其论证特征表明，在中世纪的神学辩论中，关于意义和语言真理的普遍性，是一种有所创新但相当反动的唯名论方法。正如来自奥卡姆方济各会的威廉提出，巴斯克维尔威廉总结了唯名论的主要前提，其中包含了以下观点：词语不指感知之外的客观存在。因此，言语只不过是口头表达，通过这些口头表达，智者可以从以经验之谈了解外部世界领域中某个物体的细节，发展到以普遍形式的具体形式认识该物体。这与本笃会的圣徒托马斯·阿奎那所提出的论点完全相反，阿奎那在他的《神学总论》中强调说，智力是非物质的，不能直接认识个体，只能普遍认知。由于阿奎那反唯名论对这一时期产生了巨大影响，这个问题通常支持后一种观点，而不是支持如上所述的前者。通过与人物背景历史相关的事实，唯名论对巴斯克维尔威廉认识论信仰的影响得以确认：他是一位英国方济会修士，曾与奥卡姆的威廉一起在剑桥大学学习，为此感到颇为自豪。书中还提到方济各会修士与原始科学家罗杰·培根（Roger Bacon）的关系。罗杰·培根的经验主义反映在修士喜欢使用机械设备（比如，六分仪、眼镜、钟表等）来缓解生活中的困难上。作为一个失败的调查官，精明的巴斯克维尔威廉试图用来自奥卡姆威廉教导的世俗知识，调和关于“不容置疑的真理”存在一种有神论论证的矛盾。威廉的知识来源还包括古代异教哲学家的成果如亚里士多德的著作，以及受培根启发的创新的科技研究体系。从这个意义上说，威廉一直都是侦探，或者可以说是阅尽世界符号之人，试图通过体验事物或事件序列的细节来收集“普遍规律”或“普遍真理”，然后得以证实。在这方面，威廉是真正的方济会偶然论派。

《玫瑰之名》中主要的互文参考资料，来源于夏洛克·福尔摩斯的一些神秘故事，还融合了豪尔赫·路易斯·博尔赫斯（Jorge Luis Borges）著名迷宫故事的特点（在迷宫故事中，侦探们因唯我论推理而失败），以及侦探小说中“凶杀悬疑小说”模式常见元素的标准剧目。例如，对《巴斯克维尔的猎犬》（*The Hound of the Baskervilles*）一些细微伪装的引用，在艾柯给主角起名的国家起源中显而易见，这个编码的策略证实了威廉和柯南·道尔的著名侦探小说之间存在关联，这是根据艾柯自我意识行为的命名，以及出现在类似福尔摩斯的威廉侦探小说中，并带有溯因推理的特点。事实上，溯因推理——一种假设猜想的推理模式在教育符号学领域很有名，并作为一个独特的教育哲学方向（如，Semetsky 2009，2015）。

叙事分身性的双重视角是构成侦探类型中特定观点的标准方式，故事的可靠叙述者，有时见地高明，有时天真单纯，也是过去某个时刻发生一系列事件的积极参与者。因此，柯南·道尔通过华生博士来促进这一叙事功能，让“年长的”华生博士评论自己与夏洛克·福尔摩斯的冒险经历，并解释如何巧妙解决令人费解的谜团。在 Yu Tsun 描述他如何以及为何杀死汉学家斯蒂芬·艾伯特时，博尔赫斯（Borges 1956）让角色反思这个困境的道德意义，紧张局势最终让人对解决看似无关，实际错综复杂的事件产生了悬念，这些事件最终导致了主人公的垮台。溯因推理存在一定的风险因素，因为仅凭单纯的猜测令符号接近真实事件，但威廉能从提供给他的一系列符号作为神秘线索，通过可能产生的假设来猜测“Brunellus，修道院长最喜欢的马”（Eco 1983，p. 23）的路径，然后应用于该情境以发现正确的假设。他用一种类似福尔摩斯在《纸箱历险记》（*The Adventure of the Cardboard*）中所做的“阅读”华生思想的方法，有效地确定了马的物理特征和名称。通过观察可能性符号学检测的细微之处，威廉分析了修道士认知过程中可能的思维模式，并很快得出了令人惊讶的新结论。更有可能的是，威廉知道，修道士们刚开始不会试图去描述这匹马，而是通过将其解释者设想为刻板印象的规范形式化，即 Brunellus 的公认标准为“美好”，然后参考教会主义的权威，以获得关于图像感知的可接受客观性指示。马必须具有教会认为属于该动物的特征（也就是特定名称），而且“毫无疑问，修道士们坚信他（指马）”（Eco 1983，p. 24）展示了公认美好的独特特征。

这一章的模型取自伏尔泰的《扎迪格》（*Zadig*），举出了符号学例子——侦探使用探测技术来读取线索，包含编码不足或编码过高的溯因推理实例（Ecoand Sebeok 1983）。实际上，在询问有关这匹马的任何问题之前，威廉会告诉修道士他们要找什么以及如何找到，从而进行令人吃惊的元溯因推理，虽然不能立即证实，但却保持了一种信念的假象，以确保他作为侦探的可信度。激发这一场景的奇特解决方案很像福尔摩斯在《诺伍德建筑工人历险记》（*The Adventure of the Norwood Builder*）中第一次遇到客户的场景：“我向你保证，除了你是个单身汉、律师、共济会会员和哮喘患者这一明显的事实之外，我对你一无所知。”（Conan Doyle 1986，p. 497）

威廉对阿德索的解释将他侦探符号学个人哲学的唯名主义基础具体化了：

我发现自己处于理解“马”的概念和认识马的个体之间左右为难。……可以说，就在那一刻，我陷入了这些痕迹的奇异性和我的无知之间，我的无知采取了一种普遍观念上非常模糊的形式……我之前想象一匹未曾见过的马，这些想法是纯粹的符号，就像雪地上的蹄印是“马”概念的符号。（Eco 1983，p. 28）

因此，威廉削弱了指称谬误的认识论基础，这种谬误以一种固定的二元封闭形式否定了能指所指（或符号指称）的一对一关系，而不是“符号思维”的三元结构。对于艾柯（Eco 1976）来说，任何对心理意象的直接意象都是理论上的反常。威廉对运动的描述包括：从涉及外部现实解码的内涵行为，转变为促进心理表征的延伸行为以及随后这些表达内容对延伸行为具有启发性的解释，表明了在意义范围内正式运动的流动性，且在范围内“观念是事物的符号，形象是观念的符号，符号的符号”（Eco 1983，p. 317）。这一观点符合艾柯（Eco 1976）对符号的一般定义，即“基于先前建立的社会惯例，可以代替某种事物”（p. 16），符号的操作维度更适用于符号功能或文化决定的会面场所，用于表示不同形式的意义，在内容和表达之间进行调解（pp. 48－58）。这种调解确实是教育符号学的显著特征之一。具有讽刺意味的是，威廉在“如何阅读伟大的自然之书”（Eco 1983，p. 20）中所感知到的最终真理——突出阿德索的托马斯式描述，即其精通的原始符号学专业知识，更具有近似的扭曲路径的特征，对英国方济各会的修士来说，这条路径缓慢地通往顿悟，尽管会令人极其沮丧。在他看来，外在现实的“东西”本质上是混乱的，而不是一本稳定的书，人们可以在书上叠加倒数第二意义结构，按照先验形而上学或积极神学的稳定法则来维持世界秩序。

在小说中，迷宫象征着威廉将世界“文本”的符号当作开放的书来阅读是徒劳的。鉴于迷宫中没有“正确”的出路，修道院的图书馆是神学家侦探通过解释符号寻求最终真理却徒劳无益的隐喻体现。这座巨大建筑的内部构造，是潜在真理的圣地，只有少数经过挑选的人才能自由进入，里面充满了隐秘通道和神秘符号，而且“房外有房”，这些房间里面包含着珍贵的手稿。修道院的图书馆是一个神圣的地方，在这里存在着几乎无限猜测的可能性——存在于其中或自身，这也是侦探智力方面失败的主要原因。通过曲折的剧情，威廉和阿德索试图利用图书馆内容的缠绕结构和编码标记来找到将他们引向凶手的关键。猜测模式如果表现出从符号产生符号这种可能性的无限递归，并导致单一真理无法最终推导出来，那么这种模式就是无限符号学理论，艾柯（Eco 1976）称之为Q模式，带有“根状茎”理论（Rhizome）的特点：“我的图书馆迷宫仍然是矫揉造作的风格主义（Mannerist），但威廉认识到的世界（在小说的最后）已经有了一个根茎结构。也就是说，可以结构化但绝不明确。”（Eco 1984，pp. 57—58）由此可见，威廉相信自己能够解开谜团并最终揭露凶手，通过单纯的假设、反复试验和错误相结合，并多次追踪得出自己的逻辑结论，该做法经证明是错误的。这种方法就像走出迷宫的方法——在迷宫中，一个人或多或少要以非线性的方式穿过一系列的死胡同，然后才能走向出口。

符合猜想的结构

如果迷宫是“猜想的抽象模型”（Eco 1983，p. 57），那么猜想的实际模型也可以成为迷宫，迷宫中有人自愿陷入自我。例如，《福柯的钟摆》中的贝尔博（Belbo）、戴奥塔利瓦伊（Diotallevi）和卡索邦（Casaubon）为他们自己的毁灭方式负全部责任，可以说，这比威廉（上文）对他的巨大耻辱所负的责任更为严重，因为在他们的行为中存在不道德的意图，故意在世界历史事件上强加任意结构。他们特有的“理性解释”或意义创造方式显示出以自我为中心的不真诚态度。他们别无他法，只有无正当理由的动机，对人类存在结构施加诠释性暴力。在新的世界结构组织中，意图的道德符码无法动摇缺乏形而上学意义的决定因素，这种决定因素会在秩序本身中激发某种表面上的信仰。戴奥塔利瓦伊对《摩西五经》（*The Torah*）很狂热，从最基本的术语中理解这些罪过的意义：那些自我的罪过是通过身体的整体构成而产生的，并由此得出定义。正如阿德索的观点，他向贝尔博解释该个人启示的神学基础，关乎意义真理的本体论：“我们得罪了上帝，得罪了创造和维持世界的上帝……如果改变了书，就改变了世界：如果改变了世界，就改变了身体……意义必须有正误之分，否则会走向死亡……没有信仰，盲目地死去。”（Eco 1989，pp. 466—467）他充满激情地谴责这种具有讽刺性的猜想与后现代带有距离的模式前景暗淡，这种模式描述了如何将知识之书邪恶地转变成混乱无序的世界历史，以安抚他们的自尊心。他们错误地使用了所谓的“结构主义形而上学”，具有讽刺意味，不可能承认任何自我决定的意图，通过人类宇宙的结构来促进对他人的道德开放：没有理由把知识真理隐藏在毫无意义的猜想后面。如果一切都是相对的，那么就不可能有按意义产生顺序的信仰，因为没有合法的神学来建立信仰的起源。

当三位主角通过一组又一组几乎无法破译的神秘字谜进行工作时，也揭示了在编辑“恶魔”手稿的过程中认识的复杂性，异常神秘且深奥。然而，除了追求他们自己的自负理智或自负欲望，没有任何前提可以指导他们的行动。“计划”的模式（被戏称为“计划”）是对世界历史的特殊再现，以结构化但不稳定的神话形式呈现，根据小说中信息来源所添加的内容，可以对神话进行任何重新解释，信息由人物产生，无穷无尽。这里的猜想模式是离心式和根茎式的，而非向心式或风格主义式的（如《玫瑰之名》），为进一步推测相关主题提供了可能性，因此出现最后的结局。在“计划”的一系列历史事件之间的复杂关系集合中，获得解释的方法是一种创造性溯因推理的符号学策略，在该策略中提出适合在“项目”之间建立联系的假设；然而，本质上如此站不住脚（在其他可能的假设中），以至于该发明与现实之间的任何关联几乎都是巧合（Eco 1979）。卡索邦把这个过程比作“索引卡……有点像那种游戏，必须通过联想信息，分五步从一无所知到柏拉图般满腹经纶。……没有任何信息具有优越性。权力在于把信息全部存档，然后找到联系”（Eco 1989，p. 190）。

在艾柯的符号理论框架中，威廉（《玫瑰之名》）和卡索邦（《福柯的钟摆》）的观点有些相似，虽然侦探小说《玫瑰之名》的情节在《福柯的钟摆》中变成了（模拟的）阴谋故事，但主题在其强烈的符号学焦点上并没有实质性的改变。误导自然之书的主题是这两部侦探小说形而上学征服的核心——其中一部，其影响的道德严肃性具有真实性（贝尔博发生了什么？为何发生？），而另一部则是幻想妄想的产物（圣殿骑士在何处消失？为何消失？）。与威廉相似，卡索邦（研究中世纪的学者）及其同事以他们擅长的“符号学调查”来解释符号和感知代码。然而，他们也犯了错误，即武断地将秩序强加于世界，不顾他人而加以修改，以便公开阅读。卡索邦描述他的工作时，认为自己的目的或角色与威廉不同，并模仿了典型刻板的“愤世嫉俗”侦探形象，这是钱德勒对菲利普·马洛所刻画的形象，卡索邦将“愤世嫉俗”侦探的世俗存在中的前卫自由概念浪漫化了。将“艰难”的侦探在世俗生活中享有的前卫自由概念浪漫化为“学习的私人侦探”（Eco 1989，p. 119）。从某种意义上说，这个主题将传统侦探小说的界限推到极限，最大限度地呈现了一种全面的侦探小说风格，该古老形象将卡索邦目标的独特性与当时符号学调查的严肃性并举。威廉自己必须忍受这种调查，而不只是为了寻找谜团的快速解决方案。具有讽刺意味的是，尽管卡索邦、贝尔博和戴奥塔利瓦伊表述了广泛的知识（隐含艾柯邀请读者去验证的意思），但他们共同拥有的侦探专业知识类型与对世界真实事件的共同解读无关，只提供从他人著作中间接表述观点的机会。矛盾的是，在这个游戏中，他们很好地模仿了神秘主义者的逻辑，却导致自己陷入僵局，产生不可预见的后果：一些恶魔般的人认为“计划”是真实的，并且意外地造成他们自己毁灭带来的苦果，以及无辜受害者洛伦扎·泼莱格日尼带来的苦果。虽然不需要找一本防范书来防止未来恶行，但卡索邦面临的状况是：从贝尔博在个人电脑 Abalufia 发现的一套编年记录中，重新找到他的朋友失踪之谜的答案。这些记录的碎片随后被用于撰写手稿，将这个奇幻故事与读者联系起来。

《福柯的钟摆》叙事结构，比通常侦探故事如《玫瑰之名》，更具自我意识的窥阴性。正是这种视角下敏锐的心理唯我主义为叙述者提供方法，使其得以在秘密备忘录的非法搜索框架内聚焦内心，从而发现谜团线索。此外，由于《福柯的钟摆》叙述的是纯粹的回顾性，卡索邦的结论只能在“事后”得出。当情节所叙事件平息之后，叙述者必须活下去，并应对现实情况对他产生的影响。艾柯利用“忏悔手稿”原型来证明其有效性，但这里的真实情境呈现更多的是纳博科夫《洛丽塔》展示的技巧风格，而非塞万提斯《堂吉诃德》的“发现手稿”。例如，在孤立牢房中，在生命结束之前，几乎没有宝贵的时间来思考（因为可以假定亨伯特和卡索邦在阅读之前都已死亡），充满罪恶感的叙述者煞费苦心地详述即将造成毁灭的故事。向他人承认罪行，来自罪恶感和内心深处对精神安宁的渴望，这种渴望可以缓解从天真无知到练达老成、从生到死过程中的焦虑。然而，阿德索不希望积极地反思过去，只是为了读者兴趣而重申过去，与阿德索不同，如果卡索邦希望免除自己对朋友之责，他迫切需要理解朋友们死亡背后的深层原因。在纳博科夫另一个故事《眼睛》的评论中，作者对主人公寻求自我发现背后的自传模式进行简洁描述，与艾柯小说的结构非常相似，因为思路“模仿侦探小说结构……追寻调查，导致主角穿越镜子地狱，最终在孪生形象合并中谢幕……重点并不在于神秘，而在于叙述模式。”

（引自 Merivale 1967，pp. 297－298）

结语

艾柯作品的双重交叉结构与博尔赫斯的作品相关，尽管《福柯的钟摆》并不像《玫瑰之名》那样明显遵循这种结构法则。众所周知，“镜子的地狱”让人想起博尔赫斯笔下迷宫般的图书馆，可以看作是“计划”在卡索邦、贝尔博和戴奥塔利瓦伊心血来潮时所经历的流体突变的象征。从符号学意义上说，“计划”代表了一种倾向，即对从可用的世界知识存储中收集的归档文件的组成元素进行无限重新编码。其影响表明，利用自吹自擂的书本技巧可能是一项危险的事情，随意捏造可能会因利己主义热情酿成大错。“计划”的多义转变挑战了善意控制历史的绝对必要性，因为历史正慢慢地将其创造者置于一种看似任性的力量之中，这种力量将各种影响从一个充满无限可能性的臆测世界，转变为外部现实的经验世界。“计划”对他们的影响极其恶劣。由于猜想而产生的有效功能具有可塑性，普遍被认为是附带现象的原因，但却助长了主人公的符号混乱，因为每个人根据他们自己的身份和关注点，对结构的物质不可判定性的反应各不相同。可以肯定的是，《福柯的钟摆》颂扬了“计划”在结构上的荒谬性：正是这种荒谬性，艾柯成功地对原因做出了夸张的解释，将世界历史上几乎所有神秘的知识与圣殿骑士的学术神秘主义联系起来。“计划”将迷宫视为一种多维图像，如镜像迷宫一般在多个层面上起作用，通过构造其猜想性的表达来阐述并具体化文本的主题内容。

《玫瑰之名》和《福柯的钟摆》是文本间相互联系的迷宫，让人联想到一本书中反映的其他书籍的形象，也让人不受限制地从书中获得意义，就像叙述者的祖先在《分叉小径的花园》（*The Garden of Fork Paths*）中的神秘东方文本一样。图书馆的迷宫（让人想起《巴别塔图书馆》）和妥协的侦探形象清楚表明，艾柯所构建的虚构世界更接近阿兰·罗伯-格里耶（Alain Robbe-Grillet）、保罗·奥斯特（Paul Auster）或弗朗茨·卡夫卡（Franz Kafka），而非柯南·道尔、阿加莎·克里斯蒂（Agatha Christie）或雷蒙德·钱德勒（Raymond Chandler）。因为这是“可能世界”，机械因果关系的严格规则在时间上暂停，在空间上延迟，这是偶然性的逻辑。威廉、卡索邦、贝尔博和戴奥塔利瓦伊，就像博尔赫斯笔下的侦探朗罗特一样，被困在他们自己臆测的迷宫中（这种臆测的确定性令人怀疑），因为除了可能通向真理的那些显而易见的路径之外，还有无数可能的路径存在。如果按他们的方法行事，只会以象征性或真实性密码的形式导致炼狱般或存在性诅咒的最终状态。然而，恶魔巧妙地运用了侦探的思维过程，使他陷入神秘诱惑，以巨大的离合诗形式出现。侦探小说中这一情节的险恶后果是众所周知的博格斯式自负。实际上，博格斯式自负刻画了传统"侦探小说"的后现代转变，从真实或似是而非的领域转向形而上学或不可想象的领域——不过这一情节手段反之亦然，艾柯做得非常巧妙。

《玫瑰之名》和《福柯的钟摆》中侦探形而上学的符号学曲折，促使读者有目的地转变为能够通过文本对话结构来欣赏和把握相互冲突意识形态观点的个体。用艾柯（Eco 1979）的符号学词汇的巧妙修辞来说，侦探体裁使作者能够在叙事话语的表达层面上，以错综复杂的情节元素来建构动作的发展过程，而符号学理论方面则将小说的功能注入内容层面，提供主题素材，通过一系列的溯因推理，读者可以从中提炼出一个寓言（故事）。翁伯托·艾柯提出可以称之为侦探小说的教育符号学重新制作，使人们严重怀疑神学上过分确定的形而上学所具有的现实意义和实际效用，将通过语言的符号系统，从感知外部现实中的现象控制意义中产生。《玫瑰之名》和《福柯的钟摆》代表教育符号学的一种实际应用，表明在教育符号学的教学中，读者是如何通过符号的相互作用和可能世界的构建而转变的。

参考文献

Borges，J. L.（1956）. Ficciones［Collected fictions］（A. Kerrigan，Ed.）. New York：Grove.

Doyle，C. A.（1986）. The Penguin complete Sherlock Holmes. New York：Penguin.

Eco，U.（1976）. A theory of semiotics. Bloomington：Indiana University Press.

Eco，U.（1979）. The role of the reader：Explorations in the semiotics of text. Bloomington：Indiana University Press.

Eco，U.（1983）. The name of the rose（W. Weaver，Trans.）. New York：Harcourt Brace.

Eco, U. (1984). Semiotics and the philosophy of language. Bloomington: Indiana University Press.

Eco, U. (1989). Foucault's pendulum (W. Weaver, Trans.). New York: Ballentine.

Eco, U. & Sebeok, T. A. (Eds.). (1983). The sign of three: Dupin, Holmes, Peirce. Bloomington: Indiana University Press.

Hutcheon, L. (1980). Narcissistic narrative: The metafictional paradox. Waterloo: Wilfred Laurier.

Merivale, P. (1967). The flaunting of artifice in Vladimir Nabokov and Jorge Luis Borges. Wisconsin Studies, 8 (2), 295—309.

Semetsky, I. (2009). Meaning and abduction asprocess-structure: A diagram of reasoning. Cosmos and History: The Journal of Natural and Social Philosophy, 5 (2), 191—209.

Semetsky, I. (2015). Interpreting Peirce's abduction through the lens of mathematics. In M. Bockarova, M. Danesi, D. Martinovic, & R. Núñez (Eds.), Mind in mathematics: Essays on mathematical cognition and mathematical method (pp. 154—166). Munich: Lincom.

第 14 章 解读历史：教育学，符号学及教育符号学

阿林·奥太牛

摘要 本章主要探索符号学和教育符号学理论的共同历史。通过回顾符号学历史上的一些重要时刻，本章诠释了教育学和符号学的共同进化。教育学和符号学植根于中世纪神秘主义神学的解释学，它们相互交融，之后对一些教育符号学考虑的人类学和生态学产生影响。如果我们人类是世界的解释者，那么我们可以共同创造“读”和“写”的符号现实，这就是语言内和语言外的符号现实。鉴于人与宇宙之间有共同的进化和相关的动力机制，本章从符号学视角批判性地考察了哲学史上一些重要文本。解读圣·奥古斯丁的著作，伊本·阿拉比以及其他学者结合形而上学阐释教育哲学的整体观。本章将对比研究历史留下的符号学丰富遗产与非符号式现代性二元哲学，这种哲学使教育导向功利主义课程，从而消解了学习过程得以展开的物质环境与身体之间的关联。本章强调教育符号学的生态学意义，并认为教育符号学是中世纪博雅教育的适当延续，同时承认当代生物符号学和教育符号学跨学科研究的重要性。

引言

符号意识可能产生于父权时代，圣·奥古斯丁曾叙述其起源。他在基督教初期，就将博雅教育传统合法化。尽管现代哲学总体上发生了语言转向，即语言学取代了符号学，但在整个中世纪里，教育哲学似乎以符号学作为基础。教育是关于人类生存的一个基本的符号特征，或更确切地说，是人类符号性存在的特征。查尔斯·S. 皮尔斯认为，“科学家”是整个自然界的第一个解释者（Peirce，CP 7.54）。可以说，对其他知识论来说，强调解释可能是正确的，而不仅仅是认识论的符号学观点。哲学是从探索自然环境开始的，科学被认为是

一种自然哲学。然而，这种情况在符号学上具有特殊的意义。

在符号学的历史中，符号学表现出一种趋势，即不仅将人类理解为孤立的认知主体，而且将人类理解为与客体世界不分离，与周围环境在本体论上连续的主体。人类在宇宙中形而上的超自然存在，不仅依赖自然环境；同时自然也依赖人类，尤其依赖人类的解释。这当然也适用于其他物种。但是作为人类，我们与我们所处的环境（周遭世界或生命世界）之间是一种符号学关系（Uexküll 1926；Deely 2001）。我们理解其他物种并与之交流，但这仅限于在我们的符号能力之内（Stjernfelt in Nöth 2006）。生态取向的知识观假定有机体与其环境是相互依存的，这就引出一种对教育和学习具有直接影响的具身理论（Olteanu 2014）。

教育符号学的最新发展强调主体和客体，心灵和身体存在互补关系的思想（Semetsky in Stables and Semetsky 2015，pp. 74－88）。作为人类主体的自我与构成其环境之物是连续的，它们一起构成了一个更大的符号系统。人类和其他物种“没有将头脑和身体分离，而是作为一个整体来参与环境”（Nöth in Semetsky 2010b，p. 35）。作为整个宇宙一部分的各种生命形式都是宇宙发现自身的方式（Olteanu 2015）。我们学会了认识和适应符号意义的结构（Stjernfelt. 2014）。教育和学习认为适应不仅是解释我们环境的一种现象（Gough & Stables 2012），而且是因革故鼎新的符号学过程而引起的我们自己和环境的改变（Semetsky in Stables & Semetsky 2015，pp. 16－30）。

本章介绍的教育符号学内容是历史上哲学、符号学和教育学的自然衍生物，笔者简要记叙了几个塑造历史的重要时刻和思想，并因符号认识论而开辟出新的研究视角。在以符号学方法探究思想史的框架下，符号学与教育学的这种协同共进的研究得以展开。现代教育依然根据经验研究结果设立教育目标，而符号学传统上倾向自由主义课程，但教学与科研是相辅相成、相互促进的。然而，现代思想观念证明思想教学源于古典科学和客观性研究，作为符号科学的符号学是形而上学的一部分，是文科的基础。在教育符号学中，文科和理科相互补充（Semetsky 2013），符号学被认为是教育之符码。在哲学史和科学史的后现代解释中（ Deely 1982，2001，2009），教育背景始终与形而上学共同演化。

解释学、符号学、形而上学

在整个中世纪，符号逻辑作为符号学说被局限于教育哲学，即使是含蓄的。作为研究对象，在现代，这种立场在很大程度上被忽视了，现代更关注精神观念而不是符号作为克服“心—物”二元论的关系实体。以皮尔斯与索绪尔为基础，人们再次发现符号学后，从形而上学角度看，教育学和符号学的隐形关联并不能立刻显现。大约过去了一个世纪，哲学家和符号学家们再次注意到并宣称，符号学不仅对教育，对人类文化和社会的其他方面具有影响；而且两者之间还具有相关性。正如温弗里德·诺斯所说，“在学习和教育的根基中，我们面临着普遍符号学过程的根源”（Nöth 2014，p. 456）。可见，作为符号演变的符号学在教育和学习中扮演了重要的角色。

从圣·奥古斯丁的《基督教教义》（2008）开始，教育学和符号学在一些方面具有了共同的历史。该文因以下几点著称：（1）第一篇中世纪博雅教育；（2）第一篇符号学论著；（3）根据圣·奥古斯丁的意图，对基督教文本解释学进行阐释。基督教教父解释圣经的方法也是符号学关于形而上学的解释学。在中世纪神学中，圣经充当了“解释环境的最终钥匙”（Nöth 1998，p. 335；Pikkarainen 2012）。无论是神圣的文学作品还是《自然之书》，都需要通过符号的解释来解读，因此“解释圣经的解释法则用于解释自然环境现象”（Nöth 1998，p. 335）。解释学作为符号学方法、教育与形而上学的关系，表明了教学与研究的双向关系。解释学，符号学或形而上学中任何三者的发展必将对其他两者产生影响。

首个符号学形而上学的具体例子出现在奥古斯丁的著作中：他试图阐明基督教解释学，为博雅教育辩护，明确了当时普遍存在的范式。圣·奥古斯丁没有发展任何新的解释学，但却解释了普遍的信徒寓言法或寓言解读，旨在发现文本隐含意义，他从中发展了符号理论。这个符号学观点可以充当一个合适的现代教育基础，其中知识被定义为一个动态的过程（ Stables 2012；Semetsky 2006）。

这种对教育与形而上学相互关系的解释可以解决后现代困境（Lyotard 1979/1989）：认识论的不稳定性不屈服于“宏大叙事”，这是没有问题的，因为知识本身是动态的、不断发展的。正如哲学和科学表示的那样，知识一直在发展和变化。符号学中的后现代话语将知识与意识形态分离。真正的符号是符号学概念的优秀代表，是一种动态的关系。教育符号学认为，我们所教授和学习的东西不是作为经验事实的客观给定的信息块，而是嵌入人类社会生活中的生命符号系统。这并不能解释人类社会现实是有目的地构建的，因为生物体生活在它们共同进化的环境中。环境刺激了生物进化的可能性，而生物根据体现方式发现其环境，这些体现方式向我们展现了某些具有潜在意义的符号可能性。

在文化层面，更具体地说在教育层面，也可以观察到类似的符号关系。这样，科学环境和教育项目相互依赖。教育学被看成是符号学的目的，而符号学被看成教育学的目的。皮尔斯符号学的一个新奇之处在于它概念化了并非预先确定的目的论：通过学习历史，系统根据它的可能性设定了自己的目标。因此，生物根据表现模式的可能性进化，科学思想根据表现在科学社会的可能性进化。这可能会引起人们对唯我论的恶性循环的怀疑：人类只知道人类自己可以构建的东西。然而，符号学的反二元论立场并没有将精神与身体、主体与客体、人与环境区分开来。人类“身体”是更大的“环境”的复合部分，具有肉体和精神两方面。

“环境”这一概念需要借用雅各布·冯·乌克斯库尔（1926）的概念“周遭世界”（Umwelt）来理解，该概念强烈地影响着生物符号学的发展（Stepanov 1971；Sebeok 1994）。由于符号在不同语境所指不同，即便相同的物种在不同环境也进化相异。同样，在不同的环境中，思想或思想集（包括当前的范例）的发展也不同。两个不同社群的研究者可能对第三方的思想有不同的理解。符号学的整体倾向是把现实的各个方面都纳入意义生产或意义范畴，这就说明了设计教育环境的重要性。教育符号学认为，学校不仅仅是一个建筑物，或者说学习和教学活动仅仅发生在这个建筑物里，而是整个意义现象，包括符号关系中的所有部分，构成了一个更大的动态现实，我们称之为“学校”（Stables in Stables and Semetsky 2015，pp. 89－100）。

对于符号学来说，认知主体的内在世界和外在世界都是同一现实的一部分，并且彼此不可分割：它们属于形成符号化过程的符号之网。真正的符号代表了超主观性存在（Deely 2001）。当然，符号世界的很多方面可能是重合的。两个认知主体看同一棵树，但他们感受却不同。他们在现象世界可能会重叠，但他们从来不会完全重合（Stables 2012）。符号学实在论通过对存在的超主体化描述，将共享理解为指向同一主体的可能性。皮尔斯认为，指代之所以可能，是因为个体的相似性皆属于同一普遍范畴。我可以认出一匹马为马，是因为它呈现出与我生命中遇见过的其他马相似的特征。比如马的一般分类不仅是术语上的，而且是真正的无限可能，是所有可能的马的连续的无限现实。这是皮尔斯从约翰·邓斯·司各特（John Duns Scotus）那里继承下来的经院实在论假说的体现。

这种方法打破了现代怀疑论，如“缸中之脑”或“机器中的幽灵”，该假设道：我们无法确定经验所揭示的真实存在，或者其他心智体是否真实存在或有意识。然而，符号学虽然解释了一个不断变化的、自我发现的终极目的，却不是唯我论的。符号化作为一种符号过程，即符号的动态生命，不能局限于精神活动。在哲学环境的改变中，教育会产生新的目的。由于符号的演变是有机的，所以教育视角在一个可预见的范围内发生变化——一个公认的真实可能性的范围。一种新的教育哲学总是会有一些前人的方法和理论的痕迹。因此，教育理论的发展（到目前将教育符号学应用于教育哲学、教育实践和教育研究）并不是一些多余的概念，而是在形而上学层面齐头并进的。

教育史中的符号观

符号学史作为一门学术学科，如上所述始于圣·奥古斯丁的学说。但是符号的概念即某种事物在某种方面或能力上代表另一事物的概念，更加古老，甚至先于严格意义的哲学。马奈蒂（1993）在古代美索不达米亚的占卜实践和占星术中发现了第一个例子。符号学在宗教环境中开始理论的发展并不是偶然的。奥古斯丁对符号理论的研究就是在这样的背景下进行的，当时流行的解释学方法的特点是强调符号的替代作用。这是符号学和教育学共有的解释学的一个核心特点。以神秘主义神学为导向的文本，包括《伪丢尼修文集》，它代表着一系列以神秘主义神学为主要描述对象的宗教性文本，以及《创世纪》的多种解读，展示了多种符号学方法。对《创世纪》的评论特别有洞察力，因为《创世纪》包含了人类学意义，而符号学的确围绕着人类学陈述展开，即人是现实的解释者。宗教中的符号概念源于使徒对《圣经》的寓意诠释，他们用这种方法探究不同版本《圣经》之间的类型关系。

为了解读这些经文，宗教专家们使用了类比和暗喻的手段。除了文本提供的即时信息、文字和历史信息外，在书籍之间、文本与外部环境之间的某些相似之处也为读者精神信仰提供了相关信息。因此，《歌中之歌》的古代读者知道情感意象是人类理解和表达与神关系的一种语言（Andreopoulos 2006；Nöth 1998），例如《伪丢尼修文集》中的第九封信。《伪丢尼修文集》的文本告诉我们，虽然世界的构成要素之间存在着一定的联系，但这个世界与天国或神圣世界之间没有联系。神虽然由自身行为向人类显露神迹，但它终究仍未可知。因此，在《圣经》中，通过与已知事物的类比来谈论不可知性，正如《伪丢尼修文集》中所说："如果不使用适合自身的物质引导，不考虑可见之物，我们的思想就难以理解天国等级制和非物质性表征。"这正是一个精准的符号运作：它总是呈现一些别的东西，而非自身；作为一个真正的媒介，它通过符号学的中介关系，把物质和精神联系起来（Semetsky 2013）。

上述经文从传统上说归功于基督徒圣·丢尼修（St. Dionysius the Areopagite 1897），他是使徒保罗的同伴。然而，现代学术界对这位作者提出了严重的怀疑。关于符号学与教育学的关系的研究是很有趣的，正如丢尼修可能声称他完成了关于希腊哲学的论证（Stang 2012）。在经书《使徒行传》第 17 章 18 节中，丢尼修提到，当时圣保罗在雅典的亚略巴古向希腊教徒宣讲"未知的神"。当时的希腊学者对哲学辩论感兴趣，他们往往把时间花在辩论中，不是为了说就是为了听一些新东西（《使徒行传》第 17 章 21 节）。

这反映出宗教作者对待新柏拉图主义及其伴随者的教育哲学的态度。新柏拉图主义表现了希腊多神论转向一神论的趋势。第一个观点是：寻求"未知的上帝"是通往知识的一个好途径。第二种说法是：新柏拉图主义无法理解一神论的亚伯拉罕灵性神秘主义，即上帝本质上是未知的。神的不可知性是《伪丢尼修文集》的核心观点。正如该书署名作者为丢尼修，那些文本暗示着对希腊和罗马哲学的普遍宗教态度。我们可以认为，根据早期的基督教意识，向哲学家传授基督教意味着专门传授《圣经》解释学，这正是圣·奥古斯丁在他的基督教教义中所做的。从犹太教和基督教传统的角度来看，一神论的新柏拉图主义者崇拜上帝，且还需要一件事来认识上帝，这就是理解这种崇拜的神秘性。这会通过《圣经》解释学完成，新柏拉图主义一神论藉此被解释为个人性的。从解释学角度看来，《圣经》包含了谜团和神圣的符号，它们需要特殊的符号学素养才能被解码。《伪丢尼修文集》中的《论天阶》正文包括以下段落。

对于任何人来说，大道无形，原因不只是我们能力不逮，难以理解——理解需要适当的、同源性指示，以便把那些无形和超自然事物的形象符号呈现于我们的理解范畴之内。而且，先知们最乐意通过神秘主义谜团来保护真知和宗教信仰的神圣性以及普罗大众难以理解的超凡脱俗性。

宗教解释学假设知识是类比的，我们可以通过中介获得那些没有立即被揭示的东西。“超凡脱俗”或“非此在世界”的特征在于它“无形”“无象”，也就是说，那些实体与我们所知的现实界截然不同。因此，我们可以就近取譬，运用类比法、通过现实中的像似符号去认识未知世界（Stjernfelt 2007）。像似符号具有相似的意义。正如《伪丢尼修文集》所说，类比法可以运用有形之符向读者表示无形之道。这种解释学与符号学意识吻合，（再现体与对象之间的）中介观是其核心。宗教作者不是特别关心理论发展或知识追求，而是为了丰富布道者的生活。哲学、符号理论或任何其他理论对布道者来说都是无用的，因为它被认为对信仰崇拜实践毫无用处。然而，圣·奥古斯丁研究符号学理论，因为人们认为它是阅读《圣经》的有效工具。因此，神学在历史上产生教育需求时，符号意识就出现了。

圣·奥古斯丁的经文融合了犹太教和基督教的解释学，希腊与罗马哲学思想以及博雅教育模式。他的著作成了讨论符号学的中世纪主要文献（Deely 2009；Marmo 1987，2010），也是博雅教育方面的重要参考书（Olteanu 2014）。符号学与中世纪博雅教育有着密切联系。圣·安布罗斯是一位与圣·奥古斯丁关系密切并对他产生深远影响的主教作家，他提供了一个符号学解释学的例子，说明我们可以通过观察自由（理论）和功利（实践）艺术来推断作者的技能。正如《创世纪》一书所言，我们的世界“是上帝创造的例子，当我们观察这幅作品时，创作者就会浮现于眼前”。因此，这种作品把这独特的标志作为上帝伟大的符号，体现神的智慧。圣·安布罗斯选择了艺术作为终极目标，艺术因此成了教育内容。教育、神秘解释学和符号学之间的联系贯穿了整个宗教时代。

图像、身体与学习

符号学从神秘的亚伯拉罕神学解释学和古代地中海哲学中继承了身体观。“身体”这一概念被证明本质上与学习现象有关。传统上来讲，身体属于“这个”世界——一个可感知形式的物质现实，由于普遍像似性符码而使感官世界与未知世界共同具有相似性。约翰·贝尔（John Behr 2006）断言，在《圣经》解释中，身体主要被理解为自我，而“不为身体而活”只是无私劝诫，因为身体被认为是最适合、最接近自己的实体。其目的并不是把身体降格为一个生理对象，从而借助类比掩盖认知。从符号学上讲，自己的身体是自身的像似符。没有什么比自己的身体更像自己了，所以身体是在无形中探究解释学的最佳场所之一。

对皮尔斯来说，像似符与对象如此相似，以至它们之间可能会混淆（Peirce，CP 3.362）。在所谓的“想象的时刻”中，这种混淆可能会出现在对像似符解释的“想象时刻”（Stjernfelt 2007，p.83）中。正是通过身体，自我才能学习。身体就是学习的自我，因为它促进了符号学能力，在像似符符码中，它将自我具体化了。否则自我将是一种无意义的抽象，作为一个无像似性的符号，用皮尔斯的观点来看，作为“非此在世界”是不可能的。学习化身体的观点蕴含着生物符号学、教育符号学和生态符号学的意义。学习始于我们的感觉运动能力。由于符号化的三元过程结构，因果关系不是单向的。一个符号再现体（一个符号本身）并非通过解释项精确地确定对象，但是所有这三个终端都在相互关联的符号过程中彼此协作。有机体不能在静态环境中适应、进化和学习，而是相互依存、共同进化的。

这一主张已经存在于亚伯拉罕神秘传统的人类学及其整体解释学中。亚伯拉罕神学认为，人是宇宙的灵魂，而宇宙是一个身体。因此，灵魂和身体不是二分法，而是以整体的方式连接和关联。身体没有灵魂，或者宇宙没有人类是毫无生机和毫无意义的，因为这样它就仅仅是一个没有图像的符号。宇宙需要被解释，比如人类学，如果没有的话，则会是荒谬且缺少像似符意义的。圣·奥古斯丁在《忏悔录》中暗示了这种神秘主义神学的生态整体论：

这是什么？我问大地，它回答了我，“我不是他”，不管里面是什么，回答都是一样的。我问大海、深渊及生物，它们回答道：“我们不是你的上帝，请你寻找我们之上的东西。”我问飘动的空气，周围的空气回答：“阿那克西美尼被骗了，我不是上帝。”（阿那克西美尼认为，气体是万物之源，不同形式的物质是通过气体聚和散的过程产生的，并认为火是最精纯或是稀薄化了的空气。）我问日月星辰：“都说它们不是我寻找的上帝。”然后我转向自己，并问自己：“你是谁？”然后我回答道：“一个人。”我向全世界询问我的上帝，它回答道：“我不是他，但他创造了我。”

正如本章讨论的，圣·奥古斯丁展现的解释学以符号学和教育学为基础，从而提出了通过身体体验学习的假说。毋庸置疑，不用说，我们不应该想象圣·奥古斯丁说话时，大海、月亮、动物或其他自然元素会用清晰的语言回应他。他“问”各种问题意味着他开始亲自用感官体验、感受环境。询问完环境的所有方面后，他开始转向自己，寻找并发现“人”是自然解释者的答案。此时他知道了询问的方向。他已经认识到内心和外表之别，但并不意味着二元对立，因为内心是通过外在的事物学习的。一旦面临探究时，他可以即刻开始依靠内心的反思了。

这个解释也证明了本章之前讨论的点，即教会作家对哲学发展不感兴趣，但却对丰富祈祷者内心生活感兴趣。因此，圣·奥古斯丁这时停止了反思，并且进行自我反省。他开始探究环境，最后回到自己本心。伊本·阿拉比的人类宇宙学，或者说宇宙人类学，可以从同样的角度来看待。圣·奥古斯丁对自然环境的质询、圣·圣安布罗斯对《创世纪》的解释、伊阿拉比的宇宙论都暗示着神秘主义神学中文本分析的方法论与对自然的解释是一样的。根据这个解释，我们可以“阅读”这个世界；这个世界被看作是一场演讲、一篇文本、一本书。

应该说明的是，这种立场与结构主义中看似有些关联的假设其实截然不同。这个解释产生了相反的方向：因为我们观察自然，所以我们阅读书写的文章。这方法回答了这个问题：为什么符号学和教育学有一些地方会相互联系？在我们的自然环境中，书写和阅读不同文本的文化活动在符号学中起着符号解释的作用。阅读和书写的技能在知识的传播和发展中是一个珍贵的优势，但始于人之身体的符号能力。当代符号学继续发展身体的概念，“身体证明了生物的基本符号学能力，例如需要符号学被身体概念”（Stjernfelt in Nöth 2006，p. 14）。重新发现符号学视域的身体就像重新发现教育符号学，在一般符号学的重新发现之后被推迟了大约一个世纪。实际上，符号学身体和教育符号学理论这两种努力开始于同一历史时刻，即新千禧年的首个十年。在此期间，世界上发生了颇有关联的事实：哲学从语言学转向中分离出来，符号学的图像转向（Stjernfelt 2007）；继之以符号教育学转向（Semetsky 2014）。

身体的符号学概念在几十年的生物符号学研究中不断发展。教育符号学作为理论符号学的分支产生于十年前，“教育符号学”（Edusemiotics）这一特殊名称最早出现于 2010 年（Danesi in Semetsky 2010b）。生物符号学和教育符号学都表明在认识论上需要对学习与教育做非二元性解释，因为基于身心二元论对语言的解释错失了思想和语言的主要属性。符号之身体概念推动了符号体验式学习的观点（Semetsky in Stables and Semetsky 2015，pp. 46—60）及符号“活化”（Henning & Scarfe 2013）：人类是符号，是拥有语言或语言外能力的符号使用者。“缸中之脑”或“机器之灵”的隐喻对自然环境具有破坏性（Stables in Stables and Semetsky 2015，pp. 145—154），因为他们忽略了身体本身。学习是文化和生物现象并与世界其他方面保持联系。生活和学习相互存在，互不分离。学习可以被看作是生活的表现。因此，生物符号学和教育符号学最近开始依靠各自领域所共同面对的信息研究。

教育符号学承认能力概念在教育理论里的中心地位（Pikkarainen 2014），但生物符号学发现能力源于我们的具身模式（Stjernfelt in Nöth 2006）。这些假设是相互关联的，并受符号学隐含的整体论支撑。教育学理论认为学习即生活（Stables 2005），生物符号学认为符号化是生活的特征（Emmeche & Kull 2011）。演讲或文本的概念在符号学视域下扩展：“文本”的阅读和书写成为我们根据符号能力来适应和解释我们的环境，而符号能力源于符号化过程（符号进化和符号转化）。

皮尔斯使用源于语法和逻辑的隐喻解释形而上学，并假设在自然界存在着“比例”。需要重申的是，皮尔斯认为人是自然的解释者，这一观点与教育符号学观点一致（Semetsky in Stables and Semetsky 2015，pp. 16—30）。通过运用推理、归纳、演绎，我们可以阅读和理解自然之书。这种解读自然之书是有可能的，因为这是图像转向，它使符号学回归到了中世纪早期的身体观——身体是自我和自我的象征。这种符号学进路强烈反对二元论。皮尔斯确实有这样的直觉：自我意识是幼儿通过对自己身体和感官经验的密切观察而发展起来的：“身体是宇宙中最重要的事物。只有被它触及之物才会产生实际的现实感受；只有它所面对的东西才有真正的颜色；只有它品尝过的东西才有真实的味道”（Peirce，CP 5. 229）。这种教育方式把学习和教学置于一个全面的符号学框架和教育活动中，这与我们在世间的广泛经验密不可分。的确，“经验是我们唯一的老师”（Peirce，CP 5. 50；Strand 2014；Semetsky 2010a）。

结语：符号学与生态学

本章论证了中世纪符号学的教育学理论和具象理论。生态学是个特殊议题，中世纪作家们无须考虑，但在后工业化时代，人们开始关注环境破坏问题。当符号学第一次开始形成一种生态学方法时，人们注意力便集中于中世纪神秘主义解释学。在从托马斯·阿奎那或伊本·阿拉比作品中所观察到的经院哲学中，温弗里德·诺斯把“人类与环境关系的泛符号模型”（Nöth 1998，p. 334）当作普遍观点。正如翁伯托·艾柯（1977年）注意到的，尽管符号学在这方面的研究工作相当有限，但可以肯定的是，当时最著名的教育理论家伊本·鲁世德可能直接影响伊本·阿拉比。因此，教育符号学和生物符号学的相互依存关系可能建立在生态符号学基础之上。

符号学图像转向有助于我们理解有机体与环境之间关系的连续性和完整性，两者都属于同一符码。从符号学角度看，这个世界的形而上学符码都具有像似符（皮尔斯三元符号论：像似符、指示符、规约符）的性质：世上存在之物彼此间都有相似性。这是因为世界有内在符码：语法或“比例”，因此我们可以读懂它。从历史上看，这一哲学假设决定了读写能力的发展，并让人们能够学习如何读写文化之文字文本与自然环境之无字文本（后者乃更高境界）。在符号学历史中，这一立场是在8世纪左右基督教圣像破坏运动中被阐明的。这次运动在学术层面反映出当时的神秘神学家与希腊学界的争论，神学家崇尚以图像表现神，而希腊学界反对以象征性符号使神具象化，反对基督崇拜转为对实际圣物的崇拜（如 Florovsky 1950；Lock1997）。最终赢得争论的神学家们不得不用自己的术语来对抗新柏拉图主义，因为严格意义上的神学论争并没切中肯綮。最终赢得争论的一方认为，书面文本也具有象征性。洛克总结了大马士革的圣约翰的主要论点，特别是在符号学的深层含义方面，其中内容如下：“要么接受这些（图像），要么抛弃那些（福音书）。”（Lock 1997，p. 10）

皮尔斯认为，一个复杂的象征性规约符意义是在图像像似符意义的基础上发展起来的。当人类被置于世界图像符码中时，我们可以学习这一符码、阅读自然之书，进而书写它。如果没有学好符码，那么从生态学角度看，“书写”就与“文本”不协调。因此，符号学、生态学和教育哲学交织在一个被称为教育符号学的特殊理论-实践关系中。虽然符号学的许多理论分支都证明了哲学作为符号学的整体精神，两者有相同的根基，但教育符号学作为一种新型的教育哲学，其典范性表现在诸多方面，它有助于以独特视角理解：生命体验和社会/自然环境，学习过程，符号化过程中作为动力因的学习功能等。符号学与生物学、教育学和生态学相互关联。

参考文献

Andreopoulos，A.(2006). Art as theology：From the postmodern to the medieval. London：Equinox Publishing.

Behr，J.(2006). The mystery of Christ：Life in death. Crestwood，NY：St. Vladimir's Seminary Press.

Deely，J.(1982). Introducing semiotics：Its history and doctrine. Bloomington：Indiana University Press.

Deely，J.(2001). Four ages of understanding：The first postmodern survey of philosophy from ancient times to the turn of the twenty-first century. Toronto：University of Toronto Press.

Deely，J.(2009). Augustine and Poinsot：The protosemiotic development. Scranton，PA：University of Scranton Press.

Eco，U.(1977). Semiotics of theatrical performance. The Drama Review，21 (1)，107—117.

Emmeche，C. & Kull，K. (Eds.).(2011). Towards a semiotic biology：Life is the action of signs. London：Imperial College Press.

Florovsky，G.(1950). Origen，Eusebius and the Iconoclast controversy. Church History，19，77—96.

Gough，S. & Stables，A.(2012). Interpretation as adaptation：Education for survival in uncertain times. Curriculum Inquiry，42 (3)，368—385.

Henning，B. & Scarfe，A.(Eds.).(2013). Beyond mechanism：putting life back into biology. Plymouth：Lexington Books.

Lock，C.(1997). Iconic space and the materiality of the sign. Religion and the Arts，1 (4)，6—22.

Lyotard，J.(1979/1989). The postmodern condition：A report on

knowledge. Manchester: Manchester University Press.

Manetti, G. (1993). Theories of the sign in classical antiquity. Bloomington: Indiana University Press.

Marmo, C. (1987). The semiotics of John Poinsot. VERSUS, 46, 109—129.

Marmo, C. (2010). La semiotica del XIII secolo [The semiotics of the 13th century]. Milan: Bompiani.

Nöth, W. (1998). Ecosemiotics. Sign System Studies, 26, 332—343.

Nöth, W. (Ed.) . (2006). Semiotic bodies, aesthetic embodiments, and cyberbodies. Kassel: Kassel University Press.

Nöth, W. (2014). The semiotics of learning new words. Journal of Philosophy of Education, 48 (3), 446—456.

Olteanu, A. (2014). The semiosic evolution of education. Journal of Philosophy of Education, 48 (3), 457—473.

Peirce, C. S. (1931—1935; 1958). Collected papers of Charles Sanders Peirce (Vols. 1—6, C. Hartshorne & P. Weiss, Eds.; Vols. 7 and 8, A. Burks, Ed.). Cambridge, MA: Harvard University Press.

Pikkarainen, E. (2012). Signs of reality—the idea of general Bildung by J. A. Comenius. In p. Siljander, A. Kivelä, & A. Sutinen (Eds.), Theories of Bildung and growth: Connections and controversies between continental educational thinking and American pragmatism (pp. 19 — 29). Rotterdam: Sense Publishers.

Pikkarainen, E. (2014). Competence as a key concept of educational theory: A semiotic point of view. Journal of Philosophy of Education, 48 (4), 621—636.

Sebeok, T. (1994). Signs: An introduction to semiotics. Toronto: University of Toronto Press.

Semetsky, I. (2006). Deleuze, education and becoming. Rotterdam: Sense Publishers.

Semetsky, I. (2010a). The folds of experience, or: Constructing the pedagogy of values. Educational Philosophy and Theory, 42 (4), 476—488.

Semetsky, I. (Ed.). (2010b). Semiotics education experience. Rotterdam: Sense Publishers.

Semetsky, I. (2013). The edusemiotics of images: Essays on the art~science of Tarot. Rotterdam: Sense Publishers.

Semetsky, I. (2014). Taking the edusemiotic turn: A body~mind approach to education. Journal of Philosophy of Education, 48 (3), 490—506.

St. Augustine. (2008). De Doctrina Christiana [The Christian Doctrine]. Oxford: Oxford University Press.

St. Dionysius the Areopagite. (1897). The complete works of Dionysius the Areopagite (J. Parker, Trans.). Grand Rapids: Christian Classics Ethereal Library.

Stables, A. (2005). Living and learning as semiotic engagement: A new theory of education. Lewiston, NY: Edwin Mellen Press.

Stables, A. (2012). Be(com)ing human: Semiosis and the myth of reason. Rotterdam: Sense Publishers.

Stables, A. & Semetsky, I. (2015). Edusemiotics: Semiotic philosophy as educational foundation. London: Routledge.

Stang, C. (2012). Apophasis and pseudonymity in Dionysius the Areopagite. Oxford: Oxford University Press.

Stepanov, J. (1971). Semiotika. Moscow: Nauka.

Stjernfelt, F. (2007). Diagrammatology. An investigation on the borderlines of phenomenology, ontology and semiotics. Dordrecht: Springer.

Stjernfelt, F. (2014). Natural propositions: The actuality of Peirce's doctrine of dicisigns. Boston: Docent Press.

Strand, T. (2014). 'Experience is Our Great and only Teacher': A Peircean reading of WimWenders' Wings of Desire. Journal of Philosophy of Education, 48 (3), 433—445.

Uexküll, J. von (1926). Theoretical biology. London: Kegan Paul.

第 15 章　复调理论作为教育隐喻的对话途径

杰恩·怀特

摘要　本章融合了米歇尔·巴赫金的复调理论（Heteroglossia）概念及其与隐喻性的关系，提出了教育中语言使用重释观。复调理论 概念将符号定位为一个多学科、多样性、意识形态和社会建构的事件。因此，隐喻的复调理论方式，对教师而言，被认为是一种深刻的解释性立场。教师乐于以各种形式参与符号活动，这远远超出只是把语言做为核心的考虑，他们愿意接触符号形式，而不是对语言的向心考虑，否则“到达即逝”，并否认其创造意义的各种潜力。本章以幼儿教育领域的一系列研究为例，说明人类幼年时期难以捉摸的意义线索。本章根据教育符号学的核心原则（Stables & Semetsky 2015），重点在于实际行为中的意义解释，而非孤立静止符号观认为符号仅对人有传递功能而已。世界上有越来越多不同性质的复调理论 ，加之身处开放、多元和对话的新世纪，教师不得不思考与学习进行符号互动的多种动态形式。

引言

本章融合米歇尔·巴赫金的复调理论概念及其与隐喻性的关系，提出教育中的语言使用重释观。复调理论显示出了语言多样性（Razno Jazychie，in Russian）和个体声音的多样性（Raznogolosie，in Russian）。然而，对隐喻的理解需要最大效率共享语言和概念意义。乍一看，这给教育者和学习者尝试解释意义时提出一个难题，尤其是当语言、文化或习俗无法共享时。但是，从复调理论角度看，隐喻的使用不再被认为是一套既定的或文化上已被商定的组合或比喻。符号作为一种通往意义的途径，其共有的本质被认为是一种定位的中介，它利用多重“他者”语言理解定位为隐喻行为。接收者充分思考发送者的思想取向（反之作者作为接收者亦然）。符号被看成是一种格式塔般的“社会点火装置”，推动意义是时断时续前行的，而不是一种确定性。这种观点在考虑隐喻时得到了调和，远远超出了发送者在潜在空间中的词源或言语含义。

根据教育符号学的核心原则（Stables & Semetsky 2015），其重点在于实际行为中的意义解释，而非孤立静止符号观认为符号仅对人有传递功能而已。更具体地说，在宣称通过声音作为共享意义的单个概念去认知和理解学习者的教育背景时，人们更加关注大量多语交际中众生喧哗的意义。努力参与进这些潜在的隐喻空间，这不仅是一个解释性的挑战，因为从不同的意识形态甚或语言类型的使用中可以得出不同含义；而且这些空间也组成了不同起源的多种语言，其中很多语言不为所有说话者所知。另外，不同程度的发声或口音也可能会影响语言，这种发声或口音被称为风格化的话语：“不与先前所吸收的其他存在要素和平共存，而是让它们参与斗争，重新评估它们，并改变它们的地位。”（Voloshinov 1973，p. 106）这些复杂的互动空间代表着对所有人都有创造性教学潜能的生活关系（White 2015）。因此，在某种程度上，与学习者接触的人面临着相关斗争，这些斗争是以庆祝的方式呈现的，而不是作为意义的问题障碍呈现的。有人认为，相关斗争提供了一种中心手段，利用多样性和多种声音的潜力，创造了更多隐喻意义的机会，使教育学成为教育符号学研究的中心。

本章由两部分组成。第一部分介绍复调理论和隐喻性的相关概念及两者在教育符号学领域的相关性。复调理论很重要，它是理解“多方面和多重语言”（Busch 2014，p. 24）的一种方式，在当代教育背景下不可被低估。既然世界是多元化的，那么教育者遇到和解释意义的方式也是如此。这是本时代所有教育背景下的重要议程，尤其是在全球化进程日益加快的情况下，这一时代面临着用后结构主义风格和多样性取代确定性的问题。

但运用复调概念时，人们面临很多挑战，同时也面临很多机遇，这在本章的第二部分我将会解释。在这里，我认为，教师作为教学角色的一个核心特征，即承担着根据语言线索解释意义的任务，尽管他们尽最大努力达成了共识，但这些线索可能会逃出（或超过）他们的理解。在这方面教育的所有领域都面临挑战，本章重点介绍了早期教育，在早期教育中，人们往往很难找到意义的线索。解释是非文字的，象征性的，经常超出教师立即可以理解的范畴，它需要符号与隐喻的意义共同参与。因此，本章转向早期幼儿教育领域，在这个领域中，复调理论通过对话事件发挥其隐喻潜力，揭示了儿童与教师关系中的许多声音。本章还提出了一些教育学问题，这些问题远超声音的单独概念，并庆祝复调理论与教育符号学研究相关时隐喻意义产生的潜力。

复调理论

复调理论的概念被巴赫金（1981）描述为“用另一种语言讲话，用折射的方法解释作者的意图”（p. 324）。它代表着日常生活事件的语言上“具体的，有生命力的整体”（Bakhtin 1984，p. 181）。托多洛夫（1984）相关俄罗斯术语的翻译（Raznojazychie and Raznogolosie）增加了这一解释，强调对话中个体声音的多样性。他认为“（社会意识形态的）话语的多样性”支持巴赫金的一贯主张，即语言“经常充满着他人的意图”（1981p. 293）；并且它是由社会背景下的特定用法决定的。当代教育研究强调课堂上语言使用的复调理论语境，即“一个复杂的共振空间，包含不同的声音、代码和话语，这些声音、代码和话语与不同的相关空间和时间段有关”（Busch 2014，p. 35）。研究者集合相关的语言手段到该领域，例如指示性（Bailey 2012），模仿性（Blackledge & Creese 2014），多元弥散性和双声语（Cohen 2015；Rosen 2015），现在开始认识到 21 世纪学习者使用语言的复杂性，他们从日益多元化的语境中汲取经验，并将其引入教育领域。通过一系列分析，产生了很多理解、欣赏和实行的机会，而不是同化或作为内部说服性话语（IPD）的意义产生，以及在参与向心与离心的理解之战中的权威性话语（AD）。从这种对话性角度看，复调理论是作为学习核心的生活语言的关键。

隐喻

巴赫金的隐喻观与他的复调理论原则相一致，由于不同的意识形态、甚至不同的语言场所有着不同的意义，因此他借鉴了多元概念，将意义生成作为一种相互作用的努力来概念化（White 2014）。对于巴赫金来说，隐喻最好是作为一种审美参与的社会事件，在这种社会事件中，意义产生于当下而不是在分析之后。因此，意义的变化取决于语言的使用和它的战略定位。对巴赫金来说，语言的概念化超越了口语，意义产生于涉及身体的对话性互动游戏中，这些对话性互动游戏处于特定的时间和地点，符合他对时间体的概念。

巴赫金的概念化与亚里士多德著名的隐喻使用理论有着根本性的不同。亚里士多德的隐喻使用理论在很大程度上依赖于对共同词汇组成和修辞新颖性的共同欣赏，而这种欣赏是建立在对文化的熟悉之上的（例如参考《维特根斯坦家族相似性模型对哈塞尔的影响》）。拉科夫和约翰逊（1999）寻求建立隐喻用法中强制性层级结构，其理解借鉴了不同领域和载体有效结合关系的公式。他们认为本体一致是因为两者的结合。例如，把爱情和旅行结合在一起作为隐喻性的映射，这意味着情侣是旅行者，情侣的共同目标与其共同目的地一致，关系中的困难可能被视为旅行体验的障碍。为了共享这种隐喻，对话者还必须共享它的认知映射，或者在认知科学术语中，它可能根本不会作为同一个隐喻存在。

相反，巴赫金对意义以这种方式被抽象或被具体化的任何语言观都持批评态度。巴赫金哲学核心是关涉“看见”的问题。正如他指出的，我们不能看到别人看到的东西。他认为即使我们在相同时间看到了相同行为，但却不会有相同的意义。采用康德的方法，人们通过提出一些可以相互认知的共性来解决这个问题。如果我们像巴赫金建议的那样接受这种差异，那么话语必须以哲学隐喻的方式进行。由于不能再假定有共同的认知或解释，因此出现了一种符号学张力。在缺乏这种观点的情况下，巴赫金认为，创造意义的潜力会立即被扼杀，甚至可能被摧毁；当意义固定时，另一观点也会被否定。此看法受德国哲学家卡西尔影响很大，卡西尔将这一论点总结为以下几句话：

> 可以肯定的是，很明显，所有表达方式的转变都只能是隐喻；但是，如果真的是这样的动态隐喻，而不是从静态世界、事物世界和事物关系中借来的任何事物，那么就可以恰当地描述语言中“特殊”和“普遍”之间的关系，“生命”和“精神”之间的关系。在语言领域中，同样的基本关系也适用于其他所有真正的“符号形式”。内在的矛盾，即必然存在每个形式的对立，不能分裂或破坏它；而它构成了一个条件，在这个条件中，它的统一性可以从这种矛盾中重新建立起来，并因此再次向外部世界呈现出统一性。（Cassirer 1953，pp. 879－880）

巴赫金借鉴了卡西尔关注的隐喻使用中的对立性和矛盾，从而开辟出复调理论这一理论路径。在教育符号学领域中，隐喻的复调理论方法作为一种对话式的教育手段，在意义生成方面有着巨大潜力。

教育符号学

在教育课堂上，复调理论和隐喻的交叉代表了一种最广泛意义上的（教育）符号学问题。斯塔布尔斯和赛默斯基（Stables & Semetsky 2015）表示，符号必然是相互关联的，因此是可解释的。教育符号学假定学习是一种源于符号并使用符号的具身活动。拥有了这些概念，我们就有可以断言，所有的语言都是某种基于社会空间中生成意义的符号的参与。这一特征与（巴赫金的同事）沃洛希诺夫（Voloshinov 1973）的主张有着高度一致性，他提出了一个基本观点，即符号在思想意识上总是充满意义的。和卡西尔的隐喻原则一致，沃洛希诺夫认为，在符号被置于主导意识形态的地方，意义被扼杀了，导致"昨天的真相……出现在今天"（1973，p. 24）。

传统的隐喻观在意义上确实有相同的影响，因此，这意味着某些"被许可"的并列比其他并列相关性更大，或者只有那些共享某些语言代码的人才能理解这一含义。这种观点使某些学习者成了语言的"新手"或"最初"使用者，因此他们无法使用隐喻（这一点将在第二部分说明）。然而，这观点不适用于在"特定"同质空间外的人，这可能是文化或概念原因。这特别适用于幼儿隐喻使用的判断（或者我应该说，由于这个年龄组的原因，缺乏使用），这一判断基于这样的主张：隐喻的存在必须遵循一定的以成人为中心的词汇、概念和范畴规则。

然而，巴赫金和他的伙伴们认为，在复调理论世界中，还有其他方式可考虑隐喻的使用。这些考虑也被诸如尼采（1969）这样的哲学家宣扬。卡西尔将隐喻视为所有语言和思想的中心："认知只不过是喜欢用隐喻，它是一种不再被认为是模仿的模仿。"（p. 51）虽然分析哲学家并没有具体地提到隐喻，但对于皮尔斯来说，隐喻可以被认为是具有像似性潜力的符号。他的观点是：符号的相关结构存在一种张力，这种张力创造了产生意义的需求，这是全新的，符号不可能被分解成单独部件而存在。皮尔斯在这方面暗示了一种广泛的词源论和本体论观点，指出形而上学被认为是隐喻的一种结构，逻辑和幻象概念也需要通过隐喻来理解。皮尔斯（1998）在一种典型的隐喻语言中指出，一个没有隐喻的纯概念就像没有皮的洋葱。

根据皮尔斯的语用原则，只有根据“事物”的效果才能构想出“事物”来，这与皮尔斯的实效主义思想一脉相承，但在潜在中不同于卡西尔对意义“打动心弦”的描述，也不同于沃洛希诺夫的电路隐喻（点燃意义）。总之，这些意义分析方法强调对话各方在巴赫金“异己性”概念中运作化，该概念“提请注意‘他者’的普遍性”（Clark & Holquist 1984，p. 66），因此强调正是意义的不共享才创造了创造性解读的潜力。斯塔布尔斯认为，对符号与信号有区别这一问题的省略忽视了对偶遇的非进步性方面的考虑：“西方式民主不是社会发展的唯一形式。”（Stables 2012p. 16）这是一种转变，从纯粹以形象为驱动的相似性关系的隐喻，转变为一种复杂的创造性解释形式，这种额外的紧张预示了各种可能性。

这种隐喻方法需要对可能性持非本质主义的开放态度，并抵制投机和禁用。这种对隐喻的处理是不确定的，因为它就像人类自己一样，总是处于一种变化的状态。对巴赫金来说，隐喻一旦被转化为一种具体化的诗意装置，就会失去它的创作潜力，因为它的意义如今已经被固定且被过度使用了，或可能被描述为死亡（参见 Lakoff & Johnson 1999）。这种连续的隐喻方法表明，尽管映射可能是由它们的相似性（例如从红到热，再上升到幸福等）驱动的，但它们也因其差异而存在。因此有生命力的隐喻性（即真实生活交流中的语言运用）提供创新方式来使语言并列、矛盾甚或分化，这样只是为了随后消除矛盾，从而创造新的意义，这些新意义也可能转瞬即逝或只是误解。隐喻可能在“他者”脑海里被点燃，因为它创造了一系列相似性或古典逻辑的滑移，正如新的关系是由语言的连续性创造的一样。它产生于交流本身，作为一个事件，就其本质而言，使意义不确定，由此产生美学意味去应对隐喻的新方法，即是在动态中解释意义。沃洛希诺夫（1973）描述了语言的非中立性及关于意志意义、意识形态和社会口音上的相关概念，它促成了隐喻成为广义上的参与过程的观点：

每一个意识形态符号都有两面性，就像杰纳斯两面神。任何当前的诅咒语都可以成为赞美语，任何当前的真理都不可避免地会被别人当作最大的谎言。这符号的内在辩证特征只有在社会危机或变革时期才会充分显现出来。在一般的生活条件下，每个意识形态符号中的矛盾总在某种程度上是反动的，或者可以说，尽力稳定之前在社会生成过程中的辩证轨迹中的因素，所以强调昨天的事实，实际上是让它显现于当下。这就导致了在主流思想的思想符号中的折射和扭曲的特性（Voloshinov 1973，pp. 23—24）。

沃洛希诺夫像雅各布森和俄罗斯形式主义运动的其他成员一样，在这里引用了一种辩证的方法，似乎表明了“每一个体的言语行为都受到其他人的言语行为的影响”（Hutchings 2004，p. 152），但比起整个过程，现在很少强调语言结果或语言产物。语言的符号学特征又一次被认为“通过独特和普遍、内在和外部世界的辩证统一来体现普遍意义的个体语言创造行为”，“在这种辩证统一中，二者都保持不变”（Hutchings 2004，p. 152）。符号中介性是教育符号学的一大特征，它介于普遍与特殊之间以及其他双重范畴之间，特别是皮尔斯符号论的三元结构。对雅各布森来说，符号是有结构的且有生命力的，它位于系统之中。这一时期俄罗斯形式主义运动形成了复调理论在该领域的基础，同时也明显地牵涉社会行为中语言的复杂性的进一步转变。

这种发展在巴赫金的作品《巴赫金圈》（*Bakhtin Circle*）中表现得很明显，该作品的符号观超越了个体或自我-他者的行为，取而代之的是以对话为导向的方法，将意义作为一种存在事件，定位于动态对话中，而不是作为一个（静态）系统。对巴赫金来说，不存在物体或解释物。这些角色已不存在于社会事件中，主观性也相应地相互影响。符号观点离主题并不遥远，而是通过主题-主题关系塑造的。我们没有必要关注类别或层级结构，但要关注主题和观点。这一出发点使巴赫金能够从最广泛的意义上将语言方向和意义视为话语。通过联想，隐喻现在可以被看作是一种价值创造的活动，它消耗了一个“从头到脚”的整体。在这种语言环境中，隐喻不再仅仅是一种语言比喻，而是所有意义的基础。复调理论与被引入到这一修正的概念中，它创造了一种必要的方法来审查社会语境对话中差异性发生的不同区域以及它们的相关含义。当然，这种审查的主要场所是教育领域。

在教育中隐喻的复调理论方法

教育场域中运用隐喻的复调理论方法，不仅使语言意义可能被认为是一个深刻的社会和价值的学习事件，而且越来越重视学习者的日常经验。对于那些不使用同一种语言或使用不同形式的语言的人来说，语言的变化潜能提供了一种不同的方式来解释他们的交际经验，作为通过他人的眼睛来了解自己的一种方式。这样，隐喻语言给对话者带来的困惑就可以被看作是对沟通努力及其多方面目的的洞察，而不是一个固定的结果。隐喻性不再仅仅是一种发送或接收的意义，而是存在于由教育的异质语言组成的不断的创造性流动之中。正如巴赫金（Bakhtin 1981，P. 293）这样解释道：

并不是所有的话语都能让任何人轻易接受或视为珍宝。很多话语顽强抵抗，有些话听上去很陌生，有些人说这些话听起来带有异样风情；这些话语不能同化到说话者的语境中。说话者的意图寓于或过度寓于他人意图中。采用并强迫它服从某人的意图和口音，这是一个困难且复杂的过程。

尽管它很复杂和不确定，但这一努力标志着当代教育中教学工作的基础（White 2011）。教育符号学对生活和学习的强调（e. g. ，Stables 2006；Semetsky 2012）突出了与“他人”的具身接触。教师在接触不同的学习者时，会面临工作中意义产生的剧烈挑战，此时教师需要真诚地、符合伦理地与不同学习者交流。主流教育学话语珍视一些基本概念，如持续共同思考（Siraj-Blatchford et al. 2002）和中介性学习（Vygotsky 1997）的概念，它有这样一个前提，那就是：所有意义不仅仅是可获取和可传递的，而且是可共享的。在这种观点下，教师根据社会需求，如课程文件或课程计划中所支持的内容以及以逻辑为导向的真相为评估提供依据，从而推动某种学习进程来确定意义的方向。意义的隐喻事件发生在对话世界中（不只是老师本身），孩子们从不同的社会空间、多元的、有时不为人知的口音中汲取灵感，在心智、文化和意识形态上不断发展，并敏锐地参与到对话中。在这里，我想起了说话声音的多元化，人们在对话中相互作用，超过了典型的“孩子的声音”的概念。在幼儿对话研究中，目前有许多这样的多学科性和多样性的例子（e. g. ，Cohen 2015；Kurban & Tobin 2009；Rosen 2015；Tam 2012；White 2014）。在每个例子中，声音反映了一系列令人困惑的口头、具体甚至无声的对话，这些对话暴露了他们在与他人交流时的意识形态取向。意义不仅从我们所看、所听中产生，也要对对话中引起的各种观点的重新解释持开放心态，如果认真对待，就能提高对所提供的创造性潜力的认识。在一个研究项目中，我试图用一个蹒跚学步的孩子来解释隐喻，我自己的反思清楚地说明了理解这种隐喻的艰难之路（White 2009）。在这个研究中，18 月大的宝宝会“吃”树皮碎片（指在 ECE 中心玩耍区域的小块木头）：

究竟为什么你会吃树皮碎片？但对我来说，显然她内心认为这个树皮碎片代表食物，在这个游戏中，她会试图吃掉这个树皮碎片。看起来小孩可能是真的吃了它——把它放进嘴里——但她知道只要把它带到嘴边，并发出“yum yum”的声音即可。在我看来，她这样做似乎是为了回应她和（她的老师）正在玩的游戏——几乎是为了表明她参与游戏（White 2009，p. 115）。

将复调理论用于这些有意义的情况下，在隐喻空间中，教师努力接触学习者，这不仅被看成是一种解释的尝试，因为不同的意义路径来自不同的思想和语言空间，某些空间可能无法点燃意义之火。它也是一个由多种语言连接而成的空间，这些语言有自不同的起源，可能会超出成年人的理解能力。这些语言中有许多可能是所有各方面都不知道的，而且只有在日常使用中才充满意义，也许也会有所改变。对这些“其他”声音的考虑打破了通常在理解学习者时所追求的流畅的叙事，并形成一种复调理论取向的基础，这种取向照亮了复杂社会空间中众多的声音。在这个概念化过程中，多重声音并不被认为对意义构成了障碍，而是成为一种庆祝这种多样性潜力的手段，这种多样性为最广义的教育意义创造了更多机会（Blackledge & Creese 2014）。下面的例子突出了这一点：

研究者：……她抬起头来，我敢肯定，她说了“按钮”一词000000，但当她（和她母亲）做同样的动作时，她母亲建议她说“哇哇”。

母亲：哇哇，是的。

研究者：那我将“什么……？”

老师：我认为她会说“puku”（毛利语，“胃”的意思）。

母亲：（微笑）这也有可能。

研究者：老师说“我们在这里不使用这个词，我在想他们是否在家里使用”。

父亲：（微笑并把食指悬于空中）

大家都笑了。

戴维斯（Davies 2014）建议，教师应参与到声音的多元概念中，包括停止偏见和判断，以“开辟新的认识方式和存在方式的可能性”（p. 21）。这尤其重要，因为学习者从越来越多的不同渠道学习。从巴赫金的角度看，这种参与也也要求教师参与这种对话斗争，包括持不同意见、矛盾和好奇心，作为创造性见解的催化剂。当然，这样的尝试并不是孩子早年特有的，而且随着孩子们年龄的增长，以及他们在学习具有共同意义的文化时，这种尝试可能会变得更加难以理解。在这些正式的教育环境中，意义成为善意的成年人辩证努力的一部分——我认为，这往往是以牺牲孩子们自己遇到的独特的、具有内在说服力的话语为代价的。

停止庆祝?

庆祝这些机会并不能使这些传统意义上的语言有明确的共同意义。它没有把个体看成是用某种独特声音说话的人，或来自同一种确定的话语或系统。话语是一种得到回应而不被忽视的语言行为；因此，可能导致共享的意义（即向心力），但往往不偏离共享的意义（使用科学离心机的比喻），如以下模型所示（图 15.1）。

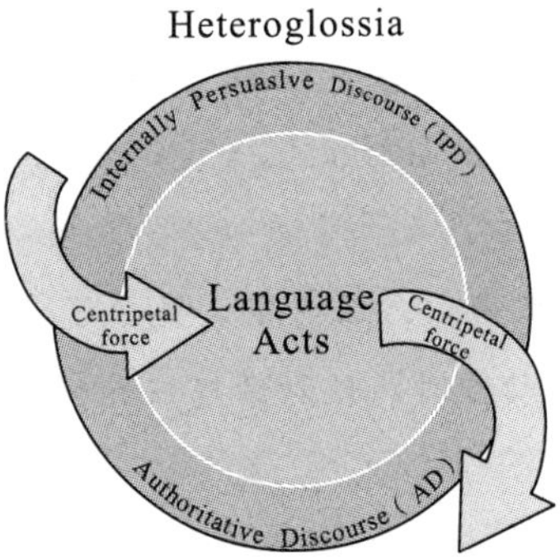

图 15.1[①] Heteroglossia

另外，语言所处系统的暂停，有利于对话中使用的话语，它提供了一种理解隐喻的方法，把隐喻性作为一种恒定的方向来源。在这个概念化中，共同意义的缺乏并不被认为是学习的缺陷，而是创造力和动态解释的源泉。还有一个漏洞（隐喻混淆，扭曲或重新定位重点），即意义可能通过隐喻被故意破坏，这可能是因为部分学习者不一定希望被成年人完全“了解”。因此，巴赫金的

① Reproduced from Fig. 1.1 in White, E. J. (2015). *Introducing dialogic pedagogy: Provocations for the early years* (p. 28). Reprinted with permission from Routledge

复调理论概念不是过多把语言看成是一种面向中介的、甚至是假定的追求整体性的公共媒介或传播手段，而是关注存在于个人交流社会中的相互竞争的声音，每种声音都会带来多种（通常是相互竞争的）语言进行对话。每一种语言同时与其他语言存在关联，但同一性的概念比任何固定立场更容易受到质疑。在此，人们承认“人们认识到“自我不是一劳永逸地给予的……就像符号，它的边界对其他符号开放，永远不会固定和确立”（Petrilli 2013，p. 14)。我认为，这就是巴赫金复调理论的最大贡献，通过研究冲突和竞争的声音而形成最好的理论，语言正如其所述“具体的、有生命的整体”(Bakhtin 1984，p. 181)呈现出一幅更为复杂的图景，“成为一种价值创造活动的表达，这种活动渗透并转换了形式。”(Bakhtin 1990，p. 305)

回到我们对隐喻性不断增长的重新概念化上来，复调理论提供了一种人类内部和人类之间具有多重意义的参与方式，而不是孤立的主观活动参与到单独的符号中。这不仅仅是来自不同人的不和谐的声音——事实上，自我也是由多种声音组成的。在巴赫金看来，在哲学意义上，自我从不孤立于他人之外，而这也正是他思考的核心问题。因此，组成意义的东西是以对话的居间性为导向，因为它依赖过去的经验或“登记”(Agha 2005)。根据这个观点，人们对普遍范畴的重视较少，对语言使用意义的重视则远远超出了目前的情况。换言之，此刻隐喻参与其中，它可能被认出也或许不能被认出，甚至可能由于这种参与而产生新的隐喻。如同隐喻意义的火花，这些时刻通常被忽视，因为它们产生不了确定性。也不能与主流派一致，而主流派在教育中享有特权或符合理想的学习结果。另外，狭隘的同一性逻辑给任意一种话语带来太多字面上的理解，因为它定义了一个独立于上下文和时间的个体。在这种关注中，作为惊奇和刺激源泉的，不可知的“他者”潜力被忽略了。

我认为这种限制在教育中发挥作用的一个方面是：坚定地强调话语是单个学习者身份的文字表现，而不是与他人的对话。在诸如游戏这样的语境中（用巴赫金的术语来说），这对隐喻性的欣赏提出了一个严峻的挑战，因为隐喻性语言作为一种具有复调理论的社会事件使用，并不被认为是一种合法的学习形式。在其他地方（Marjanovic-Shane & White 2014)，我一直主张将玩耍看作一种特殊行为（借用我从俄语中翻译的一个词“Postupok”)，它是一种超越以往通过创造性和想象力的社会行为所看到或知道的行为（参见 Stetsenko &

Ho 2015)。在某种程度上，我怀疑这与发展限制和稻草人关于幼儿能力的断言有关（White 2009）；但它也是儿童早期课程的一个特征，尽管有关于有能力和自信的学习者与占主导地位的教育话语相关的修辞，但该课程并没有真正认识到其本体取向。

例如，新西兰的幼儿教育课程强调艺术、音乐、舞蹈、单词和数字相关的符号和象征。其中五分之一的课程突出发展“交际”，强调孩子“阅读”符号作为获得文化经验的途径（*Ministry of Education* 1996，p. 78）。课程中没有提到符号和象征是由幼儿自己产生的可能性，而是通过对话的相互作用或回应孩子教育之外生活的创造性潜能让孩子自由发挥。另外，不考虑文化之外的符号和象征的生成或者促发其获得新生。沃洛希诺夫（1973）解释了类似的做法：“关闭电流后打开电灯”（p. 103）。很多课堂都尝试这种类似的离奇举动，直到他们失败后，必然会遭到谴责，因为对学习者来说，学习的取向不是以生活意义为中心的。

结语

前文所述稍微有些令人沮丧，但在本章总结部分，我还是乐意暗示未来仍有很大的希望。在我们的世界上有越来越多不同性质的众生喧哗，加之一个开放、多元和对话的新世纪，教师不得不思考与学习者进行符号学互动的多种动态形式。由于意义作为一种严肃的学习和教学方法的正当性，同时又致力于学习者可能从不同的语言空间中汲取本体论经验，因此不能再在传统的解释框架内考虑意义。遇到如复调理论等语言的社会张力，意味着在隐喻意义上的共同意义可能只提供了最广泛的符号学意义上的潜在意义的短暂一瞥。然而，这种隐喻性的冥想也可能提供更佳机会，使教师认识到主体间的局限性，从而理应有谦逊的姿态。这要求教师在与他人进行创造性思考时开辟出一条理解之路。其他人可能会给我们的体验带来其他的见解或者提醒我们生活的边界。当“他人”只从自己的角度看的时候，我们可能缺乏创造理解和意义的多重隐喻机会的努力。单一的语音概念是不够的，因为学习者和教师都不会在任何时候，出于任何目的说一种语言，也不会彼此孤立。这对教育来说是一个重要的挑战，因为不同的学习者经常被拒绝他们的创造性作用，因为成年人没有意识到他们语言接触的复杂性和他们作为“相异者”学习的潜力。对于所有学习者来说，这也是一个挑战，因为他们有能力以各种方式在尚未得到我们充分关注的大量众生喧哗空间中提供隐喻性的洞见。

参考文献

Agha，A.(2005).Voice，footing，enregisterment. Journal of Linguistic Anthropology，15 (1)，38—59.

Bailey，B.(2012).Heteroglossia. In M. Martin-Jones，A Blackledge，& A. Creese (Eds.)，The Routledge handbook of multilingualism (pp. 499—507). London：Routledge.

Bakhtin，M. M.(1981).The dialogic imagination. Austin：University of Texas Press.

Bakhtin，M. M.(1984).Problems of Dostoevsky's poetics (C. Emerson，Trans.). Minneapolis：University of Minneapolis Press.

Bakhtin，M. M.(1990).Art and answerability：Early philosophical essays (M. Holquist & V. Liapunov，Eds.，V. Liapunov & K. Brostrom，Trans.). Austin：University of Texas Press (original work published 1923).

Blackledge，A. &Creese，A.(Eds.).(2014).Heteroglossia as practice and pedagogy. Dordrecht：Springer.

Busch，B.(2014). Building on heteroglossia and heterogeneity：The experience of a multilingual classroom. In A. Blackledge & A. Creese (Eds.)，Heteroglossia as practice and pedagogy (pp. 21—40). Dordrecht：Springer.

Cassirer，E.(1953).The philosophy of symbolic forms (R. Manheim，Trans.). New Haven：Yale University Press.

Clark，K. & Holquist，M.(1984).Mikhail Bakhtin. Cambridge，MA：Harvard University Press.

Cohen，L.(2015).Layers of discourse in preschool block play：An examination of children's social interactions. International Journal of Early Childhood Education，47 (2)，267—282.

Davies，B.(2014).Listening to children：Being and becoming. London：Routledge.

Haser, V. (2005). Metaphor, metonymy and experientialist philosophy: Challenging cognitive semiotics. Berlin: Mouton de Gruyter.

Hutchings, S. C. (2004). The Russian critique of Saussure. In C. Sanders (Ed.), The Cambridge companion to Saussure (pp. 139－156). Cambridge, MA: Cambridge University Press.

Kurban, F. & Tobin, J. (2009). They don't like us': Reflections of Turkish children in a German preschool. Contemporary Issues in Early Childhood, 10 (1), 24－34.

Lakoff, G. & Johnson, M. (1999). Philosophy in the flesh: The embodied mind and its challenge to western thought. New York: Basic Books.

Marjanovic-Shane, A. & White, E. J. (2014). When the footlights are off: A Bakhtinian interrogation of play as postupok. International Journal of Play, 3 (2), 119－135.

Ministry of Education. (1996). Te Whariki: He Whariki Matauranga mo nga Mokopuna ootearoa. Wellington: Learning Media.

Nietzsche, F. (1969). On the genealogy of morals. New York: Random House (original publication 1887).

Peirce, C. S. (1998). The basis of pragmaticism in the normative sciences. In The Peirce Edition Project (Ed.), The essential Peirce: Selected philosophical writings 1819－1913 (Vol. 2, pp. 371－397). Bloomington: Indiana University Press (original work published 1906).

Petrilli, S. (2013). The self as a sign, the world, and the other: Living semiotics. New Brunswick: Transaction Publishers.

Rosen, R. (2015). Children's violently themed play and adult imaginaries of childhood: A Bakhtinian analysis. International Journal of Early Childhood, 47 (2), 235－250.

Semetsky, I. (2012). Living, learning, loving: Constructing a new ethics of integration in education. Discourse: Studies in the Cultural Politics of Education, 33 (1), 47－59.

Siraj-Blatchford, I., Sylva, K., Muttock, S, Gilden, R., & Bell, D.

(2002). Researching effective pedagogy in the early years (Research report No. 356). London: HMSO.

Stables, A. (2006). Sign (al) s: Living and learning as semiotic engagement. Journal of Curriculum Studies, 38 (4), 373—387.

Stables, A. (2012). Be (com) ing human: Semiosis and the myth of reason. Rotterdam: Sense Publishers.

Stables, A. & Semetsky, I. (2015). Edusemiotics: Semiotic philosophy as educational foundation. London: Routledge.

Stetsenko, A. & Ho, p. (2015). The serious joy and the joyful work of play: Children becoming agentive actors in co-authoring themselves and their world through play. International Journal of Early Childhood, 47, 221—234.

Talbot, D. (2015). Teachers talk about their learning: A Bakhtinian analysis. Knowledge Cultures, 3 (4), 171—187.

Tam, P. C. (2012). Children's bricolage under the gaze of teachers in sociodramatic play. Childhood, 20 (2), 244—259.

Todorov, T. (1984). Mikhail Bakhtin: The dialogical principle. Minneapolis: University of Minnesota Press.

Voloshinov, V. (1973). Marxism and the philosophy of language (L. Metekja &I. R. Titunik, Trans.). Cambridge, MA: Harvard University Press.

Vygotsky, L. (1997). The collected works of L. S. Vygotsky: The history of the development of higher mental functions (R. W. Rieber, Ed., M. Hall, Trans.). New York: Plenum Press.

White, E. J. (2009). Assessment in New Zealand early childhood education: A Bakhtinian analysis of toddler metaphoricity (Ph. D. thesis, Monash University, Melbourne, Australia).

White, E. J. (2011). Aesthetics of the beautiful: Ideologic tensions in contemporary assessment. In E. J. White & M. Peters (Eds.), Bakhtinian pedagogy: Opportunities and challenges for research, policy and practice in education across the globe (pp. 47—68). New York: Peter Lang Publishers.

White，E. J.(2014). Interpreting metaphoric acts：A dialogic encounter with the very young. In I. Semetsky & A. Stables (Eds.)，Pedagogy and edusemiotics：Theoretical challenges/practical opportunities (pp. 51 – 68). Rotterdam：Sense Publishers.

White，E. J.(2015). Introducing dialogic pedagogy：Provocations for the early years. London：Routledge.

第 16 章　知识是符号：学习传统语言的教育符号学理论

萨伊德·阿托

摘要　在本章中，知识被看成是一种符号，因此人们需要在特定的背景下处理和解释知识的重要性、相关性和含义。教育符号学观点挑战了笛卡尔物质二元论影响的主流教育哲学，该二元论推动了对知识的看法，认为知识只是精神上的，从根本上就不同于物质。本章介绍了在美国加利福尼亚州收集的两个波斯语传统语言班级的研究数据，这些研究数据通过话语分析，支持知识获取和转化的教育符号学观点。在与这两个语言班级的老师交流和对他们进行采访后，我们得知传统语言的获取不能用主流语言课堂上的单词、语法结构或语音来衡量，而是要靠符号的解释。解释系统本质上是一个关联系统。本章建立在赛默斯基对教育符号学相关理论的讨论上，并从关联的、解释性的、教育符号学的框架内检视传统课堂的学习过程。

引言

符号学是将物体和概念视为符号的研究领域。现代符号学之父查尔斯·皮尔斯认为符号具有三元关系。“当我们说起某个人，那么我们的头脑中便会创造关于此人的等价符号、也可能是更丰满的符号（Peirce，CP 2. 228）。本章谈论了波斯传统语言中的一些重要的教育符号学含意。教育符号学认为，知识不是静态的事实，老师不只是通过规定的方法或甚至是“最好实践”方法直接传递给学习者。本章假定知识为教育中必须根据语境解释的符号。从教育符号学角度来看，教育关涉知识的转化，即“教授个体如何解释和理解符号的实践艺术/科学”（Danesi 2010，p. vii）。

2007 年夏季，我在加利福尼亚州伊朗文化中心开始研究两种波斯传统语言课程。传统语言是一种由出生于该语言国家的人获取的，但该地区的人不使用或不排他性使用的语言（Valdés 2000）。该研究关注第二代伊朗裔美国人如何学习故乡语言。通过对班级的观察，我发现传统语言教师不得不解决许多不同的问题，这些问题有别于二语课堂上所发现的问题。在未经训练的人眼中或从常规的语言课堂的角度看，很显然，传统语言课堂在创造习惯性学习中并不高效，例如不能灌输大量的语法，阅读和写作技巧。这些班级学习效率不高，并不是教师缺乏努力或学生缺乏参与的结果；两者都已尽力。然而，正如下文所详细描述的，教师和学生在学习抽象语言的同时，还会反复地参与到他们先前对知识的假设以及如何进行沟通的重新评估中。

二分法与关联

教育理论通常是由心理学研究提供的，心理学研究将学习简化为主要以表现为导向的活动。认识论受笛卡尔物质二元论的影响，笛卡尔物质二元论将心灵和身体分开。在行为主义心理学中（通常也在认知科学领域），观察到的学习、动机和焦虑等类型的行为的处理方式与有机物（如神经细胞、神经递质和部分大脑）处理方式很不同，这些有机物产生如上的行为。但是，自 20 世纪 80 年代以来，神经科学一直提醒我们注意笛卡尔的错误（Damasio 1994），从而进一步加深了这样一种观念：身体是“有意识的”（Churchland 1986；Collins 2012），而心灵是“具身的”（Varela et al. 1992）。

教育领域仍普遍存在二分法，赛默斯基（2013a，b）批判地审视了亚里士多德的非矛盾原则和古典逻辑，同时也提醒我们关注凯尔索和恩格斯特罗姆（2006）互补对的二元对立调和概念。调和（或协调）概念反对二元中的常用连字符标记（例如：“心–身”中的“–”），代之以波形短线（例如“心~身”中的“~”），这种标记法也体现了隐藏其中的符号逻辑。然而，皮尔斯否定了笛卡尔原则，提出了一个由符号本身、指称物和解释项构成的三元相对结构。在皮尔斯的符号学中，三元相对结构相互关联，相互连接并相互调和，以对抗现存二元论。

本章运用波浪符号的概念探讨常规教育环境中的二元论。传统语言课堂数据分析表明，学习过程并不是把知识分解成不同的元素和实体（如书、黑板、课室等物质），分离的群体（教师、学生、导师），或者是理论概念（教学方法、文化背景）。相反，知识本身就是一种符号，也是一种学习——通过这种方式，参与者开始理解符号总是代表超越自身的东西。

传统语言班

本研究数据源于加利福尼亚波斯传统语言学校的田野调查语料库。该学校有两个班，一个是基础语言理解和读写班，另一个是中级水平班。学校有两名传统语言教师，每人分配到一个班级。两个班级总共招收 17 位学生，学生年龄在 6 岁到 13 岁间。偶尔有教师助理担任志愿者家长。这些教师成年后大部分时间生活在伊朗，并在伊朗接受教育。几乎所有学生都是出生在美国的第二代伊朗裔美国人。除了三个学生的父亲/母亲不是伊朗人后代，其他家庭的父母都是伊朗人后代。因此这些学生对传统语言的掌握程度不同。有时能相对容易理解波斯语言，但他们仍然在语言构成及读写能力上有困难。他们特别难理解故乡的文化，因为英语已成为他们的第一语言。偶尔的课后活动被班级在星期六上两小时的课代替了。在活动中，教师或助教会给学生阅读一些波斯书籍；另外，学生也可以自己去玩。本章数据来自两年的研究及大量的实地考察。分析数据时会引用话语分析方法。

形式~内容

观察传统语言班后，我想起了在伊朗读一年级的经历。我会不由自主地回想起这段经历，有时还会很情绪化。我注意到的第一件事情是传统语言班的教师不断地强调学生要优雅地写字，而不是注意对字进行理解。由于这样持续地强调，这些学生只是学习怎样书写简单的字母和单词，开始也只是写些简单的诗句或模仿波斯语进行创作，这种方法与加州常规的学校使用的写作系统方法不同。事实上，在同一地点的先前研究中，另一位研究者书写其专题论文，讨论了传统语言班教师尝试使学生社会化为“khoshnevisi”，或者优雅地写作(Sharifi 2006)。在外人看来，当重点强调内容和易懂性时，强调语言的形式是没有意义的。“你看，如果你把你的文字放在阳光下，你的文字就会开始行走。”一位传统语言班教师会对学生进行频繁强调，并把他们糟糕的书写比作在太阳底下爬行的蚂蚁。

强调美学上的书写是包括伊朗在内的东方传统中很重要的一部分。但是，将这种优雅的书写称作东方艺术之一的书法是不恰当的。书法不一定是说书写得漂亮，更重要的是漂亮书写意味着什么。譬如日本茶道中的喝茶仪式定然有着某种符号意义。一个人不能简单地区分经验和茶道传统，把它们仅仅看成是物质（例如：茶、低桌子和礼仪服），或者仅仅是活动仪式的细节（例如：洗碗、洗手、按规定顺序清理茶具等）。符号化既不是指物体，也不是指实践。它是由一些人规定该实践为某事的符号，而不只是其本身的特定意义。类似的，美国原住民的管乐器仪式意味着什么？或者甚至可以问任何的婚礼意味着什么？可能有一个理由能回答所有的问题：对于符号的解释项来说，形式和内容是无法分离的；它们相互融合，相互协调，产生一个超越本身之外而指向某种东西的符号。

我们认为，任何一个语言课堂都可以摆脱其形式，从而以特定的方式将单词组合在一起，以减少其内容和功能，直接传达信息。退一步说，看到传统语言老师教授学生优雅书写，我理解他们的困境。教授传统语言不仅仅是传递不熟悉字词的知识或解释怎样有效地书写；而且是让学生接触符号，以便学习字词的意思。这里的知识并不是由预定的定义和功能组成的字词，而是被解释的符号。教师并不是尽力教授学生新的书写体系，而是让学生接触符号体系，所以在阅读、书写和理解字词时，他们也在解释符号。形式～内容动态提醒我们，字词没有一成不变的意思和单独的功能，它们是相关联的实体——符号，其传播需要媒介。

感性～理性

形式～内容关系导致了另一种持续的分裂，理性的头脑和感性的感觉。形式通常被看成是肤浅的，但它支撑着厚重且丰富的内容，像是苦药片上的糖衣。形式与感性有关，相反的，内容与理性有关。教师在课堂上鼓励学生歌唱、游戏及学习艺术，这是一种有效的学习策略，它能让学生学习晦涩难懂的教学内容。事实上，学习通常伴随着痛苦和消极的经验（Stables 2012），情感虽被认为是影响和控制理性头脑的力量，但情感表达也被认为是激励学生学习的附带损害。绘画、雕刻、表演艺术等艺术形式在教育中起到积极的作用，但话语和语言实践通常被认为是消极的修辞方法操纵。在《理想国》中，柏拉图希望诗人远离对年轻人的教育，因为他认为诗人是骗子，诗人在意的是外表而不是现实，因此应该被赶出城市。皮尔斯悲叹理智的头脑和情感的心之间的两分法，声称自己有一种“感伤主义的味道”：

我甘愿承认自己的感性情绪。自从法国大革命使这一思想声名狼藉以来，人们往往把多愁善感者描绘成缺乏逻辑思维，不愿意直面事实的人。这并不是全都是错误的，我必须承认，这场运动是真实的，美好的，伟大的。(Peirce，CP 6.292)

在另一项研究中（Atoofi 2011），传统语言教师使用不同的语言重复（例如：字词、句法、时态、语音），以诗句的形式美化言论，从而对学生产生影响。例如，一位教师（下文用 T 表示）与两位学生一同工作，然后停下来，对全班同学说，由于她上周不能上课，她很想念同学们。在下文中，波英翻译有两个不同的诗句。第一行诗句运用的是逐字翻译法，第二行诗句是全局观翻译法，编码也由波斯语转换为英语（第一行和第二行翻译没有转换编码的情况），运用了如下的规则：

(1.5) 括号之间的数字表示以秒和十分之一秒为单位的停顿时间。

[两圈之间的方括号表示另一个说话者开始重叠的点。

(不要) 文本第一行括号中的单词代表了对谈话最好的猜测，这个谈话是难以听到的。

(()) 双引号之间的材料提供了语言之外的信息，例如关于身体运动的信息。

所以：：：冒号表示最后一个声音的长度。

>谈话<（或“大于”和“l 小于”符号）表示人们加快或“精简”相关的谈话。

<谈话>（或“小于”和“大于”符号）表示人们放缓或“延长”相关的谈话。

文本 1①

1	T	>man ke delam vase shomaha tang shodehbood< I heart for you ((all)) narrow had been 我想念你们（(所有人)）
2	T	oon hafta nayomade bodam That week had not come I 前一个星期我没有来

① 摘录于 Atoofi，S.（2011）. Poetics of repetition in ordinary talk：A case among Persian heritage language teachers and their students. Journal of Pragmatics，43（14），3362－3373. 爱思维尔 2011 授权。

续表

3		(1.3)
4	T	man oon hafta nayomadeh bodam I that week had not come 前一个星期我没有来
5	T	<faghat saba oomade bood> Only saba ((a student)) had come 只有萨巴 ((一个学生)) 来了

这个小小的对话充满了不同的语言和形式重复，并以来理解诗歌。通过在开始的时候快速浏览她的演讲（在第 1 行的抄本中用“>”和“<”两个符号表示），以及结束时延长她的演讲（用第 5 行中的倒序表示）和停顿（第 3 行），老师创造了四个长度和时间相似的诗节，被称为“robayiat”（四行诗）。这种诗歌形式在波斯语中很常见。

这种形式的形成归功于 11 世纪著名的波斯哲学家、数学家和诗人奥马尔·哈亚姆。事实上，第 2 行和第 4 行几乎完全是在逐字逐句重复，在第 1 行和第 5 行最后的短语模仿“robayiat”方法以相同的单词“bood”结束。

教师在表达对学生的思念时，可在随意的氛围中用诗意的形式表达情感，这正如 以波斯语的文学表达的那样，“我的心因为你而变小”。心是所有情感产生的地方。当希望见到好朋友，亲戚或爱人却见不到时，收窄的心意味着一种忧郁或凄凉的状态，却无济于事。收窄心的说法是为了寻求同情。

在另一个例子中，一个新学生和他的妈妈、弟弟一起进了教室。两位老师都在场。一看到新来的学生，一位老师就背诵了一首民歌来欢迎这名学生。

文本 2①

1	T	yedone pesar darim ke sha:: h nadareh unique boy have we that shah doesn't have 我们有一个独特的男孩，即使沙阿也没有像他这样的男孩
2	T	be kaskasanesh nimidim be hamekasanesh nimidim to no one no give to anyone no give 我们不会把他送给任何人，任何人都配不上他

① 摘自 Atoo，S. (2013). Classroom has a heart: Teachers and students affective alignment in a Persian heritage language classroom. Linguistics and Education，24 (2)，215－236. 爱思维尔 2013 授权。

这首歌充满了押韵和诗意，深深影响着听众。歌词从原初形式到声音旋律不断重复和改变（例如，第二行：be kaskasanesh nimidim，be hamekasanesh nemidim）。更重要的是，教师运用这首歌创造了另一种影响：把学生放在一个非常高的位置上（沙阿或波斯国王的儿子），把自己当成是亲戚，有权把男孩送走（或与之结婚），但没有这样做，因为不值得让他如此。

在一个类似的深情表达互动中，一位学生（A）的任务是读波斯文本。

文本3①

1	A	bacheha [darpark]（（从文本读））
2	T	children in park 孩子们在公园
3		[doresteh] hehehe it is correct 对的
4	T	hehehehe
5	A	bazi mikardand play they do they were playing 他们正在玩耍
6	T	((looks at A)) I love you anghadar khobi I love you that much good you are I love you, you are so lovely 我爱你，你是如此可爱
7	A	nagahan Suddenly 突然
8	T	((again points the pen)) I love you hehehe
9	A	sedaieea voice 读音
10	T	seda:: ye ((老师纠正她)) the voice
11	A	sedaye the voice 读音

① 摘录于Atoofi，S.（2013）. Classroom has a heart：Teachers and students affective alignment in a Persian heritage language classroom. Linguistics and Education，24（2），215－236. 爱思维尔2013授权。

续表

12	T	seda:: yie dolosteh ((弯向 A & 说出婴儿语域中的最后一个单词)) the is voice correct 读音对了
13	A	sedaye the voice 读音

从合理的角度看，教师与传统语言学习者的互动看上去似乎没有任何教育价值。但实际上，它有着积极的影响，因为教师分散学生注意力，不去做大声朗读的活动，并且奖励学生，而不是责备学生在阅读过程中出现的错误。然而，在教师的言语表达中，积极的强化是显而易见的。(第5行和第7行，“我爱你，你是如此可爱”)，使用儿语显得亲近（第11行），转而换成英语（第5行和第7行），以及拉近学生的非言语行为（第11行）。

诗歌~哲学

但是为什么传统语言教师要使用这种带有情感的语言与学生交流呢？这些充满诗意、亲密和爱的表达是如何在语言课堂上达到教育目的的？重要的是，对伊朗人来说，诗歌不仅是一种艺术形式，而且是认知和体验生活的方式。在伊朗，人们每天会在家阅读诗歌，从国家电视台收听广播，哲学家是诗人，诗人也是哲学家，两者相互包容。行吟诗人持有浪漫主义观点，他们认为爱情诗是挑战教会婚姻教条的一种形式，但是伊朗社会无论古今，诗歌都是旨在提高人们对个体与世界关系的意识。这种意识主要是让人变得睿智，而不仅仅是获取事实性知识。

德勒兹的情感、感知和概念间三元关系形成了一个真正的符号，意义深刻且引向智慧（如 Semetsky 2010，2013b），在波斯哲学家沙哈博丁·索赫瓦尔迪（Shahaboddin Sohrevardi）的启蒙哲学中，诗歌允许人们通过感觉获得知识。这是一种超越直接感觉材料，但包括智力、直觉、想象力和启发性诸方面（Ziai 1992）。诗歌不仅是一种艺术形式，而且是一种符号。在伊朗文化中，诗歌是一种媒介，它允许更包容的生活方式。在教育符号学中，生活经验是非正式的学校（Semetsky 2011，2013b）。

情感的状态是符号，在伊朗文化中，情感很少与理性对比：头脑和心灵是连接的，人类的经验超过单纯的理性层面。情感引导直觉。情感创造了一种交流的联系，可以把“看不见的”世界带到物质存在中。克劳福德（Crawford 2014）引用符号学谈论这样的观点：情感透露了存在和生成的理想世界的关系。融入我们的情感后，艺术——不论是诗歌、陶器、电影、绘画或者其他——允许我们超越任何既定的经验事实感知这个世界。根据皮尔斯符号学的不明推论式的分类，直觉通往智慧之路，在伊朗也被认为是如此。所有情感的形式，甚至如伤心、生气和沮丧这样的消极情感在伊朗也被视为“信息”。在西方被称为“鲁米”（Rumi）的13世纪伊朗诗人和哲学家贾尔·穆罕默德·巴尔赫（Jalāl ad-Dīn Muhammad Balkhī）说：

> 人如同宾馆
> 每个早晨都是一个新的到来，或快乐，或沮丧，或卑鄙，
> 一些短暂的意识就像一个意想不到的访客。
> 欢迎并招待他们！
> 即使他们是一群悲伤的人，粗暴地打扫你没有家具的家。
> 仍然对每一位客人都很好，他可能会为了一些新的乐趣而把你扫地出门！
> 黑暗的思想，羞耻，恶毒，在门口迎接他们，笑着邀请他们进来，
> 感谢任何人的到来，因为每一个人都是从外面来的向导。
>
> （Zukav & Francis 2001，p. 47）①

伊朗有着悠久神秘的传统，但神秘主义不能归结为某种神秘的科学。赛默斯基（2010，2011，2013b）认为，神秘主义可以为我们提供实践智慧、生活伦理智慧，即教我们学习怎样解释“隐藏符号”或某些预兆。在伊朗，所有情感的顶峰都是爱。类似于拉科塔在《米塔库耶·奥雅辛》（*Mitakuye Oyasin*）中的问候（我们都是相连的）。在波斯，爱代表着意识状态：所有事情的存在都与其他事物相关。因此，它代表着符号学世界观，该观点认为世界充满符号。鲁米认为（下面为我的翻译）：

在波斯语中，“eshgh”（爱），一种意识状态：一切都存在于与其他事物的关系中。因此，它接受了一种符号学世界观，认为世界充满符号。献给鲁米

① 引自 The Guest House” in *The Essential Rumi*，Castle books，1995，p. 109，with permission from Coleman Banks

（我从波斯语翻译为英语）：

宇宙每个角落都充满着爱，每个角落都陶醉在相见的爱中
如果天空没有爱，它的胸膛永远不会那么清晰
如果太阳不恋爱，它的脸上就永远不会有阳光
如果大地和山岭不相爱，就不会枝繁叶茂。

（迪旺·沙姆，诗篇：2673）

有着这样的世界观，尘世间的各种爱（例如对学生、孩子、国家的爱，或者浪漫的爱情）是伟大的宇宙关系的表现。因此，传统语言教师说的对学生之爱与其他人有关，并关心着其他人。这种伦理是母性态度的表现（参见 Semetsky 2013b）。佩特丽莉（Petrilli 2015）评论维尔比夫人的意义符号学理论，她强调如果说女人这种母性的原始感觉继续比男性重要，那是因为女性更能培养孩子对语言的维护和使用精神。这种态度允许人们使用语言来表达清晰、优雅、旋律、尊严、美丽，以及表达无法言语的力量。

在诗歌～哲学动态观中，人类经验不再分为理性头脑与感性心灵，而是表达包括想象力、幻想、美学、优雅、潜意识等在内的连续性。与经常与权威相关，运用为陈述事实的媒介的散文相对，在诗歌中，人们不会误解任何东西。当诗歌运用在教育中，它赋予学习者促进的力量（Webb & Rosen 2014）。诗歌通过意识（理性）或集体无意识（神话）赋予与所有体验同等的价值。

在诗歌中，与散文相反，散文常常与权威联系在一起，并被用作媒介以陈述事实——一个人永远不会在任何事情上犯错；在教育语境中，诗歌赋予学习者激情（Webb & Rosen 2014）。无论是通过意识（理性）还是集体无意识（神话），诗歌都赋予所有体验以同等价值。

有意识～无意识

在学术会议上展示传统语言研究的成果时，人们常问我，传统语言教师在与学生的交流中是否有意识地使用重复语言、情感性语言和诗歌。也就是说，提问者想知道教师是否有意通过这些特殊的言语策略影响学生或使学生社会化。这个问题预设了笛卡尔自我中心意识的范畴。如果一个人表现出一定的行为，这种行为大多数是有意识的或故意的，个人之外的世界是无意识的。

毫无疑问，弗洛伊德心理学挑战了我们对理性的偏见，证明我们的行为是

无意识的，它对哲学的最大贡献之一是挑战了 19 世纪末 20 世纪初的后理性主义（post-rationalism）。卡尔・古斯塔夫・荣格（Carl Gustav Jung）将无意识提升到了另一个层次，他认为集体无意识的存在是由影响和决定人类精神和行为的原型所渗透的（Jung 1968）。荣格通过幻想、梦想和欲望讨论了人类个人意识和原型间错综复杂的关系和持续交流的动态性（Jung 1969）。赛默斯基（2011，2013a，b）指出，荣格暗含了德勒兹哲学，那就是有意识～无意识的关系与虚拟和真实的关系在本体论上是平行的。虚拟世界和现实世界一样真实，它符合符号、思想和原型意象中的符号“语言”的标准，这些符号“语言”影响着我们的行为，创造了我们的情感倾向。因此，我们的思想充满了“不思考”的情感和欲望（Semetsky 2013c）。

经过了为期一年的传统语言研究，我重新回到了研究基地，向老师展示了一些当时录制的片段，并征求他们意见（Atoofi 2013）。老师无法回想起特殊互动的确切事件和原因。这样实际上让我分离了他们故意行为和无意识行为的想象边界。一开始，我向其中一位老师展示了她为新生唱民歌的片段（见文本 2）。起初她不相信她能如此热情地欢迎学生，并要求确认。当我确定，她确实对那名学生唱歌时，她忐忑地笑着。我宽慰她，这不是评判她。然后，她对自己的反应做出了几个设想。她提到可能是那位学生与另一位教师不合；或者是那位学生与其他学生有联系；或者是那位学生对波斯课堂不感兴趣；或者是她想给那位学生一种积极的精神。她所有的回应都充满着情感。对她来说，教授传统语言不能与渗透在课堂内外与学生互动的情感维度分开。

接下来，我向这位老师展示了另一个片段，内容是：她用笔挑逗学生，并且说；“我爱你，你是如此可爱”（见文本 3）。起初，教师很警觉、害羞，脸涨得通红。然后她开始批判她的行为。她说她这样做是“丑陋的、不好的”，意在戏弄学生。我记得她指着笔说这些话。她说她难以听到这些话。我重复了这一段，但她还是听不到自己的话。最后，我口述了她说的话。她表示自己说的话“很坏”。我问为什么，她说她应该说波斯语，而不是说英语。我问她为什么用英语说这些话。她回答道她也不知道为什么，可能是因为她也生活在美国，有时“很自然地融合进了新的语言”。她反复说她之前做的是“丑陋的、不好的”，并且不应该这样做。因为在波斯课堂上用指着笔，并用英语表达事物的行为是不合适的。

然后我问她跟学生讲“我爱你”的原因。她回答，因为学生在阅读文章时表现出色。我向她展现了这样一个片段：学生在很多地方犯了错误，然后她不断地纠正学生。她表示教师应经常鼓励学生的独立表现。然后我向她展示了这样一个片段：她像说波斯语的幼儿通常那样，使用了儿语，将单词“dorosteh”（“is correct”）中的音素“r”换为“dolosteh”中的音素“l”。她再次说明没有听到自己使用儿语，说自己可能是口误，是无意之举。我问她：假设在什么情况下，她会使用儿语？她断然说“从不会说”。传统语言教师在反思他们与学生的互动时，其反应显示出了怀疑、困惑、自我批评、政治正确或口误，这些例子既不是有意识的，也不是无意识的人类行为，无论是对个人还是对整个文化而言都是如此。

约翰·迪利（2001）提到了圣·奥古斯丁，指出“奥古斯丁认为，符号优于将存在划分为自然和文化：任何物质结构，无论是自然的还是艺术的，一旦被感知，就会超越物本身而表达符号自身以外的东西”（p. 221）。因此，传统语言教师是否意识到了自己的行为这一问题无关紧要，因为它假设单独的行为有预先设定的意义，更重要的是，它是由自我的定义、描述和划分规定的。但知识作为符号，它既不在字词中，也不在教师的言语中；既不在个人中，也不在环境中。符号学领域是包罗万象的，我们经常意识不到我们有意识或无意识的想法。教育符号学反对白板假设（tabula rasa postulate）。

人类的行为不能通过减少到大脑神经元的活动或与文化分离来解释。正如斯塔布尔斯（Stables 2012）说的，“文化力量超出了有意识的理性控制范围，包括传统、习惯、信仰、偏见、依恋和怨恨，所有这些都激发了人类行动”（p. 83）。此外，教育符号学还提出了自然与文化互补对（Semetsky 2013b）。人类的行为是一个过程，一个“生成”而不是静态“存在”的动态事件。在这个符号学事件中，我们可以意识到无意识乃是教育符号学追求的目标之一。

结语

对皮尔斯来说，“通过练习的成长也发生在头脑中。确实，这是我们学习的目的”（Peirce，CP 6. 301）。生理领域和心理领域有符号关系。成长是横跨生理和心理关系的符号学过程，语言是经验库和学习型社区的实践。正如柯林斯（2012）指出的，盲人沉浸在视力正常的人对世界视觉化描述的话语中。相应的，一个生活在盲人社区的视力正常的人可能最终会失去一些视觉上的经验，因为即使他的眼睛接收到视觉信息，但这视觉信息也可能与盲人的社区生活无关，因此可能失去它的价值。

从教育学的角度来看，学生不只是通过记忆事实来学习；他们还会通过发现、探索和体验与之相关和有意义的事物来解读符号，从而获得知识。学习只不过是“一个用来追溯生活故事变化的术语”（Stables 2005，p. 67）。教育符号学分别反对“学生的失败是一种认知障碍……或者是一种社会障碍，缺乏资本，缺乏社会权力，或者属于某个社会阶层”（Olteanu 2014）。在本章研究中，我们所说的遗产语言学习者并不是在抽象地学习一门语言；他们的学习速度不能用习得的单词数量或语法特征数量来衡量。相反，他们通过语言交流的生活经验来学习。

杜威认为，抽象的教育价值是不存在的。认为某些学科和方法以及对某些事实和真理的了解本身具有教育价值的观点，是传统教育把教育材料如此大量地简化为简单材料的原因（Dewey 1938，p. 46）。事实上，当老师和学生一起参与对符号学解释时，知识就证明了它作为一种符号的价值，而这种符号总是可以被转换成其他符号。佩特丽莉（Petrilli 2015）正是在教育符号学的框架中，将语言教育的任务定位为应对、对比、比较和关联多种符号和符号系统（无论是语言还是非语言的）、语言表达和价值体系、知识领域和生活经验。同样，传统语言学习也不是由对特定的、“接受的”和上下文外的词语含义和语法结构的预先设想的理论知识组成的，而是代表着这些词语和结构与特定的生活经历相关的方式。

然而，本章不仅关于伊朗哲学、诗歌、优美书法或者表达深情的言语。它还表明，除了它们所处的符号系统，这些特征本身没有稳定的意义。我们可以赋予词语和“事物”意义；无论如何，符号都值得被充分信任，因为符号牺牲了自身物性而表情达意，从而使世界充满意义（Nöth 2014）。教育符号学认为人类是可以变得更发达的符号。当我们认识到事件的重要性时，学习活动就发生了。学习创造了一个开放的符号学空间，我们只是诠释者。教育符号学的知识观与笛卡尔二元论的主流教育哲学相矛盾，后者表示形式与内容、意识与无意识、身体与心灵的二分法。教育符号学的观点认为知识是一个不断增长的动态领域。

参考文献

Atoofi, S. (2011). Poetics of repetition in ordinary talk: A case among Persian heritage language teachers and their students. Journal of Pragmatics, 43 (14), 3362—3373.

Atoofi, S. (2013). Classroom has a heart: Teachers and students affective alignment in a Persian heritage language classroom. Linguistics and Education, 24 (2), 215—236.

Churchland, P. S. (1986). Neurophilosophy: Toward a unified science of the mind-brain. Cambridge, MA: MIT Press.

Collins, H. M. (2012). Language as a repository of tacit knowledge. In T. Schilhab, F. Stjernfelt, & T. Deacon (Eds.), The symbolic species evolved (pp. 225—239). Dordrecht: Springer.

Crawford, C. (2014). 'Skirts: Thinking thoughts and unthoughts. In I. Semetsky & A. Stables (Eds.), Pedagogy and edusemiotics: Theoretical challenges/practical opportunities (pp. 137—150). Rotterdam: Sense Publishers.

Damasio, A. (1994). Descartes' error: Emotions, reason, and the human brain. New York: Avon Books.

Danesi, M. (2010). Foreword: Edusemiotics. In I. Semetsky (Ed.), Semiotics education experience (pp. vii-xi). Rotterdam: Sense Publishers.

Deely, J. (2001). Four ages of understanding: The first postmodern survey of philosophy of ancient times to the turn of the twenty-first century. Toronto: University of Toronto Press.

Dewey, J. (1938). Experience and education. New York: Simon and Schuster.

Jung, C. G. (1968). The archetypes and the collective unconscious. Princeton: Princeton University Press.

Jung, C. G. (1969). Symbols of transformation. Princeton: Princeton University Press.

Kelso, J. A. S. & Engstrøm, D. A. (2006). The complementary nature. Cambridge, MA: MIT Press.

Nöth, W. (2014). Signs as educators: Peircean insights. In I. Semetsky & A. Stables (Eds.), Pedagogy and edusemiotics: Theoretical challenges/practical opportunities (pp. 46—65). Rotterdam: Sense Publishers.

Olteanu, A. (2014). The semiosic evolution of education. Journal of Philosophy of Education, 48 (3), 457—473.

Peirce, C. S. (1931—1935; 1958). Collected papers of Charles Sanders Peirce (Vols. 1—6, C. Hartshorne & P. Weiss, Eds.; Vols. 7 and 8, A. Burks, Ed.). Cambridge, MA: Harvard University Press. [cited as CP].

Petrilli, S. (2015). Ethics and significance: Insights from Welby for meaningful education. In M. A. Peters (Ed.), Encyclopedia of educational philosophy and theory. Singapore: Springer Science. doi:10.1007/978.981.287.532.7.30.1

Semetsky, I. (2010). The folds of experience, or: Constructing the pedagogy of values. Educational Philosophy and Theory, 42 (4), 476—488.

Semetsky, I. (2011). Re-symbolization of the self: Human development and Tarot hermeneutic. Rotterdam: Sense Publishers.

Semetsky, I. (2013a). Deleuze, edusemiotics, and the logic of affects. In I. Semetsky & D. Masny (Eds.), Deleuze and education (pp. 215—234). Edinburgh: Edinburgh University Press.

Semetsky, I. (2013b). The edusemiotics of images: Essays on the art * science of Tarot. Rotterdam: Sense Publishers.

Semetsky, I. (2013c). Learning with bodymind: Constructing the cartographies of the unthought. In D. Masny (Ed.), Cartographies of becoming ineducation: Deleuze-Guattarian perspective (pp. 77—92). Rotterdam: Sense Publishers.

Sharifi, A. (2006). Socialization to khoshnivisi "elegant writing" in an Iranian American community in Los Angeles. Unpublished Doctoral dissertation. UCLA.

Stables, A. (2005). Semiotic engagement: A new theory of education. Lewiston, NY: Mellen Press.

Stables, A. (2012). Be (com) ing human: Semiosis and the myth of reason. Rotterdam: Sense Publishers.

Valdés, G. (2000). Teaching heritage languages: An introduction for Slavic-language-teaching professionals. In O. Kagan & B. Rifkin (Eds.), Learning and teaching of Slavic languages and cultures: Toward the 21st century (pp. 375—403). Bloomington, IN: Slavica.

Varela, F., Thompson, E. & Rosch, E. (1992). The embodied mind. Cambridge, MA: MIT Press.

Webb, J. & Rosen, M. (2014). Poetry meets Pedagogy. In I. Semetsky & A. Stables (Eds.), Pedagogy and edusemiotics: Theoretical challenges/practical opportunities (pp. 19—33). Rotterdam: Sense Publishers.

Ziai, H. (1992). Hafez, lisan al-ghayb of Persian poetic wisdom. In A. Giese & Burgel, J. C. (Eds.), Gott ist schön und er liebt die schönheit [God is beautiful and he loves beauty] (pp. 449—469).

Bern: Peter Lang. Zukav, G. & Francis, L. (2001). The heart of the soul: Emotional awareness. Toronto: Simon and Schuster.

第17章　朱莉亚·克里斯蒂娃的符号分析学和埃米尔·本维尼斯特的传承

马加·范·米勒

摘要　朱莉亚·克里斯蒂娃基于埃米尔·本维尼斯特的学术传统，对符号分析学概念进行了探讨。两位学者都对符号学具有批判分析路径。克里斯蒂娃追随本维尼斯特的脚步，努力证明精神分析理论可以更好地解释符号意指过程中的谱系性和文本异质性。本维尼斯特关于言说主体的概念成了克里斯蒂娃符号学重要组成部分。克里斯蒂娃将符号意义（signifiance）概念作为其学术研究之核心，1969年之后，她继续研究符号概念及本维尼斯特的理论，例如与话语相关的历史叙述研究。本章大致遵循历史轨迹，追溯了克里斯蒂娃和本维尼斯特作品中的符号学理论发展。本章结语部分讨论了克里斯蒂娃理论对于教育符号学近期发展的促进作用。她对语义分析、主体、享乐、反叛等词汇的概念化，尤其是在教育哲学而非语言哲学的语境下，超越了纯粹的理论意义，并在文化实践层面上展示了许多重要含义。值得注意的是，克里斯蒂娃近期扩展了理论符号学的领域，将人类经验的社会文化和政治维度纳入其中，这些已被证明对教育理论具有巨大的价值。

符号分析的根基

本章遵循历史轨迹，先是探讨埃米尔·本维尼斯特理论影响了朱莉亚·克里斯蒂娃的最早期符号学作品，然后说明本维尼斯特的理论和思想成为克里斯蒂娃符号学（更准确地说，心理符号学）理论的核心部分。克里斯蒂娃在其研究中，不仅致敬本维尼斯特，而且明确表示两者的亲和力远超其他任何学术影响。这种亲和力可以用德语“Wahlverwantschaft”来形容，意思是“选择性的亲和力”或“选择性的吸引力”，这体现了他们之间的友谊、他们二人都在法国具有移民身份、共同的世界观以及左翼政治倾向。这种亲和力也受到艺术和文学在其作品中所扮演的双重角色的影响，既是研究的焦点，又是各自符号学理论的工具。本章追溯了克里斯蒂娃和本维尼斯特作品中符号学的理论发展，以诺姆·乔姆斯基的语言学及其生成语法概念为基础，阐述了他们对语言哲学、语言学和生成语法流派的看法。

2012年，苏伊尔和加利马尔出版社出版了埃米尔·本维尼斯特在法国学院1968年和1969年最后的演讲（Benveniste 2012）。这本重要的著作出版时间较晚，毕竟发生在自1976年他去世38年后，自1969年他的职业生涯因一场不可逆转的事故而中断的45年后。苏伊尔和加利马尔邀请克里斯蒂娃为该演讲写序。克里斯蒂娃答应了。她总结了本维尼斯特对她建构话语主体理论的重要作用。这不是她第一次赞扬本维尼斯特，最早的文章见诸《语言，话语和社会》（Kristeva et al. 1975a）——一本旨在赞扬本维尼斯特的论文集。本维尼斯特的思想之所以对克里斯蒂娃的语义分析论的发展产生重要影响，这是源于她阅读了本维尼斯特发表在《普遍语言问题》（Benveniste 1966，1974）中广为人知的文章，一些文章可以追溯到20世纪50年代中期。在克里斯蒂娃的第一本关于符号学作品中，她已在本维尼斯特思想中找到了支持她对当时符号学现状的批评。

克里斯蒂娃的批判在两个方面引起了广泛关注。首先，她质疑明显静态的符号学特征；其次，批判其反历史特征（Mechelen 2005）。前一个直接关系到对“符号”和“意义”（意义）作为稳定和静态概念的批判，也是符号学核心。另一个批评点涉及两种不同实践：第一种，符号学家处理其研究领域历史的方式；第二种，符号学家如何在这一学科中进行研究。克里斯蒂娃批评符号学既缺乏历史反思，又以一种历史的方式使符号学家所进行的类型化实践成为研究对象。1966年，她参考了索绪尔1906年开始但几年后便放弃的“字谜”（anagrams）研究（Starobinksi 1971），引进了段落（paragram）概念（Kristeva 1966）。索绪尔试图寻找密码来破译有意隐藏的文本，而克里斯蒂娃更感兴趣的是，在书面文本或其他形式的表达中无意识内容的符号表征。

三年后，克里斯蒂娃向人们介绍了名为“符号分析学”（semanalysis）的术语，这使她声名鹊起。在《产生短语》（Kristeva 1969）中——她将符号分析学描述为从文本起源和发展中进行研究的符号理论。在符号学中，符号分析学打开了另一个隐蔽的场景，例如语言系统的起源。克里斯蒂娃挑战了通常的语言学观点，该观点认为语言只是一种直接传达意义的正式工具。但对她来说，文本不仅是一种稳定结构的语言现象（只表现为口语符号）。因此，她所谓的“隐藏”意义的概念与索绪尔的先验结构主义很不相同。这项突破性的工作是克里斯蒂娃思考的关键：它不仅介绍了符号分析学概念，而且还介绍了现象文本和生成文本（pheno-text and geno-text）。

现象文本（pheno-text）只是一种用标点符号来表示语言意义的文字，它包含了所印的文字本身。然而，要想在阅读、听或看之外（也就是在主观感知之上）完整地表达文本，我们还需要回到它的起源，从而包含意义的产生。意义的生成是双重的，克里斯蒂娃认为：它涉及语言范畴的生成与语言系统的生成以及主体在意义生成中的地位。她表示，直接回到文本根源的文本叫作生成文本（geno-text）。克里斯蒂娃以生成文本方式创造了文本表面（现象文本）之间的对立，即拥有结构化的指涉，而不是回到与符号生产力相关的深层含义。因为包含了起源，文本也就成为生成文本。克里斯蒂娃的词汇选择强调意义产生的动态性，以及阅读过程的动态性，这两种情况都取决于其中的主体定位。

克里斯蒂娃对隐藏文本的理解与她之前写的段落（Paragrams）直接相关。因此，她对现代符号学的历史持批判态度，她认为符号学只关注语言符号。与生成文本相比，现象文本可被认为是一个短语、一种简化、某一类牺牲，它被认为是一种礼物和欢爽（Jouissance）。欢爽概念挑战了笛卡尔主体观，因为正是这种欢爽把“身体”及其伴随的物质性、具身性经验带回了。然而，这样的身体，如同欢爽，决不与“心灵”相分离；这里的“心灵”被理解为有意识的认知层面，是不可简化的。克里斯蒂娃新加了“符号”（超语言学）维度到“象征”层面，后者预先规定了所有的语言实践。她的新路径使符号学朝着心理符号学的方向发展。

现象文本确实起到了沟通的作用，但它总是被分割开来（Moi 1986）。克里斯蒂娃对语言学和当时的语言学家进行了广泛批评，特别针对乔姆斯基。对她来说，隐藏文本也代表了精神分析术语中理解的驱动力、影响和本能之间的联系。为了追根溯源、深化理论，克里斯蒂娃决定重新阅读弗洛伊德《梦的解释》，以及雅克·拉康对弗洛伊德和索绪尔的重新概念化。对于当时刚刚离开保加利亚这个社会主义国家的人来说，这是一个艰难的选择。

在她读本维尼斯特作品并与作者讨论符号学思想的几年后，她写了一本名为《正在进行的主题》（*The subject in process* 1998）的著作。她认为，拉康的思想和她自己对这一过程中主题的立场都可以被视为对这同一主题的批判。“符号分析学”一词中“分析”的组成部分通常指的是心理分析学，但作为最初的创制成分，它被描述为广泛理解的文本起源的研究。但在1973年，克里斯蒂娃把这个创世纪过程或者可以说意义创生学，称为“符号意指实践”（我将其译为英语“Signifying Practice”）。在这方面，克里斯蒂娃弃用了本维尼斯特常用的术语“符号意义”（significance）。

克里斯蒂娃提出她的理论是为了从内部研究文本的起源，其中“文本”一词指的是广泛的、翻译语言学的工具。虽然表达的程度可能不同，每个实践都不是编码结构，而是一个过程。克里斯蒂娃区分了表达形式的强弱。最强的“范畴”被称为一种诗意语言（她从俄罗斯形式主义学派中衍生出的概念，如前文提及的Geno-text和Pheno-text），其中物质层面（包含语音符号和图像符号）被着重介绍。这一概念是她的论文《语言革命》（Kristeva 1974a）的核心，该论文以英语的形式发表在《诗性语言中的革命》中；这一概念也成为她对待其他较弱的、具有符号意义实践的工具。克里斯蒂娃认为符号化的实践是动态模式，该模式不仅代表事实，而且改变事实。然而，在拉康专注于第二过程的地方，克里斯蒂娃对我们理解第一过程做出了深远的贡献，那就是前语言和前象征或者符号学维度。当然，为了让论文从语言学过渡到精神分析理论再到心理符号学，她需要前人的支持，这个人就是埃米尔·本维尼斯特。

受本维尼斯特理论的影响

1968年，克里斯蒂娃陪同本维尼斯特参加了在华沙举行的国际符号学会议，该会议为国际符号学研究协会（IASS）的成立铺平了道路，之后本维尼斯特成为首任主席，克里斯蒂娃成为首任秘书长。两人相见于克里斯蒂娃刚到法国留学之时，就如当年本维尼斯特刚到法国时，克里斯蒂娃也渴望在知识界站稳脚跟。本维尼斯特在叙利亚阿勒颇长大，而克里斯蒂娃出生在保加利亚。本维尼斯特的母亲是一位俄语、希伯来语和法语老师。两人都深受多语言环境影响，不过本维尼斯特所受影响远甚克里斯蒂娃。我想说一下，在战前，本维尼斯特对叛逆的年轻共产主义者表示同情，并且热爱艺术和艺术家，特别是超现实主义者，以及半个世纪后的“太凯尔组织”（Tel Quel，一支法国左派先锋队“原样派”）①。对克里斯蒂娃来说，她与太凯尔组织 1960 年创办的杂志有着密切联系。所以他们两人都深度参与了战前战后的左倾先锋派，之后都在法国和世界诸多大学成为著名演讲者。

在最初交谈中，他们似乎对巴赫金（Mikhail Bakhtin）和他关于对话理念有着共同兴趣。但除了学术交流，他们是“陌生人”（Barthes 1970）。这一事实应该被认为是他们相互同情、友谊、亲密的更深层基础，所有的情感都被更好地理解为“选择性亲近关系”（Wahlverwandtschaft）（Mechelen 1993）。本维尼斯特在世的最后一年，克里斯蒂娃（1975a）写了首篇献给他的文章《表语功能与言说主体》（“The predicative function and the speaking subject”），表达了对本维尼斯特开创的语言学革命的敬意，并赞颂他超越了分析传统中的语言哲学家。托马斯·西比奥克在《符号学概论》中收录了克里斯蒂娃论文《言说主体》（Kristeva 1975b）的英译版。克里斯蒂娃认为，本维尼斯特对语言系统学的研究应被视为他对特定社会机构中言说主体以及社会和文化实践多样性的初步探究。克里斯蒂娃试图在 20 世纪语言分析哲学和生成语法背景下评价他的研究，论文探讨涉及奎恩（W. Quine）和罗素（B. Russell）、斯特劳森（P. Strawson）和巴赫（E. Bach）。

她强调本维尼斯特著作与其他语言学家或符号学家存在不同之处：即使他们试图将社会实践联系到语言中，他们的努力也不能使本维尼斯特满意。克里斯蒂娃理解本维尼斯特原创理论时，也会基于艺术实践分析提出自己对于符号学和语言学观点。语言异质性概念是对语言模式的质疑，该模式将语言置于社会交流需求的服务中。克里斯蒂娃提醒道，符号学在过去的优点体现出多样化符号意指实践中符号规律的重要性。然而，通过复制语言模式，符号学把自己局限于符号意指实践的系统性、信息性方面，而忽略了其他偏离语法规则的方面，或剥夺了隐含意义的多样性。

---

① 译者注：2018 年 3 月 27 日，保加利亚调查共产主义时期情报工作的委员会称，克里斯蒂娃曾担任保加利亚“共谍”，代号“萨宾娜”（Sabina）。她自 1971 年开始替共产主义时期的保加利亚特勤处国家安全局工作，负责监视艺术和大众传媒领域的情报。不过，克里斯蒂娃极力否认指控，称有人故意对她进行诽谤。参见 http://www.sohu.com/a/272980115_119350.

在《语言学伦理》(Kristeva 1974b)法文版中，她强调语言是一种社会实践。《语言学伦理》(in Kristeva 1980)英文版表达了同样的观点，该书被认为代表了她的女权主义倾向；其中的概念如欲望、概念化等受到本维尼斯特的影响（虽然文中没有写出其名）。此时罗曼·雅各布森接替了本维尼斯特的位置。他们三人的共同之处在于：都从美学实践中吸取教训，这些实践超越或违背了规则、规范和道德判断。她最初在法国独立学术期刊《评论》(*Critique*)上发表了一篇关于伦理学的文章，主旨是从马克思主义视角研究当代文化。

克里斯蒂娃在艺术实践和社会政治问题上的巨大成就是她所谓的隐喻革命：诗性语言中的革命。以反抗为标志的社会实践以及对现存意义、信仰、准则和价值观的解构，挑战了以拉康的“父权法”(Law of the Father)为代表的一套稳定的道德规范。作为符号化实践，符号的诗性和艺术性有助于社会交际，因为它拒绝了功利主义意义上的“语言”。对克里斯蒂娃来说，艺术实践是越界的，即使它们存在于语言和文化的边缘，也显示出欢爽(Jouissance)。她的观点正是基于自己诗歌、文学和可视化艺术的实践经验。因此，克里斯蒂娃的研究导致结构语言学被彻底打破。意义、话语、表达、陈述和历史（下文将进一步讨论）的概念至关重要。

克里斯蒂娃重新解释和扩展了本维尼斯特作品，并在符号学中发展了一个明确的心理符号学方向（一个反二元论，对受心理影响的教育哲学而言，教育符号学尤为重要；见下文）。她比本维尼斯特更加关注符号化实践的“隐藏情景”和异质性。她还深信，她的语义分析概念使本维尼斯特的目标进一步减少了语言语义学和音译学之间的距离。鉴于此，她把语义分析概念化为一个单一过程。她的意义观(Signifiance)消除了本维尼斯特的困惑，本维尼斯特曾认为意义概念是涵盖性术语，也属于符号系统。作为统一的现象文本和生成文本，“意义”是克服明显歧义的一个概念。

意义(significance)

多个事实清晰透露出克里斯蒂娃受本维尼斯特的影响。在1972年接受科奎特(Coquet 1972)的采访时，她表示意义概念的重要性源自本维尼斯特的论著，本维尼斯特在其论文《语言符号学》(“semiology of language”)中介绍过这个概念。本维尼斯特比较了索绪尔的符号学与皮尔斯的符号学，并解释说

“语言”（Langue）思想作为一个稳定结构的概念在皮尔斯符号学中几乎没有作用。本维尼斯特虽然批判了索绪尔，但却也没有跟从皮尔斯，而是提出自己的意义思想。在他最后的演讲（Benveniste 2012）中，他对两者的批判更加清晰了。本维尼斯特认为索绪尔从没清楚定义过“语言”，他自己也不再亲自去定义它，而是讨论一些具体实践，如音乐和视觉艺术。就好像他想让我们明白，与其建立一个合理的理论论证，不如展示它们在实践中是如何运作的。然而，他的主要问题是：在这些实践中，符号的价值是什么？对他来说，符号和语言的概念似乎是回答这个问题的障碍；因此，最好从这些实践的个性和特殊性出发，而不是从一般理论出发，然后研究它们之间的对应关系。因此，他从语言学转向了作为一个解释系统的符号学。虽然对美国传统实用主义哲学家来说，这算不上什么创新，但在符号学领域这确实是一种新颖的路向：例如，当代符号学家认为本维尼斯特的思想与查尔斯·莫里斯的实用主义颇有一致性。

在欧洲，克里斯蒂娃仔细听取了本维尼斯特的学术思想。当他区分符号学与语义学的意义时，她把这看作是一种完全删除符号（即言语符号）概念的方式，因为它阻断了所有超越“言语”的方式。她在科奎特对她的采访中表示，一方面，她跟从本维尼斯特的脚步，但是另一方面她也渴望提出自己的理论，例如符号分析学（Semanalysis）。她表示，她的符号分析学理论与本维尼斯特提出的语义学与超语言学理论（Coquet 1972，p. 345）相似。本维尼斯特在对艺术实践的强调中，提到了艺术史学家和“伟大的结构主义者”（按列维-斯特劳斯所说）帕诺夫斯基关于哥特式建筑与经院哲学关系研究中的结构分析类型。两者都被认为是“同源系统”（Homological Systems），而盲文字母则是“语言”的派生词。帕诺夫斯基认为，“语言”是包含非言语符号的符号学系统。这与关涉意义生产的符号学方法相似，符号学方法可归结为解释和对解释系统的需要。本维尼斯特从其他艺术实践中学到的教训是提出关键性问题：当我们讨论这些艺术形式时，符号的概念具有什么样的意义和相关性？他的回答是：不要把符号当作一种语言实体来追寻，而要研究它们的特殊性和相互关系。显然，唯有“语言”才具有语义方面的意指方式，它与具体的、特殊的话语和言说主体密切相关——这也正是克里斯蒂娃和本维尼斯特共同的兴趣点。

话语、发音和清晰陈述

在《普遍语言学问题》(*Problems in general linguistics*)的第一卷，我们于1966年发表的《论语言在弗洛伊德理论中的作用》(“Remarks on the Function of Language in Freudian Theory”)一文中重申了本维尼斯特的争议性文章。与其说是详细阐述他的思想，倒不如说是评论。他与弗洛伊德思想的联系还是很清晰的。克里斯蒂娃讨论了本维尼斯特两个众所周知的概念：话语和发音。但并不是所有人都认可克里斯蒂娃在该领域的观点，尽管本维尼斯特的诠释者都同意，由于他的发音理论（Enunciation），他让人们关注言说主体：说话的主体使“语言”成为他自己的“语言”，同时也为他所说话的具体立场提供了线索。这种说话形式被称为发音，它表达了与发音文本（或内容）的关系，即在英语中，它与陈述、内容或话语具有同等含义。显然，本维尼斯特想在语言系统、发音和内容之间建立了桥梁：一方面它关涉语言的社会观念，另一方面使言语作为话语的个性特征。

本维尼斯特试图发现两者间对话的可能性，从而使其相互借鉴。这样的动态不可能没有发音者，即恰当符号学的、媒介性的实例。克里斯蒂娃运用本维尼斯特的理论，把它们带入弗洛伊德的语境中；通过这种方式，她不仅证实了本维尼斯特的观点，而且还扩展了本维尼斯特关于跨语言学“信息”的心理过程持续干预的观点。她接受了弗洛伊德无意识理论及主体分离的观点，这一点深度影响了交流的传统理论，传统上交流被认为是关于认知和有意识主体的刻意的独有性特权。

代词与指示代词

本维尼斯特发表《论语言在弗洛伊德理论中的作用》两年后，他在心理学杂志(*Journal de Psychologie*)发表了另一篇文章，文中谈及与人称代词有关的语言主观性(*Subjectivity in Language*)。他认为，“我”和“你”这两个代词只有在具体话语情境中才有意义。同理，“这里”“那里”这两个指示代词也是如此。它们都有类似特性，这种特性只允许与它们产生的言语实例相关的定义，也就是说，取决于在其中表达自己的“我”(Benveniste 1966，p. 262)。还有一些有趣的例子，例如尤其是在言语中，只有当人称代词改变时，动词的意义才会改变。让我们对比一下："我保证他离开了"和"你保证他离开了"。第二句暗示并证实一个想象中的前说话者的话语，但第一句却没有。

另一个例子是"他发誓"与"我发誓"的不同。根据奥斯丁的言语行为，我们可以认为第一人称言语是表述行为，对真实情况产生了社会的和法律的后果。用本维尼斯特的话来说，这是一个承诺。但"他发誓"只是一种描述。克里斯蒂娃基于弗洛伊德精神分析理论，把这些代词看作是指示符号或标志。事实上，这些代词确实是意指真正的人和现场交流。因此，发音主体在清晰陈述中留下了言语行为的痕迹，这作为一个文本，它也有历史，是异质的、部分无意识的过程的一部分。

心理符号学进路：故事和叙述

本维尼斯特的另外两个理论核心是发音理论及话语和叙述。叙述实际上就是故事，但它自己讲故事，不关涉叙述者。无论对克里斯蒂娃还是格雷马斯（Greimas）的符号学来说，话语和叙述都是很重要的。如果我们将克里斯蒂娃的解释与希腊符号学家（例如费利克斯·瑟莱曼 Felix Thürlemann）的解释进行比较，我们很难发现他们在确定这一理论的核心概念方面有何不同（Mechelen 1993，pp. 192－194）。但是，他们看待这些概念在符号学历史发展中的作用方式是相当不同的，甚至是完全相反的。在格雷马斯符号学中，这些概念有助于减少索绪尔话语和言语的概念（语言系统），从言语的混乱而个人化思想中解脱出来。克里斯蒂娃跟从本维尼斯特明确地接受了语言存在不稳定、不可靠特征的观点。1975年后，她在作品中越来越强烈地表明了其立场。我们从蛛丝马迹中不难发现概念中的不同之处，克里斯蒂娃将我们带到无意识领域，如心灵深处、舌尖滑动、模棱两可和隐喻。已有研究告诉我们关于言说者、言说主题和话语影响等诸多方面的奥秘。克里斯蒂娃认为，根据弗洛伊德梦的解析理论，区分话语和历史是没有意义的。

当某人表达其梦时，说了什么内容并不重要。从心理符号学角度看，更重要的是，我们关注梦境显化内容，探究梦中潜在"思想"是如何与前者联系起来的。显然，克里斯蒂娃关注的是超越正常句子结构的操作，她渴望展示异质性在微观层面上是如何运作的。我们可以看到本维尼斯特在在谓语功能层面等多维度的影响。虽然句子的主语有个性化特点，但谓语更加普通，与即时感知没有多大联系。一方面，主语代表存在状态和有限性；另一方面，谓语无限变化。所以，克里斯蒂娃（1975a，p. 56）总结，即使我们谈及替代性谓语，但最后我们不得不说无限谓语。

符号分析法："永不言说、永不隐藏，但有意义"的道路

我们已经观察了从本维尼斯特到克里斯蒂娃的道路以及他对她及其符号分析概念化的影响。克里斯蒂娃认为本维尼斯特（Kristeva 2012）是一位不擅长说也不擅长隐藏，但却产生意义的语言学家。虽然心理分析传统中其他理论家（如梅兰妮·克莱恩）在1975年后对克里斯蒂娃影响也很大，但本维尼斯特理论的深远影响却绵延至今。在本章开头提及的本维尼斯特演讲集序言中可见端倪。曾经她的符号分析学既是批判科学，又是科学的批判。最重要的，是她跟随本维尼斯特，进行改革、创新、转型的思想表达。因此，在致敬本维尼斯特的过程中，她强调并赞扬他能力卓著，通晓16—17世纪和19—20世纪的语言学、哲学和符号学，特别是关于阿诺和兰斯洛特的《普通的理性语法》（*General and Rational Grammar*），也被称为《皇家港语法》（*Grammar of Port Royal*，1660）。她提到，该作品第一次将语言学符号概念作为一种特殊符号展现在人们面前，这种符号把言说主体引入"语言"句法中。所有后来的分歧似乎都不如这些历史遗产的价值重要。这种对历史的积极态度显然是克里斯蒂娃和本威尼斯斯特的共同点。

她和本维尼斯特还有另一个共同特征，那就是他们在语言学和符号学中的地位。克里斯蒂娃称本维尼斯特的思想形式为试图重新连接形态句法细节与包罗万象的语言和哲学范畴。本维尼斯特过去曾示意、告诉、详细探究任何美学界面背后的细节，与此同时，确保信息不会成为封闭的信息孤岛或在语言学或符号学中只遵从一个思想系统或单一趋势。他们二人都接受了20世纪认知发展的内在混乱，这些混乱给语言本身带来混乱。活生生的语言和话语经验最终应该成为科学探究路径。还是语言使我们成为人类，言语行为从没有固定意义或作为稳定状态而存在，而是在一个无限的、永无止境的过程中。因此，它的哲学地位不是"存在"，而是"生成"。

43年后，说起本维尼斯特理论，克里斯蒂娃觉得很有必要阐述为什么这个理论在当时那么不同寻常。与布卢姆菲尔德或哈里斯这些语言学家的理论不

同，本维尼斯特的语言学不仅要涉及语言非主观性、形式性元素，而且要涉及语言的力量，这种力量远远超过“命名”能力。克里斯蒂娃指出，符号学作为符号科学，成了自由同义词，特别是表达和思想的自由。因此，符号学被全世界所接受和理解，不仅在西方，而且在东方。符号学是两个世界的联盟；是对1989年以后世界局势的预测。本维尼斯特提到语言产生其他符号系统的能力，他仍然认为，语言从广义上而言，是有能力解释世界的唯一系统。在这里，我们又要谈到罗兰·巴尔特（Roland Barthes）了。

2014年，克里斯蒂娃似乎把符号学远远抛在一边；她这时的主题似乎有着不同性质，即使她仍然用符号学家的意图和眼光来审视它们。事实上由于本维尼斯特的影响，她多年来一直作为董事会成员致力于国际符号学研究协会的发展，也是德古意特出版社编辑委员会成员。我们也应该承认她是令人敬畏的符号学批评家。她在不同学科领域产生了巨大影响，首先，体现在女权主义理论、前符号阶段精神分析理论、心理分析实践上。后来，她因关于卑贱和越界的思想而广为人知，这不仅启发了现有的人文和人类学的学术研究，也启发了一些艺术实践。然而，在今天的符号学中，除了作为教育哲学和教育理论新方向的理论符号学新分支——教育符号学，在其他地方很难找到她后期作品的痕迹。从克里斯蒂娃学识中汲取符号学知识代表了符号学作为一门批判科学与古典科学批判的明确复兴。

克里斯蒂娃的教育符号学

迄今，本维尼斯特在教育领域一直缺席，而克里斯蒂娃是促进教育符号学创新的理论家之一。本节简介主要参考了赛默斯基最近的论文《从教育符号学角度解读克里斯蒂娃：对教育的启示》（“Reading Kristeva Through the Lens of Edusemiotics：Implications for Education”，2015）。赛默斯基早先的教育整合伦理（Semetsky 2004，2010）概念部分源自克里斯蒂娃的符号分析学和她对言说主体的批判。赛默斯基坚信关系伦理作为存在模式是教育实践和教育制度之需，认为教育符号学（首先被假定为一个综合的概念框架）是他们的理论基础。赛默斯基指出教育中的持续危机，引发了教育理论家关注克里斯蒂娃对“危机”概念理解中固有的模糊性，此模糊性可以被解释为一种病态，也可解释为创造性更新我们生活和思维的先决条件。克里斯蒂娃将意义生产动态过程作为一种特定的意义实践，而不是某种最终的、稳定的产品，作为教育符学家在研究多种“生成”路径时所共有的东西（e.g.，Semetsky 2006a；Stables 2012）。这种方法对教育有着深远影响，无论是在理解意义是如何在解释过程中生成，或创造性在教与学中的价值。创造性实践作为艺术的一部分，对克里斯蒂娃来说非常重要。

克里斯蒂娃提出的第二点是教育符号学对情感和经验中无意识的关注。符号学（情感和无意识）维度先于“符号学”（语言和自我意识）维度存在，这就质疑了言说主体和认知主体的预设统一性。正如赛默斯基所证明的那样，某种事物本身的非表征性或超语言性仍然可以作为它自身以外的某种事物的标志；它表现为个体或集体行为层面或整个文化层面的可观察效果，有时表现为有意或无意的“反抗”。在深入研究荣格心理学而不是将符号学局限于弗洛伊德的起源时，教育符号学阐明了图像和症状的“语言”，对这些图像和症状的解释可以治愈个体和集体的心理（Semetsky 2013）：教育符号学是心理符号学的一部分。

真正的符号需要从社会实践层面做出解释，并引导我们习惯性态度的转变。这些符号预设了可以解构意义、信仰和价值，进而重估并创造新的价值，以便契合时代和社会政治情势。克里斯蒂娃原创的卑贱理论（theory of abjection）也体现在伦理维度，该理论反映了当今社会现实，后来也被赛默斯基（Semetsky's 2006b）所援引而创制了新词“卑贱时代”。卑贱是“扰乱身份、制度和秩序”的东西。不尊重边界、立场和规则的东西，是“介于两者中间的、模糊性、混合性”（Kristeva 1982，p. 4）。当然，卑贱可能被认为是对语言系统的攻击，但它并不局限于“语言”。教育符号学认为，文化本身可以被解读为一种充斥着符号的“文本”。文化文本被解读时往往“神韵迸发”（Kristeva 1982，p. 9），文化文本的解释参与到卑贱体验中的暴力行为。即使这样的事件打破了一个人的一套习惯信念和公认准则，它也“拒绝延迟的影响”（Kristeva 1998，p. 153），从而有助于创造“过程中的主体”，同时意味着社会现实的新秩序。卑贱将放松现有秩序的管制，打破结构空间，由此引发一种意指实践。

更重要的是，放松管制不应该与解构、完全否定或消极影响混为一谈。更确切地说，正如克里斯蒂娃引用黑格尔－马克思辩证法时所说，这是一个包含否定之否定的过程，包含一个最终具有积极价值的事件。克里斯蒂娃谈道，通过这种方式的规范过程，必将阻止已有规范、价值或规则变得僵化。其结果是一个建设性、创造性的过程，这也显示了克里斯蒂娃"快乐反抗"中隐含的希望，它定会引起变革。克里斯蒂娃的学术思想与教育符号学具有诸多共性，如心身的、反二元论的方法路径，已经超越理论而扩展到实践层面。教育符号学的反二元论与实证主义批判相结合，从而使建基于此的教育研究深受影响，这与克里斯蒂娃对古典科学的批判并行不悖。

参考文献

Barthes，R.（1970）. L'étrangère [The stranger]. La Quinzaine littéraire.，1（5），pp. 19—20.

Benveniste，É.（1966）. Problèmes de linguistique générale [Problems in general linguistics]，tome 1. Paris：Gallimard.

Benveniste，E.（1974）. Problèmes de linguistique générale [Problems in general linguistics]，tome 2. Paris：Gallimard.

Benveniste，É.（2012）. Dernières leçons. Collège de France（1968—1969）[The last lectures. Collège de France（1968—1969）]. Paris：EHESS Gallimard，Seuil.

Coquet，J. -C.（1972）. Sémanalyse：conditions d'une sémiotique [Semanalysis：conditions of semiotics]. Semiotica，4，pp. 345—350.

Kristeva，J.（1966）. Pour une sémiologie des paragrammes [On a semiology of paragrams]. In J. Kristeva（1969）. Séméiotikè. Recherches pour une sémanalyse [Semiotics. Researching semanalysis]（pp. 113—146）. Paris：Seuil.

Kristeva，J.（1969）. L'Engendrement de la formule [Engendering the phrase]. In J. Kristeva（1969）. Séméiotikè. Recherches pour une sémanalyse [Semiotics. Researching semanalysis]（pp. 217—310）. Paris：Seuil.

Kristeva，J.（1974a）. La révolution du langage poétique [Revolution in poetic language]. Paris：Seuil.

Kristeva, J. (1974b). L'éthique de la linguistique [The ethics of linguistics]. Polylogue (pp. 357－369). Paris: Seuil [Originally published in Critique, March 1974).

Kristeva, J. (1975a). La fonction prédicative et le sujet parlant. In J. Kristeva, J. C. Milner & N. Ruwet (Eds.), Langue, discours, et société: pour Émile Benveniste [Language, discourse, and society] (pp. 229－259). Paris: Seuil.

Kristeva, J. (1975b). The system and the speaking subject. In T. A. Sebeok (Ed.), The tell-tale sign. a survey of semiotics (pp. 47－55). Lisse: Peter de Ridder Press [Originally published in Times Literary Supplement. 1973].

Kristeva, J. (1982). Powers of horror: An essay on abjection (L. S. Roudiez, Trans.). New York: Columbia University Press.

Kristeva, J. (1998). The subject in process. Inp. French & R. -F. Lack (Eds.), The Tel Quel reader (pp. 133－178). London, New York: Routledge.

Kristeva, J. (2012). Émile Benveniste, un linguiste qui ne dit ni ne cache, mais signifie [Émile Benveniste, a linguist who neither says nor hides, but gives meaning]. In É. Benveniste (2012).

Dernières leçons. Collège de France (1968－1969) [The last lectures. Collège de France (1968－1969)] (pp. 13－40). Paris: EHESS, Gallimard, Seuil.

Kristeva, J. (1980). Desire in language: A semiotic approach to literature and art. New York: Columbia University Press.

Mechelen, M. van (1993). Vorm en Betekening. Kunstgeschiedenis. Semiotiek. Semanalysis [Form and Signifying Process. Art History. Semiotics, Semanalysis] Nijmegen: SUN.

Mechelen, M. van (2005). J. Kristeva. In: H. Achterhuis, J. Sperna Weiland & S. Teppema (Eds.), Denkers van nu [Today's thinkers] (pp. 337－350). Diemen: Veen Magazines.

Moi，T. (Ed.). (1986). The Kristeva Reader. Oxford：Basil Blackwell.

Semetsky，I. (2004). Becoming-language/becoming-other：Whence ethics? Educational Philosophy and Theory，36 (3)，pp. 313－325.

Semetsky，I. (2006a). Deleuze，education and becoming. Rotterdam：Sense Publishers.

Semetsky，I. (2006b). Semanalysis in the age of abjection. Applied Semiotics/Sémiotique appliquée，17，pp. 24－45.

Semetsky，I. (2010). Towards anethics of integration in education. In T. Lovat，R. Toomey，& N. Clement (Eds.)，International research handbook on values education and student wellbeing (pp. 319－336). New York：Springer.

Semetsky，I. (2013). The edusemiotics of images：essays on the art * science of Tarot. Rotterdam：Sense Publishers.

Semetsky，I. (2015). Reading Kristeva through the lens of edusemiotics：Implications for education. Educational Philosophy and Theory，47 (10)，1069－1081.

Stables，A. (2012). Be (com) ing human：Semiosis and the myth of reason. Rotterdam：Sense Publishers.

Starobinski，J. (1971). les mots sous les mots. les anagrammes de Ferdinand de Saussure. Paris：Gallimard.

第18章　黑洞：通过符号母性空间进行的否定

凯尔·克劳福德

摘要　本章通过回顾柏拉图的空间概念，并评价其与哲学意义上否定概念之关系以及在黑洞理论中的作用，以此分析思维生成的条件。母性空间（Chora）和黑洞（Black Hole）都是非物质体，每当事物有了新发展、形式内部变幻莫测、走向未定之时，母性空间和黑洞便开启新生。通过界定感知对象、消弭内外之别，并使我们有可能理解充盈何以需要虚无来充分发挥其作用。这种跨界和克服惯常二元对立是作为本章概念框架的教育符号学的基本特征存在的。回归到“无思”（Unthought），同时保持在与不在（Presence and Absence）的共存状态，超越人之局限，从而促发新的无限生机。本章采用艺术性话语，假定有可能概念化存在的连续体（Continuum of Existence）和主体性、个体性和普遍性更新的可能性。通过回顾黑格尔辩证法和克里斯蒂娃回归母性空间理论[①]，本章主要阐述经验上符号转化所需的条件。

引言

在《蒂欧迈篇》（*Timaeus*）中，柏拉图的创造论认为，空间是存在世界和生成世界（Realms of Being and Becoming）的连接，在空间中，两个不同世界基于一系列形式条件，可能会聚合、碰撞或爆炸，而不是作为一个可感知

① 译者注：“空间”源于古希腊语“χώρα”，该词的英语、汉语译法众多，如子宫间、胎盘、母体、场、位域、空间、鸿蒙、空域、虚位、容所、穹若、容器等。其英语常用词是“space”“chora”“milieu”“place”“location”“site”“region”“country”（or mother）“nurse”“receptacle”“imprint bearer”等，如克里斯蒂娃在论著中均采用“chora”一词。本文对“chora”采用区别化翻译，在一般指涉中译作“空间”，而特指女性主义倾向的哲学意蕴时，则译作“母性空间”。

的实体（Perceptible Entity）。母性空间自身没有明确的定义，它既作为物质支撑，同时又是一个包容万物的绝对世界。而作为贯穿整个哲学史的非物质基础，母性空间可以接纳所有事物，尤其容纳所有被书写的事物。在结构上，母性空间被视为中间地带，或如德里达所说，这是一个行使其不存在能力的环境，以便接受所发生的一切（Derrida and Eisenman，1985）。若用变迁解释这个环境，那就是在这里万物皆变，而母性空间不可能成为他者，因为她已经是意指某物的“他者”的符号，当然并不是说这就等同于一个存在差异的“黑洞”。艺术家（本章作者）创作的黑洞图像如图18.1所示。

图18.1　艺术家2015年创作的黑洞图像
（日本贡皮纸30＂x 21.5＂上彩色油墨，
照片点数：315）

艺术实践就是概念和情感间的不断妥协，现在它正面临着与非人类网络的接触和对人类体验中介作用的双向转移的挑战。从理论上讲，任何物质或物体，只要与其他物体存在于同一本体论平面上，它就可以神秘地转化为具有美学和哲学意义的体验。这种经验是在多个层次上起作用的，它表明认识所掌握的东西不一定是它自己造成的。在这个概念框架内，美学与人类创造性之间的关系被保留，但是艺术在人类自我概念和自我认知方面的作用受到质疑。如果美学是与前语言体验相关的不确定性的体现，且艺术在人类发展中起着重要作用，那么，图像如何在与它们运作系统密切相关时支配思想？这里讨论的艺术产生于思想与生活的交汇，诉诸思想与普遍主体绝对性、可能性之间的关系本质。这种符号关系，当通过一个物质对象被赋予时，并不依赖一个现实主体的存在，因为它的形式属性不受这种关系的影响。因此，将审美属性赋予艺术作品，就会产生话语与客体之间的悖论，因为如果没有主体，艺术就只是作为一个概念的可见表征而存在。这关系到美学话语的本质以及它如何有助于描述一个可能缺失但正在发生变化的世界。

作为黑洞的母性空间

母性空间被认为是否定的标志，代表不确定性和未知。据称，这是一个需要填补的空间，其内部有一种黑暗存在，它促发了对人类生存约束的逃避。它绝不是空的，它是一个矩阵，其他东西从这个矩阵中产生、发展或形成，同时作为一种材料，在其中嵌入或封闭一些东西以供保护或研究。母性空间被认为是相对差异性存在的一种积极断言，或者是某种“非”的东西，它与记忆和期望等复杂问题有关。如果所有事物都来自已经存在的事物，那么“无中生有”还有可能吗？这是一个长期存在的哲学问题。如果有一种可能性，某件事可能先于思维的存在而发生，那么确定这种可能性的条件是什么？

母性空间是一个关乎起源的神秘空间，它不仅接受进入其中的一切，而且没有自己的身份，对未来不设任何限制。如果意识未能公正地对待事物的全部深度，我们可能会被与这些事物关系之外的某些东西所震惊，那么一些新的东西就会在我们对其一无所知的情况下出现。问题是如果在日常实践中，母性空间缺场和在场传递给意识的方式一样悄无声息，那么这是否就是否定的神圣特征？法国知识分子、精神分析学家克里斯蒂娃借用柏拉图空间概念，把母性空间表述为“与意义决然不同的品性，但总能被看到，或要么是否定要么是过剩的关系”（Kristeva，1980，p. 133）

德里达等指出，母性空间这个词，无论解释为“地点”“位置”“站点”“地区”“国家”或“母亲”“护士”“容器”或“印记承载者”，只要被视为临时的失去和对未来回收的预期，那么它都是关于意义的秩序和运动的结构问题（Derrida & Eisenman，1985）。这个空间是柏拉图宇宙学的关键，也是其《蒂欧迈篇》中创作故事的核心，是被认为已经过时的科学史的一部分。但是大爆炸理论（Big Bang Theory）促进了神创宇宙可能性的复兴。科学家认为黑洞是光线无法逃逸的空间，它是不可见的，所能观察到的只是围绕或非常靠近黑洞的物质运行轨迹。最小的黑洞被称为原始黑洞，被认为是在大爆炸后不久生成的，有科学证据表明，在每个大星系中心都有一个大黑洞。这一证据是基于已经被处理、量化和测量的多维数据而得出的，但数据中起作用的不是对黑洞现状的了解，而是无法确定黑洞存在的不可能性。

我们感知否定方式的哲学概念涉及各种各样的观点，这些观点通常是与周围、内部和贯穿洞口发生的事情有关的操作的结果。为了感知黑洞并定义所见物，这些操作产生了特定的视觉模式，在否定实体（negative entity）和环绕物之间产生了一系列的关联。无论是虚是盈，“洞”解释了内外之别、有无之异。从本体论上讲，如果我们所思之物都是由洞组成的，而洞确实存在，那么它们的本质是什么？它们是我们试图想象的那样吗？即使黑洞不存在，它们是否也有资格被定义为可以与我们周围环境相融合的空间区域？如果“虚无”的概念不是世界的终结，那么它是不是另一个世界的开始呢？

正如德勒兹等所说，黑洞被比作母性空间，可能是开始生成的象征，也可能是思想的象征（Deleuze & Guattari，1987）。不管是虚拟或是真实，这些容器都是理想的载体，可以确保与宇宙及其规律的视觉相联系的外部思维的必要耦合。黑洞在艺术和科学上都是未知世界的象征，它代表着通往另一个知识领域的通道，这个知识领域可以通过间接或符号学的方式获得。时光逝去而未加详察，在这中介空间中，不可见成为可见，不可能成为可能。

母性空间就是一个“更衣室”，这里发生微妙转变，并通过正式方法嵌入到成品中。差异是在一个持续进程中显现出来的，这个过程虽与意象（Image）建构过程相异，但是关注和解释所处理内容的例行程序，的确导致亲密的生活和身份能够被感知和呈现。虽然母性空间不能以物理形式存在，但它非物质的、真实的本质，描绘了一个不可见世界（Unseen World），并反映了一种进入艺术创作的活动。根植于进化史的意象成为一个无法容纳的容器，以及与道成肉身（Incarnation）有关的视觉模仿，它鼓励深度解读与神的相遇。

符号学的艺术与科学

任何建立在否定、预言概念基础上的哲学或科学理论都表明，我们觉察到物体表面有一些不连续性。根据皮尔斯等的观点，这样做是没有意义的：将任何颜色归为分界线——黑点和白色背景之间的分割线。这条线可以是既黑又白，或者非黑非白，而某些东西可能在表面所定义的空间之内或之外。白底黑洞只是视觉空间的配置，被感知为两个不同颜色的表面。这两个表面之间的边界线将形式（Form）描绘为一个实体（Material Object），同时蕴含着形式，并且是作为其边界的对象（Object）的一部分（Casati & Varzi，1893）。边界和孔洞一起构成为一种干扰项（Disturbance），影响对描绘什么，进而可构思什么问题的思考。

审美对象通过外在符号的视觉语言来实现哲学目的，以揭示创作过程本身所产生的无中介思想的黑暗不确定性（Dark Uncertainty of Unmediated Thought）。无意识的抽象概念通过审美中介获得了具体的特性，将对象从其来源处分离出来，并将对象与缺席的存在联系起来。这种跨越平庸与深奥之间界限的体验，有潜力说明一些所见和未见之事还有其他东西，并确定它是什么。这种潜能，当归因于未被思考的维度时，则会在否定的迹象中被发现，它超越了语言文字，挑战我们对事物如何存在于世的理解。如果不能用语言表达的东西可以在图像中表现出来，而美学是教育的符号学媒介；那么这种未被思考的东西就有可能存在。

物理学家斯蒂芬·霍金和他的研究小组提出，有关物质的信息储存在黑洞周围的神秘边界中。这个假想空间被称为“事件视界”（Event Horizon），空间内发生的一切均不可见。每当发生干扰时，沿着边界滑动的全息图就会确保信息漂移进黑洞中，当有东西泄露时，全息图就会把信息带出去。

根据霍金的说法，每个黑洞里都有另一个宇宙，黑洞可能是通往其他宇宙的大门。他认为，如果某物有可能穿过视界，那么它就会被另一边的一个叫作“白洞”的物体“发送”出去。理论上，我们还不知道白洞是否存在，但霍金认为它们可能是我们宇宙诞生的原因。这个理论被认为是信息悖论的一种解决方案（参见 Semetsky 2013），它回答了黑洞连同黑洞所包含的信息一起消失的概念和物理学定律之间的明显矛盾，后者认为关于宇宙的信息永远不会丢失。

黑洞边缘所发生的一切为黑洞的存在提供了线索，并将其否定作为其周围环境的核心。否定是一种美学上的消失形式，它与被省略、被错过有关，时间需要寻找信息，从而扩展所见与不存在之间的界限。它的关键作用是为叠加腾出空间，这是艺术的基础，它设置了一个“负空间”（Negative Space），这是平衡整体所必需的。

皮尔斯用“不同于”（Other Than）这个词来定义否定（Negation）是相对差异的主张，这与柏拉图《智者篇》（*Sophist*）对话相呼应，柏拉图坚持否定不是明显相反而是“他者”（Other）。事实上，母性空间要想发挥成全或不成全他者的能力，就必须服从于一个类似独特符号的矛盾实体，该符号体现了一种明显的矛盾，与逻辑话语的不矛盾律相反。符号无疑是对当代分析哲学继承亚里士多德的不矛盾原则的质疑。符号学抛弃了任何预设的二元对立，取而代之的是它们之间的动态关系，这种关系架起有形与无形、物质与精神、理性与情感、艺术与科学之间的桥梁。如果一个矛盾被解释为变化的符号学过程，在此过程中，一切都变得面目全非，唯有母性空间完全永恒，不可能再变成为他者，因为它一直是且已经是他者了。母性空间这一矛盾特征，恰好将其置于符号学和教育学的范围之内。

母性空间并非如此

作为一个不确定的、空白的、无光泽的占位符，母性空间继续存在于它的不存在中，它类似一个“0”的概念，这个数学符号表示大小或量值的缺位（cf. Semetsky 2001）。俚语“零”的意思表示“杀死”或“切开”，它是“切断”的位置符号（Positional Notation for “Severance”）——尤其是事情必须或确实发生的时刻——这也是绝对的最初定义。作为一切矛盾和荒谬的根源，母性空间与通常概念不同，它通过一系列的切分来运转，并防止过度刺激，就像一个原始的有机气泡，牺牲了自身的一部分来实现有机内在性和无机外在性之间的明确分离。对雷扎内格雷塔尼（Reza Negarestani，2011）来说，在包括人类在内的宇宙领域中，以“宇宙统一体”的方式和内在发生的切割将特定和普遍交织在一起。因此，它是一种思考与整个宇宙相关的自我参照关系的方式，并具有自组织倾向。它有一种自我参照或“反馈”的特性，可以潜在地确保任何系统的自组织性。

对柏拉图来说，世界是一个由其本性引导的智能有机体，它在身体和灵魂上都展示出数学秩序和比例。任何无法解释的事物都可以在一段时间内解决。《蒂迈欧篇》第一句话就为我们讲述了前一天的对话中如何处理“失去的时间”：“一、二、三，喂，我亲爱的蒂迈欧，我们昨天有 4 位客人，这第四位今天哪里去了？”第四个客人缺席迫使苏格拉底请在场的人扮演这位缺席者的角色，一起探讨理想社会。智者负责将时间、空间与美好生活的观念联系起来——但正是无个性的容器创造了空间，所有的变化都发生在这里。

柏拉图的母性空间是一种否定的标志，它位于存在和生成之间，在生成的状态下，意外之瓦解将催生出新开端。凯瑟琳·马拉博（Catherine Malabou，

2012）提出了由自我缺失所构成的否定可能性，认为偶然的中断提供“存在正在生成的一种本体论”（An Ontology in Which Being is Becoming），“一种正在生成的存在模式”（A Mode of Being That is Becoming）（p. ix）。在艺术和教育中，这将需要超越差异，拥抱实践。在实践中，开始就似乎意味着脱离一切——以机械序列的形式体验一个又一个的事物，且彼此之间没有明显联系。

马拉博将否定与一种消失相联系，这种消失将一种新形式强加于旧形式，而无需中介和解释。她称其为“由摧毁而嬗变”（Metamorphosis by Destruction），这是一种不可能的形式，它将主体推向一个不存在的外部，并有能力创造一个存在的完全偏离。马拉博试图揭露的是否定可能性（*Negative Possibility*）“见证一种既没有被肯定也没有缺乏的消极力量或倾向，一种生成的力量”（Malabou，2012，p. 75）。象征性地说，否定的可能性被表现为一种原始的排斥姿态，具有情感来源，不论它能否被感知。这个黑洞由不存在的自我构成，让位于其他可能的开端，包括一个我们一无所知的不可想象的虚无。对马拉博来说，真正的问题是“如何思考主体性的缺失”（Malabou，2012，p. 24）。

解读关于黑洞的图画，或者任何相关图片和图像（参见 Semetsky，2011），都会把我们引向几乎没有知觉的痕迹，作为与无思想和无意识相联系的原始自我的符号；因此在某种程度上肯定了主体性的缺失。表面变黑是通过一个过程产生的，该过程使我们有可能接触到尚未被思想所调节的东西，而黑化的表面既不反映任何东西，也不反映任何原始的洞见或自我意识。从技术上讲，洞是一个结构问题，它属于意义的秩序和运动，即被视为一个失去的时刻，又被视为对未来的期待。

黑洞图像（如图 18.1 所示）展现出艰苦的工匠般的品质，但缺乏目的性，以提供是其所是的理由。一排接一排，这幅画中微小的连续“缝线”便是艺术家的手和眼所经历的一系列实例的指示符（皮尔斯称之为“indices”，是符号的一种），而这些实例正是这个洞形成的基础。压印在二维平面上的奇异数字捕捉了一系列思想中时间的流逝，这些思想超越了有目的的意图，并暗示着某种自动性，这种自动性是在恍惚的存在状态下进行的。不假思索、有条不紊地从一个“针脚”移动到另一个“针脚”，构成了一种模棱两可的存在和生成状态，并由渴望看到什么正在展开、什么被留下的欲望所驱动。从教育符号学角度来看（Semetsky & Stables，2014），问题是思考就是其所思，还是不知道自己在思考又或是其他什么东西。

艺术与理性

非反射性的黑暗使“看见”成为不可能，但无论从符号运动中产生什么，都有可能解放黑洞，并将一幅意象交还给原来的空白空间（参见 Gasche，1986，p. 208）。缺乏唯美主义的反思（*Reflection*），正是生产的创造性行为，它决定了什么是可见的。至于非反身性（Non-reflexivity），它与无意识的意图有关，这类似黑格尔所说的“思辨的萌芽”，它存在于反思的自我毁灭之中。这种“胚芽”属于在这些实践中发展起来的一种存在，它要求重新思考思维与存在的关系。黑格尔把这种关系设定为存在与虚无之间的对立关系，他坚持用第三种立场把存在与虚无联系起来。这第三种立场使对立的综合成为可能，并为新的辩证运动创造了“基础”。包括的“第三种”将使人类有可能进步到把他们以外的世界看作是他们自己的一个组成部分。三元中介的特点是：符号重要功效发生在中间逻辑的基础上，中间逻辑（Semetsky 2013）是教育符号学中一个必要的哲学基础，但即使三元结构也都是动态的自然过程，这种过程本性导致其不可能结构稳定。

根据黑格尔《精神现象学》（*Phenomenology of Spirit*）（Hegel，1977），中介是通过自我否定实现的，背离自我的过程是其实现过程，因此，自我成了周围环境的一部分。黑格尔认为，当对正做事情的思考达到内在极限时，哲学反思就有必要进入另一种思维模式以完成将要做的事情。哲学反思由于认识到对立是绝对范围内的相对条件，因而具有理性功能，就得以跃进到绝对或思辨的反思中去。位移即最初位置和后来位置之间的区别，在扩展和嵌入一个个人的故事到一个不一定属于艺术家本身的作品中时，就破坏了个人的历史。时空历史通过艺术媒介而存在，是各种各样的操作的结果，这些操作切断了预先设定的个人身份，使其趋向于成为另一种东西。

艺术作品和完全成熟的主体性之间的分裂，导致所遇到与其说是真实展现的自我，不如说是一种暗示缺失的自我存在于其中的符号集合。在中介习语中，不完美是普遍主体性的一个基本组成部分。黑格尔认为，绘画之所以感动我们是因为我们能感觉到（而不是看到）所缺失的东西，从而假设绘画本身能够展现独立的精神生活。对黑格尔来说，这是对一种精神因素的某种暗示，这种精神因素赋予了艺术与思想和情感的亲和力。艺术客体作为一种自由的具体的智能存在，其“目的”在于揭示自身作为精神内在世界的精神存在。符号再一次在（这种情况下）连接起物质与精神、感性与知性，从而跨越它们的分界线。绘画的思维、行为、观察和想要接触的概念都暗示着绘画的机械应用充满了一种意识形式，主体性可以从人类转移到人工制品上。与一件艺术作品建立联系可以是主动的，也可以是被动的，而且人们所学的大部分内容都是在不知情的情况下进行的。

如果美学是教育的符号学媒介，是教育符号学的构成要素（Semetsky 2013）；那么图像与绘画就有了自己的精神生活。“未被思考”的存在并非完全不可能，或如吉尔·德勒兹所说那样，存在于其潜在的、虚拟的状态中，处于可以想象的边缘。西奥多·阿多诺（Theodore Adorno 1997 ）认为，艺术是通过客体与非客体之间的复杂关系来把握的。对阿多诺来说，“它的运动规律就是它的形式规律”和“所产生的是一种内在技术进化的产物”，而这种进化“通过将自身与从中发展出来的东西分离开来而获得其特殊性”（Adorno 1997，p. 3）。艺术中表达的东西否定了主观理性对整体的主张，而且主体越是投入到艺术作品中，主体就越能成功地忘却自身并意识到作品的客观性（Adorno 1997）。阿多诺认为，每件艺术品都需要思想的充分体验，需要一种拒绝一切限制的哲学。这种哲学，即“只有思想”，通过服从客观标准和屈服于形式艺术，参与作品的实现（Adorno 1997，p. 266）。当作品的物质性和对主观性否定所产生的差异起调节作用时，这种客观性允许自身受外在因素的引导，而外在因素的根源是内在的：因此，根据教育符号学的大前提，主客体二元论得以克服。

利用我们的知觉资源来推测我们的身份和位置，我们所看到的内部事物在观察过程中被直觉感知。由于形象涉及视觉，而空间缺失指的是事物的内部组合，所以没有必要在艺术作品中模仿我们的客观性。我们尽量减少手势，挪开手来思考当没有思想的时候，什么可以存在。图像与“颜色”产生共鸣，让我们有一种内在世界与宇宙世界相同的感觉。对于内在与外在的对应关系，如果我们适当处理，就会得到符号学论证的支持，即“所有内在品质都有其独特的符号，通过这些符号，它们可以借由可辨识的方式在世界上显现事物”（Jullien

2007，p. 62）。当人们对一幅图像所表达的内容给予新的关注时，就有可能把注意力吸引到对一种看不见的现实及其各种相关的符号和符号的可感知的表达上。对于昆廷·梅拉萨克斯（Quentin Meillassoux）而言，这不是一个发生在思考之前的事情的问题，而是指一个事件“实际上可能在所有思考之前就已经发生了”（Meillassoux 2012，p. 122），因此，这种“分裂”（Schism）破坏了所有公认的观点，否则这些观点可能是不容置疑的。

与否定相关的不连续性和黑洞特性与个性化过程并行，其中被切割掉的部分会生成一个新的表面，在这表面上，两个不同实体会相互接触。个体和不连续性的关系，与个体和另一个对象的关系是一样的，都受到相互作用的影响或恢复。当表面经历某种中介而改变时，一种看不见的存在就有了自己的生命。从心理学的角度来看，一个深邃的黑暗形状意味着个体的完整性可以被恢复，即使需要完成一项富有成效的工作才能实现。

缺场即存在

母性空间被置于生成与存在之间，它是永恒存在过程的标志。符号学运动暗含着这种悖论。每一个黑洞的生成和成长都必须依赖它的宿主，如果没有嵌入其中的对象或在公共部件中配置的对象，它就不能存在。黑洞是由空间构成的，与它们所处的位置紧密相连，但是如果我们接受黑洞是可以被其他可能世界填充的非物质实体这一观点，那么与物质对象的互补关系就可以在概念上解除束缚。如果像柏拉图的空间一样，那么黑洞可以被描述为非存在性的容器，它们也就可能成为某种解释的基础，即“解释时空（具体）个性化的最终依据的基础”（Casati & Varzi，1994，p. 33）。

缺场即存在，这是通过脱离现在自我并变成他者的过程显示出来的。用意象来思考外部事物的思想围绕着这样一个概念，即意识无法公正地对待事物的全部深度，而存在于我们与这些事物关系之外的事物的可能性，可以在我们不了解它们的情况下产生。尽管从思维之外去思考似乎毫无意义，但视觉语言可能包含语义内容，即使我们不知道它是什么。文字等铭文具有自主运动的形式，并通过具体实体进入对世界的描述。这些实体是空洞和空洞在语言中表现方式之间的概念联系，它们描述了我们所感知到的空洞或充实。洞的部分形成形状，字母作为这些洞的总和出现。就像鲁宾著名的花瓶侧面可逆图形，同一环境中的两个元素相互作用，以使其中一个出现而另一个消失（Casati and Varzi，1994）。

悬挂在刺绣针线星系的细微阴影和细微差别中的黑洞（如图 18.1 所示）是通过时间织成的。时间作为存在的“外在”维度，无论我们是否能想象，都体现在艺术作品中。这种维度无法直接观察，但我们可以通过颜色、形状等感官品质，在一定的空间体积内体验到。这些特质构成了个体与其环境之间的关系模式，代表了一种特定的现实——意义的现实。重新审视一件艺术作品，就是思考它是以描述的方式出现还是在意识到其时空形式的同时产生的东西。当以解释的目的展示时，艺术是从认知局限中界定的；但是，如果艺术是一种普遍统一体的一部分，而思维与物质过程并无区别——这是根据教育符学所假定的身心之间的协调关系（Stables & Semetsky 2015）——那么就有可能提出一个在世界上绝对不可能或绝对可能的创造性项目。

艺术和科学的生产实践在社会政治领域重叠，与新媒体（和新科学）相关联的无休止实验可能是抛弃某些东西而转向不确定性的原因。正如皮尔斯所说，符号学表明，知识总是容易出错。类似的，人类的主观活动本身也在不断发展。笛卡尔名言“我思故我在”并非那么明确肯定：教育符号学拒绝人类意识的优先性，而把一些微妙的无意识的影响［尽管这些影响可能会留下它们的经验标记（作为它们自身之外的其他事物的符号）］作为一种潜在的知识来源。由于感知结构是认知、感觉和情感框架相结合的产物，我们感知的边界是过渡性和暂时性的，它们可以被创造性地超越。

使之看起来是一件事的东西，实际上是另一件事，这就导致了人们对它的意义的质疑。在符号学世界中，现象没有稳定的本体论基础，只有变化的现象之间、现象界与本体界之间复杂关系的协商。这些关系包括并暗示着人类只是艺术和科学领域中的另一种符号，符号以不同程度的表现渗透其中。通过分析思维形成的条件，总是有可能超越人类的局限。这就需要在艺术和思想之间建立一种联系，并形成无限变化的新网络。存在即是生成，而生成并不一定意味着存在，同时，生成的符号过程保持着本体论的优先论。

结论：教育符号学的意义

从教育符号学的观点来看，教育不在乎任何技术上可量化的成就，而更关心人的主体性的创造性生产，包括学校内外的、正式和非正式的、对儿童和对成人的。人的发展是一个符号的生成过程。思维与非思维相结合的符号在辩证运动中的相互作用，不仅使我们认识到了艺术实践的重要性，而且使我们认识到了教育经验具有创造性价值，并值得我们在现实中学习。生活因其本身具有重要意义的创造性潜能，就应该被视为一件隐喻性的艺术作品。

母性空间可以被定义为矩阵（Crawford 2014）。克里斯蒂娃打算让母性空间回到其原始根源，并作为潜在的模糊空间。我们了解母性空间的动态特征是“运动中的状态全受运动调节”（Kristeva 1984，p. 25），克里斯蒂娃强调其临时性和无表达性品质。生成的过程起源于不同的情感状态，包括多种逃避认知的非思想，也包括欲望、爱、恨或痛苦，这些可能会给一直处于“过程中的主体”带来危机。然而，这些危机往往代表着习惯性存在的反抗。在某种程度上，当母性空间实现其创造性的再生产的目的时，就会从一个隐喻的黑洞中把主体展示出来，并让主体朝向他者发展。母性空间的艺术潜力体现于“生命的重新启动”（Kristeva 1998，p. 144），与此同时，“打破了一个（存在）的世界，并抹去了它的边界”（Kristeva 1982，p. 4），从而使生成性符号（Signs of Becoming）进入。克里斯蒂娃运用黑格尔辩证法的否定逻辑和正反合理论作为符号活动的基础。在精神分析学的“精神逻辑”基础上，她假定它是意指实践和意义产生的基础（Kristeva 2015）。

正是符号学这种“符号变化的逻辑”（Kristeva 2002，p. 75），使艺术时时刻刻不仅存在于画布和绘画中，而且存在于现实生活体验中。这些经验是真正的教育符号学，而且总是双面的。它们可能向我们呈现“象征解构（作为）象征更新，它来自创造——精神创造、审美创造、个人新生”（Kristeva 2002，p. 76）。正是从生活经验中学习（其中一些经验有时让我们觉得仿佛生活在黑洞中），有助于更新我们的主观意识，这些主观意识体现在以“象征突变”为代表的事件中，所谓象征突变（Symbolic Mutations），是指在社会实践层面现实生活中的符号转换。

参考文献

Adorno，T.（1997）. Aesthetic theory（G. Adorno & R. Tiedemann，Eds.，R. Hullot-Kentor，Trans.）. Minneapolis：University of Minnesota

Press.

Casati, R. & Varzi, A. C. (1994). Holes and other superficialities. Cambridge, MA: MIT Press.

Crawford, C. (2014). 'Skirts: Thinking thoughts and unthoughts. In Semetsky, I. & Stables, A. (Eds.), Pedagogy and edusemiotics: Theoretical challenges/practical opportunities (pp. 137—150). Rotterdam: Sense Publishers.

Deleuze, G., & Guattari, F. (1987). A thousand plateaus: Capitalism and schizophrenia. Minneapolis: University of Minnesota Press.

Derrida, J., & Eisenman, p. (1985). Chora L Works (J. Kipnis & T. Leeser, Eds.). New York: The Monacelli Press.

Gasche, R. (1986). The tain of the mirror: Derrida and the philosophy of reflection. Cambridge, MA: Harvard University Press.

Hegel, G. W. F. (1977). Phenomenology of spirit (A. V. Miller, Trans.). Oxford: Oxford University Press.

Jullien, F. (2007). In praise of blandness: Proceeding from Chinese thought and aesthetics (P. M. Varsano, Trans.). New York: Zone Books.

Kristeva, J. (1980). Desire in language (L. Roudiez, Ed., T. Gora, A. Jardine & L. Roudiez, Trans.). New York: Columbia University Press.

Kristeva, J. (1982). Powers of horror: An essay on abjection (L. S. Roudiez, Trans.). New York: Columbia University Press.

Kristeva, J. (1984). Revolution in poetic language (M. Waller, Trans.). New York: Columbia University Press.

Kristeva, J. (1998). The subject in process. In P. French & R. -F. Lack (Eds.), The Tel Quel reader (pp. 133—178). London: Routledge.

Kristeva, J. (2002). Joyful revolt. In M. Zournazi (Ed.), Hope: New philosophies for change (pp. 64—77). Annandale, NSW: Pluto Press.

Malabou, C. (2012). Ontology of the accident: An essay on destructive plasticity (C. Shread, Trans.). Cambridge: Polity Press.

Meillassoux, Q. (2012). After finitude: An essay on the necessity of contingency. London: Bloomsbury.

Negarestani，R.（2011）. Globe of revolution：An afterthought on geophysical realism. Identities，17，25—54.

Semetsky，I.（2001）. The adventures of a postmodern fool，or the semiotics of learning. In C. W. Spinks（Ed.），Trickster and ambivalence：The dance of differentiation（pp. 57—70）. Madison，WI：Atwood Publishing.

Semetsky，I.（2011）. Re-symbolization of the self：Human development and Tarot hermeneutic. Rotterdam：Sense Publishers.

Semetsky，I.（2013）. The edusemiotics of images：Essays on the art～science of Tarot. Rotterdam：Sense Publishers.

Semetsky，I.（2015）. Reading Kristeva through the lens of edusemiotics. Educational Philosophy and Theory，47（10），1069—1081.

Semetsky，I. & Stables，A.（Eds.）.（2014）. Pedagogy and edusemiotics：Theoretical challenges/practical opportunities. Rotterdam：Sense Publishers.

Stables，A. & Semetsky，I.（2015）. Edusemiotics：Semiotic philosophy as educational foundation. London：Routledge.

第19章　情色与符号学：爱与教育符号学有什么关系？

法鲁克·赛夫

摘要　根据传统的爱神（Eros）观，有一种倾向是将情色（Erotica）减少到性欲或欲望（Sexual Desire or Lust）。通过将性爱从单纯的情色中解放出来，揭示情色与符号学之间的关系。作为欲望发生器，爱神诱使我们参与到唤醒整体感的学习过程中。这一过程具有显著的互惠性和无限性，在这一点上，爱表现为创造一个微观整体的欲望，并寻求将其扩展为一个不断发展的宏观整体。借鉴巴塔耶的情色论（Bataille's Eroticism）、鲍德里亚的诱惑论（Baudrillard's Seduction），以及盖普瑟的透视意识（Gebser's Aperspectival Consciousness）和皮尔斯的进化之爱（Peirce's Evolutionary Love），在作为整体概念框架的教育符号学领域，本章提出一个关于爱的作用的案例。本章重新审视情色、美、想象、构思和意向性之间的关系。教导与学习完整的爱是教育符号学存在的理由。

引言：双关语

爱与教育符号学有什么关系？爱与大众教育又有何关系？爱会否定情色吗？这些问题中含有双重含义。我们应该如何传达也许会产生社交尴尬和文化冒犯的原始爱神和情色呢？谈论爱情的时候，我们常面对一种不公的态度，那就是一些人把情色仅仅看作是肉体欲望的满足，而把爱神狭隘地理解为基本是性欲。谈论爱神而不面对普遍存在的将色情视为色情的文化观念，也不是一件简单的任务。探索情色与符号学之间的关系就像凝视双重曝光，它在挑战传统观念的同时，揭示了爱在教育中所扮演角色的精髓。这种令人震惊的体验就像是第一次暴露在路易斯·韦伯（Lois Weber）《伪君子》（*Hypocrites*）中赤裸裸的真相面前。但是我们可能会像让·波德里亚（1990）一样说，“我们希望揭开真相，因为很难想象它是赤裸裸的”（p. 181）。而揭示隐含情色的真相以及它与教和学的关系真的是一种解放。

本章主要探讨情色与符号、爱与教育符号学之间的关系，并讨论几个相互关联的问题：（1）揭露一些普遍存在的关于性爱的贪欲观点，以及根植于当代动荡思想和可耻行为中的对性爱的误解；（2）研究情色是否否定了爱情或两者都与对方有着奇妙的联系；（3）重新审视情色、美、想象与意向性之间的关系；（4）注意学习之爱与创造欲望之间的亲密关系；（5）强调对整体的不懈追求是教育符号学存在的理由。

情色的秘密与爱神思想

词源上，情色来源于希腊语 Érōs，它将爱与欲望联系起来；因此，对爱欲的感知主要集中在性爱（Sexual Love）和纯粹的情欲感觉（Erotic Sensation）。然而，有趣的是，性暗示在文化上是不同的；在有一些文化中被认为是情色的行为，在另一些文化中却被认为是可取的行为（参见 Danesi，1999）。爱神思想一直被滥用和误用了，其中经历过多种解释，从阿佛洛狄忒（Aphrodite）之子欲望之神、爱神丘比特，到悲剧之神或者引发性欲和情色的实体，产生了乔治·巴塔耶（Georges Bataille 1989）称之为“小死”的作为一种无限的方式。

阿里斯托芬（Aristophanes）在柏拉图《会饮篇》（*Symposium*）中说，爱，在焦虑的痛苦中，就像在欲望的喜悦中一样，都是对整体的需求。爱情和性欲之间的关系是复杂的。可以有爱无性，也能纯性无爱。然而，“爱上一个人的感觉和性吸引的感觉往往交织在一起”（Danesi，2013，p. 74），就像浪漫又充满性欲的吻。尽管性在爱情中的作用尚不十分清楚，但性欲和爱情之间的关系是矛盾的，而不是二元的（Seif，2015）。一般来说，人类似乎不仅避免谈论情色，而且急于逃避爱神的诱人本性，它超越了单纯性行为，这一点将在下文进一步阐述。虽然情色常被轻视，并与色情作品混为一谈，但从爱神在其中的作用来看，两者却相去甚远。色情依赖感官而非感觉；而情色则依赖于审美经验，这种经验在包含感觉的同时并不排斥感官。色情是美的机械快感，而情色是美的精神享受。

我们陷入性感官似乎是为了躲开爱神的诱惑，我们越专注性行为本身，爱神作为创造者的经历就越是被截断和缩小（May 1969）。因此，具有讽刺意味的是，“我们反对企图引诱我们的东西”（Baudrillard，1990，p. 119）。由于这种狭隘的理解和扭曲的行为，“爱神被降格为一个漂亮调酒师的功能，她提供葡萄和葡萄酒，调情刺激是保持生活在柔软云朵上无尽的感官享受”（May 1969，p. 95）。我们生活在一个不稳定且商业化的世界，更重视通过广告来满足性欲，而不是精神和智慧（Danesi 1999）。很多时候，我们用性作为逃避或完全避免爱神诱惑的工具；因此，我们对情色的理解更加狭隘，正如弗洛伊德所取代的观点，即通过对性压抑的机械和物理解释来阻止诱惑的本质。

以性交为目的的性诱惑，毫无理由地掩盖了爱和诱惑的其他更深层意义。但正如波德里亚（Baudrillard 1990）所指出的，诱惑是双向的，诱惑者和被诱惑者之间没有界限；他们都参与了一种情爱关系（尽管不是性关系），这种关系使双方重心达到平衡，这是一简单的想法，似乎经常被教育工作者从智力和情感上忽视了。性行为作为一种即时满足方式，成为克服爱欲创造性相关焦虑的方便药物。人类无疑面临着情色方面最困难的悖论，就像柏拉图关于宙斯战车（The Chariot of Zeus）寓言，他们似乎面对着爱神双刃剑——无论是在爱与美的神圣体验中，还是在情爱满足的终结中。若情色是可取的，但在宗教上是不被接受和禁止的，那么似乎诱惑者和被诱惑者都必须在高尚生活和性体验之间做出选择。

虽然情色现象是现实中最伟大的动画师，但它也是我们生活中最不光彩的一面（Bataille，1989）；然而，人类仍然难以逃脱本性（Bataille 1986），总是容易受到爱神诱惑，仅仅因为人们渴望圆满（completeness）的感觉。传统的观点可能认为爱神属于情色领域；但是，它并不一定排斥完整的爱神还具有感性和诱人的特征。在荣格主义心理学中，力比多（“libido”，指性冲动、生命力），在传统上被简化为性冲动的唯一面，它进入了一个与集体心理有关的更大的精神层面，古人称之为阿尼玛·芒迪（Anima Mundi）。作为我们所有人的创造性力量，爱欲的诱人本性正从我们最深层进化根源中迸发出来，并创造新的生命。除了将爱视为一种类似饥渴或认知社会现象的性冲动的生物学模型之外，爱的广义和深层概念很难解释清楚。爱欲现象（Marion 2007）可以是有选择的，甚至是表面的，因为它不能突然发生或突然消失。当我们体验爱的时候，一旦我们试图去定义它，它就会远离我们。即使我们试图揭开色情的神秘面纱，爱的魔力仍在继续显现。在当前语境中，关联最大的是爱情和色情之间的矛盾联系。这种关系确实是教育符号学的一个领域，它承认悖论的创造力（Semetsky 2005）。

情色与爱情：否定或是荒诞？

情色与爱情之间的联系并不新鲜。我们对爱神本质的理解可以追溯到柏拉图《会饮篇》的对话和柏拉图酒会上有名的斐德罗斯演讲（Phaedrus' Speech）。柏拉图把哲学本身看作一种情色活动，这并不奇怪，因为它作为智慧之爱存在于哲学范畴。情色和智慧似乎不可分割。教育符号学是一种不局限于正规教育分析的教育哲学（Semetsky 2013；Semetsky & Stables 2014；Stables & Semetsky 2015）。正因为如此，它有能力使一种非正式的教学方法简明扼要，而这种方法又因对智慧的热爱而被强化（Semetsky，2009）。爱是一种无限符号化（符号化即符号的持续不断变换），而学习、生活和爱（Semetsky 2012）代表了符号学过程中三个相互关联的组成部分。

在柏拉图之前，古埃及人所说的“爱”就代表着“长久的渴望”，两个实体之间持续的相互诱惑肯定了一种超越时空的永恒的美丽、甜蜜和幸福的关系，一种可持续的无私的关系。埃及象形文字中爱的符号——由锄头、嘴和一个坐着的人用手触摸他的嘴组成，字面意思是“长久的想或渴望”。手碰嘴是一个标志，表明嘴或心的任何功能——例如，吃、喝、说、思考。除了对都灵博物馆内埃及情色莎草纸画的狭隘解读，性行为的插图可以被看作是一种符号，它既描绘了对亲密和性爱快感的长期渴望，也是一种隐含宇宙重生和创造过程的记忆符号。古埃及不像当代社会，以色情图画展示性姿势或许仅仅为了娱乐。他们也没有脱离对自然现象和人性的可理解又综合的解释，而这些现象和人性是通过作为富有想象力的解释和先验认识产物的非凡形象来交流的。

圣经中“知道”（Know）一词被用来表达“生爱”（love-making），反映了教育一种亲密追求的本质，这并非偶然。例如，《创世纪》中有一个创世故事，在伊甸园（参见 Noddings 1989）中，蛇引诱夏娃偷吃禁果而体验上帝之知（God's Knowing）。在希伯来圣经故事中，古埃及人可能把性爱描绘成孕育宇宙的蛇。在埃及创世神话中，蛇是神圣的力量，它提供守护，同时也表达了将混沌宇宙转变成美丽秩序的诱惑。蛇结合了伊希斯（Isis）的孕育属性和奥西里斯（Osiris）的再生能力。这种神话意象绝不是单纯的幻想或与神话思维分离的隐喻性寓言，神话思维就像先锋作品《金枝》（*The Golden Bough*）（Frazer 1922）所阐述的那样，颂扬的是人类与神之间的情爱邂逅。《旧约全书》中雅歌篇的情诗代表了对性爱邂逅的庆祝，正如基督徒将基督（新郎）和教会（新娘）之间的寓言关系扩展到上帝与人类、神性与人性之间的关系。

当然，情爱邂逅是所有偶发事件中最激烈的，它居于人类精神的最高峰（Bataille 1986）；对人类肉体和感官的吸引力都是与生俱来的。因为“只有肉体才能感受到与之不同的东西”（Marion 2007，p. 113），所以否定与他人联系的感官吸引力或否认肉体欲望，不仅违反人性直觉，而且还带有精神虚假性。因为真正的灵性代表肉体本身的再生，即从死亡中复活（参见 Solovyov 1985）。这样一来，肉体就完全被情欲化了，超越了它所能达到的高度——甚至超越了它所不能做的，赋予它所拥有的，并接受了它所没有的（Marion 2007）。经历一场爱的邂逅，其实是一种诱人欲望的相互交换，这是爱欲卓越的主要力量。在这种爱的邂逅中，性行为成为一种附件（Addendum）；因此，肉体的情欲就成为一种持续的诱惑，以肉体之美吸引着我们。

然而，我们当中的道德家可能会反对把眼之色欲（Lust of The Eye）看作是精神向肉体屈服（Dewey 1934）。我们似乎忘记了，我们与周遭世界（Umwelt）互动的本质取决于我们的“内心世界”（Innenwelt）。我们的肉体和感官正是我们参与和联系生活世界（Lebenswelt）的器官。无论我们是通过性行为还是色情想象来体验外在肉体之美，其实并无二致。因为身体器官都会出现大脑兴奋、心率加快（Ackerman 1994）的情况，都会达到“自由情爱”（free eroticization）的体验（Marion 2007），这种体验超越了性行为本身。这种自由情爱开启了一个巨大的活动领域，允许一个人在没有性行为的地方给予和接受情爱的肉体；这种情爱可能存在于父母与孩子，朋友与朋友，老师与学生，人与上帝之间。在爱神精神的触发下，这种自由情欲调解着神与人、天与地之间的关系。爱，是由长着翅膀的不朽爱神的创造精神所驱动和，用真正符号学关联的方式，连接明显的对立双方，包括神圣与世俗。

那么，情色是什么？是我们享受的俏皮想象，我们游泳时的海洋记忆，还是我们用感官拥抱和崇拜事物的方式？最终，是我们甘愿受爱神诱惑，随着撩人之美而激荡："情色是我们对生命活力的激情。"（Ackerman 1994，p. 256）这种对生命之爱超越感官生活之爱。用巴赫金（Mikhail Bakhtin 1993）的话就是"只有爱才具有审美生产性；只有与所爱之人相联系，才会充满各种可能性"（p. 64）。情色与爱情的关系，无论是作为一种否定形式，还是作为一种荒诞的连接形式，都在接近和体验美方面，加深了我们对美的符号学想象。

情色：美的无路之旅和符号学想象力

爱神若不唤起与美的关联，就无法产生欢愉。然而挑战在于：我们对美的愉悦体验包含了情爱邂逅的诱惑，而这种邂逅让性关系更加完美。这种诱惑虽然是有风险的，但坚持到底是有益的。智慧之爱作为"哲学灵魂"，我们爱上了美丽的爱人，但我们需要意识到自己受到"欲望黑马"（Black Horse of Desire）诱惑。性欲和智力洞察的存在是一个双重约束的挑战，它与宙斯战车上的挑战相呼应：去控制性欲的黑马，同时观察什么才是真正的危险（Hyland 2008）。然而正如苏格拉底的提醒，即使在情爱激情的核心强度中，也存在着某种智力上的不安：我们深深地沉浸在自己的欲望中，却能领悟到真正的美。

问题的核心不在于超越肉体之美的体验：美通过聆听身体欲望，在充满意义和意义的私密空间中回荡欢快的旋律，美强化了肉体欲望纯粹的颤抖快感（Seif 2012b）。美意味着一种高贵感，也是一种愉悦理性和感性情感相结合的情欲。这表明，如果感官美能激发快感和爱，"那么所有真正的教育都是关于美的教育"（Grudin 1990，p. 61）。优秀的头脑和同情心可以通过爱和美的教育来获得——也就是说，卓越的教育学。不朽的爱神赋予人类精神以活力（Semetsky 2011a）；而正是爱神活动使"灵魂潜在地转向对永恒美模式的理解"（Dewey 1934，p. 291）。爱神总是追求美，因为它渴望克服美的不完整性。那么，美的目的，就是引诱我们陷入爱河，去关注爱神的创造精神，并去寻找一种超越我们所依赖的肉体意义。

美是通过想象力的变革性来揭示某种事物（Seif 1999）的。生成意象（Making An Image）的行为是一种"同构"或热衷形式的行为（Grudin 1990）。正如詹姆斯希尔曼（James Hillman 1992）所说，"当我们坠入爱河时，我们就开始想象；当我们开始想象时，我们就坠入爱河"（p. 9）。只有当我们有整体意识时，才能开始热烈而全面的想象。也就是说，为了正常运作，想象力必须结合皮尔斯溯因推理进行真正诗意的操作，而后者又包含洞察力、直觉和想象力（Semetsky 2011b，2013）。思想通过形象显现，形象又先于文字出现；然后思想和形象都可以在教育符号学过程之中变成文字（Semetsky 2015）。想象是自我生成和自我维持的，与自我创生概念一致（Maturanaand Varela 1987）；通过爱，这种自由想象力有能力改变现实的本质，人类可以通过共同参与终生学习与创造过程来面对未知与不确定性。在符号伦理责任的真正意义上，想象是一种手段，这种手段把观察和感受事物综合为一个完整的整体、把兴趣和爱结合在一起，在这里，思想和心灵可以与世界互动。

符号伦理学（Semioethics）（Petrilli 2014）是一个概念，表明人类道德使命是将符号作为个人和社会变革的转化工具，并且在这方面它与教育符号学密切相关。教育符号学认为，教育和学习是迈向生活体验的重组和“再符号化”（Semetsky 2011a）。当想象和意志结合一起时，爱不仅通过一种符号（一种图像）向我们揭示心爱的对象，这种符号（形象）在真正的符号学关系中“代表”了它；但我们自己却为爱的现象和能够改变我们现实的想象而感到高兴。由于想象的变革性力量，符号学的联系生成了“上帝超越世界”和“世界超越上帝”的观点（Whitehead 1978，p. 348）。贯彻符号过程的符号是双面的、关联的、实体的。通过想象揭示的美与冥想联系在一起，是一种神秘的感知方式。在柏拉图和普罗提诺的哲学中，冥想是一个人与原始的神秘统一体（Henosis）联系并达到整体感的最关键的组成部分。在德语中，单词“schön”（美丽）和“schauen”（冥想、观察）之间存在词源关系：“这两个词都具有占主导地位的心理内涵；冥想是神秘的感知方式，而美只是心灵一种更明亮的表现形式”。（Gebser 1985，p. 24）

爱神与幸福有关。重要的是，虽然真正的教育为追求幸福开辟了道路，但它也起到了自由实践的作用，通过这种实践，人类可以“批判性和创造性地对待现实，并发现如何参与世界的变革”（Freire 1970，p. 34）。爱神也因其诱人的本性与阴谋联系在一起。合谋（源自拉丁语 conspirare）就是同呼吸、协调、团结并点燃彼此的智慧。呼吸赋予生命的行为是一种古老的想法。根据古埃及神话和古希腊神话，是爱神往泥土中吹气而生成了男人和女人，就像伊希斯向奥西里斯尸体吹气一样，给予他们生命的灵魂。象形文字“ba”—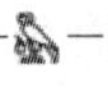—表示这样的精神，它激活事物和物体，并能通过呼吸复活死者。共同呼吸就是对世界生机勃勃的本质的描述。这种对爱欲阴谋的重新概念化对于共同学习、共同创造以及与他人共同体验爱具有重要意义。

学习之爱与创造的欲望

因为所有的情爱现象都源于爱，所以当我们作为学习爱好者迈出第一步时，我们就会遇到爱神。这种说法让我们超越了笛卡尔格言“我思故我在”，而进入阿克曼德特·索普罗尼（Archimandrite Sophrony）箴言“我爱故我在”（参见 Sakharov 2002）。我们可以像对待爱人一样面对未知和不确定，用全部的责任感去享受爱。在《斐德罗篇》（*Phaedrus*）中，柏拉图表达了情感和爱如何激励一个学习爱好者。对学习的热爱和对创造或生成的渴望相互交织；爱神激发了两种过程的欲望，即爱好科学和爱好形态，使创造性体验和形式的起源成为可能。爱神的本质与意识的出现（Gebser 1985）以及作为设计的创造行为的核心意向性相联系。设计、符号和欲望的概念是相互关联的。“欲望（Desire）”这个词与“渴求（Desiderate）”“星座”（Desidere）有着相同词根，都有对天体星座、整体或原始来源的渴望。在意大利语中，“Segno”的意思是符号，“Disgno”的意思是设计，而“Disgnatore”的意思是设计师。前缀“de”来自法语和拉丁语，意思是“向下”“关于”或“向至底部”，这不同于英语前缀“de”的主要功能“做相反的事”或“撤销”。“de”前缀在法语、西班牙语和葡萄牙语的个人名称中也用于表明原产地、起源之地。

约翰·迪利（John Deely 2007）对意向性在符号学中的地位进行了探讨，并将意向性与想象相联系。意向性是心理的标志（符号），正如迪利所主张的，符号学和意向性是一种相互繁衍的关系。这种关系根植于意义生成的结构中，使人类能够感知和理解依赖于思维和独立于思维的现实（Deely 2001）。因为意向性体现了我们的知识与现实的生成不可分割，它意味着符号学与设计、知识与行为之间的相互关系。设计是一个爱形式（Form-Loving）的过程，代表着一种生爱行为（Lovemaking Act）①。对生爱和生成意象的渴望，构成使生命成形的意向性行为。而想象力又可以反过来通过设计方法来实现，使成年学

① 把设计（Design）与生爱（Lovemaking）联系起来，一直是我给西雅图安提阿大学（Antioch University）研究生介绍设计方法的最有效途径之一，这种方法发起并引领了社会/文化变革。作为生爱的设计，坚持通过设计思维和行为的矛盾张力，利用诱惑的概念来激发服务他人的欲望。

生像情人一样可以克服他们好色的欲望，并学会将美视为形而上的冥想和反思的对象。

关于成人教育的理论与实践便是成人教育学（“Andragogy”一词源于1833年德国教育家亚历山大·卡普）。该术语源于教育学实践，针对成人的特殊需求，而不是儿童的教育。成人教育鼓励基于批判性思维、反思和冥想的经验性和自主性学习特点方法。成人教育学似乎是通过意向性概念联系起了符号学和设计教育最合适的方法。成人教育学的方法意味着引导成年学习者将知识作为一个与引诱相关的过程，而教导就是领导。从教育符号学对终身教育过程中的自我认识和自我形成的态度来看，成人教育学与教育符号学有着密切联系。通过引入对美的冥想反思的实践，成人学习者可以将事实信息与想象解释进行意义整合；而教学策略让位于成人教育学方法（Seif，Forthcoming）。

因为设计方法和符号学都是跨学科的，他们都包含了人文和科学的领域；因此，它们都属于教育符号学，该学科认为艺术和科学之间是互补的，也认为所有其他习惯上所谓的二元对立其实都是互补关系（Semetsky 2013）。符号学和设计都不能否定这两个领域。符号学作为人类知识的第三分支（Locke 1955）具有将设计作为“第三种文化”的特征。正如我们“只以符号来思考”（Peirce CP 2.302）和“真正的思考过程大概是从感知开始的……（然而）感知不可能用语言来表达”（Peirce CP 2.227）。我们的理解始于我们所认为的惊讶事实开始，并通过符号解释和符号创造在实践中发挥作用。由于设计和符号学是相互联系的，如果不首先把设计作为一种创造行为来参与，就不可能参与符号创造的过程。

创造作为上帝的第一行为，是所有人类都努力效仿的。所有人在感官的魔力下都有创造和设计的潜力。然而，我们不能看到或知道未出生的造物，但我们屈服于认知之爱（Love of Knowing）；这种爱驱使我们去显化我们的创造（Nachmanovitch 1990）。事实上，设计的动机是诱导、欲望以及对新兴和意外结果的惊奇感，恰如坠入爱河的情欲体验。我们不能仅仅依靠回忆既往之事或重复我们以前失败的经历来接近爱。从这个意义上说，设计即生爱，是关于事物应该怎样，创造“什么使应该成为的”（Semetsky 2006），而非仅仅维持现有之物。设计成果展示了一种全新的整体感，而设计成果则将原本无法明确传达的内容具体化。

对完整性的不倦渴求

在精神传统上，知识起源于爱；真正的学习使我们超越需求或需要，超越知识碎片化。从现象学上（Merleau-Ponty 1962）来说，既然事物和人都是通过欲望和爱而存在的，那么一定有一个类似爱神这样的实体，为世界注入生命，为人类生命贡献价值和意义。正是通过爱，我们尘世间的存在才成了整个宇宙的一部分。整个宇宙万物浑然一体，不能被分解成各个孤立的部分（Bohm 1980）。为了跨越时空，这样的整体必须达到某种程度的连贯性和一致性。对整体或追求完整（wholophilia）的爱（Seif 2012a，b）是一种无法忍受的渴望，为了寻求更大的整体，就要不断参与共同进化过程。追求完整是学习的先决条件，是我们选择在学习上采取行动的表现。这超越了直接感知和个人道德判断，甚至性行为也代表着对完整性的强烈渴望；爱神引诱我们拼命而热切地从我们现在的不完整中寻求原始的完整性。爱神的基础是相互关联的现象，包括我们当前本体论的不完整性对这种认知不完整性以及我们克服这种不完整性以实现长久渴望完整性的愿望（Hyland 2008）。

吉恩·盖普瑟（1985）是一位语言学家、哲学家和诗人，他提醒我们生活中没有任何事物是独立地、自主地、为自身而存在的；所有存在的事物都是为了整体而存在的；而这也是为了不懈地寻求成为一个更大的整体。根据盖普瑟的说法，为了参与整体展开，体验一种透视意识（aperspectival consciousness）很重要。教育符号学赞同盖普瑟的“观点”（一语双关，perspective 含有“观点”和“透视”2个意思）：“人类意识经历了不同的强化阶段，朝着更高程度的透明化方向发展，最终达到整体意识的状态，即潜在的、不透明的都变得明显和完全透明。”（Semetsky 2013，p. 153）正是在这样的透明中，恋人们经由爱神激发而与他们所爱之人融为一体。

因为“我们关注整体，而整体也关注我们”（Gebser 1985，p. 543），整体感可以通过创造或设计的行为来调节，这需要一种与爱结合的认知和学习方式。爱神蕴藏的爱是诱人的力量，它产生了我们对永恒、无限和不朽的最深刻的理解，同时承认我们的人性和谦卑。爱神或者上帝可以被理解为欲望创生者（Generator of Desire）（Seif 2012a，b，2015）。我们可以合理地假设爱神本身即上帝。当然，欲望创生者是创造和学习欲望的核心。爱神和造物主之间的联系可以追溯到希腊哲学史家泽勒（Zeller）的时代，他说："造物主想创造宇宙，首先要把自己变成爱神。"（Peirce 1958，p. 240）

那么，爱与教育符号学有何关系?

的确，爱神不产生唯一一种爱。爱神是所有其他类型爱的触发器：（1）情爱（amour）（个人的、浪漫的、宫廷式的爱情）；（2）性爱（libido）（性欲或生命本能）；（3）友爱（philia）（友谊或喜爱）；（4）圣爱（agape）（利他主义或兄弟之爱，或致力于他人福利的慈善）。有很多学者讨论了情爱、性爱、友爱和圣爱的概念，然而，所有这些不同的爱都有一个共同点——简而言之，就是爱（love）。但是，"每一种爱都有另外三种爱的成分，不管它有多么模糊"（May 1969，p. 320）；而对整体性的终极超越可能不仅是通过爱神，而且是通过皮尔斯在进化之爱（evolutionary love）中提出的圣爱来实现。当我们宣称"上帝即爱"，并通过对爱的渴望，皮尔斯的圣爱被看作是进化的过程（非达尔文主义）时，我们认识到上帝超越了我们；但首先也是最重要的，上帝爱我们远胜于我们爱上帝。上帝作为最伟大的爱人，超越了我们所有人。如果我们是按照上帝的形象和喜好被创造出来的，我们就习惯于以无限或无限的事物为乐，并在我们的头脑和心灵中传承着神圣想象的品质。由于"人类堕落的本性"，圣爱倾向被归诸上帝，而在不可分割的宇宙中，圣爱是表现为进化之爱的规律，正如皮尔斯（Peirce）所说，这使宇宙进化成为可能。

圣爱（agape）和性爱（eros）之间不存在任何矛盾（参见 Hausman 1974，1993），它们也不会相互否定。皮尔斯说，进化有三种模式："偶然变化的进化，机械必然的进化，创造性爱的进化。"（Peirce，CP 6. 302）第三种模式是结合了其他两种模式的圣爱。圣爱是偶然性和必然性的综合，趋向于扩展连续性，彰显"自由至关重要，它是爱的精神呼吸"（Peirce，CP 6. 305）。当人类思想扩展到世界时，这种连续性就表现在符号学中，重申一下，符号学由三种动态的动力构成：生活、学习和爱。这三位一体是教育符号学的基本"单位"。情爱的欲望使"思想本身具有直接吸引力，思想的本性在心灵拥有它之前就已被预感到，通过同情的力量，也就是通过思想的连续性"（Peirce，CP 6. 307）。在皮尔斯的高等教育观中，大学不仅是一个致力于拓展知识领域的学者群体，也是一个培养欲望的场所——学习如何参与进化之爱和创造新关系。

通过设计而扩展的教育符号学，致力于创造各个层次的联系，并认为：认知即生爱，创造即热恋，其最终目的是让人类繁荣昌盛。在人类历史上，培育对整体的爱，克服普遍存在的暴力，修复我们生活中猖獗的碎片化，从来没有像现在这样重要。

那么，爱和教育符号学有什么关系呢？教育在教育符号学中作为一种综合性的概念框架，必须结合想象的阐释、明智的理解、学习的欲望和心灵的智慧。理性是东方和科普特东正教（Eastern and Coptic Orthodox Christianity）的一种思维能力，意思是“心灵之眼、灵魂之心”或“心灵之心”。灵魂的概念涉及灵魂不朽的形而上学和宇宙论。在这方面，努斯（nous）是神圣的理性。作为有序的整体，柏拉图式的宇宙暗示着心灵的智慧（理性）（nous）与世界的灵魂不可分割，而作为努斯的人类理性在智能中以直觉的形式表现出来。

教育者不仅可以通过搜索和研究，还可以通过设计探究（Seif，forthcoming），结合教育符号学中的洞察力、直觉和想象力的“官能”，来指导学习者在整个生命周期中创造新的知识。在这种融汇一体教育模式中，正是爱，在皮尔斯无边界探究社群中构建关联、创造新知。回想我自己的学习和教学经历，我所知道的唯一真理，也是一直令我惊讶的，就是爱——学习之爱和创造之欲。这种坦坦荡荡的真相，无论以何种形式存在，在学习、了解和创造中都不是一种被禁止的罪恶或可耻的行为。因为唯一的羞耻是我们对爱的自满以及对美德和罪恶行为的扭曲认识。对于人类和其他物种而言，只有各种形式的爱才能超越生存和可持续性，并使之茁壮成长和充满活力。因此，教育者的符号伦理学责任就是为学习者打开进化之爱的大门，吸引他们寻找新的联系并在世界上创造意义。对教与学来说，对完整性的爱就是教育符号学存在的理由。

参考文献

Ackerman, D. (1994). A natural history of love. New York: Vintage Books.

Bakhtin, M. (1993). Toward a philosophy of the act (V. Liapunov, Trans.). Austin: University of Texas Press.

Bataille, G. (1986). Erotism: death and sensuality (M. Dalwood,

Trans.). San Francisco: City Lights Books.

Bataille, G. (1989). The tears of Eros (P. Connor, Trans.). San Francisco: City Lights Books.

Baudrillard, J. (1990). Seduction (B. Singer, Trans.). New York: St. Martin's Press.

Bohm, D. (1980). Wholeness and the implicate order. New York: Routledge.

Danesi, M. (1999). Of cigarettes, high heels, and other interesting things: An introduction to semiotics. New York: Palgrave Macmillan.

Danesi, M. (2013). The history of the kiss: The birth of popular culture (Semiotics and popular culture). New York: Palgrave Macmillan.

Deely, J. (2001). Four ages of understanding: The first postmodern survey of philosophy from ancient times to the turn of the twenty-first century. Toronto: University of Toronto Press.

Deely, J. (2007). Intentionality and semiotics: A story of mutual fecundation. Scranton: University of Scranton Press.

Dewey, J. (1934). Art as experience. New York: Perigee Books.

Frazer, J. G. (1922). The golden bough: A study in magic and religion. New York: Macmillan.

Freire, P. (1970). Pedagogy of the oppressed. New York: Continuum.

Gebser, J. (1985). The ever-present origin (N. Barstad & A. Mickunas, Trans.). Ohio: Ohio University Press.

Grudin, R. (1990). The grace of great things: Creativity and innovation. New York: Ticknor & Fields.

Hausman, C. (1974). Eros and agape in creative evolution: A Peircean insight. Process Studies, 4 (1), 11-25.

Hausman, C. (1993). Charles S. Peirce's evolutionary philosophy. New York: Cambridge University Press.

Hillman, J. (1992). The thought of the heart and the soul of the world. Woodstock, CT: Spring Publications.

Hyland, D. (2008). Plato and the question of beauty. Bloomington: Indiana University Press.

Locke, J. (1955). An essay concerning human understanding. New York: Dover Publications.

Nachmanovitch, S. (1990). Free play: Improvisation in life and the arts. New York: Tarcher/Putnam Book.

Noddings, N. (1989). Women and evil. Berkeley: University of California Press.

Peirce, C. S. (1931－1935; 1958). Collected papers of Charles Sanders Peirce (Vols. 1－6, C.

Hartshorne & Weiss, p., Eds.; Vols. 7 and 8, A. Burks, Ed.). Cambridge, MA: Harvard University Press. [cited as CP].

Peirce, C. S. (1958). Charles S. Peirce: Selected writings (p. p. Wiener, Ed.). New York: Dover Publications.

Petrilli, S. (2014). Sign studies and semioethics: Communication, translation and values. Berlin: Mouton De Gruyter.

Sakharov, N. (2002). I love therefore I am: The theological legacy of Archimandrite Sophrony. New York: St. Vladimir's Seminary Press.

Seif, F. Y. (1999). Sign processes and notational design: Demystifying design thinking and its representation. In Sign processes in complex systems (Proceedings of the 7th International World Congress of the International Association for Semiotic Studies, October 6－11, 1999, W. Schmitz, Ed.). Dresden: Dresden Technische Universitët [CD-ROM].

Seif, F. Y. (2012a). From the absolute to metamorphoses: Egypt at the epicenter of transmodernity. Semiotics 2011: The semiotics of worldviews (pp. 82－104). Legas: Ottawa.

Seif, F. Y. (2012b). The pathless journey of beauty: Experiencing the sublime through the enchantment of Eros. In A. Mickūnas & A. Juzefovič (Eds.), The phenomenon of beauty in culture (pp. 89－105). Vilnius: Lithuanian Literature and Folklore.

Seif, F. Y. (2015). Paradoxes and perseverance: Designing through antinomies of life. In J. Pelkey,

Walsh Matthews, S. & Sbrocchi L. G., (Eds.), Semiotics 2014: The semiotics of paradox (pp. 135—160). Ottawa: Legas.

Seif, F. Y. (forthcoming). Can design inquiry advance edusemiotics? Rethinking factual information and imaginative interpretation. Semiotica, (special issue "On edusemiotics").

Semetsky, I. (2005). Peirce's semiotics, subdoxastic aboutness, and the paradox of inquiry. Educational Philosophy and Theory, 37 (2), 227—238.

Semetsky, I. (2006). Deleuze, education and becoming. Rotterdam: Sense Publishers.

Semetsky, I. (2009). Whence wisdom? Human development as a mythic search for meanings.

In M. de Souza, L. Francis, J. O'Higgins-Norman & D. Scott (Eds.), International handbook of education for spirituality, care and wellbeing (pp. 631—652). Dordrecht: Springer.

Semetsky, I. (2011a). Re-symbolization of the self: Human development and Tarot hermeneutic. Rotterdam: Sense Publishers.

Semetsky, I. (2011b). Tarot images and spiritual education: The three I's model. International Journal of Children's Spirituality, 16 (3), 249—260.

Semetsky, I. (2012). Living, learning, loving: Constructing a new ethics of integration in education. Discourse: Studies in the Cultural Politics of Education, 33 (1), 47—59.

Semetsky, I. (2013). The edusemiotics of images: Essays on the art * science of Tarot. Rotterdam: Sense Publishers.

Semetsky, I. (2015). Edusemiotics and the languageof images. In p. p. Trifonas (Ed.), International handbook of semiotics (pp. 1169—1183). Dordrecht: Springer.

Semetsky, I. & Stables, A. (Eds.). (2014). Pedagogy and edusemiotics: Theoretical challenges/practical opportunities. Rotterdam: Sense Publishers.

Stables，A. & Semetsky，I.（2015）. Edusemiotics：Semiotic philosophy as educational foundation. London：Routledge.

Whitehead，A. N.（1978）. Process and reality. New York：The Free Press.

第20章　向潜意识学习

茵娜·赛默斯基

摘要　当人类意识用语言表达时，潜意识则用不同的符号表达自己，包括形象化语言：图像语言。本章讨论一个具体的理论与实践相联系的案例，其核心阐释是在阅读和解释塔罗牌图片语言的过程中人类如何从潜意识中学习。本章结合荣格原型心理学、德勒兹先验经验论哲学和胡塞尔现象学，将针对塔罗牌的解释学概括为包含在人类经验、情境和事件中的多重经验教训。塔罗牌有助于我们扩大和强化意识范围，包括存在意义和价值的层面，同时发展我们的直觉能力，以便我们学会阅读、解读和理解潜意识语言。塔罗牌教育符号学与内尔·诺丁斯（Nel Noddings）所描述的女性或母性因素有关；母亲能够感同身受的“阅读”并理解她的孩子，甚至是尚未开口说话的婴儿。

引言

符号学不同于语言学，语言学把符号简化为它们的语言表征。符号学则可概括为嵌入在任何媒介或感官形态中的符号，从而拓宽了符号系统和符号关系的范围，同时将语言的概念扩展到包括其类比意义或隐喻意义。当代认知科学家雷·杰克多夫（Ray Jackendoff 2001）从心理生态学角度出发，认为即使是口头话语也应该从符号学而非语言学角度来理解，也就是说，人们建立了作为一种表达的有意识的心理表征与作为一种隐含信息的潜意识之间的关系。图像和图片是超语言符号（Sonesson 1989）。不仅“图片有一个连续的结构……（而且）它（也）诱导读者……像阅读书面文本一样阅读图片”（Posner 1989, p. 276）。我们的深层“思维”——如此之深，以至于我们可能仍然没有意识到在这个微妙层次上的推论过程——是通过符号、图像而不是仅仅通过有意识的笛卡尔主体所使用的命题语言来进行的。符号学认为文化产物具有交际潜能；

我们生活中不同的对象和事件都承载着文化、心理和社会意义，并代表着需要阅读和解释的符号文本。这一章主要讨论理论与实践相联系的具体案例，重点学习借鉴塔罗牌图像符号系统组成的潜意识符号。

从符号学的角度来看，塔罗牌解读属于“占卜预测学分支，它基于个人塔罗牌附带象征意义……根据解读的主体和目的来诠释，并在正式‘布局’或‘传播’中根据其位置和彼此相对关系进行修改”（Sebeok 1994，Vol. 1，p. 99）。从符号中学习需要其在实践层面上的解读。这种学习以塔罗牌象征意义为标志。这就是关于塔罗牌意象的教育符号学。阅读和解释塔罗牌图片中的多样化符号，在克里斯蒂娃（Julia Kristeva）的符号分析学中也有所体现（参见 Nöth 1995）。所谓符号分析学（Semanalysis）是符号学（Semiotics）和精神分析学（Psychoanalysis）相结合的复合词，它强调对潜意识的阐释和自觉，从而挑战传统教育体系固有的自我意识主体。使潜意识有意识是塔罗牌教育学的特权。塔罗牌有助于我们扩大和强化意识范围，包括存在意义和价值层面，同时超越时间、地点、语言障碍、不同的信仰和文化。塔罗牌图像作为一种图像制品，代表着思想、感情、情绪、感觉和行为的动态模式。我们从潜意识中进行的经验学习将贯穿一生。

塔罗牌符号学

塔罗牌由 78 幅被称为阿卡纳（Arcana）的图片组成：22 幅主牌（大阿卡纳）和 56 幅副牌（小阿卡纳）。单词“Arcanum”（译为“阿卡姆”指单数）的涵义是：我们经验中一个创造性的缺失或模糊的元素。当我们面临决策或道德困境时，为了“解决”问题情境和复杂关系中的多重任务，就有必要了解这个元素。一旦发现了这一点，意识就会产生强大的动力，促使我们在情感、认知或行为层面做出更好的改变，从而实现一个重要的伦理和教育目标。因此，每一个阿卡姆都隐含着一个道德维度，与约翰·杜威（John Dewey 1922/1988）所说的人类行为有关。塔罗牌的布局或传播是一种特殊的图片组合模式，代表着（正如符号所定义的，代表着某种意义）许多“经验”，这些“经验”来自跨越时间、地点和文化的人类集体智慧；然而，这些符号经验的寓意，即塔罗牌符号的意义，可能深深隐藏在荣格所设想的集体潜意识领域中。荣格的分析心理学或深度心理学将潜意识呈现为由原型“填充”而成，这些原型通过其作用而显现出来，但不能直接表现在意识中：它们需要一个特定的媒介。马歇尔·麦克卢汉（Marshall McLuhan）认为，这个媒介就是信息。塔罗牌图像作为人类共有的普遍记忆，传递着“隐藏”在潜意识中的信息，因此，尽管图片具有多义性，但在不同的文化背景、不同的时代、不同的地点，从理论上来说仍具有同样的跨文化意义。即使是一幅摄影图像也具有多义性，在可能采用特定文化编码的多种语境中，根据图像的解释，图像也有可能获得多种含义。

以罗兰·巴尔特（Roland Barthes）的秃鹰照片为例，身体形象是一种能指，而秃鹰的概念本身（per se）就是所指。鹰的摄影图像本身就是一种符号或能指，代表着外延的层次。但重要的是，它也是一个有高阶内涵的所指：它是多义符，可能包含多种意义。作为一个潜在的所指，这张照片的特点是意义充裕：它可能意味着爱国主义或美国国旗的象征，或代表濒危物种，或代表在给定的文化代码中可能与之相关的任何其他事物，从而产生一个被巴特称之为“联想总和”的符号。尽管形式不变，但内容（意义）是多价的（Polyvalent）。

从符号中学习就相当于在“3I”中探求教育，即洞察力（Insight）、想象力（Imagination）和直觉（Intuition）；这与正规教育中存在已久的“3R”传统相反。塔罗牌为我们提供了一个系统，填补了“教化和训练有素的敏感性不足”的空白（Hederman 2003，p. 86）。

因此，如果我们要开始了解人类关系，我们每个人至少应该掌握最难以捉摸和最重要的符号系统之一的基本知识。这需要利用大脑以外的波长和通信系统，达到所谓的“交感神经系统”，而不是传统教育中涵盖“3R”的脑脊神经系统（Hederman 2003，p. 87）。

塔罗牌教育符号学等同于构建和学习冷静客观的、批判的经验教训（Deleuze 1997；Noddings 2006），这些教训蕴藏于人类成长的经验过程中，包括智力上的和道德上的。56 张副牌包括 4 套由 1 至 10 号组成的花色，每套花色包括四张“法庭”牌；塔罗牌图片序列代表了作为重要学习经验的问题情境。符号行为（符号化）永不停止：图画告诉我们的种种故事，或喜或悲、制定计划或违背诺言、成功或失败、经济困难或为婚姻奠基、恋爱或摆脱虐待关系、开始新冒险或经受离别之苦，等等。22 张主牌蕴含的教育之旅：从愚者之牌（The Fool）到大世界之牌（The World）的过程，代表了荣格“自我意识形成过程”（如图 20.1 所示）。最终的主牌“大世界”代表了自我作为理想个体化的“更大人格”的终极原型（Jung CW 7，136），它吸取了生活中遇到的许多教训，现状与环境密切关联，包括文化的、自然的。

图 20.1　大阿卡纳示例

通过同步关联建立的符号关系（参见 Koestler 1972）使我们能够洞察当前情况的意义，从而理解它。荣格与物理学家、诺贝尔奖得主沃尔夫冈·泡利（Wolfgang Pauli）合作，提出了同步性原则，即在精神世界和物理世界之间存在意义巧合的一种自然原则。因此，同步性构建了一座桥梁，其功能类似符号逻辑里中项的功能，这同样适用于本体论、认识论和伦理学的层面。

理解塔罗牌原型图像所蕴含的象征意义，并将其带入意识，有助于自我的再符号化（Semetsky 2011，2013），在这个过程中，这就是逐渐从“中心”消除自我（Ego）和通过直觉等认知方式丰富人类心灵的过程。荣格坚持直觉的潜意识本质，而塔罗牌教育符号学正是“教化”人类的直觉功能，这种功能对于意义创造和自我认知是无价的。关于自我教育，荣格曾说：

“目前，我们对人们的教育仅限于他们能够谋生和谈婚论嫁的程度；然后教育就完全停止了，就好像已经获得一套完整的精神装备……无数不明智和不幸福的婚姻，无数职业上的失望，完全是由于缺乏成人教育。”（Jung 1954，p. 47）

荣格坚信“对教育者的教育”“最终会对他的学生有好处”（Jung 1954，p. 47）。但是，自我教育不应被定义为当前大受欢迎的继续教育，就像终身职业训练似的，而是“应该让他们有正确的自我意识”（Jung 1954，p. 46）。成人是可以教育的，但是，这种教育不应完全沿着义务教育路线进行。荣格认为梦的解析是“一项有意义的教育活动”（Jung 1954，p. 94）。塔罗牌符号的解析方式相当于成人教育的方式，开启了“潜意识独立活动过程”（Jung 1954，p. 49）。塔罗牌的解读是由符号化的关系动力学（Relational Dynamics）实现的，它创造了“开阔的意识”（Widened Consciousness），而这种意识不再是个人愿望、恐惧、希望、和野心的敏感而任性的捆绑物，那些东西总是要被潜意识的反倾向所补偿或纠正；相反，它是与客体世界有关系的一种功能，将个体带入绝对的、有约束力的、与整个世界不可分割的交流之中（Jung CW 7，p. 5）。

女性化因素

诺丁斯（Nel Noddings）是一位著名教育哲学家，也是关系伦理学的创始人。他认为，母亲能够读懂孩子的能力就是一种“移情能力”（Capacity for Empathy）（Noddings 2010，p. 6）。她提到“读懂的过程”（2010，p. 53），是由爱、关怀和移情所驱动的（p. 56），移情作为过程系列，它在本体论、认识论和伦理学基础上，把自我与他人联系了起来。我们可以以塔罗牌为媒介，在个人和社会层面唤醒这种母性态度。这种“沟通媒介”不仅是传递信息的被动渠道，而且是创造新的社会模式和新的感知现实的积极力量”（Logan 1986，p. 24）。塔罗牌图像以“不同声音”说话（参见 Gilligan 1982/1993）并突出了“女性认知方式”（Belenky et al 1986），包括洞察力，想象力和直觉（Greene 2000；Noddings & Shore 1984；Semetsky 2004，2011）。迈克尔彼得斯和约翰弗里曼莫尔将他们的著作《教育乌托邦：教育中的新乌托邦思想》（*Edutopias：New utopian thinking in education* 2006）献给下一代教育工作者，希望他们能够理解：教育通过想象力，可以去改善个人、提高集体意识，并为全球社会的发展做出贡献。

希兰（Shlain 1998）分析了历史上文字与图像之间明显的冲突，并注意到“女性地位的下降”（p. viii）取决于读写能力取代非语言表达方式。即使读写能力的发展等同于进步，“读写能力的有害影响在很大程度上已被忽视：书写在潜意识中助长了父权制。书写……特别是字母形式，削弱了女性的价值，也消弱了女性在文化中的力量”（Shlain 1998，p. 1）。希兰让我们想起了人类学家克劳德·列维-斯特劳斯（Claude Lévi-Strauss）对人类读写能力至高无上性的挑战，坚持认为等级社会的建立与写作的出现有关：“厌女症和父权制的命运与字母文字共兴衰”（Shlain 1998，p. 3）。图像的解释取决于“感知”（Noddings 2010，p. 73）移情和同情心。教育哲学家吉姆·加里森（Jim Garrison）认为，描述直觉和感知的同情心数据，使我们能够理解他人；尽管如此，他意识到“我们的文化还没有进化出高度精练的收集（那些）数据的办法，研究人员没有进行细致的人际实验，人类思想、情感和行为理论仍然……非常不发达”（Garrison 1997，p. 35）。然而，正是这种同情的、主体间性的数据，与教学、学习、教育学关联性最大（p. 36），因为这些总体而言，都包括“学习解读他人”（Noddings 2010，p. 73）。

诺丁斯（Noddings，2010）描述了道德的两条路径，表达了对传统伦理与关系伦理融合的希望，其中包括“解读他人的情感状态、需求和意图”（p. 170）。她注意到，在适当指导下，这种能力可以提高至很高水平。当阅读作为可以促进人类发展的教学辅助或咨询实践时，塔罗牌教育符号学可以提供必要的指导；同时，塔罗牌也有潜在能力让文化变成成就女性（becoming-woman）的文化（吉尔·德勒兹的尖锐表达），它象征着社会的复兴。这个社会长期以来一直信奉一种根植于“线性、顺序、还原主义和抽象思维”（Shlain 1998，p. 1）的完全男性化世界观。塔罗牌图像从“整体、同时、综合、具体”（Shlain 1998，p. 1）的角度展示了互补感知模式的可能性，在语言文字成为主要传播媒介的现代性过程中，这些品质似乎已经消失了。

诺丁斯（1993）将女性精神作为传统宗法关系的一种替代，承认女性长期以来在流行的神学和哲学理论下受尽卑贱。塔罗牌图像中不同的、女性化的语言，不仅道出了可以被重新创造和吸收到文化中的精神价值，而且将这些价值付诸实践，以帮助那些需要帮助的人。关怀伦理及其后续行动，即融合伦理（Semetsky 2010），并非源于人权，而是源于人类需求。尽管如此，教育理论家和政策制定者，即使研究的是需求的概念，也常常不确定如何识别和解释需求。塔罗牌教育符号学最基本的需要是被倾听和被认同。在自然关怀的条件下，每个人都很自然地意识到，如果有需要，关怀圈子里的人就会做出回应……某种特定的需求可能会得到满足，也可能不会得到满足，但它会得到同情的倾听（Noddings 2010，p. 181）。

这种关怀的循环是通过符号化过程实现的，通过作为基本关系的符号作用，连接自我和他人的符号桥梁得以奠基。因此，正是符号过程自然动态性与

“自然关怀的条件”相结合（Noddings 2010，p. 181），才为识别需求营造了最佳氛围，而对此人们往往难以言表。然而，当图像语言被阅读、解释和理解时，它们又可以被意识接受。

德勒兹哲学中潜意识的作用

对于德勒兹来说，理性意识是不够的，因为“无思想”的东西可以在人类经验中产生实际效果。德勒兹认为“思想的潜意识（与）身体的未知一样深刻”（Deleuze 1988b，p. 19）。这种深刻性将德勒兹－瓜塔里（Deleuze-Guattari）主体生成模式与荣格深度心理学联系起来，其中潜意识是一个主要因素。它是符号学的、超个人的、潜意识的，它拒绝还原为以弗洛伊德俄狄浦斯情结为代表的主所指（master-signified）。与行为主义心理学所假设的个体生来就是“白板”相反，荣格认为，原型中本就有潜意识。类似地，德勒兹坚信“人从来不会是白板；看似是白板，其实潜意识已经了无痕迹地进入其间”（p. 123）。德勒兹本体论认为世界不是由物质构成的，而是由关系实体（符号）或多元性构成的。关系的地理位置超越了自然与心灵间的二元分裂，在它们之间建立了联系。连词“和”（And）是多元逻辑的一个特征，相对于静止存在，多元逻辑具有生成性关系动力学特征。

德勒兹的思想在欧陆哲学中算是一枚奇葩，因为他与实用主义传统及其哲学家皮尔斯和杜威无比亲密（Semetsky 2006）。德勒兹－瓜塔里符号学强调反意指（a-signifying）的符号关系，即否定能指与所指、内容与表达之间的简单二元关系。词与物之间没有先天的同一性；相反，它们是相互组合中的变量。语言上的真理并不是全部：我们“错误地相信真理，但所谓真理只不过是解释”（Deleuze 2000，p. 92）。从符号学角度看，语言和世界构成一个单独的超语言结构面，意义是由关系网络的中介调节而赋予，而关系网络构成了符号过程。去中心化的符号网络类似根状茎须生长，它不是由机械法则“调控”的，而是有机生长的。根茎是一种隐喻，作为实验和经验学习的结果，指通过以“新连接、新途径、新突触”为特征的多重转化而无限生长（Deleuze 1995，p. 149）。根茎作为一个复杂的关系网络，描述了一个开放的相互作用系统；没有单一相交点，即“不同线路之间的横向通信”的多重性（Deleuze & Guattari 1987，p. 11）。这种概念化使得焦点从静态的事实知识主体转移到动态的实验认知过程中，从而对教育作为一种发展和生成实践具有深远影响。根据意义的逻辑，既定事实让位于新意义的产生（Deleuze 1990）。根茎作为一种生物学概念，挑战了经典物理学作为所有其他学科的科学模型的首要地位，包括倾向社会科学的教育，而在社会科学中，研究方法常常借用过时的经典力学范式，并具有直接的线性因果关系。

然而，符号学证明了一种间接的（中介的）联系，通过中间“元素”生成横向交流，以此作为对立的连接，类似于皮尔斯三元符号论和杜威跨行动逻辑。哲学家和创造性艺术家一样，都是符号学家、症状学家和学徒，他们把符号解读为生活的症状。与反意指性（a-signifying）符号学一致，符号之间存在自指称关系（在分析哲学中被称为循环，从而引出问题），所包含的第三维是对语言哲学的直接表述。德勒兹和瓜塔里将皮尔斯的图表概念作为符号动力学的一个建设性组成部分。图表是连接两个“互为前提不可分割平面”的符号学桥梁（Deleuze & Guattari1987，p. 109）。这些平面可以有多种形式。在本体论上，符号“组合”的创造性依赖虚拟的实现，因为“我们从虚拟世界下降到现实世界，从现实世界上升到虚拟世界，却无法将其中一个与另一个隔离开来”（Deleuze & Guattari 1994，p. 160）。这两个平面在形而上学上都是真实的，它们之间的差异可通过横向连接来弥合。在认识论上，虚拟领域“包含”了潜意识思想，当这些思想在构成生活经验的物质遭遇中实现时，我们就能意识到它们。虚拟产生的效果体现在实际经验中，在实际学习中作为符号的解释和经验的重估，即成为潜意识的意识。潜意识和意识的结合发生在物质的、理性的、经验现实层面的世界中。德勒兹的经验论是彻底超越的，把一系列不同的符号组合在一起。与分离的观察相反，构成参与性相遇的连接式事件，虽然只是表面上神秘的，但却是塔罗牌教育符号学的典范，它展示了“社会实践的不同逻辑，一种包含中项的强化的情感逻辑”（Bosteels 1998，p. 151）。

通过对图片的叙述，我们可以看到图片和它的意义之间的结构上的同源性。法语单词 Sens 的意思是在我们实际生活中同时具有意义和行动方向，因此具有认识论和伦理学的双重内涵。这样的“表面”既是隐喻性的，又是字面上的，就像塔罗牌图片在阅读时以特定的布局在一个平面上铺开。复杂的、非物质的概念可以用图画来表达，也就是物质的、语言的方式，从而通过具体表现来获得意义。表面作为“感觉的轨迹：符号只要不进入表面组织，就依然被剥离了意义，而表面组织保证了两个系列的共鸣”（Deleuze 1990，p. 104），即非物质的精神和物质性实体。飞行的轨迹、生命的轨迹引领我们来到这个世界，在塔罗牌中被称之为宇宙。正如德勒兹所说，“我们每个人都有自己的宇宙线路轨迹要去发现，但只能通过踪迹来寻找它”（Deleuze 1986，p. 195）。通过生活和学习，或通过“深奥”的图像语言作为获得深层自我认知和真知的手段。

塔罗牌图片布局是一种制图方式；“潜意识的制图成为科学、政治以及所有其他知识和人类活动的理性系统不可或缺的补充”（Bosteels 1998，p. 155）。在符号学术语中，制图学是一种能够通过视觉通道传递信息的图形通信方式。图形信息既可以用图形、网络和地图的形式表示，又可以用图形叠加在地图上的混合形式表示。塔罗牌布局显示出某种结构。德勒兹认为，任何事物都具有一种结构，只要这个“事物”保持着甚至无声的语言，例如符号和图像的语言。德勒兹提出符号结构是潜意识的，必然被其产物或效果覆盖。潜意识的微妙语言是能够被感知的：通过横向交流的方式，使难以察觉（不可理解）的事物显示（变得有意义），并将潜意识集中到阳光之下，选择窃窃私语、收集部落和秘密习语，从中，我提取出一些我称之为自我（Moi）的东西（Deleuze and Guattari 1987，p. 84）。在阅读之前，人的主体性是前个人化的（Pre-personal）、反概念性的（a-conceptual）；包括“我思故我在”消解中断裂的我（Fractured I of a Dissolved Cogito）（Deleuze 1994，p. 194）。在塔罗牌解释学中，通过将潜意识整合到意识中，这些裂缝将被修复。

一个真正的塔罗牌解读者追求多种系列，在不同层次上探索，跨越无阈限性的阈值，从而通过“一种影响自身的力量，一种自我对自我的影响”所代表的自我参照关系，将未思考的、潜意识的维度带入意识（Deleuze 1988a，p. 101）。德勒兹说：“我解开了意识的褶皱，它穿过我的每一个门槛，那环绕着我的‘二十二道褶皱’将我与深渊隔开。”（1993，p. 93）。这 22 个折叠对应着塔罗牌里“大阿卡纳”（“Major Arcana”，相当于主牌）。每一张随后的卡片都代表了人类意识的进化，充当现象世界的经验功能。非思思维（Non-Thought）在生成过程中的展开呈现出“生命是艺术作品”（Deleuze 1995，p. 94）。为了成为个性化的自我，一个人必须参与到经验符号中，以便“把某样东西带到生活中，把生活从它被困的地方解放出来，并追踪它飞行的轨迹”（Deleuze 1995，

p. 141)。事实上，不去冒险，不纵身跃入经验的深渊（沿着飞行路线）愚者（译注：the Fool 最小主牌，如图 20. 1 所示)，将永远是一个傻瓜，不可能达到终极阿卡纳——世界（译注：the World 最大主牌)。愚者的成长沿着似是而非的“生成之线前行，这条线不是由它所连接的点或组成它的点来定义；相反，它在点与点之间传递，道在其中”（Deleuze & Guattari1987，p. 293)。这种悖论的“中道”是符号学和教育符号学的核心。德勒兹在《感觉的逻辑》（*The Logic of Sense* 1990）一书中论述过这种悖论。这种逻辑不是“语言（字面）的逻辑，这是一种符号结构的描述，当存在被理解为事件和系列的相遇时，它就出现了”（Williams 2008，p. 23；Brackets Mine）这是关于不同符号体系的逻辑，包括塔罗牌的矛盾语言。威廉斯（Williams）注意到，德勒兹书中关键案例与矛盾和悖论有关，而德勒兹在被排斥中项的经典逻辑框架内，论证了尽管这些案例明显“逻辑失效”了（Williams 2008，p. 24)，但它们是如何有意义的。

作为“潜意识的表现”（Deleuze 1994，p. 192)，以塔罗牌布局作为物质化表征的横向联结，构建了德勒兹所称之为内在性平面（Plane of Immanence）的东西，同时“把还不存在的东西创造出来”（Deleuze 1994，p. 147)，并由此产生了“意识的表征”（Representation of Consciousness，Deleuze 1994，p. 192)。内在性平面充满了梦想和深奥的经验；平面必须被展示出来而非思想——这是“哲学的最高行为”（Deleuze & Guattari 1994，p. 59)。当塔罗牌展开被阅读和解释时，它在实践中就表现出来了。内在性平面“不会立即作用于概念……它的布局诉诸不太高尚、不太理性或不太合理的措施”（Deleuze and Guattari 1994，p. 41)：内在性平面是前理性的、反概念化的，当它通过塔罗牌布局表达图片中包含的多种偶然事件和情境时，却能够“征服潜意识”（Deleuze 1988b，p. 29)。

这一解释过程必然包括无意识的、虚拟的和潜意识的“记忆”，与马塞尔·普鲁斯特（Marcel Proust）小说中主人公在品尝玛德琳蛋糕时意识到的“记忆”类似，这就是体验式学习和意识到潜意识的过程。德勒兹（2000）从符号学徒的角度讨论了这种学习生涯，追溯了主人公学习符号的各个阶段，既不是通过客观标准也不是主观标准的阶段，而是通过“超命题（Extra-propositional）或亚再现的（Sub-Representative）问题实例”（Deleuze1994，p. 192）内在的体验和生活。虚拟世界让人想起荣格的影子原型（Archetype of the Shadow），或者如德勒兹所说：文字周围的阴影。尽管如此，它还是可以实现或变得有意识。德勒兹和瓜塔里的制图方法，体现在塔罗牌的解读中，成了一种绘制行为、情感和（未）思想的结构多样性方法。塔罗牌的阿卡纳在字面上属于内在层面，从而映射出心灵深处的世界，这些世界往往“暗示着微妙的情感层面上‘高潮’或抑郁的时期”（Deleuze & Guattari 1987，p. 70）。如果没有潜意识影响的隐含存在，个性化过程是不可能的。潜意识的影响超越主观感受，但是“成全任何经受者（从而成为另一个人）”（Deleuze 1995，p. 127）。德勒兹和瓜塔里认为，这种影响会穿越一个人的存在世界，“就像一束光，把一个隐藏的宇宙从阴影中拉出来”（1994，p. 66）；这个隐藏的、不可见的宇宙，以塔罗牌教育符号学所蕴含的内在的、诺斯替式（Gnostic）形式，向我们显现、变得可见可知。这不仅是对经验事实的认知：塔罗牌解读也会让人意识到存在的意义，“意义本质上是被生产的。它从来不是原创的，而总是由原因和派生出的”（Deleuze1990，p. 95）。

荣格强调潜意识的前瞻性，或者德勒兹继亨利·柏格森之后所称的未来记忆，它与所有的过去一起，包裹在结合了三种时间的宇宙“巨大记忆”中（Deleuze 2001，p. 212）。过去、现在和未来矛盾性地并存于塔罗牌布局中。对德勒兹来说，这是一种深奥的体验，比如梦境、似曾相识的幻象或者是解读塔罗牌——过去和潜在未来都可以同时展现。真正的教育符号学反映了面向未来的情感生产力，能够超越“空间位置和时间顺序”（Deleuze 1994，p. 83）。我们可以实现对时间和空间的扩展感知，使其“从人类坐标系（Human Coordinates）解放出来”（Deleuze 1986，p. 122）。德勒兹在身心问题上使用了“平行性”这个术语，他断言必须有一个阈值将思想带入身体。这种符号学关系存在于虚（Virtual）与实（Actual）之间——两者皆真（Both Real）——只需一个阈值，即它们之间的联系需要一个阈值，这个阈值是通过建立在“双重过程”（Doubling Process）基础上的先验经验主义（Transcendental Empiricism）方法实现的。（Deleuze 1988a，p. 98）。双重过程是在展开的意义上进行的，它以一个额外维度的必要存在为前提，没有这个维度，折叠的概念就没有意义。塔罗牌教育符号学让我们真正看到了“外在的内在化（Interiorization of The Outside）”（Deleuze 1988a，p. 98）：这并非试图去抓住一个抽象概念，而是将其视为一个具体的物质对象，并在实践中实现身心之合一。为了能够看到它，我们必须在塔罗牌布局的“原始”模式中加倍折叠或超越它。

“超越”一词获得了将概念带入现实的意义，或通过具体化而使概念落地，从而投射或展开所包含的东西。这是在塔罗牌平行面或水平面之间创建的横向联结上，逐步挤出“我中之他”（The Other in Me）。横向联结在两个层面之间产生三元性质，使塔罗牌成为出类拔萃的符号。塔罗牌布局是“将（自身）横向安置到机械层面（如）质料、认知、情感和社会……正是这种抽象的机械将会或者不会赋予这些层面存在意义”（Guattari 1995，p. 35）。布局创造了实现的条件，因此服务于符号的桥梁性、横向性功能，“桥梁、横向性”（Guattari 1995，p. 23）在实践中构建，而不是仅仅在理论上被制定。德勒兹所说的思考“不仅仅是一个理论问题”，这关系到重大问题，与生活本身有关。（Deleuze 1995，p. 105）。这是真实的、富有生机的、持久的，即使是无形的、虚拟的。生命，也是一种纯粹的内在性生命（Deleuze 2001），它隐藏于荣格集体潜意识的先验场域中。这一先验场域的具体化允许它与自己的“对象”融合，尽管这些“对象”在感知中始终是内在的——在没有解读和诠释的情况下，它们仍将保持无实体的或虚拟的状态——同样未知。

回顾胡塞尔现象学

虽然“读”（Reading）是诠释塔罗牌的一个传统术语，但其含义接近当代认知科学概念，即内容决定心理表征的理论；尤其是习惯作为他们的心理基础。如果“某些墨点……对解释者的行为、精神和身体都有一定的影响”（Peirce，CP 4. 431，in Von Eckardt 1996，p. 151），那么对其意义的解释将导致习惯的改变。由于媒介、图解、解释的功能，头脑中潜在的、潜意识的内容被呈现为意识，而那些被提升到意识层面的符号，也被强化和放大了，直到与意识相融，能够在精神动力过程中创造出重要反馈。这种自我反思的过程能够“在主体精神生活中产生一种变化，而这种变化反过来又会改变主体的行为倾向……其方式取决于表现的内容”（Von Eckardt 1996，pp. 283－284）。心灵有关某件事情或某内容的能力构成了意向性，而意向性是心智的标志。埃德蒙·胡塞尔（Edmund Husserl）现象学是对意识对象的研究。意向相关项（Noema）是一种经验结构，即是以我们没有意识到的隐含意义形式存在于意识中。

在塔罗牌解读过程中，三元逻辑所赋予的自我反思元素，导致胡塞尔的理论概念成为活生生的现实，因为他将“意向对象”作为构成生活世界的经验结构的超语言虚拟意义。思考对象在心理过程中既是超越的又是内在的。胡塞尔和德勒兹都在寻求超越普通经验的局限性，拓展超出常识的意义领域。塔罗牌教育符号学在实践中证明了“内在与超越（是）不可分割的过程”（Williams 2010，p. 94），使我们能够直观地感受到解读和诠释如塔罗牌图像这样的非凡体验特质。作为理性的一种运作，意向活动或许直观代表了人类知识的最高部分。现象学在其意义实现或创造方面赋予了直觉一种重要的功能。胡塞尔把直觉称为“权威的源泉……对于知识的源泉……任何以原始形式出现的东西……都是可以被接受的”（in Noddings and Shore 1984，p. 31；italics in original）。纯粹理性思考在理想情况下，都是同一经验的两个方面：在符号学术语中，它们组成单一的、双面的实体，即一个真正的符号。

类似的，感性和可理解的领域并不是相互对立的：它们构成了一种符号学折叠。塔罗牌图像构成了一种结构，这种结构由意义模式组成。否则，这些意义模式将停留在感性经验之外并维持在可理解的层面。解读和诠释的过程事关虚拟对象，但却用实际的塔罗牌卡片来表征。这些对象（作为新的概念、意义和价值）“通过（解释）行为被赋予”（Zahavi 2003，p. 90）——揭示隐藏意义的行为。德勒兹特别将折叠描述为“由内而外”的（Deleuze 1988a，p. 97）。思想、情感、希望、恐惧、人际关系、心理冲突，总之，生活世界的所有模式，无论阅读的主体在意识层面上是否意识到，都可以表现在布局中。无意识与意识的融合发生在解读过程中，从而克服我们与他人的疏离（以及与自我本真的疏远）和引导，且与胡塞尔最初的设想一致，先验主体间性（Transcendental Inter-subjectivity）的逐步揭示，主体在其中被个性化，通过成为他者的关系动力而构成个体。符号在其演化过程中（即符号化）逐渐成为其他符号。人的主体性是在向潜意识学习的作用下而发展壮大的。

参考文献

Belenky，M. F.，Clinchy，B. M.，Goldberger，N. R. & Tarule，J. M. (1986). Women's ways of knowing：The development of self，voice and mind. New York：Basic Books.

Bosteels, B. (1998). From text to territory: Félix Guattari's cartographies of the unconscious. In E.

Kaufman & Heller K. J. (Eds.), Deleuze and Guattari: New mappings in politics, philosophy and culture (pp. 145—174). Minneapolis: University of Minnesota Press.

Deleuze, G. (1986). Cinema 1: The movement-image (H. Tomlinson & B. Habberjam, Trans.). Minneapolis: University of Minnesota.

Deleuze, G. (1988a). Foucault (S. Hand, Trans.). Minneapolis: University of Minnesota Press.

Deleuze, G. (1988b). Spinoza: Practical philosophy (R. Hurley, Trans.). San Francisco: City Lights Books.

Deleuze, G. (1990). The logic of sense (M. Lester & C. J. Stivale, Trans.). New York: Columbia University Press.

Deleuze, G. (1993). The fold: Leibniz and the baroque (T. Conley, Trans.). Minneapolis: University of Minnesota Press.

Deleuze, G. (1994). Difference and repetition (p. Patton, Trans.). New York: Columbia University Press.

Deleuze, G. (1995). Negotiations, 1972—1990 (M. Joughin, Trans.). New York: Columbia University Press.

Deleuze, G. (1997). Essays critical and clinical (D. W. Smith & M. Greco, Trans.). Minneapolis: University of Minnesota Press.

Deleuze, G. (2000). Proust and signs (R. Howard, Trans.). Minneapolis: University of Minnesota Press.

Deleuze, G. (2001). Pure immanence: Essays on a life (A. Boyman, Trans.). New York: ZoneBooks.

Deleuze, G. & Guattari, F. (1987). A thousand plateaus: Capitalism and schizophrenia (B. Massumi, Trans.). Minneapolis: University of Minnesota Press.

Deleuze, G. & Guattari, F. (1994). What is philosophy? (H. Tomlinson & G. Burchell, Trans.). New York: Columbia University Press.

Dewey, J. (1922/1988). Human nature and conduct. In J. A. Boydston (Ed.), The middle works of John Dewey, 1899—1924 (Vol. 14). Carbondale & Edwardsville: Southern Illinois University Press.

Garrison, J. W. (1997). Dewey and Eros: Wisdom and desire in the art of teaching. New York & London: Teachers College Press

Gilligan, C. (1982/1993). In a different voice: Psychological theory and women's development (Vol. 326). Harvard, MA: Harvard University Press.

Greene, M. (2000). Releasing the imagination: Essays on education, the arts, and social change. San Francisco: Jossey-Bass Education.

Guattari, F. (1995). Chaosmosis: an ethico-aesthetic paradigm (p. Bains & J. Pefanis, Trans.). Bloomington & Indianapolis: Indiana University Press.

Hederman, M. P. (2003). Tarot: Talisman or taboo? Reading the world as symbol. Dublin: Currach Press.

Jackendoff, R. (2001). Language in the ecology of mind. Inp. Cobley (Ed.), The Routledge companion to semiotics and linguistics (pp. 52—65). London: Routledge.

Jung, C. G. (1953—1979). Collected works (R. F. C. Hull, Trans.). In H. Read, M. Fordham, G. Adler, W. M. McGuire. (Eds.). Princeton University Press. [cited as CW].

Jung, C. G. (1954). Psychology and education (Vol. 17). Princeton, NJ: Princeton University Press.

Koestler, A. (1972). The roots of coincidence: An excursion into parapsychology. New York: Random House.

Logan, R. K. (1986). The alphabet effect. New York: William Morrow.

Noddings, N. (1993). Educating for intelligent belief or unbelief. New York& London: Teachers College Press.

Noddings, N. (2006). Critical lessons: What our schools should teach. Cambridge, MA: Cambridge University Press.

Noddings, N. (2010). The maternal factor: Two paths to morality. Berkeley: The University of California Press.

Noddings, N. & Shore, P. J. (1984). Awakening the inner eye: Intuition in education. New York & London: Teachers College, Columbia University.

Nöth, W. (1995). Handbook of semiotics. Bloomington: Indiana University Press.

Peters, M. A. & Freeman-Moir, J. (Eds.) . (2006). Edutopias: New utopian thinking in education. Rotterdam: Sense Publishers.

Posner, R. (1989). What is culture? Toward a semiotic explication of anthropological concepts. In W. A. Koch (Ed.), The nature of culture: Proceedings of the international and interdisciplinary symposium, October 7—11, 1986 (pp. 240—295). Bochum: Brockmeyer.

Sebeok, T. A. (Ed.). (1994). Encyclopedic dictionary of semiotics. (Approaches to semiotics; 73) (Vol. 1). Berlin, New York: Mouton de Gruyter.

Semetsky, I. (2004). The role of intuition in thinking and learning: Deleuze and the pragmatic legacy. Educational Philosophy and Theory, 36 (4), 433—454.

Semetsky, I. (2006). Deleuze, education and becoming. Rotterdam: Sense Publishers.

Semetsky, I. (2010). Towards an ethics of integration in education. In T. Lovat, R. Toomey, & N. Clement (Eds.), International research handbook on values education and student wellbeing (pp. 319—336). New York: Springer.

Semetsky, I. (2011). Re-symbolization of the self: Human development and Tarot hermeneutic. Rotterdam: Sense Publishers.

Semetsky, I. (2013). The edusemiotics of images: Essays on the art * science of Tarot. Rotterdam: Sense Publishers.

Shlain, L. (1998). The alphabet versus the goddess: The conflict between word and image. New York: Viking.

Sonesson, G. (1989). Pictorial concepts. Inquiries into the semiotic heritage and its relevance to the analysis of the visual world. Malabar, FL: Krieger Publishing Company.

Von Eckardt, B. (1996). What is cognitive science? Cambridge, MA: The MIT Press.

Williams, J. (2008). Gilles Deleuze's logic of sense: A critical introduction and guide. Edinburgh: Edinburgh University Press.

Williams, J. (2010). Immanence and transcendence as inseparable processes: On the relevance of arguments from Whitehead to Deleuze interpretation. Deleuze Studies, 4 (1), 94−106.

Zahavi, D. (2003). Husserl's phenomenology. Stanford, CA: Stanford University Press.

附：各章作者简介

茵娜·赛默斯基（Inna Semetsky）：美国纽约哥伦比亚大学（Columbia University）教育哲学博士、心理咨询硕士、数学/科学学士，澳大利亚莫纳什大学博士后。她曾获得美国符号学协会颁发的凯文尔森纪念奖（Kevelson Memorial Award），是多个学术期刊的编委会成员。她拥有150余种学术著述，包括9部书，最近与斯塔布尔斯合作出版的《教育符号学：作为教育基础的符号学哲学》（*Edusemiotics：Semiotic Philosophy as Educational Foundation*）获得2015年澳大利亚教育哲学协会图书奖。她作为特邀编辑主持了*Educational Philosophy and Theory*，*Studies in Philosophy and Education*，*Policy Futures in Education*，*Semiotica* 等7期特刊。她现任澳大利亚墨尔本教育符号学研究所（IES）的首席顾问。

安德鲁·斯塔布尔斯（Andrew Stables）：英国伦敦罗汉普顿大学教育与哲学教授、教育学院研究副主任。他目前的研究包括AHRC资助项目“设计问题：新学校对学生、教师和家长行为和观念的影响”，该项目由他与牛津大学的丹尼尔斯（H. Daniels）教授共同主持。他的最新成果有：《教育符号学：作为教育基础的符号学哲学》（*Edusemiotics：Semiotic Philosophy as Educational Foundation*，与赛默斯基合著，获得2015年澳大利亚教育哲学协会图书奖。）《教育学与教育符号学：理论挑战/实践机遇》（*Pedagogy and Edusemiotics：Theoretical Challenges/Practical Opportunities*，与赛默斯基合编，Sense出版社，2014）；《成就人性：符号化与理性的神话》（*Becoming Human：Semiosis and the Myth of Reason*，*Sense* 出版社，2012）；《童年与教育哲学：反亚里士多德视角》（*Childhood and the Philosophy of Education：an anti-Aristotelian perspective*，2008/2011）.

萨伊德·阿托（Saeid Atoofi）：加利福尼亚州大学洛杉矶分校应用语言学

博士，现任智利大学语言学系助理教授，研究方向：心理学、应用语言学、语言人类学和符号学等领域。他是两项智利 FONDECYT 基金获得者，目前主要研究兴趣集中在两个方面：符号学视角的第二语言习得研究、语篇策略在学习中的作用。

阿纳斯塔西娅·克里斯蒂奥多鲁（Anastasia Christodoulou）：希腊塞萨洛尼基亚里士多德大学（Aristotle University of Thessaloniki）符号学副教授，研究方向：语言教材的符号学分析、教育与价值的符号学研究。2012 年出版了《教化、教育、价值：符号学进路》（Παιδεία，εκπαίδευση，αξίεζ. Μια σημειωτική προσέγγιση)、《符号学与学校教材：小学教材中的时空概念》(Σημειωτική και σχολικάεγχειρίδια. Οι έννοιεζ του χώρου και του χρόνου στα εγχειρίδια τηζ πρωτοβάθμιαζ εκπαίδευσηζ)，这两部成果皆由希腊塞萨洛尼基的大学音像出版社出版（University Studio Press)。

凯尔·克劳福德（Cair Crawford)：来自美国纽约的艺术家，她的实践体现出了理念与实效间的协调。2006 年获得哥伦比亚大学教育哲学博士学位，目前致力于重新思考哲学与视觉艺术之间的关系，即形式的给予和接受所必需的某种否定性。她于 2014 年曾为《教育学与教育符号学：理论挑战/实践机遇》一书撰文《裙子：对思与未思之思考》(“Skirts: Thinking Thoughts and Unthoughts”)，说明裙子乃中国文人墨客图画作品的精髓。她早先创作了一系列名为《容器》(*Vessels* 2007—2008)、《毛皮》(*Pelts* 2012—2013)、《十字架》（*Crucibles* 2009）的艺术作品。2015 年，她创作了一个名为《黑洞》（*Black Holes*）的艺术作品系列。

乔治·达马斯基尼迪斯（George Damaskinidis)：希腊塞萨洛尼基亚里士多德大学副教授，在该校哲学系教授本科和研究生课程，研究方向：视觉素养、符号间解译、研究方法论、英语军事术语。他还负责指导塞浦路斯欧洲大学教育学院的硕士论文。2008 年他在雅典出版了《联合军事英语：一门专业语言课程》(*Joint Military English : A Specialized Language Course*)。他还是多篇研究生论文的第一作者。

马赛尔·达内西（Marcel Danesi)：语言人类学教授，多伦多大学符号学和传播理论项目主任，在语言学和符号学领域发表了大量著作。他的最新著作包括《吻史：流行文化的诞生》(*The History of the Kiss : The Birth of*

Popular Culture 2013）、《语言与数学》（*Language and Mathematics* 2016）。他目前是《符号学》杂志（*Semiotica*）的主编，该杂志是国际符号学研究协会会刊。他在符号学方面的研究得到了加拿大官方认可，并于 1998 年成为皇家学会会员。他还与多伦多大学出版社、Palgrave-Macmillan 出版社和 Peter Lang 出版社共同编辑了几本符号学系列书籍。

约翰·迪利（John Deely）：是美国宾夕法尼亚州拉筹伯市圣文森特学院的常驻哲学家。他还在得克萨斯州休斯敦的圣托马斯大学担任鲁德曼哲学讲座教授。他是《认识的四个时期》（*Four Ages of Understanding* 多伦多大学出版社，2001）一书的作者，该书通过叙述完整的哲学史，追溯了符号学在整个哲学体系中从古代起源到 21 世纪的发展过程，同时创新性地定义了"后现代"一词。他著作等身，代表作如《符号学基础》（*Basics of Semiotics* 1990）、《意向性与符号学》（*Intentionality and Semiotics* 2007）、《纯粹客观现实》（*Purely Objective Reality* 2009），2016 年修订了其早期作品《拉丁时代：重新定义中世纪哲学》（*Medieval Philosophy Redefined as The Latin Age*）。他是美国符号学学会会刊《美国符号学杂志》（*The American Journal of Semiotics*）编辑。他曾两次担任国际符号学研究协会（IASS）副主席，两次担任 IASS 副财务主管（译者注：在原著付梓之际，迪利于 2017 年 1 月 7 日去世）。

桑迪·法夸尔（Sandy Farquhar）：新西兰奥克兰大学教育学院高级讲师，专门从事幼儿课程研究和教学专业发展。她的博士论文研究了保罗·里克尔关于叙事身份和儿童早期方面的思想。她是 2006 年首届 PESA 奖学金的获得者，目前是《教育哲学与理论》杂志（*Educational Philosophy and Theory*）副主编。她与人合编 2 本书，发表许多关于叙事理论和儿童早期教育的章节和期刊文章。她 2016 年发表《幼儿课程：协作、控制与竞争》（"Early childhood curriculum：Collaboration，control and contest"），2015 年合著论文《权力与伙伴关系：在知识文化中形塑儿童早期知识》（"Power and partnership：Making-up early child-hood knowledges"）。

彼得·菲茨西蒙斯（Peter Fitzsimons）：曾经是教师、职业音乐家、电台记者、工厂经理，最近又从事教育、卫生和社会政策方面的管理顾问方面的工作。他一直对教育哲学保持着研究兴趣，摆脱了尼采对现代性和相关确定性的批判，他最近的著作探讨了伦理与社会政策之间的关系。他已经出版了两本书并发表了一些国际同行评议的期刊文章。最近的合著文章包括《繁荣与生存？儿童早期环境中创建标准和差异性的难以置信的问题》(*Global Studies of Childhood September* 2015)，2015 年为《教育哲学与理论百科全书》了撰写“隐喻与教育符号学”。

罗科·甘格尔（Rocco Gangle）：美国恩迪科特学院哲学副教授，同时也是图解和计算哲学中心的联合主任。他的研究集中在内在的形而上学（特别是与斯宾诺莎和德勒兹有关）、逻辑学、皮尔斯符号学和图解推理。他出版了《弗朗索瓦·拉鲁尔的差异哲学：批判性介绍与指南》(*Francois Laruelle's Philosophies of Difference*：*A Critical Introduction and Guide* 2013）和《图解内在性：范畴理论与哲学》(*Diagrammatic Immanence*：*Category Theory and Philosophy* 2016）作者，这两本书均由爱丁堡大学出版社出版。

吉尼·库科拉（Jani Kukkola）：教育哲学博士、哲学硕士，芬兰于韦斯屈莱大学成人教育讲师。他的研究兴趣包括教育哲学、成人和高等教育基础以及哲学史。他参与了芬兰科学院资助的多个研究项目。他最近的著作包括许多期刊文章和编著，2014 年他的《作为披露真相的恐惧——存在主义－现象学洞察力的教育意义》一文发表于《解释学、现象学和实践哲学研究》杂志，2012 年他在《密涅瓦：互联网哲学》杂志发表论文《在海德格尔存在与时间哲学中作为祛蔽的真相》。

凯瑟琳·莱格（Catherine Legg）：墨尔本大学（荣誉）学士，莫纳什大学（Monash University）硕士，澳大利亚国立大学（Australian National University）博士。她最初接受分析哲学训练，对美国实用主义产生了浓厚兴趣，尤其是皮尔斯。她在 1999 年的博士论文涉及皮尔斯的三个基本哲学范畴和当代现实主义争论。之后，她在墨尔本大学短暂任教，然后搬到美国得克萨斯州，从事“本体论工程”相关工作——试图用计算机代码捕捉人类常识。她现在在新西兰怀卡托大学（University of Waikato）讲授哲学，也参与了与计算机科学领域的研究合作。她目前的研究领域包括本体论、语言哲学、符号学、逻辑学和人工智能。皮尔斯关于象似性的概念一直是她特别关注的焦点。她的主要论文有：《本质的象似性问题》（“The Problem of the Essential Icon，American Philosophical Quarterly 2008”)、《象似性必须的硬度》（“The Hardness of the Iconic Must，Philosophia Mathematica” 2012)。

特伦斯·J. 洛瓦特（Terence J. Lovat）：澳大利亚纽卡斯尔大学名誉教授，曾任副校长（教育和艺术）10 年、教育系主任 6 年、执行委员会成员 10 年。他现在是英国牛津大学荣誉研究员，加拿大皇家路大学兼职教授。他是澳大利亚教育院长理事会（ACDE）前任主席，也是澳大利亚高等教育教学研究所（Carrick）的基金会成员。洛瓦特教授是与澳大利亚价值教育项目相关的 4 个研究项目的首席研究员；撰写或编辑学术著作 20 余部，参评文章及书籍近 150 篇。他经常受邀在国际会议上展示其研究成果，现在他往来于纽卡斯尔和牛津之间。

马加·范·米勒（Marga van Mechelen）：荷兰阿姆斯特丹大学现当代艺术助理教授、文化分析学院和历史研究学院的成员。她在当代艺术领域包括概念、表演和装置艺术以及视觉符号学和心理符号学领域，发表了大量作品。她最新出版的关于当代艺术的 3 本书是：《表演、装置、录像、项目，1975－1983》（*Performances，Installations，Video，Projects，1975 －1983* 2006）；《现实主义与先锋主义》（*Realist-Avant-Gardist* 2011）；符号学论文集《广义艺术：穿越装置艺术和行为艺术》（*Art at Large：Through Installation and Performance Art* 2013）。她还是国际符号学研究协会（IASS）执行委员会成员。

阿林·奥太牛（Alin Olteanu）：立陶宛考纳斯理工大学国际符号学研究所的博士后研究员、伦敦罗汉普顿大学教育哲学博士。他的著作《查尔斯·皮尔斯符号学中的教育哲学：学习与爱的宇宙论》（*Philosophy of Education in the semiotics of Charles Peirce：a Cosmology of Learning and Loving*）于 2015 年出版。他的研究兴趣包括符号学与建构主义的关系，符号学与教育理论的关系以及中世纪哲学。

迈克尔·A. 彼得斯（M. A. Peters）：新西兰怀卡托大学教育学教授；美国伊利诺伊大学厄巴纳－香槟分校名誉教授；澳大利亚詹姆斯库克大学教授。研究兴趣：教育、哲学和社会政策。他是 3 个期刊《教育哲学与理论》（*Educational Philosophy and Theory*）、《教育研究开放评论》（*Open Review of Educational Research*）、《教育与教育学视频期刊》（*Video Journal of Education & Pedagogy*）执行主编。他已撰写了 70 多本书，包括最近的《全球金融危机与教育结构调整》（*The Global Financial Crisis & The Restructu-*

ring of Education 2015)；《教育、哲学与政治选集》(*Education, Philosophy and Politics : Selected Works* 2012)；《教育、认知资本主义和数字劳动》(*Education, Cognitive Capitalism and Digital Labour* 2011)。2012 年他被纽约州立大学授予荣誉博士学位，2015 年被丹麦奥尔堡大学授予荣誉博士学位。

埃图·皮卡阮能（Eetu Pikkarainen）：芬兰奥卢大学教育学院讲师，主要研究方向为符号学教育理论、教育哲学、符号学研究方法。他兼任国际符号学和教育网络论坛和主页（奥卢大学）协调员。他最近发表了关于教育符号学本体论基础、能力概念的符号学分析和价值符号学的文章。他撰写的《教育、价值与权威》（"Education, Values and Authority"）被收入斯塔布尔斯与赛默斯基 2014 年合编的《教育学与教育符号学：理论挑战/实践机遇》（*Pedagogy and Edusemiotics : Theoretical Challenges/Practical Opportunities* , *Sense Publishers*, 2014)。

约翰·夸伊（John Quay）：澳大利亚墨尔本大学墨尔本教育研究生院（MGSE）高级讲师和项目协调员。研究兴趣横跨教育哲学、体育学、户外与环境教育。已出版的知名成果包括《教育、经验和存在：走进杜威、皮尔斯和海德格尔世界》（*Education , experience and existence : Engaging Dewey, Peirce and Heidegger*，2013）、《了解学校生活：从学术课堂到户外教育》(*Understanding life in school : From academic classroom to outdoor education*，2015)。他还是《户外与环境教育杂志》(*Journal of Outdoor and Environmental Education*）编辑。

法鲁克·Y. 赛夫（Farouk Y. Seif)：1990 年获得美国西雅图华盛顿大学博士学位。他在埃及出生并长大，有科普特人血统。现在是西雅图安提阿大学领导与变革系名誉教授。他教授设计课程以发起和引导社会/文化变革。他又是注册建筑师和艺术家。他是 Isis 研究所的创始人和主任，在那里他领导了埃及的跨文化项目"黎明时光之旅"（Journey into the Dawn of Time)。自 1999 年以来，他一直在国际上从事教学和出版工作，并在符号学大会上发表其研究成果。2010 年他在保加利亚索菲亚大学参加了富布赖特专家项目。他目前是国际传播学研究所研究员和美国符号学会执行董事。

彼得·伯里克利斯·吹佛纳斯（Peter Pericles Trifonas)：多伦多大学安大略教育研究所教授。研究兴趣：伦理学、文学、教育哲学、文化研究和技术。他的著作有：《反文本：解读文化》（*CounterTexts：Reading Culture*），《国际符号学手册》（*International Handbook of Semiotics*），《写作伦理学：德里达、解构主义与教育学》（*The Ethics of Writing：Derrida，Deconstruction，and Pedagogy*）；《罗兰·巴尔特与符号帝国》（*Roland Barthes and the Empire of Signs*）；《艾柯与足球》（*Umberto Eco and Football*）；《差异教学法：重新思考社会变革的教育》（*Pedagogies of Difference：Rethinking Education for Social Change*）；以及与德里达合著了《体制、教育和哲学的权利》（*Institutions，Education，and the Right to Philosophy*）。

E. **杰恩·怀特**（E. Jayne White）：新西兰怀卡托大学副教授，研究兴趣：师生间意义形成的复杂过程和实践。她研究的一个特殊方向是婴幼儿教育学以及多音视频的开创性应用。她是《教育与教育学视频杂志》（*Video Journal of Education and Pedagogy*）联合编辑，怀卡托大学视觉实验室联合主任，共同编辑 2016 年新创刊的斯普林格系列之一——《3 岁以下儿童教育学与政策》（*Policy and Pedagogy for Under Three Year Olds*），还编辑了其他一些期刊。她是法国世界报（OMEP）的终身会员、澳大利亚教育哲学学会（PESA）会员。她的最新著作《对话教学法的早期介绍》（*Introducing Dialogic Pedagogy for The Early Years*）由劳特利奇出版社出版，该书汇集了她的诸多学术论文。

